3차원 비디오의 이해와 분석

3DTV를 위한
MPEG 3DAV/MVC/FTV/3DVC
표준화 작업

호요성 · 오관정

진샘미디어

Preface

TV 방송 기술이 아날로그 흑백 TV와 아날로그 컬러 TV를 거쳐 디지털 TV로 발전되면서 DMB 방송, 화상 회의, IPTV와 같은 다양한 영상 서비스도 선보이고 있다. 이러한 서비스의 중심에는 영상관련 국제 표준화 기구인 ISO/IEC JTC1/SC29/WG11(MPEG, moving picture experts group)과 ITU-T Q.16/SG16(VCEG, video coding experts group)의 역할이 크다. MPEG과 VCEG에서는 MPEG-1, MPEG-2, MPEG-4, H.261, H.262, H.263과 같은 다양한 성공적인 영상 압축에 관한 국제 표준을 만들어냈고, 특히, 2001년 12월에는 ISO/IEC MPEG과 ITU-T VCEG 그룹의 비디오 전문가들이 JVT(Joint Video Team)를 형성하여 2003년 5월에 H.264/MPEG-4 Part10(AVC, advanced video coding)을 제정했다. 또한 JVT에서는 H.264/AVC 바탕으로 계위적인 비디오 부호화를 위한 SVC(scalable video coding)에 대한 표준화 작업도 진행하였다. 이처럼 비디오 기술을 보다 다양한 서비스를 위해 끊임없이 발전해오고 있다.

최근에는 영화 아바타(Avartar)의 흥행과 함께 입체감 있는 영상을 제공하는 3차원 영상에 대한 관심이 높아지고 있다. 또한 최근 몇 년간 CES, Siggraph, NAB 전시회에서는 다양한 3차원 영상 관련 제품들이 대거 출시되었다. 미국은 할리우드를 중심으로 한 영화 산업분야가 3차원 영상 기술의 발전을 주도해왔다. 일본의 경우는 국가적 차원에서 일찍이 3차원 영상에 대한 다양한 프로젝트를 수행하여 이미 다수의 3차원 방송 서비스가 시행되었고, 다양한 디스플레이 장치도 개발되었다. 유럽에서는 각종 3차원 영상 관련 모바일 장치 개발 및 3차원 전화에 관한 프로젝트를 수행하였다. 국내에서는 그동안의 3차원 영상에 대한 연구를 기반으로 2010년에 3DTV 실험방송 추진단을 구성하여 지상파, 케이블, 위성 기반의 고화질 3DTV 실험방송을 준비하고 있다. 실험방송 추진단은 2010년 11월에 열리는 G20 정상회의를 시작으로 2011년 8월에 열리는 대구 세계 육상선수권 대회의 주요 경기와 2012년에 열리는 런던 올림픽과 여수 엑스포를 시범 서비스 할 계획이다.

현재는 스테레오 영상을 기반으로 한 3차원 영상 서비스가 주를 이루고 있지만, 향후에는 다수의 스테레오 영상으로 구성된 다시점 비디오를 통해 입체감뿐만 아니라 자유로운 시점에 대한 시청을 가능하게 하는 3차원 영상 서비스가 가능해진다. 또한 다시점 비디오와 깊이영상을 함께 이용하여 다시점 비디오보다 더 향상된 3차원 영상 서비스를 제공하는 기술에 대한 연구도 진행 중이다. 이를 위해 MPEG에서는 2002년부터 3차원 비디오 부호화에 관한 국제 표준화 작업을 진행하여 2008년에 다시점 비디오 부호화(multiview video coding, MVC)에 대한 표준화 작업을 마무리하였고, 2008년부터 다시점 비디오와 깊이영상을 기반으로 한 새로운 3차원 영상 부호화(3D video coding, 3DVC)에 대한 표준화 작업을 진행 중이다.

본 저서에서는 3차원 영상 및 3차원 영상의 부호화 기술에 관한 이해를 돕고자 3차원 비디오에 대한 전반적인 내용과 함께 MPEG의 3차원 영상 부호화 관련 표준인 MVC와 3DVC에서 논의된 기술들을 소개한다. 이를 위해 MVC의 참조 소프트웨어인 JMVC (joint multiview video coding)와 JMVM(joint multiview video model)의 구동 및 관련 기술에 대해 소개한다. 또한 3DVC 그룹에서 3차원 영상과 관련하여 현재 논의되고 있는 깊이영상 예측과 중간영상 합성에 관한 참조 소프트웨어인 DERS(depth estimation reference software)와 VSRS(view synthesis reference software)에 대해서도 살펴본다.

이 책의 구성은 다음과 같다. 우선 제1장에서는 3차원 비디오에 대한 이해를 돕고자 3차원 비디오에 대한 전반적인 내용들을 소개했다. 제2장에서는 3차원 비디오 중 다시점 비디오에 대해 다양한 다시점 비디오 시스템 및 이를 이용한 다시점 비디오 획득에 관한 내용들을 다루었다. 제3장에서는 3차원 영상 부호화의 근간이 되는 H.264/AVC를 다시점 비디오 부호화에 관한 참조 소프트웨어인 JMVC를 기반으로 설명했다. 제4장에서는 다시점 비디오 부호화의 주요 알고리즘과 신택스 구조에 대해 기술했다. 제5장에서는 다시점 비디오 부호화의 참조 소프트웨어인 JMVC에 대해 소개했다. 마지막으로 제6장에서는 MPEG 3DVC 그룹의 깊이영상 예측 프로그램(DERS)과 영상합성 프로그램(VSRS)을 자세히 설명했다.

이 책은 광주과학기술원 실감방송연구센터에서 지난 8년 동안에 수행한 3차원 비디오에 관한 연구를 바탕으로 준비했다. 이 책을 집필하는데 많은 도움을 준 이은경, 허진, 이상범, 이천, 정재일, 강윤석, 강민구, 신인용 학생에게 깊은 고마움을 전하며, 이 책의 출판을 맡아 수고해 주신 진샘미디어 관계자 여러분께도 감사를 표한다.

마지막으로, 이 책이 멀티미디어 분야의 실무자들이나 학생들이 3차원 비디오 및 다시점 비디오 부호화에 관해 이해하는데 도움이 되길 바란다. 혹시 이 책의 미흡한 부분에 대한 여러분들의 의견을 보내주시면 이 책을 개선하는데 최대한 반영하도록 노력하겠다.

2011년 11월

호요성, 오관정

Contents

Chapter

01 3차원 비디오

Chapter 02 다시점 비디오

Chapter 03 H.264/AVC

Chapter

04 다시점 비디오 부호화 주요 알고리즘과 신택스 구조

Chapter

05 JMVC 소프트웨어 매뉴얼

Chapter

06 DERS/VSRS 매뉴얼

Chapter 01 3차원 비디오

1.1 3차원 비디오의 개요

디지털 시대가 도래된 이래로 다양한 멀티미디어 기술들이 급속히 발전하고 있으며, 이를 바탕으로 디지털 콘텐츠 시장도 해마다 그 규모가 급속도로 성장하고 있다. 또한 인터넷과 같은 다양한 통신 수단과 전송 기술의 발달은 다양한 멀티미디어 콘텐츠 산업의 활성화를 이끌고 있다. 이러한 흐름 속에서 최근에는 사용자들의 요구가 단순 소비 형태의 콘텐츠 이용에서 대화형 콘텐츠, 실감 콘텐츠의 이용을 요구하는 수준으로 변화하고 있다. 디지털 영상 분야의 경우 과거의 흑백 아날로그 TV에서부터 최근의 HD 디지털 TV까지 관련 기술이 끊임없이 발전하고 있으며, 최근에는 3차원 영상에 대한 관심이 높아지고 있다. 여기서 3차원 영상이란 입체감이 느껴지는 실감영상을 의미하며, 양안 시점 시스템 (stereoscopic system), 다시점 비디오 (multi-view video), 홀로그래피 (holography) 등의 기술로 3차원 영상에 대한 서비스가 가능하리라 생각된다 [1]-[7]. 본 장에서는 3차원 비디오에 대한 이해를 돕기 위해 3차원 비디오에 대한 전반적인 내용을 소개를 한다.

1.2 3차원 비디오의 역사

기원전 300년경 그리스의 수학자인 유클리드(Euclid)는 인간의 두 눈은 각각 서로 다른 시각 정보를 받아들인다는 사실을 발견했다. 또한, 오른쪽 눈과 왼쪽 눈에 의해 각각 얻어진 시각 정보는 인간 시각 시스템에 의해 3차원 거리 정보로 변환된다는 사실을 설명하였다. 15세기 이탈리아의 미술가이자 수학자인 레오나르도 다빈치(Leonardo da Vinci)는 인간 시각의 인식 과정을 입체시(stereopsis) [8]라고 명명하였고, 이를 통해서 인간의 실제의 거리감을 느낄 수 있다는 것을 알아내어 이를 기반으로 투시도법을 창시하였다. 이 후, 19세기 중엽에 이르기까지 많은 미술가들이 원근법을 기반으로 명암, 전경, 배경을 변화시키며, 평면 캔버스에서 입체감을 표현하려고 시도하였다.

1833년 영국의 발명가이자 물리학자인 찰스 휘트스톤(Charles Wheatstone)은 최초로 입체경을 발명하여 인간이 3차원 장면을 인식하는 방식에 대한 인식 변화를 가져왔다. 찰스 휘트스톤은 거울을 이용하여 입체경(mirror stereoscopic)을 제작하였는데, 직접 그린 입체 그림을 입체경으로 관찰함으로써 3차원 입체 영상에 대한 원리를 깨달았다. [그림 1-1]은 영국 런던의 과학박물관에 소장되어 있는 찰스 휘트스톤의 거울 입체경과 찰스 휘트스톤 가족의 입체 가족사진을 보여준다 [9].

[그림 1-1] 최초의 입체경과 입체 사진

[그림 1-1]에서 보듯이, 각 입체그림을 거울 입체경의 오른쪽과 왼쪽 가장자리에 위치시키고, 거울 입체경의 가운데에 위치하고 있는 V자 형태로 배열된 두 개의 거울을 통해서 반사되어진 도형 그림을 본다. 결과적으로 왼쪽 눈에는 왼쪽 눈으로 본 입체그림이 입력이 되고, 오른쪽 눈에는 오른쪽 눈으로 본 입체그림이 입력되어 3차원으로 보이게 된다. 현재 우리가 3차원 사진을 촬영하고 볼 수 있게 된 것은 찰스 휘트스톤의 공이 컸다고 할 수 있으며, 찰스 휘트스톤의 입체경은 오늘날 3차원 입체 영상의 기술의 시발점이라고도 할 수 있다.

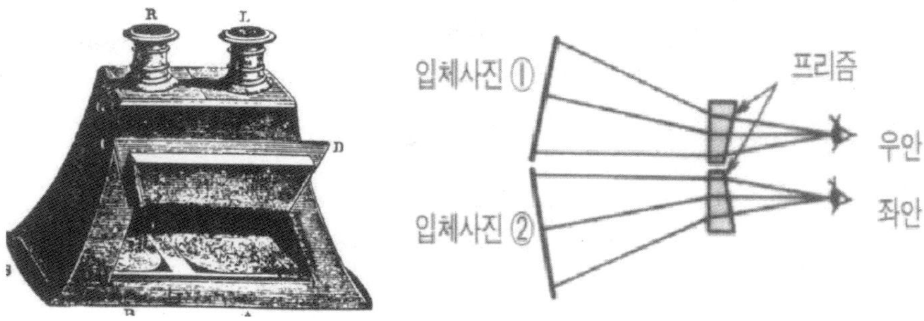

[그림 1-2] 데이비드 브루스터의 개량형 입체경

이후 1849년 스코틀랜드의 과학자 데이비드 브루스터(David Brewster)는 [그림 1-2]와 같이 프리즘을 이용하여 휘트스톤의 입체경을 크기는 줄이고 그림은 크게 보이는 방식으로 개량하였다. 1853년 5월, 영국의 사진협회에서 라티머 클라크(Latimer Clark)가 최초로 [그림 1-3]과 같은 스테레오 카메라의 모델을 발명하였다.

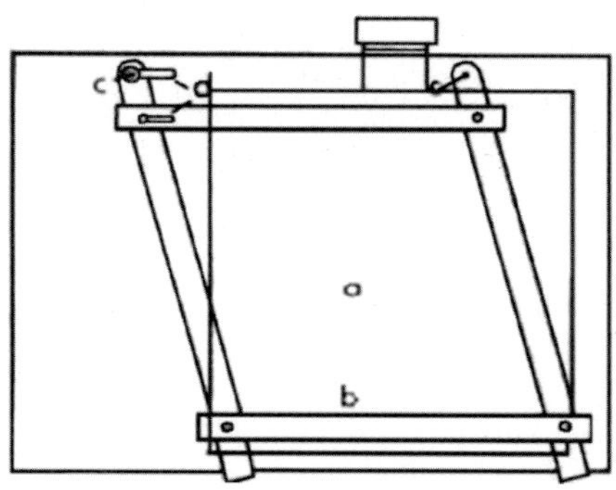

[그림 1-3] 라티머 클라크의 스테레오 카메라 모델

그의 카메라는 카메라 뒷판에 가로로 약 2.5인치(64mm)를 움직일 수 있는 슬라이딩 홀더에 $6\frac{3}{4}\times3\frac{1}{4}$(171×83mm)판을 가졌다. 그래서 약 2.5인치 사각화면 두 장을 나란히 찍었다. 이 카메라는 평행사변형 형태로 각 끝이 피봇으로 연결된 네 개의 나무막대로 된 가동 프레임 위에 설치되어 있었다. 프레임은 수직배치를 유지하면서 필요한 만큼 카메라를 옆으로 움직이도록 기울일 수 있었다. 막대 끝에 있는 긴 홈은 근접한 피사체를 촬영할 때 카메라를 안쪽으로 오도록 하기 위해서였다. 끈과 풀리(pulley)로 된 시스템으로 카메라가 새로운 위치로 기울도록 자동적으로 판홀더를 움직였다. 이런 방법으로 한 쌍의 입체사진을 연속적으로 재빠르게 찍을 수 있었다. 라티머 클라크 방식은

그 후 10년동안 여러 카메라 메이커에서 채택되었다. 이 원리는 1870년대까지 사진가들에게 인기가 있었다. 1856년에는 영국 멘체스터의 광학업자 벤자민 댄서(J. Benjamin Danser)가 [그림 1-4]의 최초의 트윈렌즈 스테레오 카메라를 개발하였다. 이는 기존의 라티머 클라크의 스테레오 카메라 기반 모델들이 하나의 렌즈를 이용하여 스테레오 사진을 촬영하기 위해 이동축을 사용한 것과 달리 두 개의 렌즈를 사용하여 동시에 촬영이 가능하였다. 이후 트윈렌즈 기반의 스테레오 카메라 모델에는 보다 정교한 입체 사진 촬영을 위해 두 렌즈의 수평을 조절하기 위한 수평 조절 장치도 추가되었다. 입체경과 입체 카메라의 발명은 1860~90년대 빅토리아 시대 때 3차원 입체 영상의 첫 번째 황금기를 이끄는 계기가 되었다 [8], [10].

[그림 1-4] 벤자민 댄서의 트윈렌즈 스테레오 카메라 모델

1895년에 프랑스 과학자 뒤코 뒤 오롱(Louis Ducos du Hauron)의 애너글리프(anaglyph)의 발명과 1937년에 미국의 발명가 에드윈 랜드(Edwin Land)의 편광 필터를 발명은 3차원 입체 영상 산업의 본격적인 시작을 이끌었다. 애너글리프는 보색관계에 있는 두 가지 색상(적색, 청색)의 필터로 된 안경을 이용하는 것으로서 각 필터는 해당되는 보색만 통과시키는 원리를 이용한 방법이다. 예를 들어 빨간색 색안경을 착용하게 되면 붉은색과 흰색을 구분하지 못하게 되고 파란색 색안경을 착용하게 되면 파란색과 흰색을 구분하지 못하게 되는 원리를 이용한 것이다. 편광 필터는 한 방향으로 진동하는 빛만 통과시키는 유리 또는 플라스틱 재질의 필터를 말한다. 편광의 방향이 서로 다르게 설정된 왼쪽과 오른쪽의 영상을 편광 필터가 부착된 입체 안경을 착용하여 보면, 왼쪽 눈에는 편광된 좌영상이 보이고, 오른쪽 눈에는 편광된 우영상만 보이게 되어 3차원으로 느끼게 된다. 편광 방식의 입체 영상은 오늘날 3차원 입체 모니터

와 입체 영상 제작 등에 널리 응용되고 있다 [8]. 1947년에는 미국의 발명가 로치화이트(Rochwhite)가 'Stereo Realist'라는 입체 카메라를 개발하였다 [8]. 'Stereo Realist'는 35mm 필름을 사용하여 3차원 입체 영상을 촬영할 수 있도록 고안되었다. [그림 1-5]는 로치화이트의 입체 카메라와 입체경을 보여 준다. 로치화이트의 입체 카메라는 손쉽게 입체 영상을 필름에 담을 수 있어 영화 산업에 큰 영향을 끼쳤다.

[그림 1-5] 로치화이트의 입체 카메라와 입체경

1950년대는 35mm 필름을 사용한 3차원 입체 카메라와 편광 필터를 이용한 안경을 통해 3차원 입체 영화가 많은 인기를 얻은 시기로 빅토리아 시대에 이은 3차원 입체 영상의 두 번째 황금기였다 [11]. 당시 텔레비전의 보급이 급격하게 증가함에 따라, 극장으로 향하는 관객이 급격히 줄어들고, 영화 산업이 침체되자 영화사들은 관객을 다시 극장으로 불러들일 새로운 매체와 콘텐츠가 필요하였다. 이러한 시대 배경에서 아치 오볼러(Arch Oboler) 감독이 제작한 최초의 편광 컬러 3차원 입체 영화 「Bwana Devil」이 성공을 거두자, 대형 영화 제작사들은 3차원 영화에 집중 투자하게 되었다. 이렇듯 1950년대는 20세기 폭스, 유니버설 등 많은 세계적인 영화사들이 3차원 입체 영화를 제작하면서 3차원 입체 영상의 상업적 가치를 확인하게 된 시기였다. 1950년대에 제작된 영화로는 「Kiss Me Kate」, 「House of Wax」 등이 있었으며, 국내에서 10여년 후인 60년대 후반에 「천하장사 임꺽정」과 「몽녀」 등이 제작되었다 [12]. [그림 1-6]은 1950~60년대의 대표적인 3차원 입체 영화의 포스터를 보여주고 있다.

[그림 1-6] 1950~60년대의 3차원 입체 영화

그러나 당시에는 3차원 입체 영화는 소수의 극장에서만 개봉되었고, 상영되는 3차원 입체 영상도 영사기 설정이나 영상 처리 및 보정 기술이 미약하여 눈의 피로와 두통을 유발하는 경우가 빈번하였다. 결과적으로, 1960~70년대 들어 3차원 입체 영화의 인기는 점차 시들해졌고, 간간히 개봉되는 정도였다. 그러나 1980년대에 입체 영상 기술의 발달과 함께 기존의 3차원 입체 영상의 문제점을 보정하는 기술들이 등장하였고, 아이맥스 같은 특수한 영화관이 설립됨에 따라 3차원 입체 영화가 다시 많이 상영되었다 [13]. 이후 1990년대와 2000년대에는 컴퓨터 그래픽(computer graphics, CG)을 기반으로 한 3차원 입체 영화가 제작되었고, 다양한 형태의 양안식 3차원 콘텐츠가 보다 널리 보급되었다. 또한 이러한 양안식 입체 영상 기술을 이용한 다양한 시험 방송이 성공적으로 서비스 되었고, 양안식 3차원 입체 영상 재현을 위한 안경 방식과 무안경 방식의 다양한 디스플레이 장치도 개발되었다. 최근에는 영화 「아바타(Avartar)」의 대흥행과 함께 3차원 입체 영상의 세 번째 황금기가 도래하였다 [14].

3차원 입체 영상은 1830년대부터 60년을 주기로 큰 부흥기와 쇠퇴기를 반복하고 있다. 초창기 부흥기는 1890년대에 입체 영상의 보급과 함께 부흥기를 맞았으나 휴대용 카메라의 발명과 함께 입체 영상에 대한 관심이 시들해졌다. 이후 다양한 입체 카메라와 디스플레이 장치 등의 개발로 인해 1950년대에 입체 영화의 보급과 함께 두 번째 황금기를 맞이하였다. 그러나 초창기 3차원 입체 영화의 한계점으로 다시 쇠퇴기를 걷다가 기술의 발전으로 IMAX와 같은 입체 영화관이 설립되고 고품질의 입체 영화의 제작과 함께 최근 세 번째 황금기를 걷고 있다. [그림 1-7]은 입체 영상의 역사를 한눈으로 보여주고 있다.

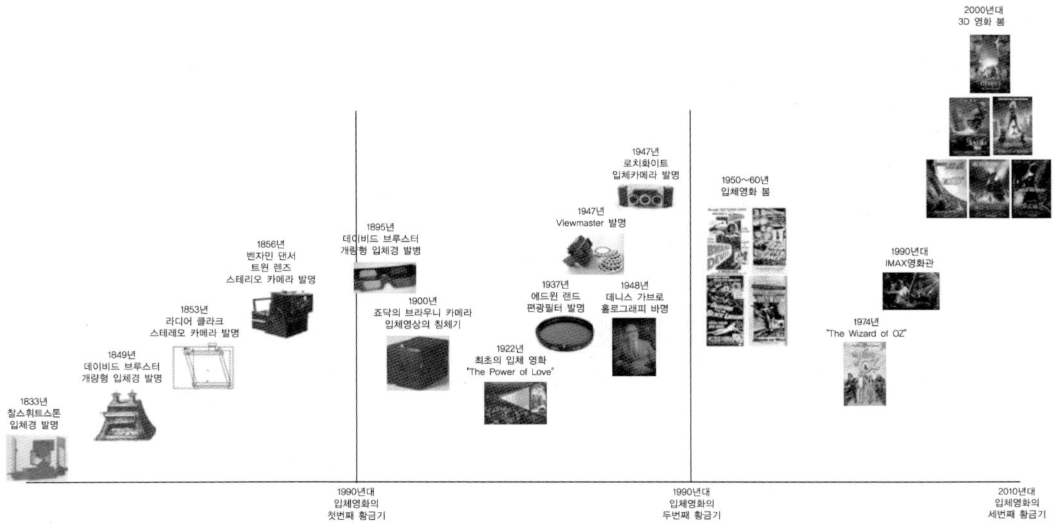

[그림 1-7] 3차원 입체 영상의 역사

그러나 현재의 3차원 기술은 아직 성숙한 단계가 아니다. 특수한 안경을 써야 하거나, 시청 가능한 범위가 제한이 되어있는 등 풀어야할 문제들이 아직 많이 남아있다. 현재는 편광 안경식의 디스플레이 장치를 활용한 방식이 주로 보급되고 있지만, 편광 방식의 경우 영상의 해상도가 반으로 줄어들어버리는 특징이 있어 1~2년 안에 셔터 안경식의 디스플레이장치가 상용화 될 예정이고 향후에는 무안경식의 디스플레이 장치의 보급이 주를 이룰 것이다. 아직 기술적 완성도가 미비하지만 3차원 디스플레이 장치의 궁극적인 목표는 홀로그램이라 할 수 있다. 미래에는 3차원 비디오에 있어서 디스플레이 장치뿐 아니라 응용 범위도 광범위하게 넓어져 가정 내 3차원 영상장치들이 서로 네트워크화 및 융합되어 더욱 편리하고 양질의 서비스를 제공받게 될 것이다 [15].

홀로그램[16]에 대해 좀 더 살펴보자면, 홀로그램은 1948년 데니스 가보르(Dennis Gabor)에 의해 고안됐다. 홀로그램의 원리는 레이저에서 나온 광선을 2개로 나눠 하나의 빛은 직접 스크린을 비추게 하고, 다른 하나의 빛은 우리가 보려고 하는 물체에 비추는 것이다. 이때 직접 스크린을 비추는 빛을 기준광(reference beam)이라고 하고, 물체를 비추는 빛을 물체광(object beam)이라고 한다. 물체광은 물체의 각 표면에서 반사돼 나오는 빛이므로 물체 표면에 따라 위상차(물체 표면에서부터 스크린까지의 거리)가 각각 다르게 나타난다. 이때 변형되지 않은 기준광이 물체광과 간섭을 일으키며 이때의 간섭무늬가 스크린에 저장된다. 이러한 무늬가 저장된 필름을 홀로그램이라 한다.

저장된 영상을 다시 재현하려면 기록할 때 사용된 광선을 다시 스크린 건판에 쏘아야 한다. 재생 시 사용하는 광선은 기록 시와 같은 진동수를 가진 파동만이 3차원으로 재현되고, 파장과 위상이 다른 파들은 아무런 효과가 없이 저장된 홀로그램을 통과해 버리기 때문에 기록 시 사용된 기준광과 반드시 정확히 일치해야 한다. 홀로그램은 물체광의 강도만을 저장하는 2차원 사진과 달리 그 빛의 방향까지 기록하기 때문에 3차원 영상을 모든 방향으로 볼 수 있는 것이다. 미래에는 궁극적으로 홀로그램을 이용한 디스플레이 장치가 보편화 될 것으로 기대된다. [그림 1-8]은 홀로그램 디스플레이의 예를 보여주고 있다.

[그림 1-8] 홀로그램 디스플레이

이외에도 3차원 비디오의 요소 기술들이 성숙하게 되고 3차원 비디오 관련 장치들이 널리 보급된 후에는 3차원 콘텐츠를 하나의 기기에서만 활용하는 것이 아니고 기기간의 호환성이 마련되어 어떤 장치의 콘텐츠라도 다른 3차원 장치로 손쉽게 넘어가서 재생되는 3차원 장치간 융합기술이 개발될 것이다. 예를 들면 밖에서 휴대폰으로 실행하던 3차원 게임을 집에 도착하여 집안의 3차원 TV를 통하여 게임을 즐기는 등의 형태가 이루어질 것으로 기대한다. [그림 1-9]는 가정 내 3차원 콘텐츠 연결 구성도를 보여주고 있다.

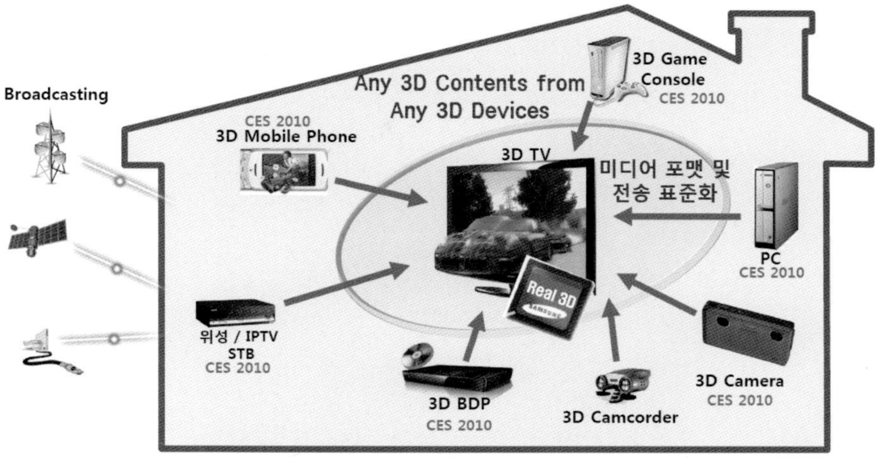

[그림 1-9] 가정 내 3차원 콘텐츠 연결 구성도

1.3 3차원 영상의 국내외 기술 동향

1.3.1 국외 기술 개발 동향

미국의 3차원 영상 기술에 관한 연구는 국가적인 차원보다는 주로 기업체, 연구소, 대학등에서 이루어지는 독자적인 연구개발이 주를 이룬다. 미국의 3차원 영상 기술은 20세기 초부터 시작되었다. 3차원 입체 사진에 대한 관심이 높던 1922년 9월 냇 베데릭의 감독의 「사랑의 힘, Power of Love」이 입체영화로 개봉되었다. 1950년대에는 할리우드를 중심으로 65편이 넘는 3차원 영화들이 상영되었으나, 저화질과 눈의 피로감 등의 이유로 큰 주목을 받는데 실패했다 [17]. 1953년 4월에는 미국 최초의 3차원 시험 방송이 시행되었고, 1980년 12월에는 상용화를 위한 3차원 방송이 LA의 Pay-TV 시스템에 의해 시행되었다.

1997년 NASA의 화성탐사 로봇 'Path Finder' [18]에 Imager for Mars Pathfinder (IMP)라는 입체 영상시스템(stereo image system)을 탑재하여 지구로 화성의 사진들을 3D 입체로 전송한 바 있다. [그림 1-10]은 'Path Finder'에서 촬영된 3차원 영상 사진이다.

[그림 1-10] IMP가 촬영한 3D 애너글리프 영상

3차원 매체를 통합한 실감매체 국책과제가 NASA, MIT [19], Washington대학, CMU, Media Lab.등에서 정보통신, 국방, 의료 등을 목적으로 추진되었다. 또한, Dimensional Technologies Inc. 등의 기업체에서는 렌티큘러 방식의 무안경식 LCD 스테레오 입체 모니터를 개발하였다. 그리고 DMA사, Phillips사 등의 각각의 회사별로 독자적인 방식의 연구를 수행하고 있으며 주로 5"~18"급 LCD 채용 구조의 입체 모니터를 개발하고 있다. 또한, CMU의 다시점 영상합성, SRI(Standford Research Institute)의 감각인식 및 인지 요소에 관한 연구와 North Carolina대, Illinois대, 워싱턴대 등 많은 대학에서 가상현실 연구와 3차원 세계의 공간공유 및 감각 수수 기술에 대한 연구가 수행되었다 [20]-[23].

2004년 Microsoft Research에서 수행된 가상 시점 비디오 프로젝트는 다시점 영상으로부터 복원된 고화질의 가상 시점 영상을 이용하여 부드러운 시점 전환을 가능하게 하였다. 이 프로젝트에서는 새로운 스테레오 정합 알고리즘을 개발하여 고화질의 깊이 정보를 생성하였고, 이를 이용하여 고화질의 가상 시점 영상을 복원하였다. 또한, MERL에서는 2004년에 진행된 3DTV 프로젝트를 통해 실시간 영상 획득, 부호화, 전송, 재현 등의 단계를 거치는 새로운 3차원 TV 시스템을 구현하였다 [24]. MIT에서도 홀로비디오 프로젝트를 통해 실시간 렌더링 및 재현이 가능한 홀로그램 기술에 대한 연구를 진행하고 있다. 한편으론 3차원 영상 기술의 사용화를 위해 영화/TV 기술인협회(SMPTE)의 주관하에 2009년부터 본격적으로 3차원 영화를 제작 보급하고 있다 [25]. ESPN에서는 2010년 남아공 월드컵을 3D 중계할 계획이고, NBC에서는 시청률이 높은 슈퍼볼 경기 중 일부 광고를 3D로 제공했으며, 3D 드라마에 대한 서비스도 시도하였다. 또한 DirecTV는 Panasonic과의 제휴를 통해 2010년 6월부터 3개의 3D 채널을 운영할 계획이고, Discovery는 SONY와 Imax와의 제휴를 통해 2011년부터 3D 방송을 시작할 예정이다.

일본에서는 3차원 TV 방송기술 연구가 30년 이상 진행되고 있으며, 입체방송과 관련하여 영상획득에서 저장, 압축전송 및 복원까지의 핵심기술 대부분을 확보하고 있다. NHK 연구소에서는 1959년경부터 3차원 방송에 관한 연구를 시작하여, 1990년에 안경이 필요 없는 입체 고화질 디스플레이 기술을 개발했다 [26]. 1992년부터 1997년까지는 총무성 산하 TAO(Telecommunications Advancement Organization of Japan, 통신방송기구)의 연구과제인 '고도 입체 동영상 통신' 국책 연구 과제를 시작으로 하여, '입체 하이비전 프로그램 제작기술 프로젝트', 그리고 2002년까지 수행한 '고도 3차원 동화상 원격표시 프로젝트' 등을 수행하면서 다안식 다시점 3차원 방송 시스템을 개발했다. 이와 관련해서 초점 심도 범위와 영상의 깊이 및 시각 피로 등의 관련된 분야의 연구도 병행했다.

1997년에는 통신위성을 이용한 디지털 입체 방송 실험, 1998년에는 통신위성을 이용한 입체 하이비전의 생방송 실험을 성공하였고, 지난 1998년에는 NHK와 KDD를 중심으로 나가노 동계 올림픽 경기를 입체로 중계 방송했다. 또한 위성방송인 BS11이 2007년 12월 개국 이후 매일 15분씩 3D 입체 프로그램을 방송하고 있고, SkyPerfectTV는 2009년 11월부터 시험 송출을 시작했다. 파나소닉은 3D 영화 아바타(Avartar) 제작에 참여하여 3DTV 제품을 홍보하였고, SONY는 FIFA와의 제휴를 통해 2010년 남아공 월드컵 경기 중 25경기를 SONY 장비를 통해 촬영 편집하여 대회기간 중 7대 도시 SONY 부스에서 하이라이트 3D 영상을 제공할 예정이고, 2012년 디지털 TV 출하량의 절반을 3DTV 제품으로 출시할 예정이다 [27]-[29].

NTT, ATR, 소니, 히디치, 마쓰시다, 미놀타, 닌텐도 등 일본 유수의 방송, 통신, 전자 및 광학회사와 많은 중소기업들을 중심으로 한 의료용 3차원 영상장비, 3차원 영상합성 소프트웨어와 3차원 동영상 통신 기술이 개발되고 있으며 무안경식 입체영상 디스플레이에 대한 연구개발을 추진해 NHK 기술연구소, 산요전기, 토판 인쇄사가 공동으로 40인치와 70인치 급 Lenticular 입체영상 디스플레이를 개발하였다. 특히 70인치 시스템의 경우 7명의 관찰자가 약 3.5M 거리에서 입체영상을 관찰할 수 있으며 3개의 3.1인치 TFT-LCD를 이용하여 컬러 입체영상을 디스플레이 하였다. 특히 일본은 Lenticular sheet 방식을 가전 표준으로 정하기도 했다. 또한 NTT 휴먼 인터페이스 연구소는 홀로그래픽 기술을 사용해서 움직이는 입체영상을 처음으로 실현한 홀로그래피 영화를 제작하였으며 10인치 정도의 크기의 3DTV도 개발하였다.

유럽에서는 1991년에서 1996년까지 3차원 TV 시스템의 개발을 위해 산학연이 연계하여 COST230 프로젝트를 수행하였다. 이 과제에서는 입체영상의 휴먼팩터(human factor)에 관한 연구와 스테레오스코픽의 영상획득 및 처리, 코딩, 편집, 저장 등에 관한 연구와 더불어 3차원 디스플레이에 관한 연구도 진행하였다. 1996년에는 ATM (Asynchronous Transfer Mode)을 이용한 입체영상 전송실험에 성공하였다 [30].

1992년부터 1995년에는 BBC를 중심으로 DISTMA(Digital Stereoscopic Imaging & Application) 프로젝트를 통해 입체영상의 획득 시스템에서 코팅, 전송 및 재생에 이르는 입체영상처리의 모든 과정에 대한 연구가 수행되었다. 또한 과제 결과물을 이용한 TV postprocessing, Quality Control, Medical Imaging, Remote Handling 등 각종 응용사례에 대한 시연도 이루어졌다. 1994년 11월, 다시점 영상을 위한 MPEG-2 applications에 관한 그룹을 발족하였는데, 이에 기여하면서 입체와 다시점 영상 시스템의 전송 방법에 대한 적합성을 검사하였다. 또한 DISTIMA 3D 실험 영상들은 MPEG-2 그룹 및 MPEG-4 application box의 실험 영상으로 사용되었다. 1994년 12월에는 ATM을 통한 최초의 실시간 입체 동영상 전송을 성공하였다. 데이터 전송률은 10Mbps였으며, 프로젝트에서 개발된 장비를 사용하여 네덜란드의 KPN Research 연구소(Leidschendam)에서 독일의 Deutsche Telekom (Berlin) 연구소를 연결하였다. 1995년의 ATM 비디오 전송 실험 시스템은 비디오를 4채널까지 사용할 수 있으며 입체 비디오와 다시점 3D 비디오의 전송이 가능하였다.

1995년에서 1998년에는 DISTIMA 프로젝트의 연속 과제로 깊이 기반의 스테레오 영상을 이용한 3차원 TV 구현을 위한 PANORAMA 프로젝트를 수행하였다. 1997년에서 1998년에는 ADTT(Advanced Digital Television Technologies)에서 스테레오스코픽(stereoscopic) 방식의 3차원 TV 응용을 위한 두개의 HDTV신호를 ATM으로 전송하는 시스템을 개발하였다. 3차원 TV 코덱(codec)과 카메라 장치가 있고 비디오 회의 시스템, ATM 전송 장치 등으로 구성된 시스템으로 양방향 HD 및 3차원 신호를 실시간 고속 MPEG 부호화/복호화 처리하여 코페르니쿠스 위성전송 ATM 네트워크로 원격 양방향 대화 및 산업교육을 시범 실시하였고, 실제로 벤츠사에서 자동차 정비 교육에서 이를 이용하였다. 이어서 원격 3D 기술 개발을 위한 MIDSTER 프로젝트와 3차원 TV 영상물 제작 장비 기술 개발을 위한 MIRAGE 프로젝트가 수행되었다.

2002년부터 2004년까지는 3DTV 시스템 개발을 목적으로 네덜란드의 Philips와 독일의 HHI 등 유럽 8개 기관이 협력하여 ATTEST(Advanced Three-Dimensional Television System Technologies) 프로젝트[31]를 수행하였다. 이전의 PANORAMA 프로젝트나 DISTIMA 프로젝트가 단지 입체영상의 기술적 검증 수준이었던 것에 비하여 ATTEST 프로젝트는 3DTV가 향후 기존의 2DTV를 대체하는 차세대 TV가 될 것임을 확신하고 현재의 방송환경 내에서의 유연성과 2DTV와의 양립성을 가지면서 상업적으로도 가능성이 있는 3DTV 시스템 개발을 목적으로 프로젝트가 시작되었다는 부분에 큰 의미가 있다. ATTEST는 3차원 영상의 깊이(depth)정보를 추가 전송하는 방식으로 3DTV 시스템을 구상하여 현재의 2D 디지털 TV와 호환이 가능하도록 하는 것을 목표로 하여 진행되었다. 온라인 입체영상 획득은 이스라엘 업체가 개발한 Zcam™ Depth 카메라를 보완하여 사용하였다. 기존의 2D 시스템과 호환이 되도록 2D영상은 MPEG-2 기본 계층을 이용하여 압축하였으며, 깊이정보 및 기타정보는 MPEG-2 향상 계층을 이용하여 압축하는 방식을 택하고 있다. 세톱박스(set-top box)에서는 2D/3D 디스플레이 모드를 선택할 수 있으며 다수 시청자의 움직임도 동시에 추종하면서 해당시점의 영상을 디스플레이 할 수 있도록 하고 있다. 또한 오프라인으로 2D영상을 3D영상으로 변환할 수 있는 영상변환기술도 병행해서 개발하였다 [32], [33]. 영국의 BBC는 최근 2012년 런던 올림픽을 3차원 영상을 통해 중계하겠다는 계획을 발표하였다. 또한 BSkyB에서는 2010년 1월 5개 도시에서 축구경기를 3D를 통해 중계하는 시험 서비스를 시행하였고, 이를 기반으로 4월부터 서비스를 준비중이다. 케이블 방송국인 Virgin에서도 2011년부터 3D 방송을 계획하고 있다.

1.3.2 국내 기술 개발 동향

국내 3차원 영상 기술은 1990년대 중반부터 각 기관별 연구소를 중심으로 입체영상 디스플레이방식 및 신호처리 기술에 대한 기초연구가 진행되었으며, 최근에는 산업계에서 입체영상 관련 H/W 제품화 연구에 매진하고 있다. 한국과학기술연구원(KIST) 등에서는 가상현실, 3차원영상 기술 개발을 목표로 홀로그래픽 비디오 시스템, 홀로그래픽 스크린을 이용한 무안경식의 8시점 천연색 3차원 동영상 입출력시스템, 투사식 위주의 새로운 3차원 영상기술의 개발과 감각 정보 송수신 기술과 관련한 모션 플랫폼, 공간 공유기술과 관련한 가상 스튜디오 기술을 개발 관련 프로젝트를 수행하였다 [34]-[37].

2002년에는 한국전자통신연구원(ETRI)에서 FIFA 한일 월드컵을 지상망(DS-3) 및 위성망(STM-1)과 디지털 TV 시스템을 이용하여 3차원 입체영상 방송중계 시범 서비스를 실시하였고 [38], 2006년에는 MBC와 함께 3차원 DMB와 IPTV의 시험 방송을 수행하였다. 한국과학기술원(KIST)에서는 가상현실을 구현하기 위한 3차원 영상처리 및 이에 관련된 입출력 처리 기술에 대한 연구를 수행하고 있으며, 경주 세계 문화 엑스포에서 가상현실 체험관을 운영하였다. 전자부품연구원(KETI)에서는 다시점 카메라 시스템 기반의 3차원 TV 시스템에 관한 연구를 수행하였고, KBS는 수평 이동축 HD 입체 카메라를 개발하여 자체적으로 3차원 TV 체험관을 운영하고 있다 [39]-[41].

국내 기업체에서는 삼성전자가 2002년 16시점 무안경식 다시점 3차원 디스플레이를 개발하였고, 2007년과 2008년에는 3차원 휴대폰과 PDP를 개발하였다. LG전자는 미국 라스베가스에서 열린 CES 2007에서 3차원 LCD모니터를 전시하였는데, 이때 선보인 42인치 3D 모니터는 특수 안경을 착용하지 않고도 입체감을 느낄 수 있도록 개발한 제품이었다. 현대아이티는 2D와 3D 화면을 구현할 수 있는 LCD TV E420D를 개발하여 독일에서 개최된 IFA 2007 전시회에 출품하기도 하였다. 이외에도 Zalman, Pavonine, v3i, Red rover 등에서도 다시점 3차원 모니터와 카메라 시스템에 대한 연구 개발에 힘을 쏟고 있다. 그 밖에 광주과학기술원 [42], 강원대학교, 광운대학교, 고려대학교, 연세대학교를 포함한 일부 대학에서도 입체영상 압축과 전송 기술을 연구하고 있으며, 다안식 입체영상 신호처리와 홀로그램 기반의 디스플레이 기술도 부분적으로 연구하고 있다. 한편, 2009년에 만들어진 '차세대 3차원 융합 산업 컨소시엄'을 통해 여러 연구소와 업체가 3차원 융합 기술의 연구 개발에 긴밀한 협력 체제를 구축하였다. 특히, 2006년에 정보통신부 주관으로 '3D 비전 2010'을 기획하여 개인형 모바일 및 데스크 탑 단말 환경에서 3차원 오디오 비디오를 전송하고 재현하는 종합적인 계획을 발표했다 [43]-[45].

2010년에 한국전자통신연구원(ETRI)을 중심으로 3DTV 실험방송 추진단을 구성하여 지상파, 케이블, 위성 기반의 고화질 3DTV 실험방송을 준비하고 있다. 실험방송 추진단은 2010년 11월에 열리는 G20 정상회의를 시작으로 2011년 8월에 열리는 대구 세계 육상선수권 대회의 주요 경기와 2012년에 열리는 런던 올림픽과 여수 엑스포 등을 시범 서비스 할 계획이다. 실험방송에는 듀얼스트림(dual stream) 방식을 이용할 예정인데 이는 좌우 영상을 각각 인코딩하여 MPEG-2 시스템 규격에 부합되도록 다중화하여 전송하는 방식으로 역호환성이 보장된다.

1.4 3차원 영상의 응용분야

3차원 비디오가 기존의 2차원 비디오에 비하여 사용자에게 실재감과 입체감을 주기 때문에 입체감이나 몰입감이 특히 중시되는 분야에 많은 대체요구가 생길 것이다. 이러한 분야로는 오락적인 요소에 꼭 필요한 몰입도를 증대시킬 필요가 있는 영화, 실제 사람을 보고 이야기 하는듯한 현장감이 요구 되는 화상회의, 기존 2차원 비디오로는 판단하기 어려운 의료영상 분야이다. 이밖에도 기존의 항공, 선박, 차량 및 각종 교육용 시뮬레이션이나 3차원 비디오 게임, 그리고 박물관과 같은 전시장의 목적으로 사용될 수 있을 것으로 기대된다. 앞서 말한 응용분야들은 3차원 비디오의 혜택을 받음으로써 서비스의 질이 더욱 향상될 것이다 [46], [47].

1.4.1 3차원 영화

3차원 영화의 경우 최근 「아바타(Avartar)」라는 영화가 대 흥행을 거둠으로써 3차원 영상의 시장성을 인정받게 되었다. 3차원 영화의 흥행으로 전국의 입체영화 상영관은 50개 정도에서 117개로 늘어나 현재 3차원 영상을 가장 쉽게 접할 수 있는 곳이 영화관이 되었다. 입체영화관의 경우 편광판이 삽입된 안경을 사용하는 안경형 방식을 사용한다. 안경을 써야하는 약간의 불편함이 있지만 영화의 특성상 화질이 중요시되기 때문에 아직 기술개발이 더 필요한 무안경식을 택하지 않고 안경 방식을 사용하게 되었다. 앞선 아바타의 흥행은 미국을 비롯해 세계 각각의 나라들이 3차원 영화를 제작하는 촉진제가 되었다. 영화를 3차원으로 촬영하는 시도뿐만 아니라 이미 제작되었던 예전의 2차원 영화를 3차원으로 복원하여 상영하는 시도 또한 이루어지고 있다.

[그림 1-11] 3차원 영화

1.4.2 3차원 DMB

DMB의 경우 초기의 3차원 비디오 기술을 적용시키는데 있어서 최적의 대상이 되었다. 그 이유는 다음과 같다. 이동이 가능한 영상 재생 장치인 DMB의 경우 보통 개인을 위한 장치이기 때문에 무안경 방식의 적용이 수월하다. 또한, 디스플레이의 크기가 작아 전송 대역폭의 부담도 적은 것이 사실이다. 3차원 DMB와 관련이 있는 차세대 DMB 즉, 'DMB 2.0'은 2009년 12월부터 송출이 시작되었으며 2010년 상반기부터 관련 단말기가 시판된다. 'DMB 2.0'에서 제공하는 서비스 중 하나인 3차원 방송은 기존의 2차원 DMB와의 호환성을 고려하여 3차원 방송을 송출시 기존의 DMB에서는 2차원으로 볼 수 있게 하였다. [그림 1-12]는 간략한 3차원 DMB 방송 시스템의 구성도를 나타낸다. 3차원 DMB를 재생할 수 있는 단말기는 현재 국내 대기업에서 이미 개발 완료한 상태이며 그 출시시기를 기다리고 있다 [48], [49].

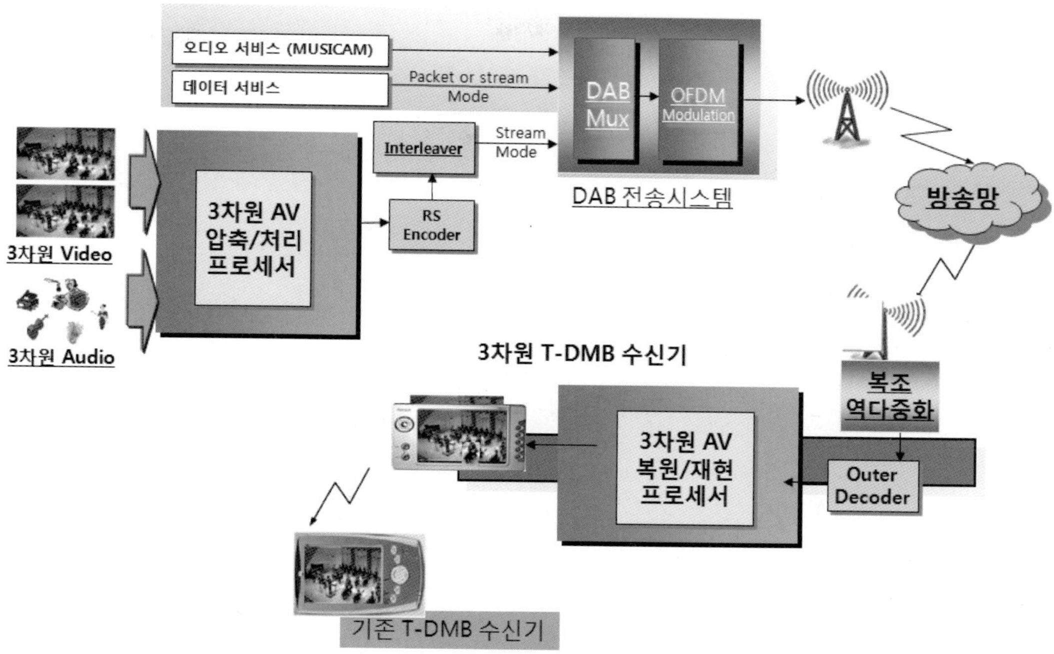

[그림 1-12] 3차원 DMB 송수신 시스템

1.4.3 3차원 의료영상

의료분야에서는 이미 예전부터 3차원 기술을 이용해왔다. 인체 장기의 경우 그 구조를 평면적으로 보여주는 X-Ray로는 그 한계성이 있기 때문에 자기공명영상(magnetic resonance imaging, MRI)기술이나, 컴퓨터 단층촬영(computed tomography, CT)기술을 이용 컴퓨터를 통하여 3차원 그래픽으로 재합성된 인체의 내부 모습을 보는 방법이 사용된다. 하지만 이러한 컴퓨터 그래픽은 3차원 영상을 2차원 디스플레이 장치에 투영하고 동시에 하나의 시점만을 제공하기 때문에 진정한 3차원이라고 할 순 없다. 또한, 내시경의 경우 아직 입체영상이 아닌 2차원 영상을 활용하는데 인체의 손상을 최소한으로 줄이면서 수술을 할 수 있는 장점이 있지만 의사의 두 눈으로 직접 보는 것이 아니고 하나의 카메라에 찍힌 영상을 보기 때문에 깊이감이 떨어져 실제로 보고 수술하는 것보다 실수를 범할 확률이 높을 수밖에 없다. 이러한 문제점을 해결하기 위하여 내시경에 기존 방식과 다르게 카메라를 사람의 두 눈처럼 두개를 달아 인체의 내부 영상을 입체로 촬영하고 이것을 3차원 디스플레이 장치를 통하여 출력하는 기술이 개발 중이다. 여기에 증강현실 기술을 접목한 사례도 연구 중에 있다. 수술시 미리 환자의 3차원 데이터를 수집한 뒤, 의사가 활자를 수술할 때 환자의 환부에 수집된 정보를 중첩하여 표시하여 수술시의 불필요한 절개를 막을 수 있고 효과적인 수술을 가능하게 한다.

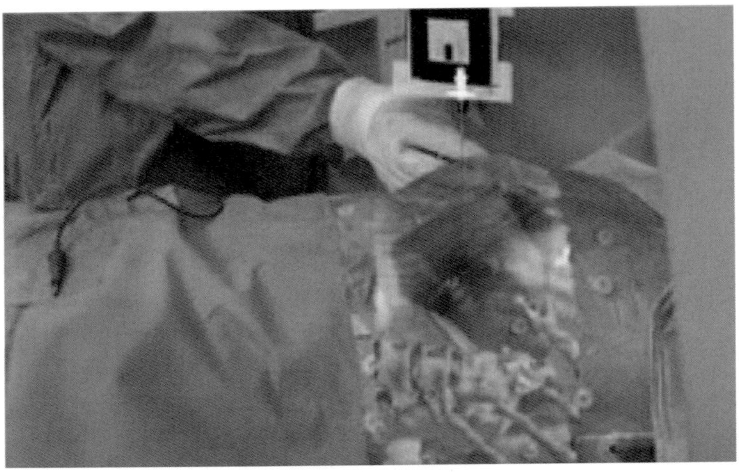

[그림 1-13] 증강현실을 이용한 의료기술

1.4.4 3차원 화상회의

기존의 2차원 화상회의의 경우, 영상이 획득되는 시점과 재현되는 시점이 다르기 때문에 회의 참석자들이 서로 눈을 맞추며 이야기하거나 상대방에게 동작 취하는 것이 어려워 자연스러운 회의 진행이 되지 못하였다. 이를 극복하기 위해 다양한 2차원 영상회의 방법과 새로운 접근방법인 3차원 영상회의가 제안되었는데, 그 중 하나가 Shared Virtual Table Enviroment(SVTE)이다. SVTE는 자연스러운 회의 분위기 조성을 위해 가상회의 공간을 공유하는 형식을 뜻한다. 이 시스템의 목적은 실제 회의 참석자들이 얼굴을 마주보고 회의를 진행함으로써 풍부한 의사소통이 이루어지게 되는 것으로 SVTE기술은 크게 3차원 영상획득 과정과 이것을 바탕으로 3차원 가상회의 공간 형성을 위한 렌더링 부분으로 나뉜다 [50].

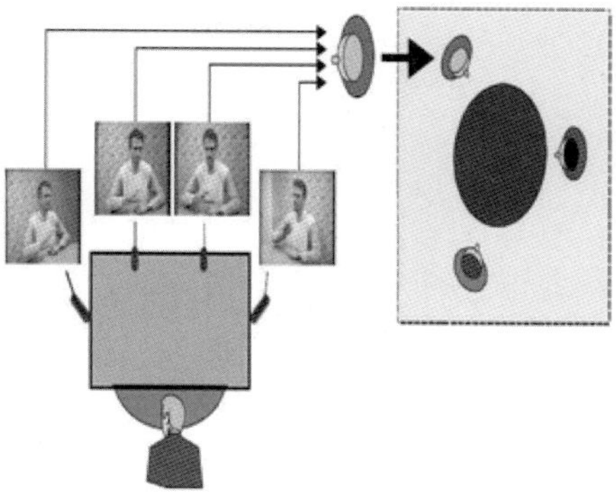

(a)

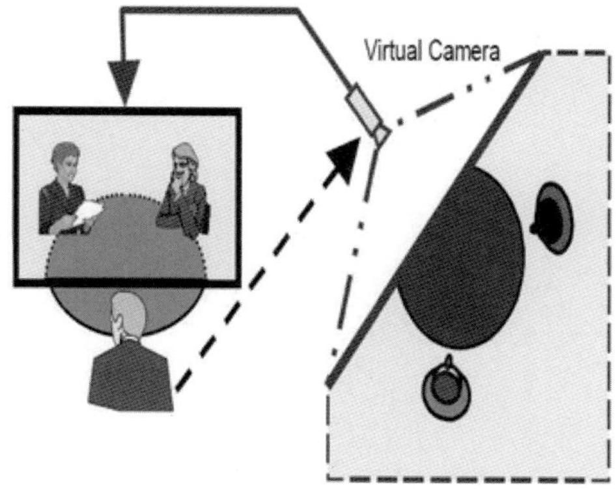

(b)

[그림 1-14] SVTE 시스템 구성. (a) 영상획득 (b) 가상회의 공간 형성을 위한 렌더링

1.4.5 시뮬레이터

시뮬레이터는 최근 가상현실 및 네트워크 기술의 발전과 더불어 항공기, 기차, 탱크, 의료, 선박, 항공관제소, 원자력 통제센터 등 거의 모든 분야에서 인재 훈련에 매우 중요한 역할을 담당하고 있다. 현실세계에서 실험 또는 체험하기 어려운 비행기 조종, 워게임, 우주여행, 의료시설 등과 같은 비일상적인 환경이나, 물리적 현상을 가상 환경 속에서 현실세계와 똑같이 체험할 수 있도록 컴퓨터와 고성능 멀티미디어 기기로 제작된 장비를 일반적으로 시뮬레이터라고 한다.

항공기 시뮬레이터는 가상 환경 하에서 안전한 훈련을 할 수 있도록 실제 비행 시 발생할 수 있는 모든 가능한 상황을 3차원 영상 화면으로 부여하여 항공기 조종사들에게 실제 항공기 조종 훈련과 동일한 훈련 결과를 줄 수 있다. 또한 이를 통해 실제 발생할지도 모르는 극한의 상황을 가정할 수 있는 등 상황 설정의 유동성이 있으며 이를 가상으로 만들 수 있기도 하다. 이를 통해 조종사의 비행기술을 증대시키는 조종사 관리 효과와 함께, 기상에 관계없이 지속적인 훈련이 가능한 훈련 일정 관리 능력 및 비행 안전을 증대시켜 경제적인 측면에서도 상당한 효율성을 가져오는 가상현실 장비이다. 또한 즉각적인 교육 효과를 거둘 수 있고, 자원의 절약이 가능하며, 차별화된 교육과 트레이닝이 가능하다.

선박 운항 시뮬레이터도 역시 항공 시뮬레이터와 마찬가지도 실제 해상에서 발생할 수 있는 모든 가능한 상황을 3차원 영상 화면으로 부여하여 실제 선박 조종 훈련과 동일한 훈련을 할 수 있다. 선박운항 시뮬레이터는 선원의 운항 능력 및 비상시 대처 능력 향상, 해난 사고 예방의 교육훈련에 활용되어 민간 선박의 조함 훈련이나, 군함의 조함 훈련 및 전술 훈련 분야 등에 사용되며, 또한 항만, 항로의 안전성 평가에 적용하여 안전하고 효율적인 항만, 항로 설계, 각종 항해 장비의 설계 및 운용에 관련된 평가 분야 등에 이용되고 있다. 이도 역시 차별화된 교육과 트레이닝, 그리고 즉각적인 교육 효과를 누릴 수 있으며, 자원 절약도 가능하다. 또한 날씨에 관계없이 언제든지 훈련을 할 수 있다는 장점이 있다.

차량 시뮬레이터는 운전자가 자동차를 운전하는 동안 수행하는 조향 휠의 조작, 가, 감속 페달을 통해 야기되는 차량의 운동을 실시간 시뮬레이션으로 처리하고 그 결과를 시각 및 음향, 모션장비를 통해 운전자에게 피드백하여, 차량 시뮬레이터에 탑승한 운전자가 실제로 자동차를 운전하고 있다는 느낌을 받게 하는 가상현실 장비이다. 이는 특히 교통이 혼잡하고, 교통 체증이 심한 우리나라와 같은 상황에 특히 알맞은 장비이다.

(a) (b) (c)

[그림 1-15] 시뮬레이터. (a) 항공 (b) 선박 (c) 차량

1.5 2차원 영상의 3차원 변환

3차원 영상에 대한 관심이 높아지면서 다양한 3차원 디스플레이 장치들이 제작되고 사용자들에게 보급되고 있다. 이에 발 맞춰 3차원 영화와 스포츠 중계 등 다양한 콘텐츠들이 제작되고 있지만, 아직 3차원 콘텐츠의 양이 충분하지 않기 때문에 3차원 디스플레이 장치를 고가로 구입하더라도 실제 볼 수 있는 콘텐츠는 충분하지 않은 실정이

다. 이러한 3차원 콘텐츠 부족을 해결하기 위해서 기존에 촬영된 2차원 콘텐츠를 3차원으로 변환하는 기술이 각광받고 있다.

하지만 기존에 촬영된 2차원 콘텐츠의 경우, 스테레오 카메라나 깊이 카메라로 촬영된 3차원 콘텐츠와 달리 정량적으로 깊이 정보를 추출할 수 있는 양안 깊이 단서들을 포함하고 있기 때문에 그 변환이 용이치 않다. 따라서 2차원 영상에 포함되어 있는 단안 깊이 단서를 분석하여 3차원 정보를 추출해내는 과정이 2차원 영상의 3차원 변환 기술의 핵심이라 할 수 있다. 단서 분석을 통해 얻은 깊이 영상을 토대로 3차원 영상을 생성한다.

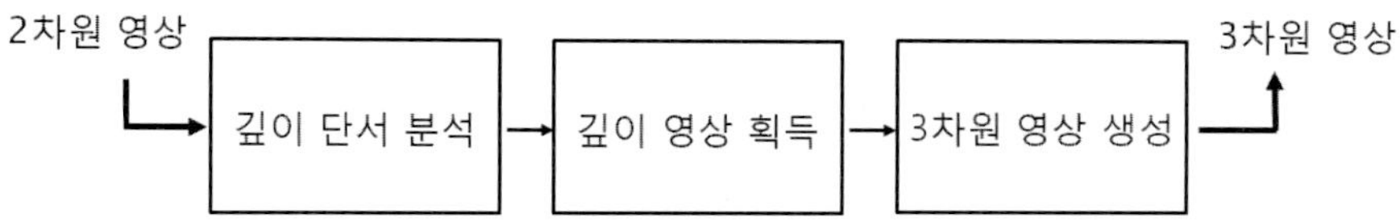

[그림 1-16] 2차원 영상의 3차원 변환 프로세스

1.5.1 깊이감 인지와 깊이 단서

사람은 3차원 사물의 정보를 망막(retina)이라고 하는 2차원 곡면을 통해 받아들이기 때문에 3차원 깊이 정보에 직접 접근할 수가 없다. 따라서 우리는 3차원 사물의 깊이 정보를 깊이 단서(depth cue)를 분석하여 얻는다 [51]. 깊이 단서는 크게 두 가지 종류, 두 눈을 통해 사물을 볼 때 사용할 수 있는 양안 깊이 단서(binocular depth cue)와 한 쪽 눈을 통해서 깊이감을 얻을 수 있는 단안 깊이 단서(monocular depth cue)로 나눌 수 있다.

1.5.1.1 양안 깊이 단서

앞서 언급한 바와 같이, 양안 깊이 단서는 우리가 두 눈으로 사물을 볼 때 깊이감을 인지하게 하는 중요한 역할을 한다. 양안 깊이 단서는 양안시차(stereopsis)와 수렴(convergence) 단서를 포함하며, 이 두 가지 단서 모두 사람의 눈이 서로 다른 위치에 존재하기 때문에 발생한다.

사람의 두 눈은 서로 다른 위치에 존재하기 때문에, 같은 사물을 보더라도 두 눈에 서로 다른 상이 맺히게 된다. 각 눈에 맺힌 두 상에서 가까운 물체는 큰 변이값을 갖게 되고 멀리 있는 물체는 작은 변이값을 갖게 되는데, 이 변이 정보를 바탕으로 삼각측량 기법을 이용하여 거리 정보를 추정하게 된다. 이 과정을 양안시차를 이용한 깊이 인지라고 하며, 사람에게 가장 정확하고 강한 깊이감을 제공하기 때문에 3차원 영화나 방송 등에서 폭넓게 사용되고 있다.

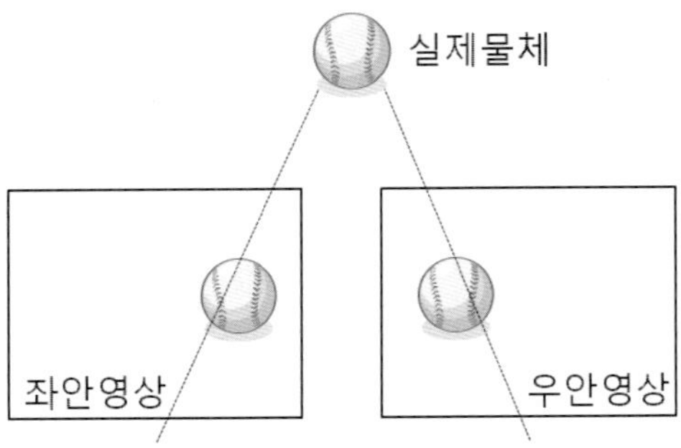

[그림 1-17] 양안시차에 의한 깊이 정보 추정

양안시차와 달리, 수렴 단서의 경우 양쪽 눈에 있는 근육 운동을 통해서 발생하게 된다. 하나의 사물을 볼 때 두 눈은 사물의 방향으로 수렴하게 되는데, 이 때 눈의 외각 근육이 이완하게 된다. 수렴을 통한 깊이감 인지는 근육의 이완 정도를 분석하여 거리를 가늠하는 방법이다. 이해를 돕기 위해 [그림 1-18]에 거리에 따른 두 눈의 수렴 정도를 나타내었다.

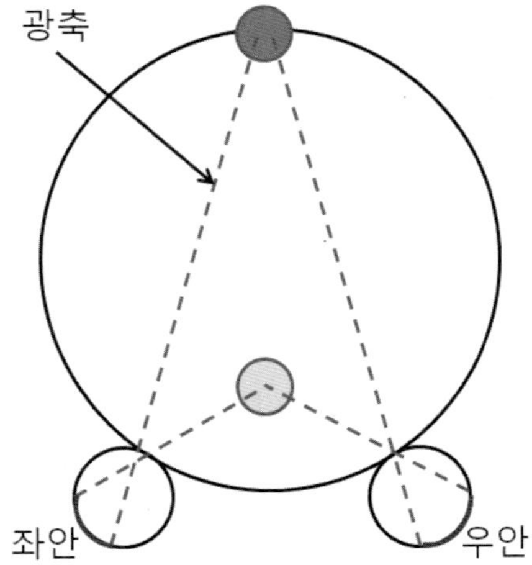

[그림 1-18] 물체 거리에 따른 두 눈의 수렴 현상

1.5.1.2 단안 깊이 단서

양안 깊이 단서는 매우 강한 깊이감을 제공하지만, 한 시점에서 촬영된 2차원 영상은 이에 대한 정보를 포함하지 않는다. 따라서 2차원 영상에서는 양안 깊이 단서를 통한 깊이영상 추출이 불가능하다. 다행스럽게도 사람은 경험에 의해 2차원 영상에서도 상대적인 깊이를 추정할 수 있다. 이 때 사용되는 정보를 단안 깊이 단서라고 한다 [52].

일반적으로 선형 원근은 3차원 공간의 두 평행선이 2차원 영상 면으로 투영되면서 소실점에서 만나게 되는 현상을 말한다. 이 현상은 1881년에 발표된 Emmert의 법칙으로 설명이 가능하다 [53]. [그림 1-19]와 같이, 같은 크기의 객체라도 거리에 따라서 사람 망막에 맺히는 상의 크기가 서로 다르게 된다. 물체가 가까이 있을 경우 좀 더 큰 시야각 알파를 통해 상이 맺히기 때문에 베타(β)각을 통해 상이 맺히는 먼 객체에 비해 큰 상을 갖게 된다.

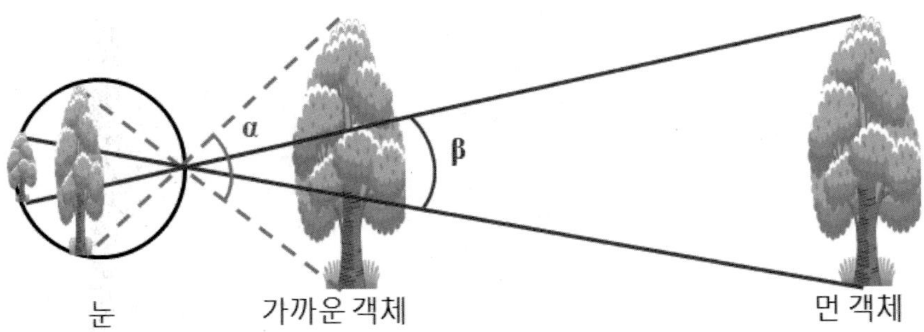

[그림 1-15] 물체와의 거리에 따른 시야각

평행한 두 직선의 경우에도, 가까이 있을 경우에는 그 거리가 크게 맺히지만, 점점 멀어질수록 거리가 좁아져서 무한히 먼 거리에서는 한 점에 모이는 것처럼 보이게 되는 것이다. 선형 원근은 평행선뿐 아니라, 상대적인 크기, 소실점과 소실선의 발생등에도 영향을 미치기 때문에 단안 깊이 단서 중에 가장 강한 깊이감을 제공한다.

그림자는 광원의 위치와 세기, 그리고 객체의 형태에 따라 그 형태가 정해지게 된다. 따라서 그림자를 분석하게 되면 물체들 간의 상대적 거리 뿐 아니라, 한 객체의 표면 형상까지도 분별해낼 수가 있다. 그림자는 크게 표면 그림자(attached shadow)와 투영 그림자(cast shadow)로 분류될 수 있는데, 표면 그림자는 광원에 의해 물체의 표면에 생기는 그림자로, 물체의 형상을 파악하는데 중요한 역할을 한다. 이와 달리 투영 그림자는, 광원 쪽의 물체에 의해 다른 물체에 드리우는 그림자로, 물체간의 공간적 위치, 광원과의 거리등의 정보를 파악하는데 도움을 준다. 2차원 영상의 그림자 분석을 통해 깊이 정보를 추정해낼 수 있다 [54]. [그림 1-20]은 선형 원근과 그림자 효과의 예를 나타낸다.

[그림 1-20] 선형 원근과 그림자 효과의 예

대기 산란 효과는 물체의 색상이나 선명도가 거리에 따라 달라지는 현상으로, 대기에 포함되어 있는 물방울이나 미세 먼지 등이 원인이다 [55]. 일반적으로 멀리 떨어져 있는 물체일수록 낮은 대조비와 흐릿한 특성을 갖는다. 넓은 의미에서 짧은 파장을 갖는 푸른색을 띄는 물체가 좀 더 멀리 있다고 느끼는 진출색과 후퇴색 효과도 대기 산란에 포함시키기도 한다. 2차원 영상에 존재하는 물체의 색상과 선명도, 밝기 등의 성분을 분석하여 물체의 상대적인 깊이 정보를 추정할 수 있다.

일반적으로 물체를 볼 때, 관심이 있는 영역은 초점을 맞춰서 선명하게, 그렇지 않은 영역은 상대적으로 흐리게 보게 된다. 이 원리를 이용하여 깊이 정보를 추정할 수 있는데, 일반적으로 관심이 있는 물체는 주로 가까이 존재한다는 가정 하에 고주파 성분을 많이 포함하고 있는 영역을 가까이 있다고 판단할 수 있다. 이 때, 카메라의 초점 거리와 조리개 수치값 등을 알면 절대 거리를 추정할 수 있지만, 그렇지 않은 경우에도 상대적인 거리를 파악하기 위해 초점 효과를 깊이 단서로 사용할 수 있다 [56].

[그림 1-21] 대기 산란과 초점 효과의 예

움직임 시차는 관측자의 이동에 의해 발생하는 깊이 단서로, 관측자가 움직일 때 가까이 있는 물체가 시야에서 더 빨리 움직이는 것처럼 보이는 효과이다. 관측자의 움직이는 방향과 속도를 알고 있다면 삼각측량법에 의해 사물의 거리를 정확히 계산할 수 있지만, 일반적인 2차원 동영상의 경우, 배경이 정지해있다는 가정 하에 상대적인 거리를 파악하는 데 사용된다.

가려짐은 가까이 있는 물체에 의해 멀리 있는 물체의 일부, 혹은 전부가 가려지는 현상이다. 객체 간의 경계에서 발생하는 T 결합의 위치 분석이나, 동영상에서 물체의 이동에 의해 새로 드러나는 부분 분석을 통해 판단할 수 있다.

[그림 1-22] 움직임 시차와 가려짐 단서의 원리

1.5.2 2차원 영상의 3차원 변환 기술

2차원 영상의 3차원 변환에서의 핵심 기술은 단안 깊이 단서를 분석하여 깊이 영상을 추출하는 것이다. 이를 기반으로 스테레오 영상이나 다시점 영상, 혹은 3차원 모델

을 생성해낸다. 2차원 영상에서의 깊이 영상 추출 기술은 두 가지 접근 방식이 있는데, 제품화를 통해 상용화를 목표로 하는 기술과 학술적으로 정확한 깊이 영상을 추출하는 것을 목표로 하는 기술이다. 본 장에서는 현재 상용화 단계에 도달해있는 깊이 영상 추출 기술에 대해 설명하겠다. 상용화 단계의 기술은 사람의 개입이 필요한 오프라인 변환 기술과 그렇지 않은 온라인 변환 기술로 나눌 수 있다.

1.5.2.1 오프라인 변환 기술

영화나 고화질 방송과 같은 3차원 영상 서비스를 위해서는 매우 정교한 깊이 영상을 추출하는 과정이 필요하다. 이를 위해 사람이 변환 과정에 직접 개입하여 수작업으로 깊이 영상을 추출하는 방법을 사용한다. 깊이 영상에 대한 시나리오를 작성하고 각 객체를 직접 수동으로 분리 한 뒤, 적절한 깊이 값을 할당하고 3차원 영상을 생성해낸다. 깊이 영상을 생성하는 수작업은 양이 매우 많고 고난도의 기술을 필요로 하기 때문에, 2시간 영화 한 편을 변환하는데 1년간 100명의 인원이 투입된다. 변환에 소요되는 금액도 120억원에 이른다. 따라서 자동화 기법의 연구 개발로 수작업을 대체하는 등, 꾸준한 작업 효율 개선이 필요하다. 깊이 영상을 추출하는 기술은 각 회사의 기술은 노하우(knowhow)이기 때문에 미공개라 자세한 기술 내용을 파악하기 어렵다. 대표적인 오프라인 변환 회사로는 월트 디즈니의 「이상한 나라의 앨리스」를 변환한 인쓰리(In Three)사와 워너브라더스의 「캣츠 & 독스」를 변환하고 있는 스테레오픽쳐스(Stereopictures)가 있다 [57], [58].

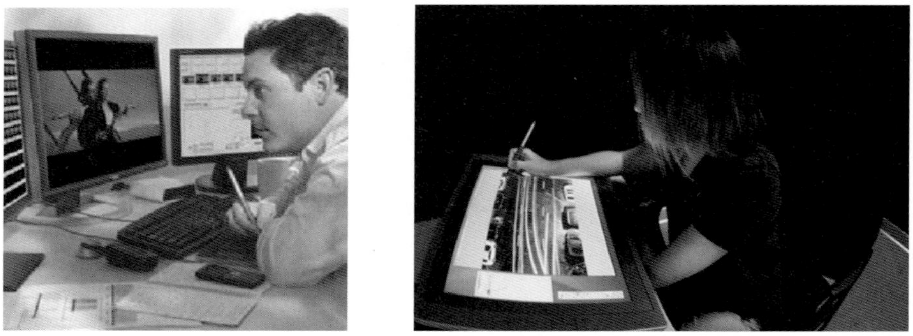

[그림 1-23] 수작업을 통한 3차원 변환

1.5.2.2 온라인 변환 기술

오프라인 변환 기술에 비해 깊이 영상의 정확도와 3차원 영상의 화질이 떨어지지만, 실제 제품 적용을 목표로 하는 자동 입체 변환 기술을 온라인 변환 기술이라고 한다. 이는 주로 실시간으로 수신되는 2차원 영상을 3차원으로 바로 변환하는 것을 목표로 하기 때문에 실시간 변환 기술이라고도 불린다.

온라인 변환 기술은 1993년에 일본 산요전기에서 개발한 '2D-3D Conversion TV'를 시작으로 연구되고 있다. 산요에서 개발한 TV는 입력 영상에서 움직임이 존재할 때 한 쪽 눈에 지연된 영상을 보여주는 방법으로 3차원 스테레오 효과를 만든다. 이 방법은 상업적으로 큰 성공을 거두지는 못했지만, 온라인 변환 기술에 시발점으로 큰 의미가 있다. 특히 지연 영상을 이용하는 3차원 변환 기술은 현재도 많이 사용되고 있다.

최근 온라인 변화 기술을 활발히 연구하고 있는 회사는 Dynamic Digital Depth(DDD)사와 HDlogix사가 있다. DDD사는 TV와 DVD 플레이어등에 셋톱박스를 장착하여 실시간으로 2차원 영상을 3차원으로 변환하는 기술을 보유하고 있다. [그림 1-24]와 같이 프레임간의 정보를 이용하여 움직임을 분석하고, 영상 구도를 예측하여 깊이 영상을 추정해낸다. DDD사는 2차원 영상의 3차원 변환에 대한 여러 가지 독자 기술을 개발해왔고, 많은 특허를 보유하고 있다 [59].

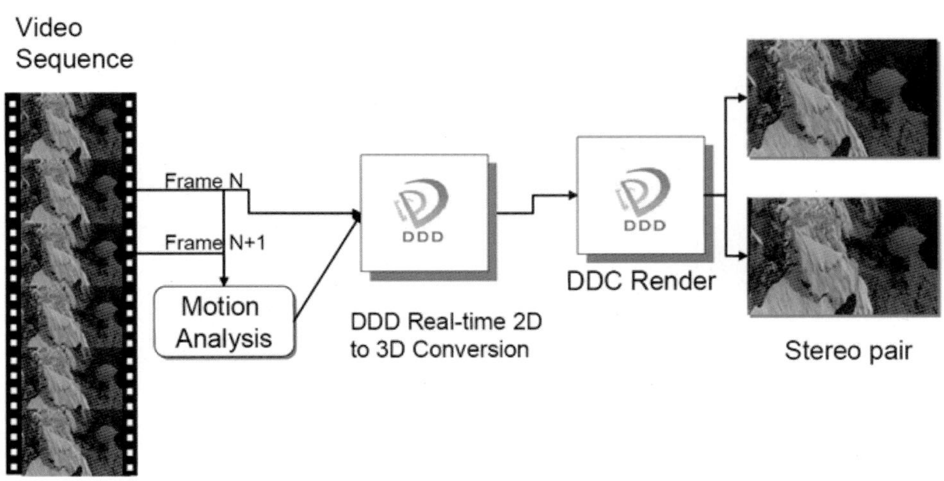

[그림 1-24] DDD사의 입체변환 프로세스

HDlogix사는 2차원 동영상을 입체로 변환하는 ImageIQ 3D 기술을 보유하고 있다. ImageIQ기술은 프레임간의 움직임 정보를 계산하여 광 흐름(optical flow)를 계산하고 [그림 1-25], 영상에 포함되어 있는 직선 선분을 분석하여 소실점을 추출하여 영상 구도 기반 [그림 1-26]으로 깊이 영상을 추출한다 [60].

[그림 1-25] HDlogix사의 광유(optical flow)를 통한 깊이 영상 추출

[그림 1-26] HDlogix사의 소실점(vanishing point)을 이용한 깊이 영상 추출

국내에서 2차원 영상의 3차원 변환 기술의 중요성이 대두되고 있어서 SK 텔레콤에서 벤처기업들과 함께 관련 기술을 연구하고 있다.

1.5.3 대표적인 연구 소개

앞에서 언급한 상용화 단계의 기술은 사람의 개입이 필요하거나, 실시간을 목표로 하기 때문에 상대적으로 부정확한 깊이 영상을 생성한다는 단점이 있다. 상용화를 위한 기술과는 별개로 자동으로 2차원 영상을 3차원으로 정확하게 변환하기 위한 연구들이 진행되고 있다. 그 중 대표될 만한 몇 가지 연구에 대해서 소개하겠다.

2004년에 Battiato *et al.*에 의해 연구된 변환 기법은 [그림 1-27]과 같이 영상 내에 존재하는 소실점을 기반으로 기하학적 깊이 영상을 추출하고, 객체분할 방식을 통해 얻은 기하학 깊이 영상을 잘라내는 방법으로 깊이 영상을 추출한다 [61]. 이 때 기하학적 영상은 미리 몇 가지 패턴을 정의해놓고 영상 특성에 따라 달리 적용한다. 이 변환 기법은 소실점을 포함하고 있는 영상에서 상대적으로 정확한 깊이 영상을 추출할 수 있지만 영상의 상세한 부분의 깊이를 추정할 수 없다는 단점을 갖고 있다.

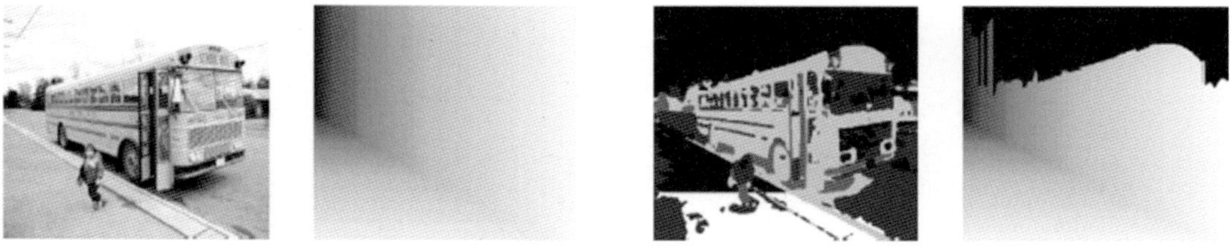

[그림 1-27] HDlogix사의 광유(optical flow)를 통한 깊이 영상 추출

2005년에 SIGGRAPH 학회에서 Hoiem *et al.*에 의해 발표된 연구를 살펴보면, 입력 영상을 작은 단위로 분할하고 이를 다시 보다 큰 단위로 통합한다 [62]. 이렇게 통합된 영역별로 하늘, 땅, 객체로 분류한 뒤, 3차원 모델로 구성하였다. 사전에 획득한 82장의 실험 영상과 기계 학습 방법을 이용하여 통합과 분류 과정의 정확도를 높였다. [그림 1-28]은 입력 영상 및 각 과정의 영상들을 보여준다.

[그림 1-28] 입력, 영역분할, 영역통합, 분류 영상 및 생성된 3차원 모델

2009년에 Saxena *et al.*에 의해 발표된 연구는 앞서 설명한 연구와 달리 나눠진 객체를 하나로 합치지 않고, 각 객체에 3차원 평면 방정식을 정의하여 깊이 영상을 생성한다 [63]. 이 때 기계 학습 방법과 마르코브 랜덤 필드를 이용하여 객체 사이의 상호관계를 고려하고, 최적화 기법을 통해 깊이 영상을 추정해낸다. [그림 1-29]는 입력영상과 본 방법을 통해 생성한 3차원 모델을 보여준다.

[그림 1-29] 입력 영상 및 생성된 3차원 모델

1.6 3차원 영상 디스플레이

본 절에서는 3차원 입체영상을 구현하는 3차원 디스플레이 장치의 원리를 간략히 소개한다. 3차원 입체영상을 재현하는 방식은 크게 분류해보면, 입체용 특수 안경을 착용한 방식, 입체용 특수 안경을 착용하지 않는 방식, 홀로그래피 방식의 세 가지로 구분할 수 있다.

〈표 1-1〉 입체영상 디스플레이 기술 분류

대분류	중분류	소분류
3차원 입체영상 디스플레이	안경 방식	편광 방식
		시분할 방식
		적청 방식
		농도차 방식
	무안경 방식	패럴랙스 방식
		렌티큘러 방식
	완전 3차원 방식	홀로그래피 방식

1.6.1 안경 방식

입체용 특수 안경을 착용하는 방식의 원리는 모두 양안의 시차를 이용한 것이다. 이런 입체용 특수 안경 방식으로는 직교하는 편광 소자의 편광 방향에 따른 차광 효과로 두 눈의 화상을 분리하여 입체영상을 구현한 편광 방식, 특수 안경에 반복적으로 열고 닫히는 셔터를 부착하고, 그 주기를 디스플레이되는 좌·우안용 영상과 동기시켜 입체영상을 구현한 시분할 방식, 빛의 보색에 관한 색상차를 이용하여 입체감을 느끼는 적청 방식, 마지막으로 투과율이 다른 필터를 장착하여 농도차를 이용한 농도차 방식 등이 있다. 입체용 특수 안경을 이용한 방식은 비교적 간단하게 입체영상을 구현할 수 있고, 색 재현성 및 해상도가 우수하며, 천연색의 입체영상 구현이 가능하고 동시에 많은 사람이 관람할 수 있는 장점이 있다. 또한 낮은 가격으로 실용화할 수 있다. 하지만, 입체영상을 보려면 반드시 특수 안경을 착용해야만 하므로 이용이 번거롭고 입체 관찰

방향은 촬영 방향에만 국한되며, 양안의 시차에 따른 피로감이 발생한다는 단점이 있다. 또한 편광 필터로 인하여 밝기가 줄어들기 때문에 화면이 어둡고, 셔터의 개폐로 인한 깜박거림이 발생한다는 단점이 있다 [64], [65].

1.6.1.1 적청 방식

색상 표에서 서로 반대쪽에 있는 색은 보색이다. 따라서 보색은 거리가 가장 멀고 색상의 차이가 가장 크며 서로 마주보고 있는 색이다. 보색의 배색은 서로 색상의 차가 크므로 가장 선명한 배색이 된다. 눈은 빛의 굴절에 의해 밝은 색의 물체가 어두운 색의 물체보다 더 가깝게 보이게 하고, 붉은 색의 물체가 푸른색의 물체보다 더 가까워보이게 한다. 이와 같이 색상의 차이는 관찰자에게 원근감을 느낄 수 있도록 한다. 눈과 색상의 이와 같은 특성을 이용하여 입체감을 느끼도록 한 것이 바로 적청 방식이다. 즉, 적청 입체영상은 눈의 좌우에 들어오는 영상의 차이를 이용하여 2차원 평면을 3차원 입체로 보이게 하는 것이다. 한 화면으로부터 좌·우 영상을 분리하기 위해 각각의 색이 지니는 고유 주파수를 투과 또는 차단시키는 색 필터를 이용한다. 이때 주로 녹색과 청색, 그리고 붉은 색과 황색등의 색 필터 등이 이용된다. [그림 1-30]은 보색 안경 필터를 나타낸다.

[그림 1-30] 보색 안경

[그림 1-30]과 같은 보색 안경 필터를 착용하고 영상을 보게 되면 붉은색의 유리는 붉은색 계열의 색을 투과시키지 못한다. 반대로 파란색의 유리는 파란색 계열의 색을 투과시키지 못한다. 결과적으로 한쪽 눈은 붉은색 계열의 색을 보지 못하게 되고 반대

로, 다른 한쪽 눈은 파란색 계열의 색을 보지 못하게 된다. 이런 방법으로 생성된 두 영상이 합쳐지게 되면 두 보색의 굴절에 의해 원근감이 생성되며 이를 통해 관찰자는 입체감을 느낄 수 있게 된다.

1.6.1.2 편광 방식

빛은 모든 방향의 편광이 섞여있다. 이런 빛에서 특정한 방향으로 편광된 빛만을 통과시키는 기능을 가진 소자를 편광자라라고 한다. 즉, 임의의 방향을 가진 빛이 편광자를 만나게 되면 특정한 방향의 편광을 가진 빛만 통과된다. 즉 편광자는 바로 빛을 걸러내는 그물과도 같다. 즉 빛의 이러한 특성을 이용하여 우리가 보는 영상에 입체감을 갖도록 하는 방법이 바로 편광 방식이다 [66].

[그림 1-31]은 실제 편광 방식을 나타낸다. 즉, 수직과 수평 성분의 혼합된 빛이 편광 필터에 들어온다. 그런데 위 그림의 경우 편광 필터는 수직 편광 필터이고, 아래 그림의 경우 편광 필터는 수평 편광 필터이다. [그림 1-31]에서 보는 것과 같이 수직 편광 필터의 경우는 빛의 수직 성분만을 통과시키고, 수평 성분은 통과시키지 않는다. 반대로 수평 편광 필터의 경우는 빛의 수평 성분만을 통과시키고, 수직 성분은 통과시키지 않는다. 이를 통해 우리는 각각 원하는 빛의 성분만을 제한적으로 선택할 수 있다.

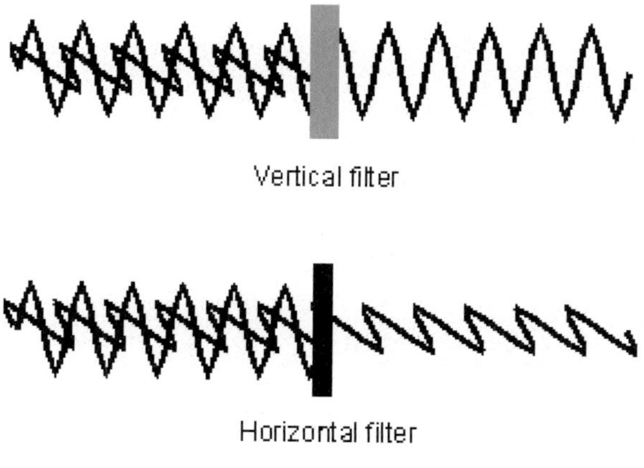

[그림 1-31] 수직, 수평 편광 필터의 작용

편광 필터 방식은 직교한 편광 소자의 조합을 이용하여 빛의 각도를 각기 수직과 수평으로 나누어 인위적으로 눈에 도달하는 이미지를 서로 다르게 보여준다. 즉, 직교한

편광소자의 조합에 의한 차광 효과를 이용하는 것이다. 이러한 방식으로 입체영상을 감상하기 위해서는 영사기 또는 프로젝터 등과 같은 장비의 렌즈 부위에 각기 직교하는 편광 필터를 부착하고, 관람자도 같은 종류의 필터가 부착된 편광 안경을 사용해야만 사실적인 입체감을 느낄 수 있다.

1.6.1.3 시분할 방식

시분할 방식은 편광 소자 대신에 빠르게 반복적으로 열고 닫히는 셔터를 안경에 부착하고 그 주기를 디스플레이되는 좌·우안용 영상과 동기시켜 입체영상을 구현하는 방식이다. 따라서 좌측 영상을 디스플레이할 때는 좌안에만 영상이 출력되고, 우측 영상을 디스플레이할 때는 우 영상만 표시되도록 영상을 조절하는 기술이 필요하다. 초기에는 기계적인 셔터 안경을 이용했지만, 현재에는 좌·우영상의 분리를 전자적으로 안경 쪽에서 수행하는 시분할 안경 셔터 방식과 좌·우 영상의 분리를 영상 디스플레이 쪽에서 수행하는 시분할 편광 안경 방식이 실용화되고 있다. 시분할 셔터 안경 방식의 표시면 측은 단순히 좌·우영상을 번갈아 가면서 절환만하여 표시하고 안경 측을 표시 영상에 동기시켜 개폐한다. 또한 시분할 편광 안경 방식은 안경 측에서 절환 조작을 하는 번거로움을 없애기 위해서 셔터 안경을 구성하는 편광판과 편광 소자를 표시 측에 두고 관찰자는 직교한 편광판의 안경만을 쓰면 되는 방식이다. 이 두 방식 모두 처음에 설정한 표시 영상의 편광면의 각도와 편광 안경의 방위각이 다르면 분리 상태가 저하되는 단점이 있다 [65].

1.6.1.4 농도차 방식

농도차 방식은 좌·우안에 투과율이 다른 필터를 장착하고 움직임이 있는 평면 영상을 관찰하면, 투과율의 차에 따른 지각 시간의 차이로 인해 입체감을 느끼게 되는 방식이다. 좌·우안에 투과율이 다른 필터를 사용하므로 정보가 망막에서 뇌로 전달되는 속도가 달라진다. 이러한 이동 속도와 농도의 차이에 의해 깊이의 변화가 생겨 사람은 깊이감을 느끼게 된다. 이러한 깊이감으로 인해 궁극적으로 입체감을 느끼는 효과가 나타난다. 이 방식은 운동 성분에서 입체감을 얻기 때문에 정지영상에 대해서는 효과가 없다. 일반적으로 일반 영상에서는 효과가 적지만 컴퓨터 그래픽스 영상에서는 입체 효과를 내기가 쉽다.

1.6.2 무안경 방식

입체용 특수 안경을 착용하지 않는 방식 또한 양안의 시차를 이용한다는 점에서는 특수 안경 방식과 근본적인 원리는 차이가 없다. 무안경 방식은 영상이 송출되는 화면 앞에 좌·우안용 영상을 분리하는 소자들을 장치하여, 왼쪽 눈에는 좌안용 영상을, 오른쪽 눈에는 우안용 영상을 보내어 관찰자로 하여금 입체감을 느끼게 한다. 특수 안경을 착용하지 않는 방식으로 개구부를 통해 맨 눈으로 입체영상을 관찰하는 패럴랙스 배리어 방식과, 배리어 대신 작은 렌즈들의 배열로 이루어진 판을 배치하여 입체영상을 구현하는 렌티큘러 방식으로 구분할 수 있다. 특수 안경을 착용하지 않는 방식은 맨 눈으로 입체영상을 볼 수 있으므로 편리하고 천연색의 입체영상도 구현 가능하며, 화면을 크게 만드는 일 또한 가능하다. 그러나 입체시의 관찰 방향이 촬영 방향에만 국한되고 양안의 시차로 인한 피로감이 발생하는 단점이 있다. 그리고 관찰자가 입체영상을 볼 수 있는 지점이 일정한 영역에만 한정되고 그 지점을 벗어나면 입체시가 깨어진다는 단점이 있다. 결과적으로 많은 사람이 동시에 보기에는 적합하지 않다 [66], [67]. 하지만 최근에는 이러한 문제점을 보완하여 다수의 사람이 동시에 입체 영상을 즐길 수 있는 다시점 디스플레이(autostereoscopic display)도 개발되었다.

1.6.2.1 패럴랙스 방식

우리의 눈은 오른쪽, 왼쪽으로 구분되어 있으며 각각 영상의 다른 면(오른쪽 눈은 오른쪽 면, 왼쪽 눈은 왼쪽 면)을 보아 영상을 획득한다. 이렇게 하여 영상을 입체감 있게 획득할 수 있다. [그림 1-32]는 패럴랙스 방식의 기본 원리를 나타내고 있다. 패럴랙스 방식은 영상을 획득함에 있어 배리어라는 필터를 설치한 후 그 뒤에 적당한 간격을 두고 좌·우 영상을 교대로 배치하여 좌·우 영상을 분리한다. 이렇게 분리된 좌·우 영상을 안경없이 우리 눈이 받아들이는 방식이다. 즉, 패럴랙스 방식은 이렇게 오른쪽, 왼쪽 눈의 차이에 의한 관측을 통해 이미지나 영상이 입체감 있게 나타나게 하는 시차를 이용한 방법이다.

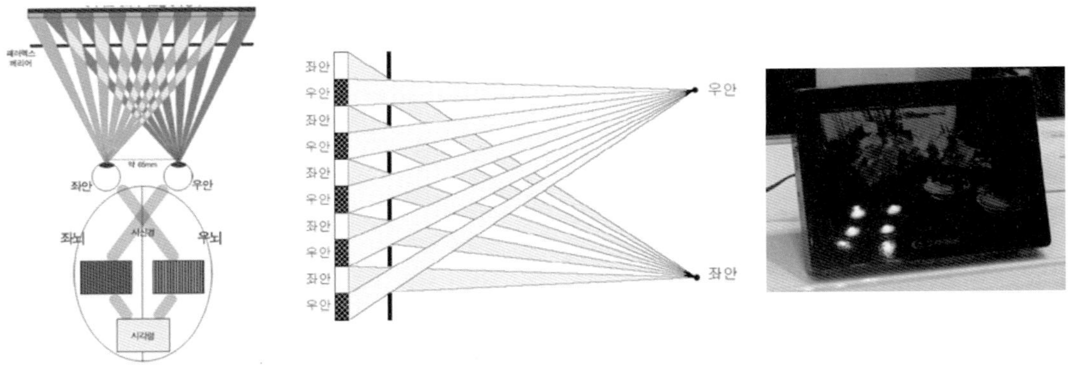

[그림 1-32] 패럴랙스 배리어 방식

패럴랙스 배리어는 입체 영상을 보기 위해 특별한 안경을 써야하는 제약적인 상황을 극복한 방법으로 우선 원 영상으로부터 각각 좌·우 영상을 획득한다. 그 다음 각각 좌·우 영상을 세로로 잘게 자른다. 세로로 잘게 자른 좌·우 영상을 교대로 하나씩 붙여 좌·우영상이 교차하는 다른 하나의 영상을 획득한다. 이렇게 획득한 영상의 적당한 거리 앞에 배리어 필터를 설치하여 보면, 왼쪽 눈은 배리어에 의해 좌측 영상만을 보게 되고, 우측 눈은 배리어에 의해 우측 영상만을 보게 된다. 따라서 우리는 영상을 입체감 있게 볼 수 있게 된다. 또한 배리어의 두께를 가지고 영상의 화질을 조절할 수 있다. 배리어가 두껍게 되면 눈에 거슬리지만 화상의 폭을 세밀하게 조절할 수 있고, 배리어의 폭이 세밀하게 되면 매우 자연스러운 영상을 얻을 수 있다.

1.6.2.2 렌티큘러 방식

렌티큘러 방식은 앞에서 살펴 본 패럴랙스 방식과 유사한 방식이다. 렌티큘러 방식 역시 인간이 두 개의 눈을 가지고 있기 때문에 느끼는 입체감이나 원근감 등 거리감을 이용하는 방법이다. 인간의 눈과 눈 사이의 간격은 평균 6.3cm라고 하는데, 이로 인해 어느 물체나 풍경을 볼 경우 좌·우의 눈은 각각 다른 각도에서 같은 것을 보게 된다. 보는 각도가 다르기 때문에 오른쪽 눈으로 본 영상과 왼쪽 눈으로 본 영상은 다른데, 각각은 뇌의 움직임에 따라 하나로 결합되어 깊이감 있는 영상으로 인식된다. 이와 같이 인간이 좌·우의 눈으로 본것과 같은 원리를 응용하여 임체감 있는 영상을 만드는 방식이 렌티큘러 방식이다. 이 방식은 반원통형태의 두께 0.3~1.3mm, 간격 0.4mm 정도의 아래 부분은 편평하고, 표면은 파형을 한 렌즈들이 배열된 렌즈시트에 의해 길게 잘

려 규칙적으로 배열된 이미지들을 순차적으로 보게 된다. 렌즈를 통해서 위의 교착된 이미지를 보게 되면 실제로는 평면인 이미지지만, 입체 이미지 상 혹은 다른 효과들을 육안으로 확인할 수 있다. 또한 렌즈들은 각도 따라 특정 위치의 이미지를 확대시켜 보여주기 때문에 수용자는 위치를 선택하여 몇 장의 이미지들 중 원하는 하나를 볼 수 있게 된다. [그림 1-33]은 렌티큘러 방식의 기본 원리를 나타내고 있다 [69].

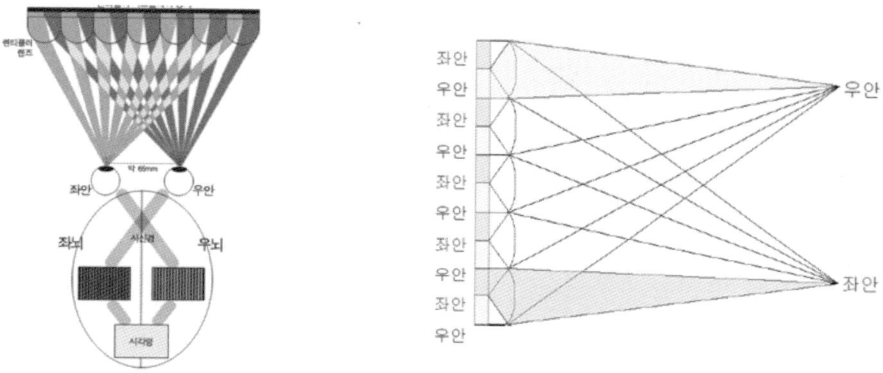

[그림 1-33] 렌티큘러 방식

렌티큘러 방식의 원리는 좌측 영상과 우측 영상을 각각 세로로 가늘게 자른 다음 교대로 배치하여 하나의 렌티큘러 영상을 얻는다. 이렇게 얻은 렌티큘러 영상 앞에 렌티큘러스크린(반 원통형 렌즈)를 놓고 보면, 렌즈판의 지향성에 따라 좌측 영상과 우측 영상이 분리되어 안경이 없이도 입체감을 갖게 된다. 즉 렌즈의 굴절에 의해 왼쪽 눈에는 왼쪽 영상이 보이고, 오른쪽 눈에는 오른쪽 영상만이 보이게 된다.

1.6.3 완전 3차원 방식

1.6.3.1 홀로그래피 방식

홀로그래피는 1947년 영국의 과학자 데니스 게이보(Denis Gabor)에 의해 시작됐다. 게이보는 전자현미경에서 전자의 물질파 파면(wave front)에 대한 정보를 필름면에 기록하여 이를 전자보다 만 배 이상의 파장을 가지고 있는 가시광선으로 재생하여 전자현미경의 배율을 획기적으로 높일 수 있을 것이라는 원리를 제안했다. 하지만 당시에는 레이저가 나오기 전이라서 가시광원으로 저압 수은등의 546.1nm의 초록색 빛을 이용하였다. 그의 이론은 실현되었지만 재생파를 입사파로부터 완전히 분리하기에 불편한 점이 많아서 크게 주목받지는 못했다. 그러나 게이보의 발상은 물체의 영상을 명암으로만 기록하는 통상적인 사진술과 전혀 다르게 물체에서 방출되는 빛의 파면에 대한 정보를 필름에 기록하는 혁신적인 것이었다. 게이보는 이런 방식으로 기록된 필름을 홀로그램(hologram)이라 불렀다. 홀로그램은 다시 그 파면을 재생하면 완벽하게 그 물체로부터 퍼져나가는 것과 같은 빛을 만들어 낼 수 있어 물체가 실제 상태로 있는 것처럼 관측하게 한다. 이러한 기술을 홀로그래피 방식이라 한다. 피사체로부터 반사되어 나오는 한 방향의 산란된 빛의 세기만이 직접 기록되는 사진 촬영과는 달리 홀로그래피는 각 피사체에서 산란·반사되어 나오는 물체파와 기준파(reference beam)와의 간섭에 의해 생기는 간섭무늬 패턴이 홀로그래픽 필름 또는 감광 유리판에 기록되는 것이다. 홀로그램을 기록할 때 사용된 것과 같은 광원의 기준광으로 조사하면 3차원의 입체영상이 허공에 떠있는 것처럼 보이게 되는 것이다 [70]. [그림 1-34]는 홀로그래피 방식을 이용하여 재현된 입체영상을 나타낸다.

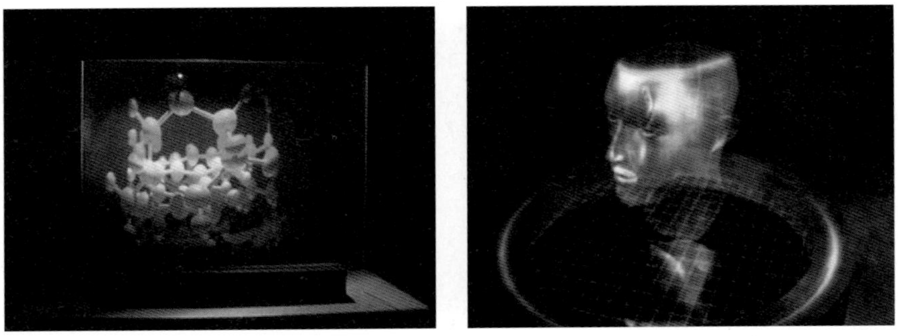

[그림 1-34] 홀로그래피를 이용한 입체영상

1.7 3차원 비디오 품질평가 및 휴먼팩터

3차원 멀티미디어 기술은 좌우 양안·양이에 각각 다른 시·청각 정보를 주어 입체감을 주는 기술이다. 그 중 3차원 영상기술은 HDTV와 함께 차세대 실감형 영상서비스를 위한 방송기술로서 차세대 디스플레이 시장을 선도할 것으로 기대되며 3차원 디스플레이 시장의 규모가 갈수록 커지고 있다. 이는 우리나라뿐만 아니라 전 세계적으로

3차원 영상 기술이 차세대 디스플레이 시장을 이끌어갈 고부가가치 기술로서 인정받고 있으며, 각 국가별로 정부 차원의 지원이 진행되고 있다. 각 국의 3D 기술은 대부분 독립적이고 개별적으로 수행되고 있으며 아직 체계적인 시스템 연구가 진행되지 않아 3D 기술을 선점할 경우, 3D 시장의 주도권을 가져올 수 있을 것으로 예상되고 있다. 지난 2010년 1월 7일부터 시작된 지상 최대의 가전전시회인 CES(Comsumer Electronics Show)에서는 삼성, 소니와 같은 디스플레이 제작 관련 업체들이 3D TV를 출시하면서 시장의 관심은 더욱 고조되고 있다.

이러한 3차원 디스플레이 시장의 성장과 함께, 3차원 영상 시청 시 나타나는 구토, 두통, 어지럼증 등의 3D 멀미 (3D motion sickness 또는 simulation sickness) 증상과 같은 부작용이 심각한 문제점으로 부각되고 있다. 과거 3D 산업의 초창기부터 현재까지, 3D 산업의 지속적인 발전을 저해하는 가장 큰 장애물 중 하나가 바로 3D 영상물이 유발하는 시각 피로감과 같은 사람의 안전성과 관련된 문제이다. 3D 디스플레이는 눈의 착시 현상을 이용하여 입체영상을 구현하기 때문에 가변 대역폭을 이용하는 네트워크상의 전송오류, 패킷손실, 패킷지연, 부호화과정 등으로 인한 서비스 품질의 열화는 인간의 시각 심리적 어지러움 유발 등의 안정성의 문제를 야기할 수 있다. 한 예로, 최근 전 세계적으로 흥행하고 3차원 영상으로도 상영된 영화 「아바타」의 경우를 들 수 있다. 영화 시청 시작 후 30분이 안 돼 멀미로 3D 안경을 벗거나 상영 후 두통 증상을 호소한 경우가 보고되었으며 이러한 멀미는 심한 경우 불안 및 공황장애까지 유발한다고 알려져 있다. 이러한 부작용을 최소화하기 위하여 3D 비디오가 인간의 시각 인지 시스템에 미치는 영향 및 시각 안전과 관련된 휴먼팩터에 대한 연구가 필수적이다. 이미 제작된 3D 비디오에 대해서는 품질평가를 통한 위의 문제를 사전에 방지하는 시각 안전 기준으로 사용할 필요가 있다 [71].

인간은 두 눈이 얼굴의 정면에 위치하여 서로다르지만 유사한 두 이미지를 각각의 좌안가 우안을 통해서 지각한다. 서로 다른 두 이미지는 시각정보 처리 과정을 거쳐서 하나의 단일 상으로 지각되며 인간은 깊이감을 느끼게 된다. 여기서 던질 수 있는 질문은 어떻게 두 개의 이미지가 하나의 이미지로 수용되는가 하는 것이다. 분명한 것은 인간의 시각정보 처리 과정에서 둘 중 하나의 정보가 억제되거나 두 개의 정보가 모두 융합되어 하나의 새로운 정보를 만드는 과정이 수행된다는 것이다. 이러한 관점에서 인간의 양안시각 (binocular vision) 시스템은 억제이론(suppression theory)과 융합이론(fusion theory)를 통해서 설명되어질 수 있다.

1.7.1 억제이론

양안시각에서 억제이론은 양안 경쟁 (binocular rivalry) 현상을 통해서 지지받아 왔다. 양안 경쟁 현상이란 양안에 서로 다른 정보가 보일 때 두 정보가 서로 교대로 지각되는 현상이다. 한쪽 눈에 어느 한 이미지를 보여주고 다른 쪽 눈에 아주 다른 이미지 하나를 보여줄 때 두 개의 이미지는 서로 겹쳐져서 지각되는 것이 아니라 둘 중 어느 한 이미지가 먼저 잠시 지각되고 나서 다른 이미지가 잠시 지각된다. 그리고 다시 처음 이미지가 지각되고 다시 다른 이미지가 지각되는 동작을 반복하게 된다. 예를 들어 [그림 1-35]와 같이 좌안에는 알파벳 'S'를 보이고 우안에는 알파벳 'A'를 보여줬을 때 인간의 뇌는 두 알파벳을 짧은 시간 동안 교대로 지각하게 된다.

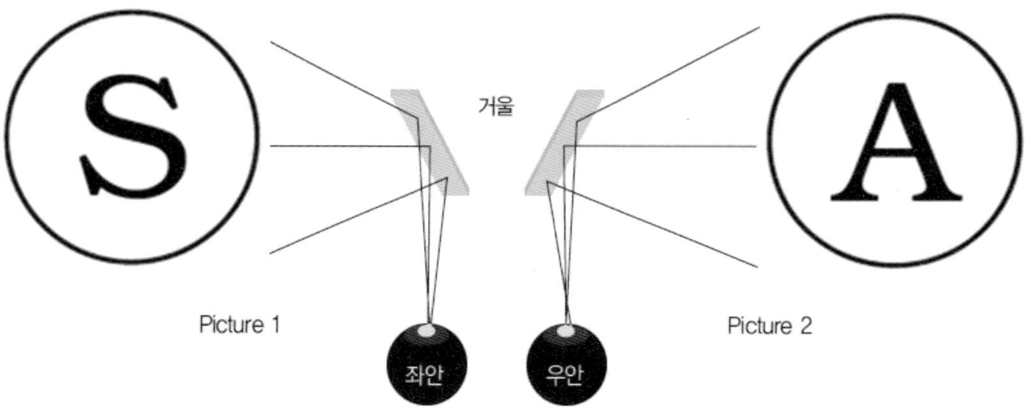

[그림 1-35] 양안 경쟁 현상 실험

양안 경쟁 현상은 [그림 1-36]과 같이 두 눈에 충분히 다른 두 영상이 수용될 때 발생한다. 예를 들어 서로 다른 방향성을 가지는 직선들([그림 1-36(a)])이라든지 색상 대비가 큰 영상들 ([그림 1-36(b)]), 얼굴과 집 등의 그 기하학적 구조가 완전히 다른 두 영상 ([그림 1-36(c)]) 등이 두 눈에 각각 수용되면 양안 경쟁 현상이 나타난다.

양안 경쟁 현상은 처음 1593년에 Porta에 의해서 발견되었다. Porta는 한 쪽 눈에 한권의 책을 보이고 다른 쪽 눈에 다른 책을 보이는 실험을 했다. 그는 이 실험을 통해서 한 시점에 하나의 책만 읽을 수 있었으며 책들의 위치를 서로 바꾸었을 때 처음 읽을 수 있었던 책에 대한 시각적 효능도 책의 위치를 바꿈에 따라서 변화됨을 보고하였다 [72]. Wade에 따르면 색상대비에의 의한 양안 경쟁 현상은 1712년 Le Clerk에 의해 보고가 되었다. 색상과 외형에 의한 양안 경쟁에 대한 초기의 가장 분명한 보고는 Dutour[73]에 의해서 기록되었다 [74], [75]. 후에 Charles Wheatstone은 스테레오스코프(stereoscope)라고 불리는 최초의 3D 영상 장치를 발명하여 처음으로 분명하게 양안 경쟁 현상을 규명할 수 있었다 [76].

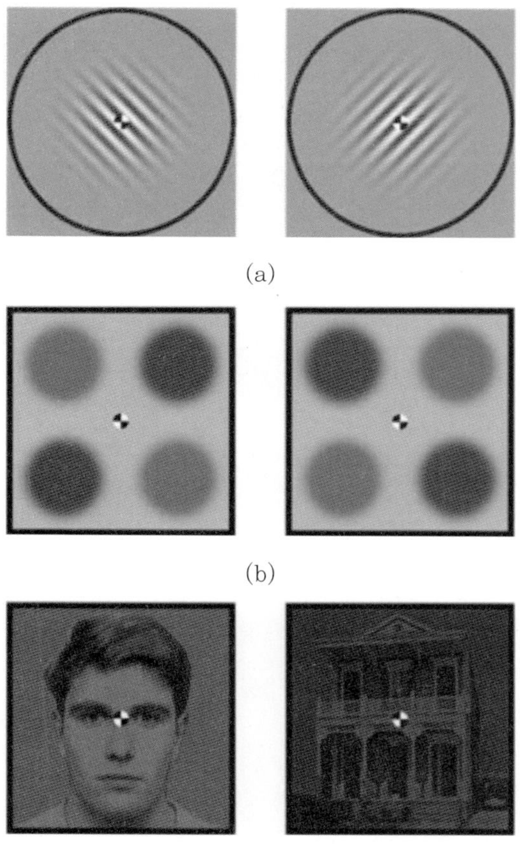

(a) (b) (c)

[그림 1-36] 양안 경쟁 현상이 나타나는 영상들

1.7.2 융합이론

실생활에서 인간의 양안은 앞 장에서 설명한 양안 경쟁을 유발하는 아주 다른 두 영상을 각각 좌안과 우안을 통해서 수용하기 보단 중복적인 정보를 포함하는 서로 유사한 두 영상을 수용하기 편한 환경에 놓여있다. 이러한 환경에서 두 정보가 합쳐져서 처

리되는 것이 이론이 융합이론이다. 융합이론을 지지하는 가장 명백한 증거는 양안 시차를 통해서 느껴지는 3차원 깊이감을 들 수 있다. 인간의 눈은 가로방향으로 약 6.3cm 정도 떨어져서 위치하기 때문에 각각의 눈은 실세계에 대해서 각기 다른 원근감을 가진다. 그리고 각각은 미묘하게 서로 다른 영상을 수용한다. 이때 인간의 뇌는 좌안으로부터 수용된 영상과 우안으로부터 수용된 영상을 합치하여 망막에 맺히는 상의 시차(disparity)로부터 깊이정보를 추출하게 된다. 이러한 방법을 통해서 영상의 깊이를 지각하는 것을 입체시 (stereopsis) 기제라 부른다 [77]. [그림 1-37]은 입체시 기제를 묘사한다.

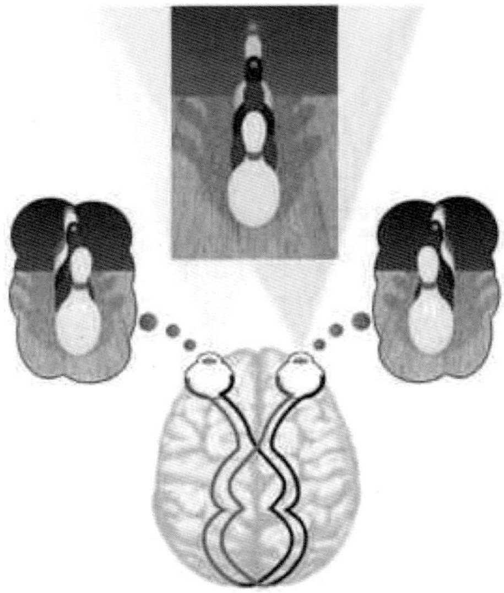

[그림 1-37] 양안 시차로부터 깊이를 지각하는 입체시 기제

1.7.3 3차원 영상과 휴먼팩터

앞 장에서 살펴본 인간의 양안시를 설명하는 억제이론과 융합이론은 어떻게 서로 다른 두 영상으로부터 하나의 상을 지각하고 깊이감을 지각하는가에 대한 물음에 답을 제공한다. 휴먼팩터(human factor)는 사용자의 편의성을 위해 인공물의 설계 및 제품화 과정에서 고려되어야 하는 사람의 정보처리 특성 또는 사람의 정보처리 특성을 인공물에 구현하여 응용하는 것이다. 지금까지 우리는 인간의 양안시 특성과 사물의 지각원리, 특히 3D 정보처리에 대해서 살펴보았다. 3D 비디오에서 휴먼팩터에 대한 연

구는 사람의 3D 정보처리 특성을 고려하여 3D 비디오를 시청할 때 발생하는 시각, 심리적 불편감을 최소화하고 실제 대상에 대한 깊이감을 3D 비디오 시스템에서도 제대로 구현하는 것이다.

스테레오스코픽 재현장치와 관련하여 건강과 안전에 대한 이슈는 지난 몇 십년간 광범위하게 연구되는 이슈이며 최근 영화 「아바타」의 흥행과 더불어 구토와 어지러움 등의 문제가 대두되면서 3D 비디오의 시각적 불편감 문제는 건강과 관련한 이슈에서 가장 중요한 요소 중 하나로 지적되고 있다. 따라서 스테레오스코픽 재현장치와 같은 3D 비디오재현장치를 통한 3D 비디오 시청 시 편안한 시청감의 실현을 위해서는 시각적 불편감 또는 시각적 피로도와 관련한 휴먼팩터의 연구가 필요하다.

문헌상 시각적 불편감은 시각적 피로도와 같은 개념적으로 사용된다. 하지만 이 두 개념 사이에 분명한 구별이 필요하다. 왜냐하면 시각적 피로도는 인간의 시각 시스템의 기능의 저하로서 객관적인 측정이 가능한 요소인 반면에 시각적 불편감은 지극히 주관적인 부분이기 때문이다. 이 두 개념은 일반적으로 가정되어 질 수 있지만 시스템적으로 증명되어지진 않았기 때문에 3D 비디오와 관련한 휴먼팩터 연구를 위해서는 두 가지 개념에 대한 구분이 도움이 된다. 그리고 이러한 관점에서 주관적 방법을 통해 측정 가능한 시각적 불편감의 지각은 객관적으로 측정 가능한 시각적 피로도에 대한 징후로서의 역할을 한다. 시각적 피로도는 사람의 눈으로부터 발생하는 어떠한 기능장애의 결과와 관계된다. 예를 들어, 시각적 피로도는 연속적인 발생하는 비효과적인 눈의 조절작용 또는 깜빡임, 어떤 생소한 환경에 대한 시각 시스템의 기능적 적응 상태 등에 의해서 발생한다. 따라서, 시각적 피로도는 시각 시스템의 노력의 결과인 심리적 긴장과 압박으로 정의할 수 있다.

시각적 피로와 시각적 불편감을 모두 포용하는 증상에 대한 표현은 안정(眼精)피로(asthenopia)이다. 안정피로는 양안에 의한 피로로뿐만 아니라 일반적인 두통이나 어지러움과 같은 문제로 확장된다. 그리고 이러한 안정피로를 유발하는 요인은 매우 다양하게 존재하기 때문에 계속적으로 연구되는 중요 이슈 중 하나다. 비디오 재현장치(Video Display Terminals, VDTs) 분야에서는 사위(heterophoria), 수렴(convergence) 거리의 불충분, 또는 조절과정의 기능장애 (accommodative dysfunction) 등의 시각의 이상 현상들에 의해서 안정피로가 유발된다. 이것과 더불어 시청되는 영상의 화질, 깜빡이는 자극, 차선(次善)의 응시각, 시청 거리 등의 재현장치와 관련한 이슈들 또한 안정피로와 관계된다. 스테레오스코픽 재현장치에 집중된 연구에 의하면 구제적인 안정피로와 관련한 요인에는 양안시각의 이상, 좌우 영상의 기하학적 왜곡, 수렴-조절 과정의 불일치, 초점 거리밖의 양안시차 사용 등이 포함된다 [78].

위에서 나열한 항목을 다시 크게 두 그룹으로 구분하면 3D 영상제작 시스템과 관련한 요인들과 인간의 3D 정보처리 과정의 오류로 인한 요인들로 나눌 수 있다. 위 리스트에서 1, 2번 요인은 첫 번째 그룹에 해당한다. 이 그룹은 하드웨어 개선 및 왜곡된 영상의 후처리 보정 등을 통해서 극복이 가능하며 영상의 키스톤 (keystone) 왜곡, 평면 심도 왜곡, 전단 왜곡, 카드보드 효과, 크로스톡 (crosstalk) 등이 해당된다.

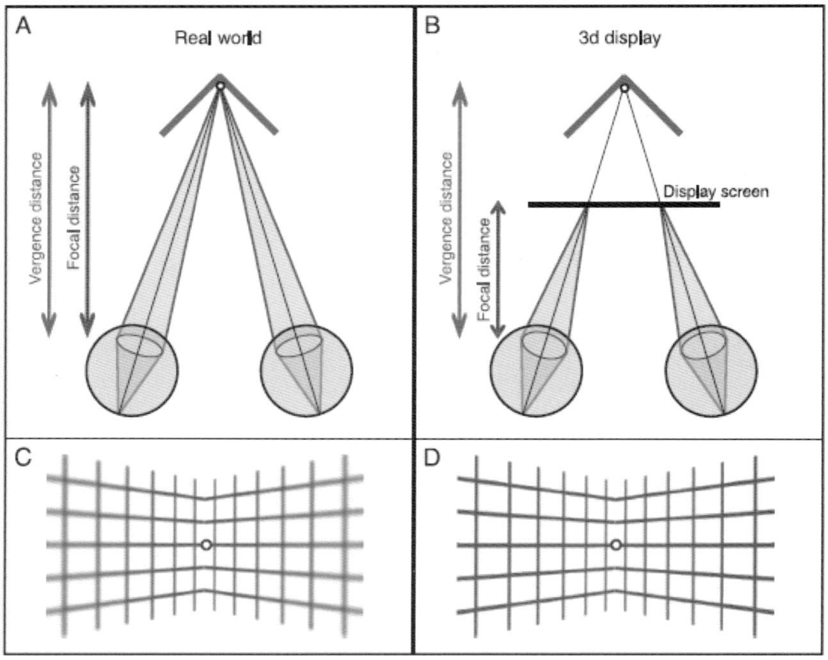

[그림 1-38] 실세계와 3D 재현장치에서 응시대상에 대한 수렴-조절거리 비교

반면에, 3, 4번 요인은 두 번째 그룹에 해당하는 요인들로 안정피로를 유발하는 가장 핵심 적인 요인이다. 이 그룹은 인간의 입체시 기제의 반응특성을 연구하여 이를 최소화할 수 있는 환경과 3D 콘텐츠를 제공하여 극복이 가능하다. [그림 1-38]은 실제 사람이 사물을 지각할 때 입체시 기제와 재현 장치를 통해서 3차원 깊이 정보를 지각할 때 입체시 기제의 특성을 보여준다 [79].

위 [그림 1-38]에서 그림 A는 실세계에서 사람이 한 대상을 응시할 때 수렴-조절거리의 조절 과정을 묘사한다. 먼저 수렴거리는 응시대상과 사람과의 거리이다. 수렴거리는 응시대상이 정해졌을 때 시야에서 양안이 교차하는 지점까지의 거리 응답으로 조절된다. 조절거리는 눈이 응시대상의 상이 날카롭게 잘 보이도록 하는 초점 거리이다. 조절거리는 눈의 수정체 두께가 변화하여 상에 대한 포커스가 잘 맞을 때 응답으로 조절된다. 그림 B는 시청자가 3D 재현장치를 통해서 가상의 대상을 응시할 경우를 나타낸다. 수렴거리는 그림 A와 같은 방법으로 조절된다. 그러나 조절거리의 경우 사람과 재현장치 사이의 거리, 즉 시청거리에 대한 응답이 된다. 그림 C는 실제 응시 대상에 대하여 조절거리가 정해 졌을 때 지각되는 영상을 나타낸 것이다. 그림에서 실제 망막에 맺히는 상은 응시점을 중심으로 양쪽 면을 향하여 불선명해지는 것을 알 수 있다. 반면에 그림 D에서는 재현장치를 통해서 가상의 응시점을 향해 조절거리가 조절되기 때문에 응시점과 시야에 포함되는 양쪽 면이 모두 같은 선명도를 가지고 지각된다.

이처럼 실세계에서 수렴-조절거리와 재현장치에서 수렴-조절거리는 서로 불일치하기 때문에 각 환경에서 사람의 뇌로 수용되는 3D 정보는 서로 다른 처리과정을 거치게 된다. 이때 뇌는 그동안 학습되어 온 것과는 상이한 정보를 처리하기 위한 기능적 적응의 결과로서 피로와 어지러움과 같은 안정피로 및 심리적 긴장과 압박에 해당하는 시각적 피로를 경험하게 된다. 이러한 수렴-조절거리의 불일치는 실제 3D 비디오와 관련하여 3D 콘텐츠, 제시환경, 개인차 등의 다양한 변인에 의해서 그 정도가 결정되며 이에 상응하는 시각 피로를 유발한다.

Chapter

02 다시점 비디오

2.1 다시점 비디오 개요

다시점 비디오는 두 대 이상의 카메라를 통해 촬영된 영상물로 여러 방식을 통해 단일 시점에 비해 다양하고 입체감 있는 영상을 사용자에게 제공하는 3차원 영상처리의 한 분야이다. 다시점 영상은 사용자에게 임의 시점의 영상에 대한 시청을 가능하게 하거나, 여러 시점 영상의 합성을 통해 보다 넓은 화면을 제공할 수 있다. 또한 인접한 시점의 두 영상을 스테레오 모니터나 다시점 영상 디스플레이 장치를 통해 재현하여 사용자에게 입체감 있는 영상을 시청할 수 있게 한다. 이러한 다시점 비디오 시스템이 상용화되기 위해서는 방대한 양의 다시점 비디오 데이터를 효율적으로 압축하는 다시점 비디오 부호화 기술 개발이 필수적이다. [그림 2-1]은 일반적인 다시점 비디오 시스템에 대한 개념도이다.

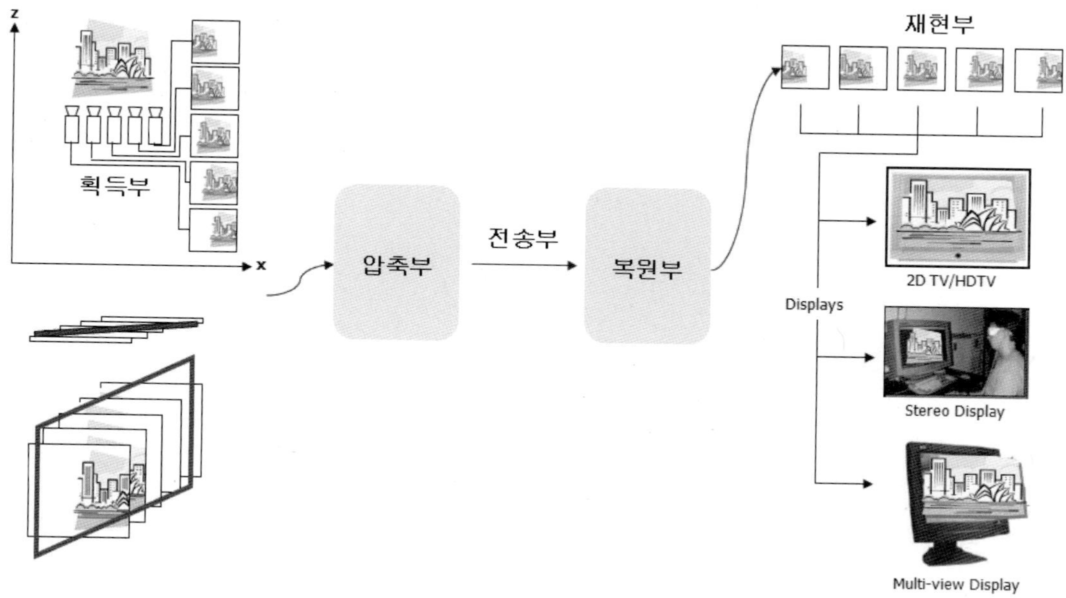

[그림 2-1] 다시점 비디오 시스템

MPEG 표준화 그룹에서는 이미 MPEG-2(ISO/IEC 13818-2)와 MPEG-4(ISO/IEC 14496-2)에서 평행형 다시점 비디오 부호화 기능과 3차원 메쉬(mesh) 압축 부호화 기능을 만들어 제공했지만, 다양한 형태의 3차원 비디오 정보를 효율적으로 압축하고 부호화할 필요성을 인정하여 2001년 12월부터 새로운 3DAV 부호화 표준의 가능성에 대해서 조사했다. 2002년부터 2004년까지 관련 기술에 대한 다양한 선행 실험(exploration experiment, EE)을 수행했다.

EE1에서 수행한 전방향 비디오(omni-directional video)는 [그림 2-2]와 같이 한 대의 카메라로 모든 방향의 영상을 획득하는 것이다. 현재 포털 사이트 다음(daum)에서 제공하고 있는 도로 주변의 사진을 실시간으로 재현하는 로드뷰 (road view) 서비스가 그 좋은 예라고 할 수 있다. 이 실험에서 주로 논의된 내용은 MPEG-4 표준으로 이 기능을 수행할 수 있느냐의 여부였다. 이때 제안된 기술 중에는 촬영된 영상을 3차원 메시(mesh)로 매핑하고, 이를 3차원 영상으로 변환하여 부호화하는 방법을 고려했다.

[그림 2-2] 전방향 카메라

EE2에서는 사용자가 시청하려는 시점을 자유롭게 선택할 수 있는 기능을 가진 자유시점 비디오(free viewpoint video) 기술이 검토되었다. 일본의 주요 연구기관은 광선 공간(ray space)를 이용한 시스템을 MPEG-4 시스템에 추가할 것을 주장했다. 그러나 MPEG-4 시스템과 호환성이 좋지 않고 복호기에 너무 큰 부하가 걸리는 문제가 있었다. [그림 2-3]은 광선 공간 기반 자유시점 비디오를 보여주고 있다.

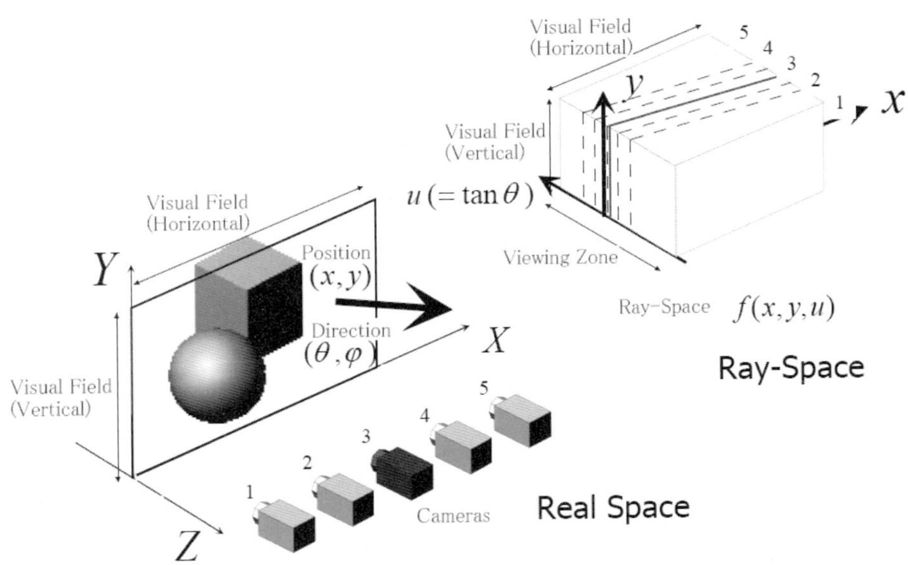

[그림 2-3] 광선 공간 기반 자유시점 비디오

EE3는 MAC(multiple auxiliary component) 시스템을 기반으로 하는 양안식 비디오 부호화에 관한 4가지 방법을 검토했다. 첫 번째 방법은 좌영상을 부호화하고 우영상은 시차벡터를 이용하여 복원하는 방법이다. 두 번째는 첫 번째 방법에 시차 벡터만을 이용하는 경우 복원된 우영상의 화질이 낮으므로, 우영상과 시차만으로 복원된 영상과 우영상의 잔여 성분을 추가로 부호화 하는 방법이다. 세 번째는 좌우 영상을 독립적으로 부호화 하는 방법이다. 마지막 네 번째 방법은 MPEG-4의 시간적 계위 부호화를 이용하여 좌영상을 기본 계층(base layer)로 설정하고 우영상을 향상 계층(enhancement layer)으로 설정하여 부호화 하는 방법이다. EE3에서는 위의 4가지 방법을 이용하여 양안식 비디오에 대한 부호화 방법을 비교하였다.

EE4는 유럽의 ATTEST 프로젝트에서 개발된 방법이다. 깊이영상 기반 렌더링을 통해 3차원 영상을 생성하는 방식이다. 깊이영상 기반 렌더링은 기존의 메쉬 기반의 3차원 렌더링 방법에 비해 처리 속도가 빠르고 영상 압축 방식으로 부호화가 가능하다는 장점을 갖는다. EE4에서는 색상 영상과 그에 상응하는 깊이 영상을 MPEG-4와 H.264/AVC를 이용하여 부호화하여 이를 비교 분석하였다.

3DAV에서 다양한 EE를 통해 다시점 비디오 기반으로 한 3차원 비디오에 관한 표준화 작업이 시작되어, 2005년 10월부터 2008년 4월까지 다시점 비디오 부호화(multiview video coding, MVC)에 관한 표준화 작업을 수행하였다. 그러나 MVC의 표준화는 시점 재현의 한계와 저화질 실험 영상의 문제점으로 인해 부호화 기술 개발이 쉽지 않았고 결국 특별한 부호화 기술의 채택이 없이 표준화가 마무리되었다. MVC의 표준화가 마무리 될즈음 MPEG에서는 3DVC 또는 3DV라는 이름으로 자유시점 TV와 3차원 TV를 위한 새로운 표준화를 준비하였다. MPEG 3DVC는 기존의 MVC와 달리 깊이영상을 기반으로 하는 방법으로 MPEG 3DAV의 EE4와 유사한 방법이다. 현재 이에 대한 표준화가 준비중이며 3DVC의 일정은 [그림 2-4]와 같다.

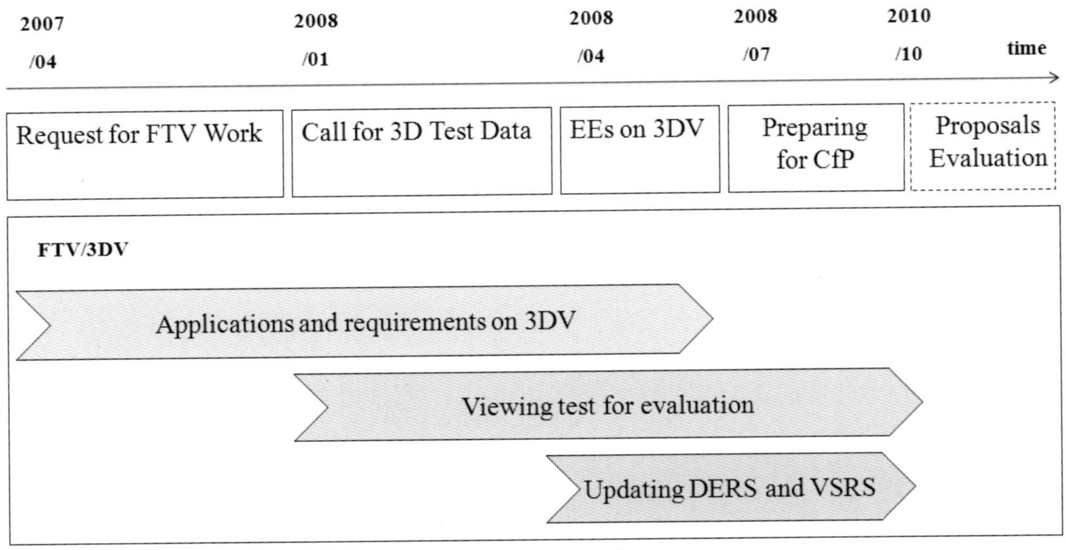

[그림 2-4] MPEG 3DVC의 일정

2008년 1월의 MPEG 모임에서는 3차원 비디오 시스템을 개발하기 위한 기본 환경을 구축하는데 필요한 테스트 영상, 깊이 영상 생성 소프트웨어, 중간시점 영상 합성 소프트웨어를 포함한 요소 기술들의 기고를 요청했다. 2008년 4월의 MPEG 그룹 미팅에서는 4개 기관에서 제공한 10개의 테스트 영상과 두 가지 기준 소프트웨어를 수집했고, 이를 이용하여 선행 실험을 진행하고 있다. 몇 번에 걸친 선행 실험을 통해 깊이 영상 생성 소프트웨어와 영상 합성 소프트웨어의 성능이 상당히 개선되었다. 하지만, 아직도 3차원 비디오 부호화를 본격적으로 시작할 수 있을 정도의 정확한 깊이 영상을 얻지 못해 2009년 1월에 만족할만한 정확도를 가지는 깊이 영상을 제공해 달라고 요청했다. 이에 대한 응답으로 2009년 4월 MPEG 미팅에서는 다양한 깊이 영상 추정 기술들이 제안되었다.

2008년 1월 미팅에서는 3차원 비디오 테스트 영상과 함께 중간시점 영상의 합성 기술도 요청했다. 하지만, 앞서 언급한 것처럼, 깊이 영상의 화질 저하 문제가 합성된 중간시점 영상의 화질도 저하시키기 때문에, 이를 보완하기 위한 다양한 기술들이 제안되었다. 이에 따라, 다양한 기술을 통합된 환경에서 실험하기 위해, 2009년 2월에 열린 MPEG 모임에서는 다양한 중간시점 합성 기술을 통합하자는 의견이 제시되었다. 2009년 4월의 MPEG 회의에서는 중간시점 합성 소프트웨어를 통합하는 작업이 진행 완료되었고, 이를 이용한 검증 실험을 진행했다.

본 절에서는 3차원 비디오 부호화에 대한 표준화 작업은 다시점 비디오 데이터와 깊이 영상 정보의 압축 부호화에 초점이 맞춰져 있지만, 깊이 영상의 정확도가 많이 떨어지기 때문에 3차원 비디오 부호화의 본격적인 표준화 작업을 아직 시작하지 못하고 있다. 2009년 4월 MPEG 미팅에서는 그 동안 진행한 선행 실험을 통해 신뢰할 만한 깊이 영상을 제공하는 실험 영상을 선별했으며, 이후 추가적인 실험 영상이 계속적으로 추가적인 실험 영상들이 기고되었다. 이후 EE1에서는 깊이영상 예측 소프트웨어(depth estimation reference software, DERS)를 기반으로 하여 다양한 깊이영상 예측 알고리즘에 대한 연구가 수행되었고, 자동 깊이 예측의 한계점을 보완하기 위해 현재 반자동화 방법을 이용하고 있다. EE2에서는 가상시점 영상합성 참조 소프트웨어(view synthesis reference software, VSRS)를 기반으로 다양한 가상시점 영상 합성 관련 기술들이 개발되었다. EE3는 다시점 비디오와 깊이 영상을 계층적 깊이영상(layered depth image, LDI)를 이용하여 표현하는 기술에 관한 연구를 수행하였고, EE4는 다시점 영상과 다시점 깊이 영상의 부호화와 이를 이용한 합성 영상의 화질에 관한 사전 실험을 진행중이다.

2.2 다시점 비디오 카메라 시스템

다시점 비디오 카메라 시스템을 이해하기 위해 다양한 형태의 3차원 카메라 시스템에 대해 살펴본다. 3차원 입체영상을 제작하기 위한 카메라 기술은 크게 단일 카메라, 양안 카메라, 다시점 카메라 기술로 나누어 생각할 수 있다. 단일 카메라 기술은 한 대의 카메라를 이용하여 입체영상을 획득하는 것으로 카메라를 이동시키거나 촬영하는 물체를 이동시켜 3차원 장면을 생성한다. 단일 카메라 기술은 한 대의 카메라를 사용하기 때문에 입체영상을 획득하는 시스템이 간단하지만, 정지 영상만을 촬영할 수 있고 동영상은 촬영할 수 없다. 양안 카메라 기술은 두 대의 카메라를 사람의 눈과 같이 배치하고 좌우 영상으로 구성된 입체 영상을 획득한다. 양안 카메라 기술은 두 대의 카메라를 사용하기 때문에 인간의 시각 구조와 같은 입체영상을 획득할 수 있다. 그러나 획득한 3차원 영상을 시청자가 자유롭게 시점을 이동하면서 시청하기가 어렵다.

[그림 2-5] 수평 이동축 방식의 양안 카메라 시스템

마지막으로 다시점 카메라 기술은 여러 대의 카메라를 대상 물체의 주위에 배치하여 여러 방향에서 보이는 입체영상을 획득한다. 다시점 카메라 기술은 여러 시점의 영상을 획득하기 때문에, 시청자가 시점을 이동하면서 3차원 영상을 시청할 수 있다. 그러나 카메라간의 동기화 기술, 색상 보정 기술과 같은 다시점 카메라 기술을 개발해야 하고, 입체영상을 획득하는 시스템의 복잡도가 높다. KBS에서는 2004년에 수평 이동축 방식의 HD 양안 카메라를 개발했다. [그림 2-5]는 KBS에서 개발한 수평 이동축 방식의 HD 양안 카메라를 보여준다. 수평 이동축 방식은 평행축 방식이나 교차축 방식에 비해 시차 조절이 가능하고 입체영상의 왜곡을 줄일 수 있어 장시간 3차원 영상을 시청할 수 있다. KBS에서 개발한 양안 카메라는 주시각(convergence)을 자동으로 제어하는 기능과 촬영시 카메라 인수를 저장하는 기능도 있다. 수평 이동축 방식의 양안 카메라는 현재 KBS 3차원 TV 체험관의 시험 영상을 제작하는 데 활용하고 있다.

KBS에서는 양안 카메라의 주시각을 제어하기 위해서 대상 물체가 좌우 영상의 중앙에 오도록 카메라 센서를 이동하는 기술을 개발했다. 주시각 제어 장치를 통해서 시청자가 주 관심 대상 물체를 자연스럽게 즐길 수 있을 뿐만 아니라, 입체영상을 시청함에 있어 어지럼증과 같은 거부감을 최소화했다. 또한, 줌(zoom) 제어 장치와 주시각 제어 장치를 연동하는 기능을 추가적으로 개발하여 줌을 조절해도 주시각이 자동으로 유지된다. [그림 2-6]에서 보듯이, 줌 주시각이 연동되지 않을 경우에 줌 조절에 따라 과도한 시차가 발생하여 눈에 부자연스러움과 피로감을 초래한다. 반면에 줌 주시각이 연동이 자동적으로 연동되면, 이러한 문제를 해결할 수 있어 3차원 영상을 장시간 자연스럽게 시청할 수 있다.

(a) 줌 주시각 비연동

(b) 줌 주시각 연동

[그림 2-6] 줌 주시각 연동제어 기능

양안 카메라는 한 시점에서의 입체영상을 제공하기 때문에 시청자의 시점 자유도가 다시점 카메라에 비해 상대적으로 떨어진다. 최근에 MPEG을 중심으로 자유시점 TV 및 3차원 TV의 방송 콘텐츠로서 다시점 카메라에서 획득한 다시점 비디오에 대한 관심이 증가하고 있다. 또한, 3차원 깊이 정보를 획득하기 위한 깊이 측정법에 대한 연구가 활발히 진행되고 있다. 다시점 비디오와 획득한 깊이 정보를 이용하여 시청자의 시점에 따라 선택적으로 입체영상을 제공해 주어 시청가가 보다 자연스럽게 3차원 장면을 시청하도록 한다. 현재 광주과학기술원, ETRI, KETI 등에서 다시점 카메라 시스템을 구축하고 있으며, 관련된 기초 기술을 연구/개발하고 있다.

2.2.1 양안식 HD 3차원 비디오 시스템

ETRI에서는 2002년 월드컵 기간 중 3차원 입체영상 방송 중계를 위한 시범 서비스를 실시했다. [그림 2-7]은 3차원 TV 시범서비스를 위한 방송 시스템의 구축 환경을 간략히 보여준다. [그림 2-7]에서 보듯이, 한국과 일본 간의 통신을 위한 통신 위성으로 Koreasat-3를 이용했고, 세 대의 양안 카메라와 이동식 차량을 사용하여 월드컵 축구 다섯 경기를 입체영상으로 방송했다.

3대의 양안 카메라 중 한 대는 월드컵 경기장에서 가장 높은 곳에 위치시켰고, 나머지 두 대의 양안 카메라는 경기장 안에 위치시켰다. 양안 카메라로 획득한 좌우 영상은 3차원 영상 다중화기를 통해서 다중화 되었는데, 좌우 영상을 수평축으로 1/2다운 샘플링하고 이를 나란히 붙이는 형태(side-by-side)로 재배열하여 전송했다. 3차원 방송을 위한 이동식 벤에서는 실시간으로 깊이감 정도를 살피면서, 세 쌍의 입체영상 중 가장 편안하게 시청할 수 있는 입체영상을 선택하고, 선택된 입체영상에 컴퓨터 그래픽스 도구를 이용하여 제작한 텍스트와 그래픽 정보를 첨가했다. 그런 다음, 최종 입체영상을 부호화하고 전송망(transport stream, TS)을 통해 방송국에 전달했다.

방송국에서부터 총 3개의 3차원 입체영상이 있었는데, 하나는 월드컵 경기장으로부터 수신된 것이고 다른 하나는 VTR와 부호화기로부터 수신된 것이며, 나머지 하나는 일본으로부터 수신된 것이다. 방송 편성표에 따라 선택된 3차원 TV 신호는 DS-3 네트워크를 통해서 방송국으로부터 지정된 장소로 분배된다. 수신단에서는 입체영상 비트열을 복호하였고 역다중화하여 3차원 입체영상으로 변환했다. 그런 다음, 복원된 입체영상은 두개의 빔 프로젝트를 이용하여 대형 스크린에 재현되었다.

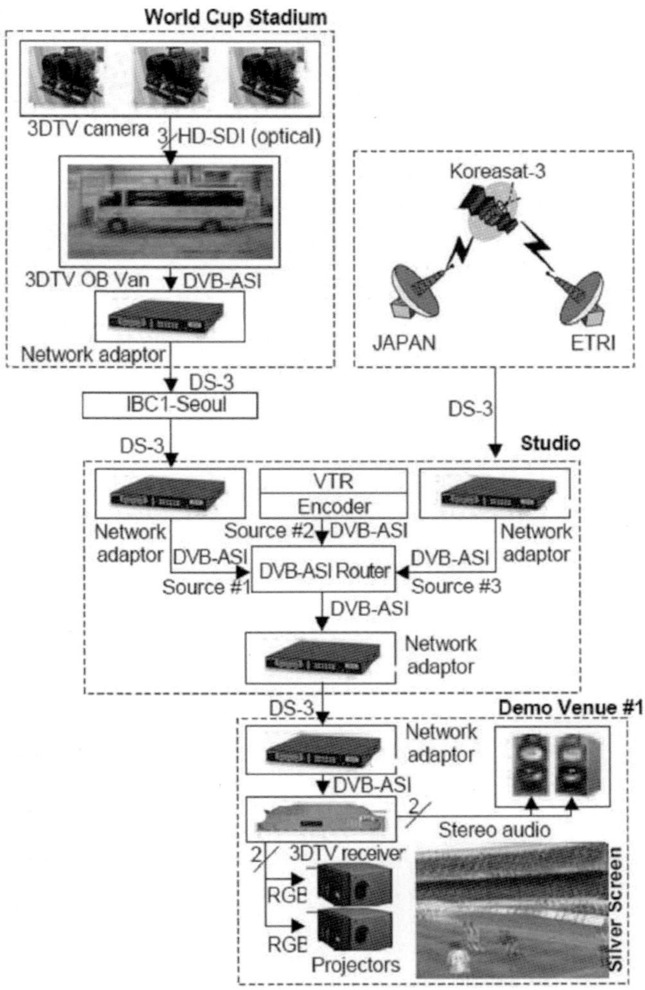

[그림 2-7] ETRI의 3차원 방송 시스템

2.2.2 실감방송 시스템

광주과학기술원 실감방송연구센터에서는 차세대 실감방송 시스템으로서 다시점 카메라와 깊이 카메라를 결합한 복합형 카메라 시스템을 개발했다. 깊이 카메라는 실시간으로 대상 물체에 대한 깊이 정보를 제공한다. [그림 2-8]은 광주과학기술원의 복합형 카메라 시스템을 보여준다. [그림 2-8]에서 보듯이, 복합형 카메라 시스템은 다섯 대의 색상 카메라로 구성된 다시점 카메라와 한 대의 깊이 카메라를 결합하여 구성된다. 각 카메라는 비디오 저장 보드가 갖추어진 개인용 컴퓨터와 연결되고, 동기화 신호를 동시에 발생시키는 동기화 신호 재생기가 모든 카메라에 연결되어 동기화 신호를 연속적으로 보낸다. 복합형 카메라 시스템은 매 프레임마다 다시점 카메라에서 획득한 다섯 개의 다시점 영상과 깊이 카메라로부터 획득한 색상 영상과 깊이맵을 제공한다.

[그림 2-8] 복합형 카메라

복합형 카메라를 구성하기 위해서 HD 카메라로 Canon XL-H1을 사용했고, 깊이 카메라로는 3DVS에서 개발한 Z-Cam을 사용했다. 복합형 카메라 시스템은 적외선 센서의 특성을 이용한 깊이 카메라를 다시점 카메라에서의 깊이 정보에 대한 보조 정보를 활용하여 HD 다시점 깊이 비디오를 생성한다. 하지만, 구성된 복합형 카메라 시스템은 적외선 센서에 기반 한 깊이 카메라를 3차원 정보 획득을 위한 보조적 장치로 사용했기 때문에, 스튜디오와 같은 실내에서만 3차원 콘텐츠를 제작할 수 있다. 3차원 콘텐츠 제작을 위한 과정을 살펴보면 먼저 복합형 카메라를 이용하여 다시점 영상과 깊이맵을 촬영하기 전에, 배경 깊이맵을 미리 획득한다. Z-Cam의 측정 범위가 커질수록 Z-Cam으로 획득한 깊이맵의 정확도가 낮아지기 때문에, 배경에 대한 깊이 정보를 미리 획득하고, 전경에 대한 깊이맵은 다시점 카메라와 함께 획득한다.

우선 전처리 단계로 카메라 보정을 통해 깊이 카메라 정보에 대한 다시점 카메라의 상대적인 카메라 정보를 계산하고, 다시점 카메라로부터 획득한 다시점 영상을 영상 정렬화(image rectification)한다. 깊이 카메라에서 획득한 깊이정보에 오차가 있을 수 있기 때문에, 깊이맵 향상 단계를 수행하여 깊이 카메라 정보를 보정한다. 그런 다음, 깊이 카메라로 획득한 깊이 정보를 후위 3차원 워핑(backward 3D warping)하여 공간 좌표계(world coordinate)로 이동시키고, 워핑된 깊이 정보를 다시 전위 3차원 워핑(forward 3D warping)하여 다시점 카메라로 투영해 초기 시차 정보를 얻는다.

다시점 영상의 깊이맵을 생성하기 위해, 다시점 영상을 색상 분할하고, 각 분할된 영상에 워핑된 초기 시차의 평균값을 할당한다. 각 분할된 영상에 할당된 평균 시차의 주변을 스테레오 정합하여 해당 분할 영상의 최종 시차 정보를 계산한다. 또한, 전경과 배경을 깊이 카메라로 획득한 깊이 정보를 통해 분리하여 폐색 영역을 검색해 깊이 정보를 보정한다. 폐색 영역은 전경과 배경에 공통으로 속한 분할 영상의 집합으로 정의한다. 마지막으로, 다시점 영상의 전경과 배경에 있는 깊이 정보를 결합하여 최종 깊이맵을 생성한다.

광주과학기술원에서는 앞서 설명한 복합형 카메라 시스템의 확장으로써 [그림 2-9]와 같이 고화질의 색상 카메라 다섯 대와 깊이 카메라 다섯 대로 구성된 다시점 깊이 카메라 시스템을 구성하였다. 색상 카메라는 HD급 화질에 30fps의 프레임율을 지원하며, 깊이 카메라는 QCIF급의 화질에 역시 30fps의 프레임율로 촬영이 가능하다. 두 종류의 카메라는 2열의 프레임에 각각 배치되어 있으며 카메라의 좌우로의 움직임과 상하로의 움직임, 그리고 어느 정도의 앞뒤로의 움직임이 가능하도록 설계되어 있다. 카메라 프레임은 넓이가 120cm, 높이가 최소 50cm부터 최대 160cm까지 조절이 가능하며 카메라 간 간격은 수평 방향과 수직 방향으로 각각 6.5cm와 4cm 정도로 설정되어 있으나 촬영 환경에 따라 조절이 가능하다.

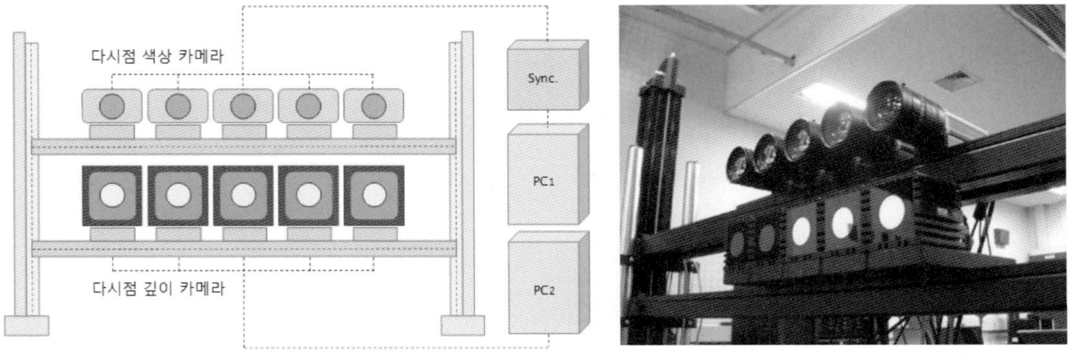

[그림 2-9] 다시점 깊이카메라 시스템

이와 같은 다시점 깊이 카메라 시스템을 사용하면 다시점의 색상 비디오와 함께 다시점의 깊이 비디오를 획득할 수 있다. 다시점 카메라는 기본적으로 HD급의 영상을 제공하지만 관심 영역 설정 방법을 통하여 더 작은 해상도의 영상도 촬영할 수 있다. [그림

2-10(a)]는 다시점 카메라에서 획득된 다섯 시점에서의 다시점 영상을 보여준다.

다섯 대의 깊이 카메라 역시 장면의 3차원 정보를 획득한다. 여기에 사용된 깊이 카메라는 장면을 두 종류의 영상으로 촬영한다. 장면의 깊이 정보를 256단계의 8비트 영상으로 표현하는 깊이 영상과 적외선을 통해 장면을 촬영한 흑백 영상으로 각각 [그림 2-10(b)]와 [그림 2-10(c)]에 나타낸다.

(a) 다시점 카메라로부터 얻은 다시점 색상 영상

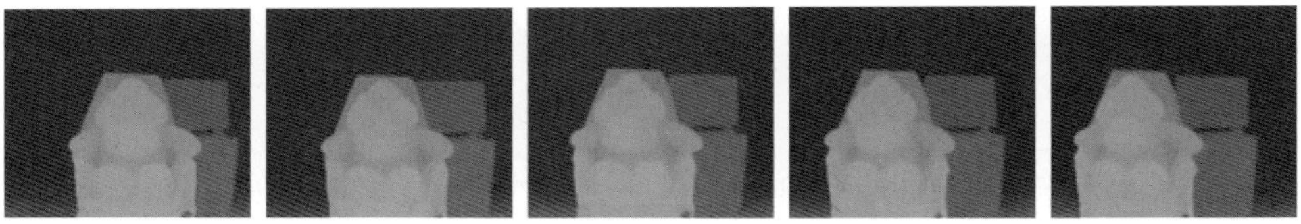

(b) 다시점 깊이 카메라로부터 얻은 다시점 깊이 영상

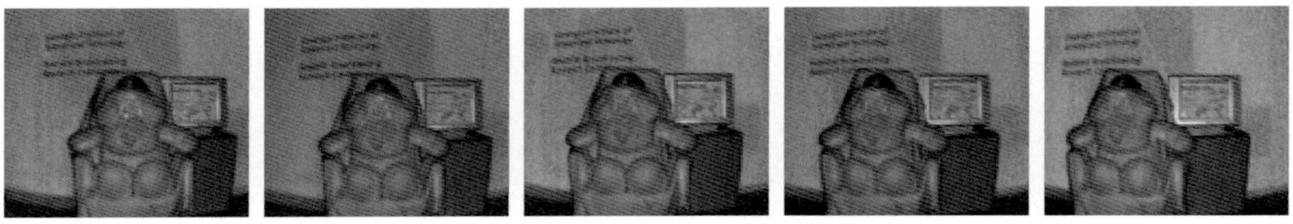

(c) 다시점 깊이 카메라로부터 얻은 다시점 흑백 영상

[그림 2-10] 다시점 깊이 카메라 시스템의 출력 영상

다시점 깊이 카메라는 동시에 다시점의 깊이 영상을 획득할 수 있는 장점이 있지만 몇가지 한계점이 있다. 깊이 카메라는 거리 측정을 위해 적외선을 사용하는데, 여러 대의 카메라를 사용하기 위해서는 적외선 신호 간 간섭을 방지하기 위하여 각각 다른 변조 주파수를 사용한다. 여기에 사용된 깊이 카메라의 모델은 Swiss Ranger의 SR4000으로써 29MHz, 30MHz, 그리고 31MHz의 변조 주파수를 제공한다. 따라서 동영상의 촬영을 위해서는 최대 3대의 깊이 카메라를 이용할 수 있다. 또한 [그림 2-10(c)]에서 보듯이, 촬영된 영상에 렌즈 왜곡이 존재한다. 렌즈 왜곡은 촬영된 색상 영상과 깊이 영상 사이의 형태 불일치의 문제를 일으키거나 카메라 보정과 같은 특징점 추출 기반의 처리

에 영향을 줄 수 있으므로 처리를 통해서 반드시 왜곡이 최소화되어야 한다. 광주과학기술원 실감방송 연구센터에서는 해당 시스템을 이용하여 'Newspaper'와 'Cafe' 영상을 제작하여 배포하였다.

2.2.3 국외 3차원 비디오 시스템

2.2.3.1 유럽의 3차원 비디오 시스템

스위스 ETH Zurich 대학의 3차원 장면 복원 기술은 획득하고자 하는 객체나 장면을 중심으로 다시점 카메라를 수렴형(convergence)으로 배치한다. 획득 장치는 한 대의 고화질 카메라와 영사기, 그리고 두 대의 흑백의 스테레오 카메라가 하나의 시스템으로 구성되어 여러 위치에 배치된다. 영상은 일반적인 비디오 영상과 미리 정의된 패턴을 투사한 장면을 획득한 비디오 영상을 동시에 획득한다. 스테레오 영상을 이용해 3차원 깊이정보를 획득하고, 이렇게 획득한 영상과 깊이정보를 이용해 점 기반의 3차원 모델로 융합하여 장면을 복원하는 시스템이다. [그림 2-11]은 3차원 장면 획득을 위한 카메라 시스템, 고화질 카메라를 통해 획득한 색상정보, 그리고 흑백의 스테레오 카메라에 일정한 패턴을 투사하여 획득한 영상을 보이고 있다. 여기서 일정하게 투사된 패턴의 크기와 모양을 이용해 3차원 깊이정보를 획득할 수 있다. 여러 위치에서 획득한 색상영상과 깊이 맵을 모두 3차원 공간에 투영시키면 3차원 점으로 구성된 3차원 장면 영상을 획득할 수 있고, 이 정보를 이용해 원하는 시점에서의 3차원 장면 영상을 생성할 수 있다. [그림 2-12]는 점 정보를 이용해 임의 시점의 영상을 생성한 결과 영상이다.

[그림 2-11] 3차원 장면 획득 장치 및 획득 영상

[그림 2-12] 3차원 복원 정보를 이용해 생성한 임의 시점의 3차원 장면 영상

2.2.3.2 일본의 3차원 비디오 시스템

일본은 광선 공간을 이용해 3차원 장면을 표현한다. 광선 공간은 자유시점 TV를 구현하는데 적절한 3차원 입체영상 표현 방법이다. 광선 공간을 이용하면 임의 위치의 기하학 정보를 사용하지 않고도 해당 위치에서의 가상 영상(virtual view)을 쉽게 만들 수 있다. 광선 획득(ray acquisition), 광선 처리(ray processing)와 광선 디스플레이(ray display)로 구성된 광선 기반 3차원 시스템은 일본 나고야 대학에서 활발히 연구하고 있다. 광선 공간을 이용한 자유시점 TV는 [그림 2-13(a)]에 보인 것처럼, 여러 대의 카메라를 사용하여 3차원장면의 영상 정보를 획득한다. 다수의 카메라로 획득한 정보는 3차원 장면을 구성하고 복원하기 위해 광선 공간으로 사상되어 처리된다. 광선 공간을 이용한 자유시점 TV의 주요 처리 과정은 다시점 영상 획득(acquisition), 중간 시점 영상의 보간(interpolation), 영상정보 압축 부호화(coding), 자유시점 영상의 재현(display) 과정으로 구성된다.

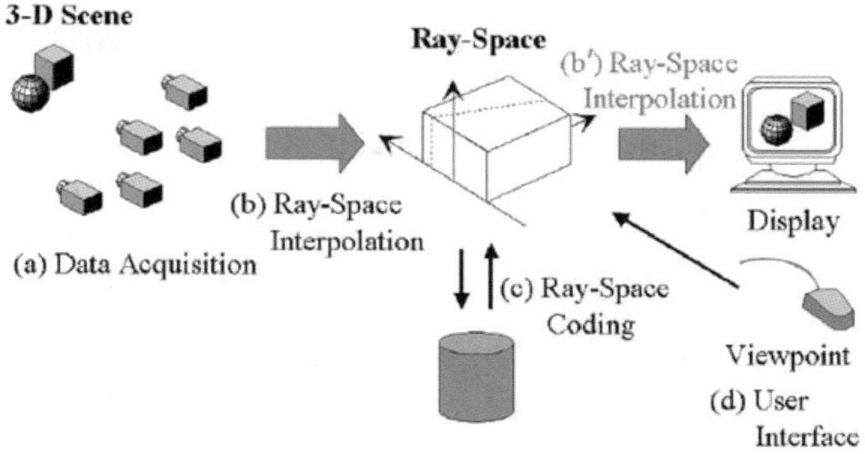

[그림 2-13] 광선 공간을 이용한 자유시점 TV 시스템의 개념도

다시점 영상은 한 대의 카메라를 이용하여 영상을 획득하는 것보다 큰 영역의 영상을 획득할 수 있다. 자유시점 TV 시스템에서는 다수의 카메라를 여러 방향에 배치하여 다시점 영상을 획득한다. 다시점 영상을 획득하는 방법은 카메라의 배치에 따라 크게 두 가지 형태로 구분할 수 있다. 첫 번째는 카메라를 일렬로 배치하여 영상을 획득하는 선형 배치 방식이고, 두 번째는 센터의 방향으로 여러 대의 카메라를 배치하여 영상을 획득하는 원형 배치 방식이다. [그림 2-14]는 100대의 카메라를 사용하여 구성한 선형 배치와 원형 배치를 나타낸다. 100대의 카메라를 사용하여 다시점 영상을 획득하는 방법은 나고야 대학에서 개발했다. 선형 카메라 배치의 경우, 각 카메라로부터 획득한 영상들은 광선 공간 내에서 수직으로 평행하게 위치한다. [그림 2-15]는 여러 대의 카메라로부터 획득한 영상을 광선 공간 내에서 재구성한 것을 나타낸다.

(a) 선형배치

(b) 원형배치

[그림 2-14] 100 카메라 시스템의 두 종류 배치

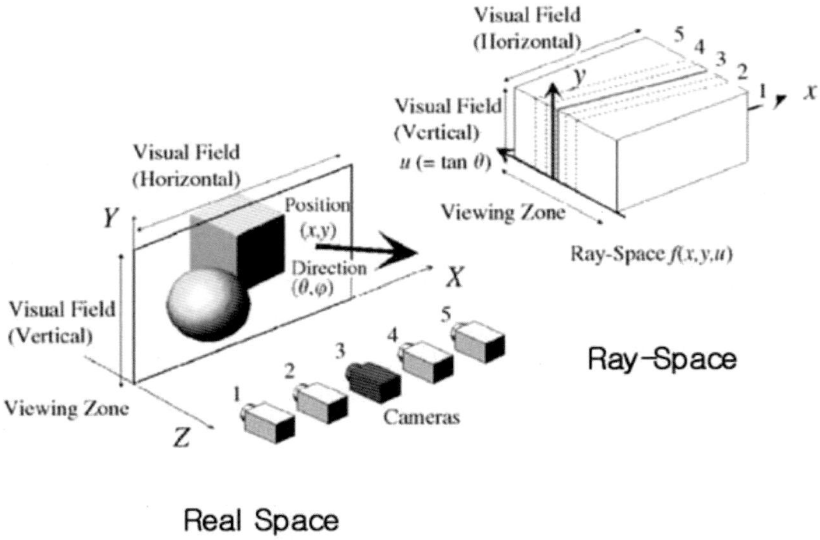

[그림 2-15] 광선 공간을 이용한 자유시점 TV 시스템의 영상 획득 과정

2.2.3.3 미국의 3차원 시스템

2004년 미국 MERL에서 수행된 3DTV 프로젝트에서는 실시간 영상 획득, 부호화 및 전송, 그리고 재현 등의 단계를 거치는 새로운 3차원 TV 시스템을 구현했다. 3DTV 프로젝트는 다시점 카메라와 PC로 구성된 3차원 영상 획득부, 다중 프로젝터를 이용한 3차원 디스플레이를 이용한 3차원 영상 재현부 등으로 구성된다. 3차원 영상을 획득하는 단계에서는 1300×1030의 해상도를 가지는 CCD 카메라를 이용하여 다시점 영상을 실시간으로 획득한다. 최대 해상도로 촬영 했을 때의 프레임율은 초당 12 프레임이며, 두 대의 카메라를 한 대의 PC에 연결하여 영상을 획득 한다. 또한, 모든 카메라가 동일 시간에 장면을 획득할 수 있도록 하드웨어적으로 동기를 맞춘다. [그림 2-16]에서 보는 것처럼, 16대의 다시점 카메라는 동일 간격에 위치하고 평행형(parallel) 카메라 배열이 되도록 설치된다.

[그림 2-16] MERL의 다시점 카메라 시스템

2004년 MSR에서 수행된 가상시점 비디오 프로젝트는 다시점 영상으로부터 복원된 고화질의 가상 시점 영상을 이용한 부드러운 시점 변환을 가능하게 하였다. 프로젝트에서는 새로운 스테레오 정합 알고리즘을 개발하여 고화질의 깊이 맵을 추정했고, 이를 이용한 가상시점 영상을 복원했다.

[그림 2-17]에서 알 수 있듯이, 8대의 다시점 카메라는 수렴형 배열이 되도록 배치했다. 영상 획득을 위해서는 1024×768 해상도 및 15프레임/초 프레임율, 8mm 렌즈, 수평 시야각이 약 30°정도인 HD급 카메라 8대를 이용한다. 또한, 모든 시점의 영상을 실시간으로 저장하기 위해 집선 장치(concentrator)를 사용한다. 각 집선 장치에는 4개의 비디오 스트림이 전송되어 동기화되고, 두 대의 집선 장치는 다시 서로 동기화된다.

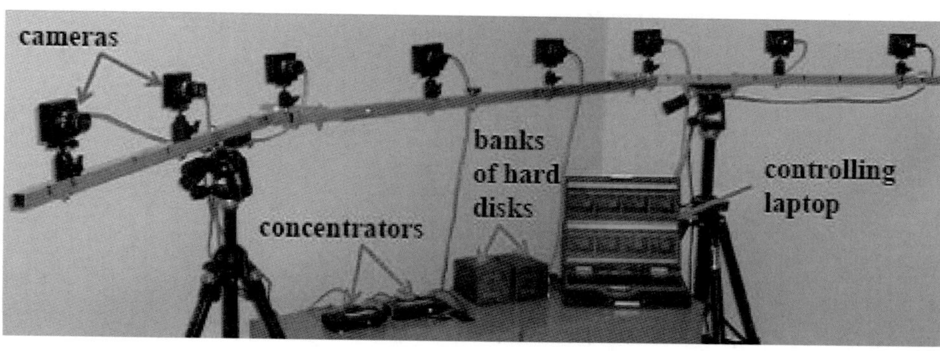

[그림 2-17] MSR의 다시점 영상 획득 시스템

2.2.4 다시점 비디오 실험영상

현재 널리 사용되고 있는 다시점 비디오 실험 영상은 다시점 비디오 부호화에 관한 표준화 작업에서 사용되었던 실험 영상들로 카메라의 개수, 카메라 구성, 초당 프레임 수, 영상의 해상도, 장면의 복잡도, 카메라의 움직임 등을 고려하여 선택되었다. [그림 2-18]은 대표적인 다시점 비디오 영상들을 보여주고 있다.

Ballroom

Exit

Race1

Flamenco2

Uli

Breakdancers

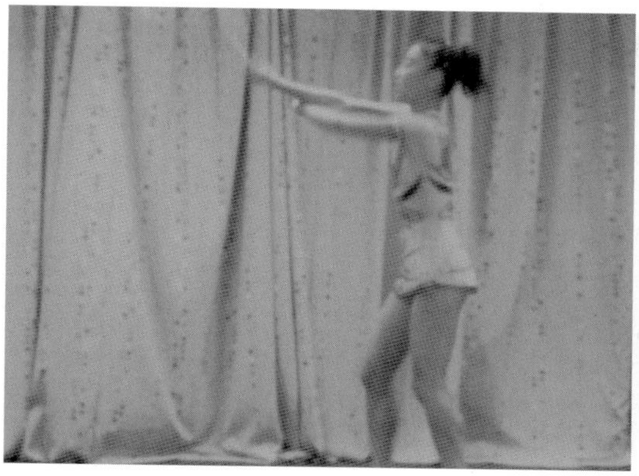

Rena

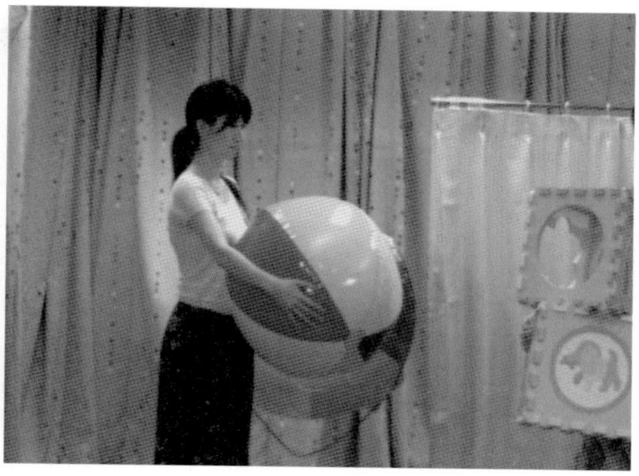

Akko&Kayo

[그림 2-18] 다시점 비디오 실험 영상

〈표 2-1〉은 대표적인 다시점 비디오 영상을 보여주고 있다. 각각의 실험영상들은 다시점 영상 외에도 3차원 처리를 위한 카메라 파라미터들도 제공하고 있다.

〈표 2-1〉 다시점 비디오 실험 영상의 특성

실험 영상	영상 특성	교정 (rectification)	카메라 개수	카메라 구성
Ballroom	VGA, 25fps	교정함	8	1차원 평행, 20cm 간격
Exit	VGA, 25fps	교정함	8	1차원 평행, 20cm 간격
Race1	VGA, 30fps	교정하지 않음	8	1차원 평행, 20cm 간격
Flamenco2	VGA, 30fps	교정하지 않음	5	2차원 평행, 직교, 20cm 간격
Uli	XVGA, 25fps	교정하지 않음	8	1차원 평행, 수렴(convergent), 20cm 간격
Breakdancers	XVGA, 25fps	교정하지 않음	8	1차원 원호, 20cm 간격
Rena	VGA, 30fps	교정함	100	1차원 평행, 5cm 간격
Akko&Kayo	VGA, 30fps	교정하지 않음	100	2차원 평행, 수평 5cm 간격, 수직 20cm 간격

〈표 2-1〉에서 보는 바와 같이 카메라의 개수는 5대, 8대, 100대가 사용되었으며, 영상은 VGA(640 × 480) 크기와 XVGA(1024 × 768) 크기가, 초당 프레임 수는 15, 25, 30fps가 사용되었다. 또한, 카메라 구성은 1차원 평행, 1차원 수렴, 1차원 원호,

2차원 평행, 2차원 배열이 사용되었다. 모든 실험영상은 YUV 4:2:0 형식이다. 영상 정렬(rectification)은 획득된 다시점 영상들이 3차원 기하학 기술을 통해 정확하지 않은 카메라 구성으로 인해 야기되는 영상의 왜곡이 보정되었음을 의미한다.

2.3 다시점 비디오 정렬화

영상 정렬화는 양안식 영상, 혹은 다시점 영상에 존재하는 기하학적 오차를 최소화하여 시점 간 상관도를 높인 영상을 획득하는 기술이다. 이상적인 양안식 카메라 배열이나 [그림 2-19]에 나타난 것과 같은 이상적인 평행 다시점 카메라 배열에서 카메라 중심은 3차원 공간상의 한 직선상에 존재한다. 또한 모든 카메라의 영상 평면들은 이 직선에 평행하게 배열되어 있으며 동일한 내부 변수와 회전 행렬을 가진다. 각 카메라 중심의 수평 좌표만이 일정한 간격을 가지고 배열되어 있다.

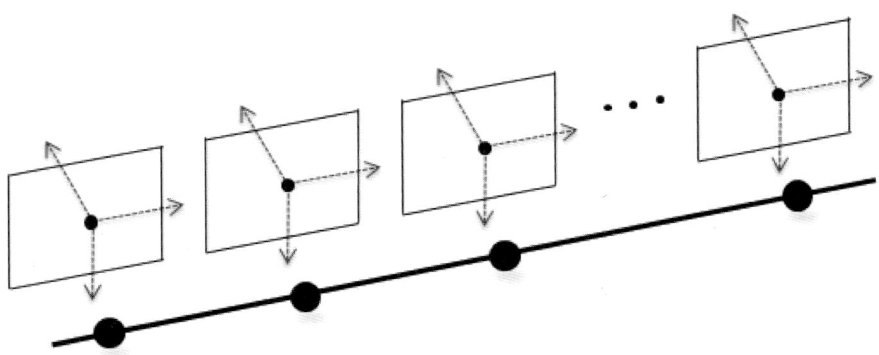

[그림 2-19] 이상적인 카메라 배열

그러나 실제의 양안식 카메라나 다시점 카메라 배열은 [그림 2-19]와 같은 이상적인 특성을 가지지 못한다. 실제적인 카메라 배열에서는 [그림 2-20]과 같이 카메라 중심이 직선의 주변에 위치하며 카메라 간 간격이나 카메라의 방향, 내부 변수로 나타내어지는 특징 등이 모두 다르다. 이와 같은 오차를 기하학적 오차라고 정의하며 영상 정렬화는 기하학적 오차를 가지는 카메라 배열에서 촬영된 영상을 이상적인 카메라 배열에서 촬영된 영상의 특성을 가지도록 변환하여 주는 기술이다.

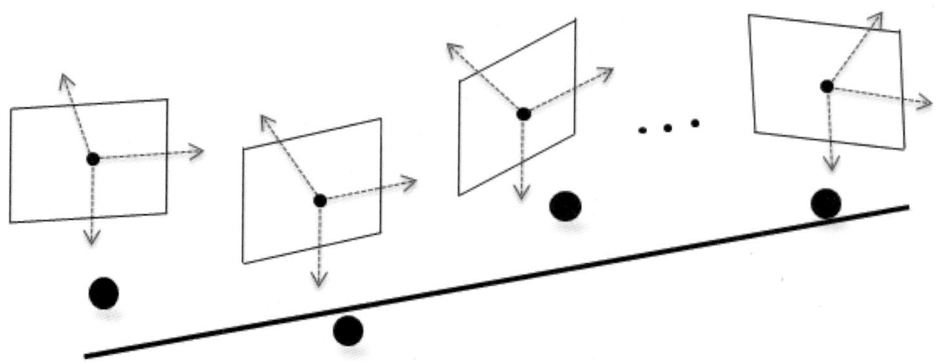

[그림 2-20] 기하학적 오차를 가지는 카메라 배열

영상 정렬화를 위해서는 각 카메라의 카메라 변수를 획득한 후, 이것을 기반으로 이상적인 카메라 배열을 나타내는 카메라 변수들을 예측한다. 그리고 각각을 이용하여 정렬화 변환식을 계산한 후, 이것을 영상에 적용함으로써 정렬화된 영상을 얻을 수 있다. 정렬화 변환은 정렬화 되기 전과 후의 카메라에 대하여 2차원 호모그래피(homography) H로 식 (2-1)과 같이 정의된다. P'은 이상적인 카메라 배열의 투영 행렬이며 P^{+}는 기존의 카메라 투영 행렬의 유사역행렬(pesudo-inverse matrix)이다. 3x3 행렬로 나타내어지는 이 변환식을 각 카메라마다 계산하여 [그림 2-21]에 나타난 것과 같이 적용할 수 있다. 정렬화 변환을 적용하기 전과 후의 영상은 [그림 2-22]에 나타나 있다.

$$T = H = P'P^{+} \tag{2-1}$$

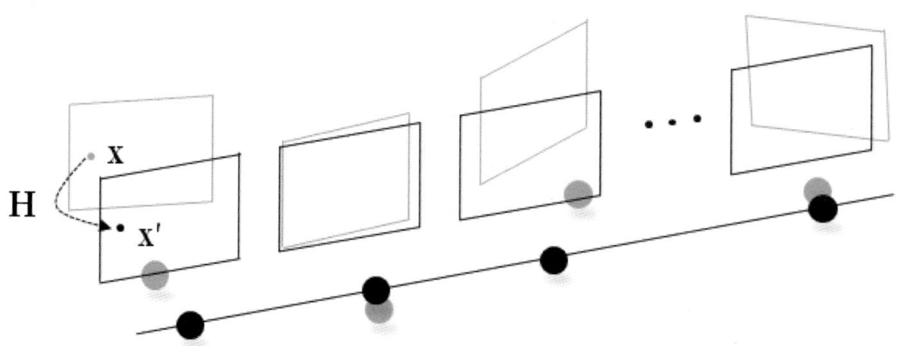

[그림 2-21] 정렬화 변환의 적용

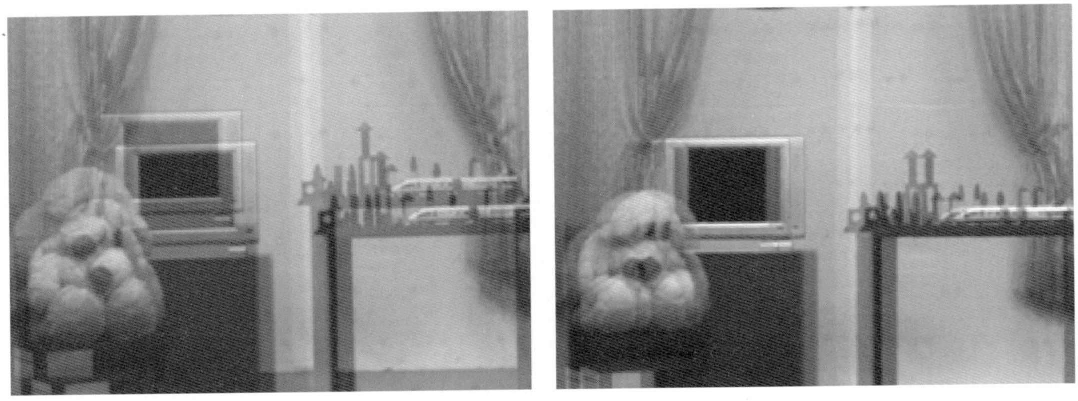

정렬화 전 정렬화 후

(a) 양안식 영상의 정렬화 결과

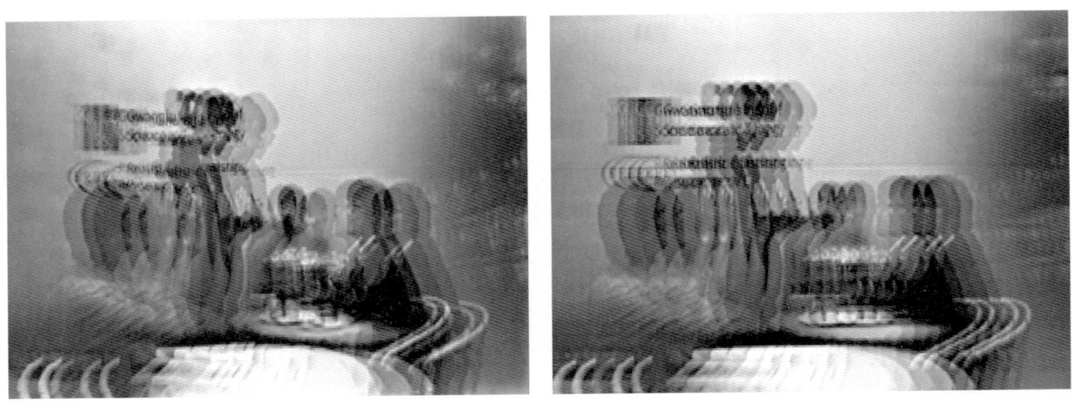

정렬화 전 정렬화 후

(b) 다시점 영상의 정렬화 결과

[그림 2-22] 영상 정렬화의 결과

2.3.1 카메라 투영과 카메라 매개변수

카메라를 이용하여 장면을 촬영하는 일련의 과정은 [그림 2-23]과 같이 3차원 공간에서 일어나는 점의 투영으로 간주될 수 있다. 3차원 공간상의 한 점 $(c_x,\ c_y,\ c^z)^T$에 카메라가 놓여 있다고 가정할 때, $(x,\ y,\ z)^T$ 위치의 한 점 X는 카메라 투영을 통하여 공간 내의 한 2차원 평면인 영상 평면상의 한 점 $(x',\ y')$에 그 상이 맺히게 된다.

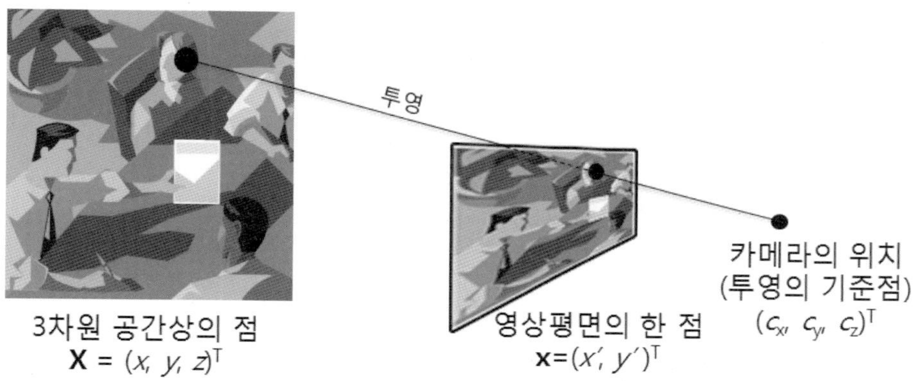

[그림 2-23] 카메라 투영

이와 같은 3차원 공간상의 점 X가 영상 평면상의 2차원 점인 x로 투영되는 과정은 카메라 투영 행렬인 P를 통하여 식 (2-2)와 같이 나타낼 수 있다.

$$\tilde{x} = P\tilde{X} = A[R|t]\tilde{X} \tag{2-2}$$

식 (1)에서 X와 x는 각각 동차 좌표계(homogeneous coordinates)로 표현되었으며, 카메라 투영 행렬 P는 3x4의 크기를 가진다. 그리고 카메라 투영 행렬은 다시 카메라 내부 변수(intrinsic parameters)를 나타내는 행렬 A, 그리고 외부 변수(extrinsic parameters)를 나타내는 행렬 R과 벡터 t로 분해된다. 이 변수들은 3차원 공간상에서 카메라의 위치와 방향 등을 나타내며, 카메라는 유클리드 좌표계(Euclidean coordinate system)료 나타내어지는 3차원 공간상의 한 점에서 고유의 카메라 좌표계(camera coordinate system)를 가지고 있다. [그림 2-24]는 유클리드 좌표계 내에 존재하는 카메라 좌표계와 각각의 변수들이 나타내는 특성을 보여준다.

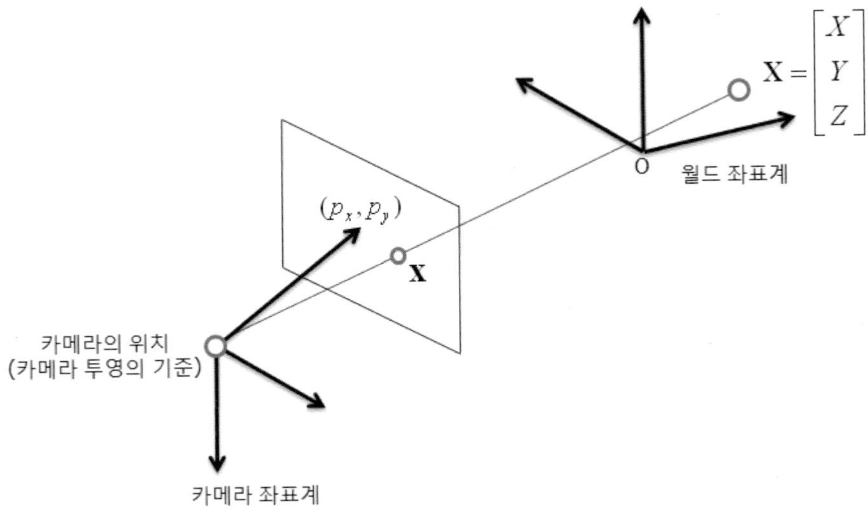

[그림 2-24] 공간 내에서 카메라의 동작

카메라 내부 변수는 카메라의 물리적인 특성을 나타내는 인자들로 구성되어 있다. 식 (2-3)은 카메라 내부 변수를 나타내는 행렬 3x3 행렬 A로써, f, s, (p_x, p_y)는 각각 카메라의 초점 거리(focal length), 뒤틀림 변수(skew parameter), 그리고 주점(principal point)의 좌표를 나타낸다. 카메라의 초점 거리는 카메라 투영의 기준점으로부터 영상 평면까지의 수직 거리를 말한다. 수평 축 방향과 수직 축 방향으로의 초점 거리는 CCD의 크기에 따라서 결정되며 매우 유사한 값을 가진다. 뒤틀림 인자는 CCD의 비직교성을 나타내는 인자로써 일반적인 카메라의 경우 0에 가까운 값을 가진다. 주점은 카메라 좌표계의 주축이 영상평면과 만나는 점의 좌표를 의미한다.

$$A = \begin{bmatrix} f_x & s & p_x \\ 0 & f_y & p_y \\ 0 & 0 & 1 \end{bmatrix} \tag{2-3}$$

카메라 외부 변수는 카메라의 방향을 나타내는 3x3 회전 행렬(rotation matrix) R과, 카메라가 원점으로부터 카메라의 방향으로 얼마나 떨어져 있는지를 나타내는 이동 벡터(translation vector) t로 구성된다. 회전 행렬과 이동 벡터는 식 (2-4)와 식 (2-5)처럼 나타낼 수 있으며, 카메라의 위치를 나타내는 카메라 중심(camera center) C는 식 (2-4)와 식 (2-5)를 이용하여 식 (2-6)과 같이 나타낼 수 있다.

$$R = \begin{bmatrix} r_{11} & r_{12} & r_{13} \\ r_{21} & r_{22} & r_{23} \\ r_{31} & r_{32} & r_{33} \end{bmatrix} \tag{2-4}$$

$$t = \begin{bmatrix} t_1 & t_2 & t_3 \end{bmatrix}^T \tag{2-5}$$

$$C = -R^{-1}t \tag{2-6}$$

2.3.2 카메라 조정

카메라 조정(camera calibration)은 2차원 영상으로부터 그 영상을 촬영한 카메라의 투영 행렬, 즉 내부 변수와 외부 변수들을 구하는 기술이다. 카메라 조정을 위해서는 [그림 2-25]와 같이 카메라를 고정시킨 상태에서 격자 무늬를 가진 편평한 판을 위치를 변화시켜가며 촬영한 몇 장의 영상이 필요하다. 이 영상들 각각에서 격자 무늬의 모서리점이 특징점으로 지정되고, 특징점들 간의 실제 간격에 기반한 연산을 통하여 카메라의 내부 및 외부 변수를 계산할 수 있다. 다시점 카메라 조정의 경우에는 모든 카메라를 고정시킨 채로 격자 무늬 판에 대한 영상을 모든 카메라로 동시에 촬영해야 한다.

[그림 2-25] 카메라 조정을 위해 촬영된 격자 무늬 판 영상

2.4 다시점 비디오 색상 보정

다시점 영상을 획득하기 위해서 여러 대의 카메라를 사용하게 되는데, 이 때 나타나는 문제 중 하나가 다시점 영상간의 색상 불일치이다. [그림 2-26]에서 보듯이, 동일 기종의 카메라로 같은 장면을 동시에 촬영하더라도 카메라의 특성이 조금씩 다르기 때문에 영상들의 색상이 서로 다를 수 있다. 이러한 색상 불일치 문제는 획득된 영상을 처리하거나 압축할 때 걸림돌로 작용할 수 있기 때문에, 이를 보정해주는 과정이 필요하다. 본 장에서는 색상 보정을 위해 많이 사용되는 색 모델에 대해서 알아보고, 이를 기반으로 색상 불일치 문제를 해결하기 위한 방법을 소개한다.

[그림 2-26] 다시점 비디오간의 색상 불일치 문제

2.4.1 색 모델

색 모델은 몇 가지 구성요소로 색을 표현하는 추상적인 수학적 모델을 의미한다. 다시점 영상을 처리하기 위해서 다양한 색 모델이 사용되고 있으며, 각 색 모델의 특성이 서로 다르기 때문에 혼용되는 경우도 있다. 여기서는 현재 다시점 영상의 색상 보정을 위해 주로 사용되는 네 가지 색 모델에 대해서 설명한다.

2.4.1.1 RGB 색 모델

1802년에 Thomas Young은 실험을 통해 사람은 각각 다른 범위의 가시광선을 감지할 수 있는 추상체를 갖고 있다고 밝혔고, 1850년에 Hermann von Helmholtz에 의해 세 가지 추상체가 짧은 파장(파랑), 중간 파장(녹색), 그리고 긴 파장(빨강)에 특화되어 있다는 것이 밝혀졌다. 즉, 사람은 이 세 가지 파장의 빛의 세기가 혼합되어 다양한 색을 인지할 수 있는 것이다. 이를 토대로 만들어진 색 공간 모델이 RGB 색공간이다. 여기서 RGB는 Red, Green 그리고 Blue의 약자이고, 각 스펙트럼 성분으로 구성되어 있다. 주로 구성 성분을 나타내기 위해 8 비트를 각 구성요소에 할당하고 있고, 이는 그 어플리케이션의 종류에 따라 달라질 수 있다. [그림 2-27]은 RGB 색 모델을 나타내는 입방체를 보여준다. 세 가지 성분이 가장 많이 혼합되어 있을 경우 가장 밝은 흰색을 나타내고, 가장 적게 나타나있을 때 가장 어두운 검은 색을 나타내게 된다.

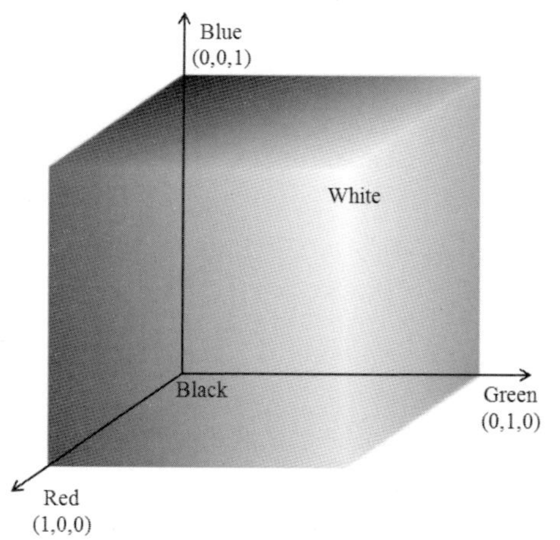

[그림 2-27] RGB 색모델 입방체

RGB 색 모델은 우리가 흔히 접할 수 있는 디스플레이 장치나 디지털 카메라 등에 적용된다. 따라서 어떠한 색 모델을 기반으로 영상처리 작업을 하더라도 최종적으로는 다시 RGB 색 모델로 변환되어야 한다. 즉 현재 사용되고 있는 색 모델 중에 가장 기본이 되는 모델이라고 할 수 있다. 하지만 RGB 색 모델은 사람의 시각 체계에 대한 고려가 적어, 장비에 따라 그 색상이 변하는 장비-비독립적 색 모델이라는 단점을 갖고 있다.

RGB 색 모델과 상반되는 개념으로 생각할 수 있는 색 공간이 CMYK 색 모델이다. RGB 색 모델이 구성 성분의 합으로 밝은 색을 나타내는 가산적 모델이라고 하면, CMYK는 그 반대로 감산적 모델이라 할 수 있고, Cyan(붉은 색), Magenta(푸른색), Yellow(노란색), Black(검은색)을 그 구성요소로 하고 있다. 이 CMYK 색 모델은 주로 인쇄를 목적으로 사용되기 때문에 디스플레이 되기 위한 영상을 처리할 때에는 크게 고려되지 않는다.

2.4.1.2 HSL 색 모델

RGB 색공간의 기하학적 인지 방법은 사람의 인지방법과 다르기 때문에, 사람의 시각 체계를 반영하여 만들어진 색 모델이 바로 HSL 색공간이다. H는 색조 (Hue)를, S는 포화도(Saturation), L은 밝기(Lightness)를 의미한다. 색조는 빛의 파장 차이에서 발생하는 색상의 차이를 의미하고 포화도는 순수 파장의 세기를 나타내고 흔히 채도라고 표현되어지기도 한다. [그림 2-28]에서 보듯이, HSL 색 모델은 원뿔 형태로 표현될 수 있으며, 위쪽 원에서 각도는 색상을 나타내고 중점에서부터의 거리는 포화도를 나타낸다. 앞서 언급한 바와 같이, HSL 모델은 사람의 인지 방법과 유사하기 때문에 영상 디자이너나 예술가들이 작업을 할 때 널리 사용되는 색 모델이다. 다시점 영상에서도 밝기부분과 색상부분을 따로 보정할 때 사용되기도 한다. 이와 비슷한 색 모델로는 HSV 모델이 있으며, 거의 비슷한 특성을 지니지만 원뿔형인 HSL 색 모델과 달리 원추형의 형태를 지닌다.

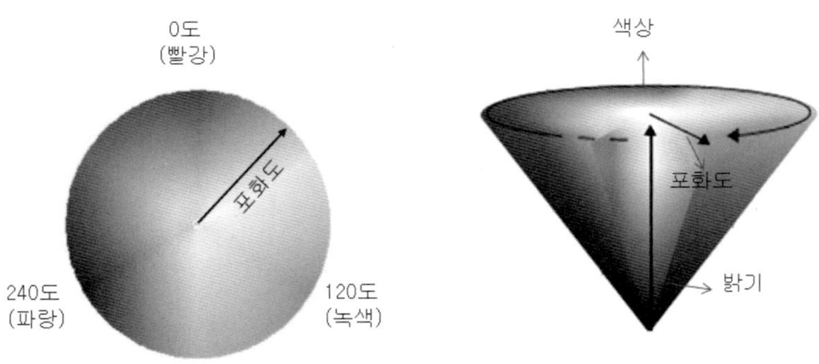

[그림 2-28] HSL 색 모델

2.4.1.3 CIEXYZ 색 모델

1913년에 설립된 국제조명기구 CIE (international commission on illumination)는 빛의 파장에 따른 사람의 반응 정도를 고려하여 색을 표현하는 CIEXYZ 색공간을 제안하였다. 국제조명기구는 1931년에 17명의 사람을 대상으로 색상에 따른 자극 정도를 확인해보기 위한 실험을 진행하였다.

실험을 위해 두 개의 독립된 스크린이 사용되었다. 한쪽 스크린에는 테스트 광원이 투사되고, 다른 스크린에는 관측자가 조절할 수 있는 3개의 광원이 투사되었다. 관측자는 3개의 광원이 합쳐진 빛이 실험 광원의 빛과 동일하다고 느낄 때까지 3개의 광원의 세기를 개별적으로 조절하였다. 실험 광원을 380nm부터 780nm까지 변화되었다. 이 실험을 통해 기본적인 단일 파장의 삼원색으로는 모든 파장의 빛을 생성해낼 수 없다는 결론이 얻어진다. 특히, 붉은 색을 나타내는 파장의 경우에는 일부 실험에서 음의 값을 갖는 세기를 갖게 되는 경우도 있었기 때문에 국제조명기구에서는 새로운 파장을 기반으로 하는 색 모델을 제안하였다.

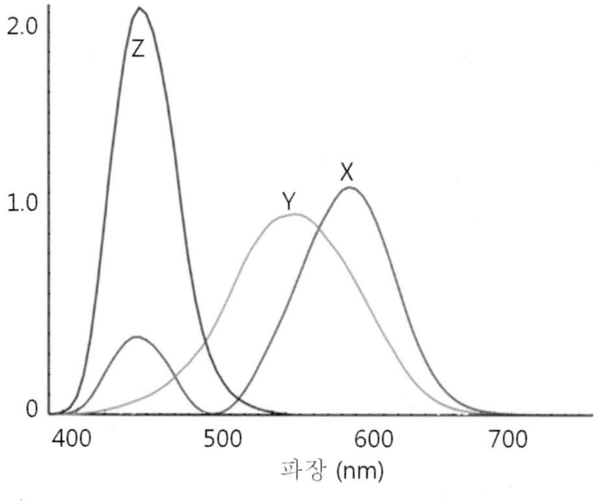

[그림 2-29] CIEXYZ 색 모델의 파장

이것이 바로 XYZ 색 모델이며, 가상의 파장을 기반으로 설계되었다. [그림 2-29]은 기본 파장을 보여준다.

2.4.1.4 CIELab 색 모델

CIELab 색 모델은 색상 보색관계를 이용한 색 모델로서, CIEXYZ 색상 모델을 기반으로 하고 있다. L은 밝기를 의미하고, a와 b는 색상 정보를 나타낸다. 이 때 a가 양의 값을 가지면 붉은 색 성분이, 음의 값을 가지면 녹색 성분이 포함되어 있는 것이다. b는 노란색과 푸른색 성분을 결정하는 값이다. CIELab 색 모델은 사람이 눈으로 볼 수 있는 모든 색상을 나타낼 수 있으며, 장비-독립적이기 때문에 색상 보정에서 참조 모델로 사용할 수 있는 장점을 가지고 있다. [그림 2-30]은 CIELab 색 모델을 보여준다.

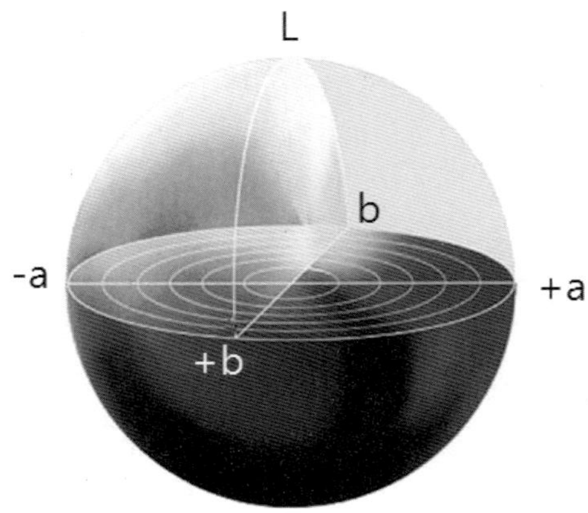

[그림 2-30] CIELab 색 모델

특히, 사람의 시각특성을 잘 반영하고 있고 그 특성이 선형적이기 때문에, 단일 영상의 색상보정에서 널리 사용되고 있고 또한 성능 평가 시에도 기반 모델로 사용된다.

2.4.2 색상 보정

다시점 영상의 색상을 보정하기 위해 다양한 색 모델을 기반으로 한 연구들이 진행되고 있다. 다시점 영상의 색상 보정 방법은 크게 세 가지로 분류할 수 있다. 첫 번째는 영상의 전체적인 특성을 분석하여 색상을 보정하는 방법이다. 이 방법은 주로 다시점 영상의 색상을 보정하기 위한 연구가 시작된 초기에 주로 진행되었다.

영상의 전체적인 특성 분석법으로 영상을 보정하기 위해서는 각 시점의 평균 밝기나 히스토그램 등의 정보가 사용된다. [그림 2-31]은 이 히스토그램을 이용하여 영상을 보정하는 예를 보여준다. 하지만 이렇게 영상의 전체적인 특성을 이용하는 방법은 폐

색영역이 존재하는 다시점 영상에 적용하기에는 무리가 있다. 즉, 한 쪽 영상에만 존재하고 다른 영상에서는 보이지 않는 물체의 색상 정보가 보정을 위해 사용될 수 있기 때문에, 입력 영상에 보정 성능이 크게 좌우되게 된다.

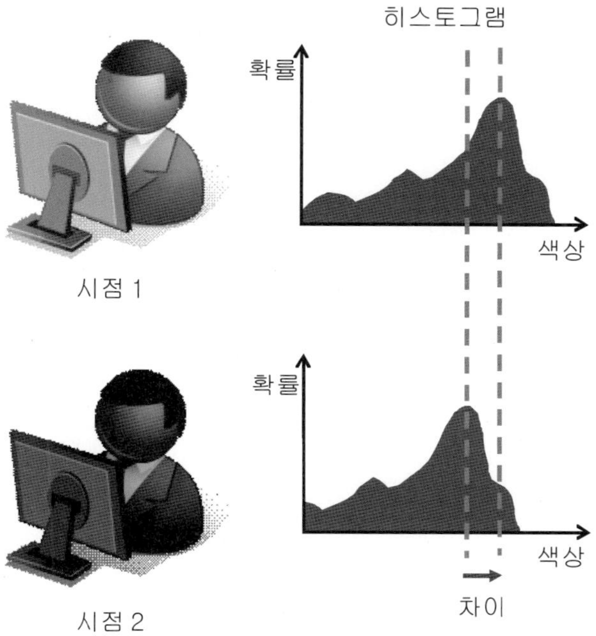

[그림 2-31] 히스토그램을 이용한 색상 보정 방법

위에서 언급한 두 가지 방법의 단점을 모두 보완할 수 있는 방법이 색상 차트를 이용하는 방법이다. [그림 2-32]는 색상 차트를 이용한 색상 보정 방법의 예를 보여준다. 색상 차트를 이용하는 방법은 촬영 전에 미리 색상 차트를 촬영하고, 색상 차트의 색상 정보를 기반으로 하여 다시점 영상의 색상을 보정하는 방법이다. 하지만 색상 차트가 촬영되지 않은 영상은 보정할 수 없다는 단점을 갖고 있다.

[그림 2-32] 색상 차트를 이용한 색상 보정방법

앞의 두 방법의 단점을 모두 해결 할 수 있는 방법은 [그림 2-33]에서와 보듯이, 각 영상에서 대응되는 부분을 찾아서 그 부분의 색상 정보를 비교한 뒤 그 값을 보정하는 방법이다. 대응점 추출 알고리즘을 통해 시점 간 색상 정보를 분석하고 이를 기반으로 색상을 보정한다.

[그림 2-33] 영상간의 대응점을 이용한 색상 보정방법

2.4.2.1 대응점 추출 기반 알고리즘

본 장에서는 세 가지 방법 중에 대응점을 기반으로 한 방법에 대해 구체적으로 설명한다. 색상 불일치 문제가 존재하는 영상에서 대응점을 정확히 추출하기 위해서, 특징점 기반 알고리즘을 통해 대응점을 추출한다. [그림 2-34]는 특징점 기반 추출 알고리즘을 통해 검출된 대응점을 보여준다.

[그림 2-34] 대응점 검출 결과

2.4.2.2 보정곡선 계산

특징점 기반의 대응점 추출 알고리즘을 통해 얻은 샘플은 모든 색상 값을 포함하지 않을 수 있고, 그 정확도 또한 낮기 때문에, 각 색상 채널당 256개의 색상을 유추해내기 위해서는 적절한 내삽, 외삽법이 필요하다. 따라서 얻어진 샘플을 토대로 보정 곡선을 얻는 과정이 필요하다. 이 장에서는 보정 곡선을 얻는 방법에 대해 설명하겠다.

[그림 2-35]는 카메라의 특성에 따른 각각 다른 두 카메라의 색상 특성을 보여준다. 모든 특성이 동일하다면 각 그래프의 빨간 실선처럼 카메라 1과 카메라 2의 값이 일치해야 하지만 실제의 경우 그렇지 못하다. 그림에서 첫 번째의 경우는 gain값이 다른 경우, 두 번째는 offset값이 다른 경우, 세 번째는 gamma 특성이 서로 다른 경우를 의미한다.

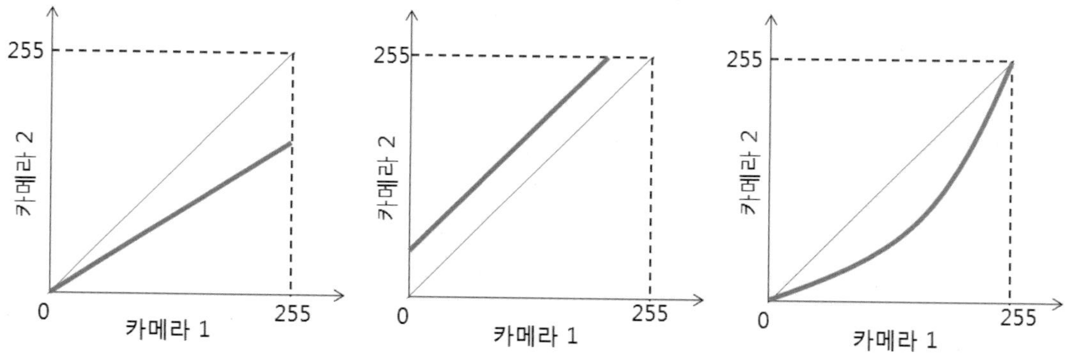

[그림 2-35] 카메라 특성에 따른 두 대 카메라의 색상 관계

이러한 특성차이는 동일 카메라에서 같은 설정으로 촬영한 영상의 경우에도 존재한다. 각각의 카메라 특성은 식 (2-7)로 표현될 수 있다.

$$\begin{aligned} &\text{gain} : Y = aX \\ &\text{offset} : Y = X + b \\ &\text{gamma} : Y = X^{r} \end{aligned} \tag{2-7}$$

이러한 카메라 특성의 차이는 동시에 발생할 수 있으며, 이를 모두 고려하여 수식을 통합하면 아래와 같은 식 (2-8)을 얻을 수 있다.

$$Y = a(X+b)^r \tag{2-8}$$

연산의 순서는 각각 계수들의 값에만 영향을 미칠 뿐, 색상 보정의 성능에는 영향을 미치지 않는다. 각각의 계수 a, b, r은 R, G, B 채널마다 독립적으로 존재해야한다. 따라서 각 채널마다 3개의 계수를 구해야하며, 보정식이 비선형적이기 때문에, 가우스-뉴튼 순환법을 사용하여 계수를 계산한다. 또한 계수를 얻어내고 색상을 보정하기 위해서 여러 개의 시점 중에 하나를 참조 시점으로 선택하여 그 시점을 기준으로 다른 영상들을 보정한다. 이 때 주로 가운데 있는 시점을 참조 시점으로 사용하는데, 이는 거리에 따른 조명의 차이를 최소화하기 위함이다.

2.4.2.3 보정곡선 정합

가우스-뉴튼(Gauss-Newton) 순환 알고리즘은 비선형의 최소 자승문제를 해결하기 위한 알고리즘으로, 함수의 최소값을 찾기 위해 사용되는 뉴튼 알고리즘을 향상시킨 방법이다. 가우스-뉴튼 순환 알고리즘은 뉴튼 알고리즘과 달리 오직 제곱차의 함수를 최소화할 때만 사용할 수 있다. 하지만 이는 2차 미분의 장점을 살려서 필요 없는 계산을 줄일 수 있다는 장점을 갖고 있다.

n개의 변수 $\beta=(\beta_1, \ldots, \beta_n)$를 갖고 있는 m개의 함수 ri(i=1, ..., m)에 대해서, 만약 m이 n보다 크거나 같을 경우, 가우스-뉴튼 순환 방법으로 식 (2-9)와 같이 제곱 형태의 함수의 최소를 구할 수 있다.

$$F(\overline{x}) = \sum_{i=1}^{m} r_i^2(\overline{x}) \tag{2-9}$$

문자 위의 바 표시는 벡터를 의미한다. 가우스-뉴튼 방법은 초기 예측값으로부터 순환법을 사용하여 최소가 되는 값을 찾아나간다. 이 때 함수 r은 실제 값에서 예측한 변수의 함수 값을 뺀 오차 값을 의미하여 수식은 식 (2-10)과 같다.

$$\overline{r_i}(\beta) = y_i - f(x_i, \overline{\beta}) \tag{2-10}$$

이때 초기 예측값을 β^0라하고 s회 반복된 뒤의 변수를 β^S로 나타낸다. s번째 변수와 s+1번째 변수는 아래와 식 (2-11)과 같은 관계를 갖게 된다.

$$\overline{\beta^{s+1}} = \overline{\beta^s} + \delta\overline{\beta} \tag{2-11}$$

이 관계에서 $\delta\overline{\beta}$는 다음의 식 (2-12)를 만족시킨다.

$$(\overline{J_r^T}\,\overline{J^r})\delta\overline{\beta} = -\overline{J_r^T}\,\overline{r} \tag{2-12}$$

여기서 r은 함수의 벡터를 J_r은 β에 대한 r의 m×n 자코비안 행렬을 의미하고 윗첨자 T는 행렬의 전치 연산자를 의미한다. 예를 들어 보정곡선과 같이 3개의 변수를 갖는 함수라면 그 행렬은 식 (2-13)과 같다.

$$\begin{bmatrix} \frac{\partial(y_1 - f(x_1,\overline{\beta})}{\partial\beta_1} & \frac{\partial(y_1 - f(x_1,\overline{\beta})}{\partial\beta_2} & \frac{\partial(y_1 - f(x_1,\overline{\beta})}{\partial\beta_3} \\ \frac{\partial(y_2 - f(x_2,\overline{\beta})}{\partial\beta_1} & \frac{\partial(y_2 - f(x_2,\overline{\beta})}{\partial\beta_2} & \frac{\partial(y_2 - f(x_2,\overline{\beta})}{\partial\beta_3} \\ & \cdots & \end{bmatrix} \tag{2-13}$$

s+1번 순환으로 변수를 얻을 때에는 함수의 벡터 값과 자코비안 행렬을 s번째 순환에서 얻어진 변수 값을 바탕으로 계산된다. 순환을 반복하면 구하려고 하는 변수는 실제 값에 근접하게 된다.

2.4.2.4 색상 보정 결과

언급한 알고리즘을 통해 MPEG의 표준 다시점 영상들의 색상을 보정하였다. [그림 2-36]에서 가장 왼쪽에 있는 영상이 참조 영상이고, 가운데 영상이 보정하고자 하는 영상, 마지막 영상이 색상 보정 알고리즘을 통해 보정된 영상이다. 그림에서 확인할 수 있듯이 색상 불일치 문제가 상당부분 해결된 것을 알 수 있다.

[그림 2-36] 보정 결과의 주관적 비교

Chapter 03

H.264/AVC

3.1 국제 비디오 부호화 표준

디지털 기술의 발전과 함께 다양한 방송/통신/컴퓨터 기술들이 융합화 되고 있으며, 특히 멀티미디어 기술의 디지털화는 다양한 멀티미디어 서비스를 가능하게 하여 관련 산업의 발전을 이끌었다. 초창기에는 이러한 기술들이 각 기관이나 국가를 중심으로 독립적으로 발전해 왔으나, 국제화 시대에 발맞추어 이러한 멀티미디어 서비스들 간의 상호운영성에 대한 요구가 중요해지면서, 멀티미디어에 대한 국제 표준화의 필요성이 대두되었다.

본 장에서는 대표적인 멀티미디어 관련 국제 표준화 기구인 MPEG과 ITU-T에 대해 살펴보고, 최신 비디오 부호화 표준인 H.264/AVC에 대해 소개한다. 현재 다시점 비디오뿐만 아니라 모든 비디오 관련의 최신 국제 표준들은 H.264/AVC를 근간으로 하고 있기 때문에 이에 대한 소개를 통해 다시점 비디오 부호화 및 3차원 비디오 부호화에 관한 이해를 돕고자 한다.

3.1.1 MPEG

오디오와 동영상과 같은 멀티미디어 서비스를 실현하기 위해서는 방대한 양의 데이터를 효과적으로 저장하거나 전송하기 위한 효율적인 압축 기술의 개발이 필수적이고, 이러한 압축 방식은 국제 표준으로 제정되어야 할 필요성이 대두되었다. 1980년대 초반부터 아날로그 기술이 디지털 기술로 대체되면서부터 디지털 영상기술에 대한 발전이 시작되어 초기에는 정지영상에 관한 연구로 시작되어 이후에는 동영상으로 발전되어 결국 멀티미디어 전반에 관한 기술에 관한 연구가 진행되었다. 뿐만 아니라 각각의 멀티미디어 데이터를 서로 연결시켜주고 이를 이용한 다양한 서비스가 가능하도록 이를 뒷받침 하는 다양한 시스템 기술들 또한 필요하게 되었다. 1988년에 국제 표준화 기구인 ISO/IEC(International Organization for Standardization/ International Electrotechnical Commission)에서는 JTC1/SC2(Joint Technical Committee 1/Sub Committee 2, 현재는 SC29)에 동영상의 부호화를 연구할 그룹 MPEG(Moving Picture Experts Group)을 설립하였다.

MPEG-1은 현재까지 가장 널리 보급되어 사용되는 포맷으로 1991년 ISO-11172로 규격화된 영상 압축 기술이다. CD-ROM에 비디오를 저장하는 것을 목적으로 개발되었으며, VHS 수준의 동영상과 음향을 1.5Mbps로 저장하여 Audio-CD와 비슷한 시간의 동영상을 저장하는 규격이다. MPEG-1 규격만을 놓고 볼 때는 응용에 이렇다 할 제약이 없어, 여러 멀티미디어 응용 분야에 적용이 가능하다. MPEG-1 압축 알고리즘은 CD-ROM의 데이터 재생속도인 1.5Mbps 이내를 목표로 하여 최적화가 이루어졌다. 또한 MPEG-1 시스템의 데이터 포맷도 CD-ROM에 단일 프로그램을 넣는 것을 고려했기 때문에 오류 정정이나 디지털 방송과 같은 복수 프로그램의 경우는 고려가 덜 되었다.

결국 MPEG-1의 응용으로 가장 적절한 것은 CD-ROM이다. 초창기에는 기존의 VHS 테이프에 비해 화질도 다소 떨어지고 74분의 재생시간이 영화 한편을 수용할 수 없어 가전업체들이 상품화에 소극적이었다. 그러나 1992년 가을 MPEG-1에 기초한 일본 JVC의 가라오케 시스템이 선풍적 인기를 끌면서 MPEG-1의 상품화가 다시 업체들의 관심을 모으게 되었다. 결국 가전업계의 선두주자들인 필립스, 소니, 마쓰시타 등이 합세하여 이 가라오케 규격을 오늘날 비디오 CD 규격으로 발전시켰다. 그리고 이것은 다시 1994년 대화형 기기로서의 기능을 보강한 버전 2.0으로 개량되었다. 필립스는 이와 비슷하나 약간 차이가 있는 CD-I FMV를 개발하여 발표했는데, 이것은 기존의 대화형 기기인 CD-I에 MPEG-1에 기초한 완전한 동화기능(full motion video)을 삽입한 것이다. MPEG-1의 채택은 컴퓨터 업계와 게임기 업계에서도 널리 활용되었다.

MPEG-2는 1994년 ISO-13818로 규격화된 영상 압축 기술로 디지털 TV, 대화형 TV, DVD 등 고화질/고음질 환경에서 사용할 수 있도록 MPEG-1의 약점들을 개선한 방식이다. 현재 DVD, 위성방송, HDTV 등에서 널리 이용되고 있다.

MPEG-2는 디지털 텔레비전을 목표로 개발되었으며, 현재까지도 가장 성공적인 비디오 압축 표준으로 인정받고 있다. MPEG-2는 표준 순차주사 비디오뿐만 아니라 텔레비전 분야에서 널리 이용되는 비월주사 비디오도 지원한다. 비월주사 비디오는 영상에서 두 셋의 서로 교대하는 화소 열을 번갈아 포착하고 표시한다. 이 기법은 특히 TV 디스플레이의 물리적 특성에 적합하다. MPEG-2는 미국 및 일본에서 이용되는 NTSC를 위한 초당 60필드의 비월주사 720x480 방식과 유럽 및 기타 국가에서 이용되는 PAL을 위한 초당 50필드의 비월주사 720x576 방식을 포함한 표준 텔레비전 해상도를 지원한다.

고해상도 비디오는 MPEG-2의 중요한 응용분야로 MPEG-2가 MPEG-1보다 움직임 예측을 위한 성능이 크게 개선되었다. MPEG-2의 비월주사 부호화 방법은 움직임 보정을 최적화할 수 있는 기능을 포함함으로써 필드 및 프레임 기반 예측과 필드 및 프레임 기반 DCT/IDCT를 지원한다. MPEG-2는 30:1의 압축 비율을 갖는다. MPEG-2는 가전 비디오, 디지털 위성, 디지털 케이블, DVD, 최근의 고화질 TV 등의 다양한 응용에 채택되었다. 또한 MPEG-2는 확장가능 비디오 코딩 방법이 추가됨으로써 시간 확장성, 공간 확장성, SNR 확장성, 데이터 분할의 다중 레이어 비디오 코딩을 지원한다.

MPEG-4는 ISO에서 성공적이었던 MPEG-2의 후속 표준으로 개발되었다. 초기의 목표는 무선 네트워크를 지원하기 위해 오류에 대한 강인성을 향상시키고, 낮은 비트율 응용 분야의 지원을 향상시키고, 그래픽 객체와 비디오를 융합하기 위한 다수의 새로운 부호화 방법을 추가하는 것이었다. 그러나 당시 대부분의 그래픽 기능이 아직 제품들에 널리 이용되지 않았던 상황이라 주로 낮은 비트율 압축 및 오류 복구를 향상시키는 데 주력했다.

MPEG-4 심플 프로파일은 H.263 베이스 라인에서 시작해서 다음과 같은 압축 방법을 추가했다. 먼저, 객체가 부분적으로 프레임의 경계 바깥으로 이동하는 경우 객체의 예측을 지원한다. 또한, 16×16 또는 8×8 블록 크기로 움직임 보정을 가능하게 하였고, 인접 블록에서 현재 블록의 왼쪽 또는 위로 DC/AC DCT 계수를 예측할 수 있도록 하였다. AC 계수의 동적 범위는 H.263의 [-127, 127]에서 [-2047, 2047] 로 확장했다.

손실된 패킷의 복구를 위해 다음과 같은 오류 복구 기능을 추가했다. 먼저, 이미지 내에서 슬라이스를 구축함으로써 오류가 발생했을 때 더 신속한 재동기화를 가능하게 했다. MPEG-2 패킷 크기와 달리 MPEG-4 패킷 크기는 매크로블록을 표현하는 데 이용되는 비트 수로부터 연계가 해제된다. 결과적으로 매 매크로블록의 정보 양에 관계없이 비트스트림에서 동일한 간격으로 재동기화가 가능하다. 비디오 패킷에서 마커를 이용해서 움직임 정보 부분과 DCT 데이터 부분으로 데이터를 분할할 수 있도록 하는 모드이다. 이를 통해 움직임 벡터 데이터의 유효성을 더 엄격하게 검사할 수 있도록 하여, 오류가 발견되었을 때 모든 움직임 데이터를 폐기하는 것을 방지할 수 있다. 순방향뿐만 아니라 역방향으로 디코딩이 가능하도록 설계된 VLC 코드 테이블을 이용하여, 오류가 발생하면 다음 슬라이스 또는 시작 코드에서 싱크하고, 오류가 발생했던 지점으로 돌아갈 수 있다. 주로 실시간 응용에서 신속한 오류 복구를 위해 설계된 것으로서 패킷 손실이 발생했을 때 디코더가 역 채널을 이용해 인코더로부터 추가적인 정보를 요청한다.

MPEG-4 향상 심플 프로파일은 MPEG-2와 마찬가지로 심플 프로파일에서 시작해서 B 프레임 및 비월주사 기능을 추가했다. 또한 1/4 화소 움직임 보정과 전역 움직임 보정을 위한 옵션을 추가했다. MPEG-4 향상 심플 프로파일이 심플 프로파일보다 훨씬 더 높은 프로세싱 성능을 필요로 하며 MPEG-2보다 복잡도가 더 높고 부호화 효율이 더 높다. MPEG-4는 인터넷 스트리밍에 이용되었으며 애플의 퀵타임 플레이어 등에 채택되었고, 심플 프로파일이 모바일 스트리밍에 다양하게 이용되고 있다. MPEG-4 ASP는 현재 널리 이용되고 있는 DivX 코덱의 토대가 되었다.

MPEG-7은 멀티미디어로 구성된 데이터베이스에서 정보를 쉽게 탐색하여 추출할 수 있도록 표준화된 멀티미디어 정보 표현 방식을 제공하기 위한 국제 표준이다. 연구범위 및 목표가 점차 증가하고 있는 멀티미디어 정보인 음성 및 영상 데이터 또는 이의 복합 데이터를 데이터베이스에서 쉽게 추출하기 위해 영상의 색, 재질, 물체의 크기, 화상 내의 물체, 배경과 복합된 물체 등을 탐색하는 표현 방식에 관한 표준이며, 화상정보는 정지화상, 그래픽, 오디오, 동화상을 포함한다. MPEG-7에서는 특징 추출(feature extraction), 영상의 표현과 압축 방식들에 대해서는 관여하지 않으며 이것은 MPEG-4에서 담당한다. 또한 탐색 엔진도 MPEG-7의 범위가 아니고, 단지 표현화 된 음성 및 영상의 표현에만 한정된다. 실제 오디오 분야의 활용 예로는, 부분 멜로디를 입력할 경우에 이와 유사하거나 이를 포함한 음악 파일을 찾는 기능이 있으며, 그래픽에서는 도형을 입력하면 이와 유사하거나 이를 포함한 그래픽이나 로고 등을 찾는 기능과, 영상물 중에서 물체의 색깔 및 재질 또는 동작 등을 입력하거나 시나리오의 일부를 묘사하면 이를 포함한 영상 검색 기능이 있다. 따라서 멀티미디어 정보의 편집, 디지털 도서관에서의 영상 및 음악 사전 분류, 멀티미디어 서비스 안내, 라디오나 텔레비전 등 방송 미디어의 선택, 의학 정보 관리, 쇼핑 정보 탐색, 지리 정보 시스템(GIS) 등에 유용하다.

MPEG-21은 디지털 멀티미디어 콘텐츠의 생성, 거래, 전달, 관리, 소비하는 과정에 있어서 광범위한 네트워크 및 터미널을 통하는 여러 계층의 멀티미디어 자원을 상호 호환하여 사용하기 위한 멀티미디어 프레임워크 표준 규격이다. 디지털 콘텐츠에서 콘텐츠 제작자, 유통업자, 최종 사용자가 편리하게 국제적인 호환성을 가지고 콘텐츠를 식별, 관리 및 보호할 수 있도록 하는 멀티미디어 프레임워크 핵심 기술의 표준화가 목표이며, 디지털 아이템 선언(digital item declaration), 디지털 아이템 식별자 및 메타데이터(digital item identification and description), 디지털 콘텐츠 표현(content representation), 디지털 아이템 관리와 사용(digital item management and usage), 저작권 관리 및 보호(intellectual property management and protection), 단말과 통신망(terminal and network), 이벤트 보고(event reporting)등이 기술 요소이다. MPEG-21 프레임워크 상에서는 취급 및 거래에 이용되는 기본적인 콘텐츠 단위를 디지털 아이템이라고 하며, 디지털 아이템은 동영상, 오디오, 텍스트 등 멀티미디어 자원(multimedia resource)과 내용을 설명하는 기술자(description), 그리고 국제적으로 통용되는 상품번호격인 식별자(identification)로 구성된다.

3.1.2 ITU-T

ITU-T(International Telecommunication Union Telecommunication Standardization Sector)는 국제 전기 통신 연합 부문의 하나로 통신 분야의 표준을 책정하며 스위스 제네바에 위치해 있다. ITU의 표준화 작업은 국제 전신 연합의 탄생과 더불어 1865년으로 거슬러 올라간다. 1947년에 이 부문은 국제 연합의 전문 부서가 되었으며 국제 전신과 CCITT는 1956년에 창설되었다. 이것이 1993년에 ITU-T라는 이름으로 바뀌었다.

1980년대 후반까지 ITU-T 화상 회의 코덱에서는 최소의 부호화 지연을 위해서 인터화면 DPCM과 DCT의 조합을 사용하였다. 이 코덱은 H.120에서 매우 향상된 화질을 보여 주었다. 실제로, 화상 회의를 위한 화질은 384kbps 또는 그 이상에서 적당하고 좋은 화질은 대략 1Mbps의 비트율에서 가능하다. 이러한 노력은 384kbps에서의 비디오 부호화가 목표였던 것을 확장하여 비트율이 64kbps의 배수(p×64kbits, 여기서 p는 1에서 30사이의 정수)가 되도록 확장되었다. 이 부호화 표준이 바로 1989년에 완성된 H.261이다.

PSTN과 모바일 응용의 요구 사항으로 인하여 저 비트율 시스템에 대한 연구가 ITU-T에 의해서 수행되었고, 새로운 영상 코덱인 H.263이 고안되었다. 이 코덱은 H.261에서 확장되었으며, 10-64kbps 내의 낮은 비트율에서 영상을 부호화하기에는 복잡한 코덱이다. 수년간, 이 코덱의 압축율은 여러 번의 반복과 개선을 통하여 꾸준히 증가하였다. 또한, 이 코덱이 향상된 것을 나타내기 위해 H.263+ 와 H.263++로 새롭게 이름이 붙여졌다.

H.261은 ITU가 제정한 최초의 비디오 압축 표준이다. 초창기에는 쌍방향 화상회의를 위해 40kbps~2Mbps를 지원하는 ISDN 네트워크용으로 설계되었다. H.261은 4:2:0 색상 형식으로 352x288(CIF) 및 176x144(QCIF) 해상도를 지원한다. 화상전화가 동시 실시간 인코딩 및 디코딩을 필요로 하므로 복잡성 역시 낮도록 설계되었다. 지연에 민감한 쌍방향 비디오를 위해서 H.261은 I 및 P 프레임만을 허용하며 B 프레임은 허용하지 않는다.

H.261은 잔여 데이터의 변환 코딩을 위해 블록 기반 DCT를 이용한다. DCT가 각각의 8×8 화소 블록을 주파수 도메인으로 맵핑해서 64 개의 주파수 성분을 생성한다(첫 번째 계수를 DC라 하고 나머지를 AC라 함). DCT 계수를 양자화하기 위해서 H.261은 모든 AC 계수에 걸쳐서 고정 선형 양자화를 이용한다. 양자화 계수가 런 길이 코딩(rung length coding)을 거쳐서 양자화 주파수 계수를 비제로 계수 레벨과 이에 이은 연속적 제로 계수 및 마지막 비제로 값 다음의 최종적인 블록 끝 코드로 표현할 수 있도록 한다. 마지막으로는 가변 길이(허프만) 코딩이 일반적인 확률 분포로 최적화된 비트 길이를 이용해 런 레벨 쌍을 가변 길이 코드(VLC) 로 변환한다. 블록 기반 부호화는 블록의 경계 영역에서 블록킹 현상(blocking artifact)을 보인다. 블록킹 현상을 해결하기 위해 H.261는 루프 필터링 기법을 이용한다. 루프 필터는 블록 가장자리에

단순 2D FIR 필터를 적용해서 블록킹 현상을 줄여서 부호화 효율을 향상시키고 또한 주관적 화질을 개선한다.

H.262는 MPEG-2 표준 규격 비디오 부문(ISO/IEC 1318-2)과 공통 규격이다.

H.263은 H.261 다음에 개발된 것으로 더 낮은 비트율로 더 높은 품질을 달성하는 것에 중점을 두었다. 이 표준의 중요한 한 목표가 28.8kbps의 일반적인 전화 모뎀을 통한 비디오였다. 목표 해상도는 SQCIF(128x96)에서부터 CIF(352x288)까지였다. 기본적인 기법들은 H.261과 유사하며 다음과 같은 몇 가지 차이가 있다. 먼저, 하나의 매크로블록에 대해 하나의 움직임 벡터가 아니라 매크로블록을 최대 4개로 나누고 각각 블록에 대해 하나의 움직임 벡터를 이용하였다.

하지만 이러한 기법에도 불구하고 일반 전화선을 통해 적정한 비디오 품질을 달성하기가 매우 어려웠으며 표준 모뎀을 통한 화상전화는 오늘날에도 여전히 어려운 작업이다. 하지만 H.263이 H.261에 비해 향상된 효율을 제공했으므로 화상회의를 위한 알고리즘으로 선호되었으며 이전 시스템과의 호환성을 위해 H.261을 지원하는 것이 여전히 필요했다. H.263이 점차 성장해서 H.263+ 및 H.263++는 압축 향상 및 패킷 네트워크를 통한 견고성을 위한 기능들을 지원하는 선택적 부록을 추가했다. H.263 및 이의 부록이 MPEG-4 의 많은 코딩 툴의 핵심을 이룬다.

3.1.3 JVT

MPEG(Moving Picture Experts Group)은 동영상 및 이에 수반하는 오디오와 컴퓨터 그래픽을 포함한 멀티미디어에 대한 압축/복원, 처리 및 부호화 표현과 이를 이용한 응용분야에 대한 국제표준화 작업을 담당하고 있다. MPEG은 JCT1/SC29의 한 작업그룹으로서 이의 공식 명칭은 JCT1/SC20/WG11(Joint Technical Committee1/Sub-Committee29/ Working Group11)이다. MPEG은 그동안 CD, 디지털 방송 및 DVD를 응용분야로 하는 고화질 동영상 부호화 방식인 MPEG-2와 모든 멀티미디어의 부호화 방식인 MPEG-4 표준을 제정하며 표준화를 주도하였다.

H.263 비디오 압축 표준을 만들었던 ITU-T SG16 Q.6 VCEG(Video Coding Experts Group) H.263의 부호화 성능을 획기적으로 개선한 H.26L 기술은 MPEG 회의에서 객관적, 주관적 화질 비교 평가를 통해 기존의 MPEG-4 비디오 기술보다 약 2배 이상의 월등한 성능을 보였다. 2001년 12월 58차 태국 파타야 회의에서 ISO/IEC

와 ITU-T의 비디오 전문가들 모임인 JVT(Joint Video Team)가 만들어졌으며 MPEG과 VCEG 그룹 전문가들은 H.26L을 기반으로 새로운 부호화 기술을 공동으로 개발하여 2003년 5월에 국제표준으로 MPEG-4 Part10/H.264를 국제 표준으로 확정 지었다. 차후 이 기술은 대화형방송에 응용하고 이동망상에서 A/V통신, 주문형 비디오 서비스, 인터넷상의 비디오 응용 서비스 등 광범위하게 적용되었다. H.264는 베이스라인, 메인, 확장 프로파일을 정의하고 베이스라인에 대해서는 현재 기술사용료 면제 정책을 펴고 있다.

3.1.4 국제 표준화 규격의 제정 단계

국제 표준화 규격은 ISO의 경우 보통 다음의 여섯 단계를 통해 제정된다. 첫 번째, 제안단계(proposal stage)에서는 새로운 국제표준의 필요성을 제시하고 제안서를 작성한다. 이것이 신규작업 항목제안(NP, New work item Proposal)이다. 그리고 기술위원회(TC, Technical Committees)와 부위원회(SC, Sub Committees)의 투표에 의해 제안서가 받아들여지게 되면, 제안된 표준화 작업을 위한 책임자를 선출한다.

두 번째, 준비단계(preparatory stage)에서는 제안된 프로젝트를 위한 작업그룹 전문가를 선출하여, 작업초안(WD, Working Draft)을 준비한다. 여기서 여러 업계, 학계 등에서 표준화를 위한 몇 가지 모델들이 제시되며, 이 중 우수모델들을 선정하여, 검증모델(VM, Verification Model)을 선택하는 과정을 거친다. 검증 모델들의 최적화와, 안전성 검증을 통해 작업 초안이 완성되는데, 완성된 작업 초안은 다시 충분한 검토를 거친 뒤 위원회 내부적으로 승인된 위원회 초안(CD, Committee Draft)이 만들어진다.

세 번째, 위원회단계(committee stage)에서 승인된 위원회 초안은 ISO 중앙사무국에 등록이 되고, 각 국의 위원들에게 배포되는데, 이것이 위원회 최종초안(FCD, Final Committee Draft)이다. 이후 경우에 따라 투표를 하거나 회의를 거쳐 국제표준초안(DIS, Draft International Standard)이 만들어진다.

네 번째, 조사단계(inquiry stage)에서 ISO 중앙사무국은 모든 ISO 위원들에게 국제표준 초안을 배포하고, 국제표준 초안의 투표를 거치게 된다. 여기서 3분의 2이상의 찬성으로 승인된 것이 최종 국제표준 초안(FDIS, Final Draft International Standard)이 된다.

다섯 번째, 승인단계(approval stage)는 다시 최종 국제표준 초안의 투표를 진행하여 통과되면 최종적으로 국제표준(IS, International Standard)이 채택된다.

여섯 번째, 출판단계(publication stage)에서는 ISO 중앙사무국에서 승인된 국제표준을 출판하게 된다.

3.2 H.264/AVC

최근 몇 년에 걸쳐 비디오 코딩 분야에서 가장 중요한 성과가 ITU 및 ISO/IEC의 공동 비디오 팀(JVT)이 H.264/AVC 표준을 제정한 것이다. 이 새로운 표준이 변화하면서 여러 가지 명칭으로 불리고 있다. ITU는 1997년에 주요 새로운 부호화 방법들을 이용해 H.26L(long term)에 대해 개발 작업을 시작했다. 당시 H.26L의 결과가 매우 인상적이어서 ISO는 공동 비디오 팀이라는 이름으로 공동의 표준을 도입하기 위해 ITU와 협력하기로 결정했다. 이러한 이유에서 간혹 사람들이 공식적인 명칭이 아님에도 불구하고 이 표준을 JVT 라고 한다. ITU가 2003년 5월에 새로운 H.264 표준을 승인했다. ISO는 이 표준을 2003년 10월에 MPEG-4 Part 10, Advanced Video Coding, 또는 AVC로 승인했다.

H.264/AVC는 압축 효율에 있어서 대대적인 혁신을 통해 MPEG-2 및 MPEG-4 심플 프로파일과 비교해서 일반적으로 약 2배의 압축을 달성했다. JVT가 실시한 공식적인 테스트에서 85개의 테스트 사례 중에서 78%는 1.5배 이상, 77%의 경우에 2배 이상, 그리고 소수의 경우에 최고 4배에 달하는 부호화 효율 향상을 달성한 것으로 나타났다. H.264/AVC는 600kbps급의 VHS 품질 비디오를 통해 ADSL 회선을 이용한 주문형 비디오 서비스 제공을 가능하게 하였고, 일반 DVD에 하나의 HD 영화를 담는 것을 가능하게 하였다.

H.264/AVC가 처음 표준화됐을 때는 베이스라인, 메인, 확장의 3개 프로파일을 지원했다. 애초부터 베이스라인 프로파일과 메인 프로파일이 가장 많은 관심을 모았다. 베이스라인 프로파일은 더 적은 연산 및 시스템 메모리를 필요로 하며 지연시간이 낮도록 최적화되었다. 근본적인 지연시간 때문에 B 프레임을 포함하지 않고 연산 복잡성 때문에 CABAC을 포함하지 않는다. 베이스라인 프로파일이 화상전화뿐만 아니라 경제적인 실시간 인코딩을 필요로 하는 그 밖의 응용 분야에 적합하다. 메인 프로파일은 가

장 높은 압축율을 제공하지만 베이스라인 프로파일보다 훨씬 더 높은 복잡도를 필요로 하므로 저비용 실시간 인코딩뿐만 아니라 낮은 지연시간 응용에 이용하기가 어렵다. 방송 및 콘텐츠 저장 응용은 가장 낮은 비트율로 가능한 가장 높은 비디오 품질을 얻기 위해 주로 메인 프로파일을 이용한다.

H.264/AVC는 이전 표준들과 동일한 일반적인 코딩 기법을 이용하는 한편, 이전 표준들과 다르게 많은 새로운 기능들을 포함하며 이들 기능을 결합해서 향상된 코딩 효율을 가능하게 하였다. 다음은 H.264/AVC 부호화의 주요 개선사항이다. 첫째, H.264/AVC는 공간 도메인 인트라 예측을 이용해 인접 블록의 인접 화소들로부터 인트라 매크로블록의 화소들을 예측한다. 이를 통해 인트라 코딩 효율이 대폭적으로 향상되었다.

둘째, H.264/AVC의 인터 프레임 코딩은 이전 표준들의 대부분의 주요 기능을 이용하며 움직임 보정을 위한 다양한 블록 크기, 1/4화소 움직임 보정, 다중 참조 프레임, 일반화 양방향 예측, 적응식 루프 디블로킹 등 다양한 기능을 추가했다.

셋째, 다양한 블록 크기를 이용해 움직임 보정을 실시할 수 있다. 작게는 4×4에 달하는 블록에 대해서 개별 움직임 벡터를 전송할 수 있으므로 양방향 예측의 경우에 단일 매크로블록에 대해서 최대 32개 움직임 벡터를 전송할 수 있다. 또한 16×8, 8×16, 8×8, 8×4, 4×8의 블록 크기가 지원된다. 블록 크기가 작을수록 미세한 움직임을 보다 자세하게 다룰 수 있는 능력이 향상되어 대형 블로킹 현상 제거 등을 통해서 주관적 화질을 향상시켰다.

넷째, 1/2 화소 및 1/4 화소 움직임 벡터 해상도를 가능하게 함으로써 움직임 보정이 향상된다. 또한, 중간 화면 코딩을 위해 최대 16개의 참조 프레임을 이용할 수 있도록 하여 부호화 효율을 개선한다. 또한 다중의 참조 프레임을 제공함으로써 H.264 비트스트림이 오류를 더 잘 복구할 수 있도록 한다. 다만 다중 참조 프레임은 인코더와 디코더의 메모리 요구를 증가시킨다.

다섯째, H.264는 적응식 디블록킹 필터를 이용한다. 이 필터가 예측 루프 내에서 수평 및 수직 블록 경계에 적용되어서 블록킹 현상을 제거한다. 일반적으로 4×4 블록 경계를 기반으로 하며 이 때 4탭 필터를 이용해 경계 양쪽에서 최대 3개 화소를 업데이트한다.

여섯째, DCT를 이용하는 이전 표준은 역변환의 고정 소수점 구현을 위해 반올림 오차 허용치를 정의해야 했다. 인코더와 디코더 간의 IDCT 정밀도의 불일치로 인한 편차가 화질에 대한 손실이 발생했다. H.264는 DCT의 근사화인 정수 4×4 공간 변환을 이용해 이 문제를 해결한다.

일곱째, 변환 계수는 데드 존(dead zone)이 넓지 않은 스칼라 양자화를 이용해 양자화된다. 이전 표준과 마찬가지로 각각의 매크로블록에 대해 각기 다른 양자화 스텝 크기를 선택할 수 있으나 스텝 크기가 일정한 증감분이 아니라 대략 12.5%의 복합 비율로 증가한다. 또한 특히 휘도 계수가 거칠게 양자화 되었을 때 색차 성분을 위해 더 미세한 양자화 스텝 크기를 이용할 수 있다.

여덟째, 데이터 유형에 따라 다수의 정적 VLC 테이블을 제공했던 이전 표준들과 달리 H.264는 변환 계수를 위해서는 문맥 적응식 VLC(CAVLC) 및 그 외의 모든 심볼을 위해서는 단일의 범용 VLC 기법을 이용한다. 메인 프로파일이 또한 새로운 문맥 적응식 바이너리 산술 코더(CABAC)를 지원한다. CABAC는 확률 모델을 이용해 변환 계수나 움직임 벡터 같은 구문 요소를 인코딩 및 디코딩한다. 산술 코딩의 코딩 효율을 높이기 위해서 기본적 확률 모델이 문맥 모델링이라고 하는 프로세스를 통해 비디오 프레임 내의 변화하는 통계에 따라서 적응적으로 변화한다. 문맥 모델링이 코딩 심볼의 조건부 확률을 예측한다. 적합한 문맥 모델을 이용해 현재 심볼 주변에 이미 코드화된 심볼에 따라서 각기 다른 확률 모델로 전환함으로써 특정한 심볼간의 중복성을 활용할 수 있다. 각각의 구문 요소가 각기 다른 모델을 유지한다. CABAC가 CAVLC에 비해서 최대 10%에 달하는 비트율 향상을 달성할 수 있다.

아홉째, 순방향 및 역방향 예측의 가중치 합을 이용해 양방향 보간 매크로블록을 위한 예측을 제공함으로써 점진적인 밝기 변화에 대한 코딩 효율을 향상시킨다.

2004년 7월에 H.264/AVC 표준에 FRExt(Fidelity Range Extension)라고 하는 확장안이 추가되었다. 이 확장안이 H.264/AVC에 추가적인 부호화 방법들을 포함시켰으며 또한 추가적인 색공간, 비디오 형식, 비트 깊이를 이용할 수 있도록 했다. 또한 무손실 인터프레임 코딩 및 스테레오 뷰 비디오에 대한 추가적인 지원이 포함되었다. FRExt 확장안에 표준 4:2:0 색차 샘플링 및 화소 당 8비트 컬러의 하이 프로파일(HP), 더 높은 충실도의 비디오 디스플레이를 위한 10비트 컬러 및 표준 4:2:0 색차 샘플링의 하이 10 프로파일(Hi10P), 알파 블렌딩 같은 소스 편집 기능에 유용한 하이 4:2:2 10비트 컬러 프로파일(H422P), 하이 4:4:4 12비트 컬러 프로파일(H444P)이 추가되었다.

3.2.1 H.264의 구조

H.264는 종래의 기존의 비디오 표준에서 기본적으로 사용되었던 움직임 예측 및 보상 기술과 잔여 데이터에 대한 변환(transform) 및 양자화, 그리고 엔트로피 부호화 기술이라는 커다란 맥락을 유지하면서 각 단계에 대해 보다 섬세한 기술을 적용하였다. 움직임 예측 및 보상 과정에는 다양한 매크로블록 모드와 부화소 예측 등을 이용하고 있고, 변환 및 양자화는 4×4 단위로 정수 변화를 이용한다. 그리고 엔트로피 부호화에 관해서는 CABAC(Context-Adaptive Binary Arithmetic Coding)이나 CAVLC (Context-Adaptive Variable Length Coding)을 이용하여 큰 부호화 효율을 보이고 있다. [그림 2-1]은 H.264의 부호기와 복호기의 구조를 보여주고 있다. 여기서 필터는 디블록킹 필터이다.

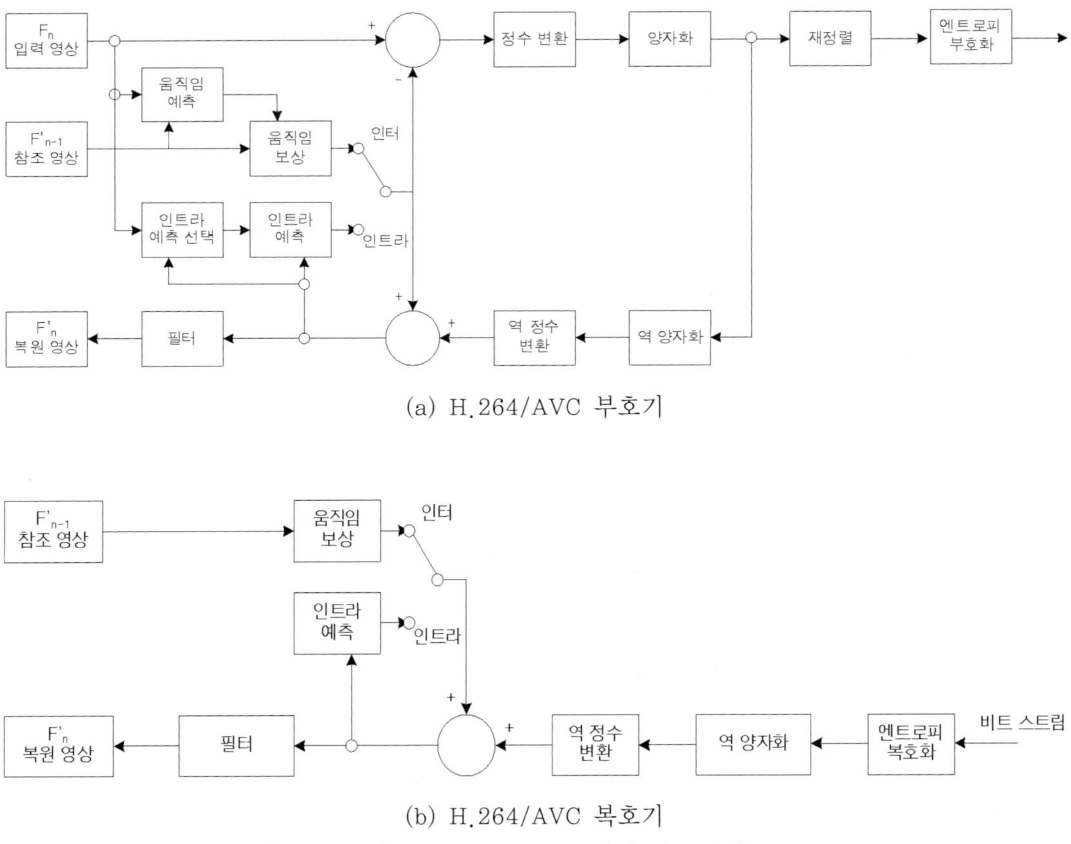

[그림 3-1] H.264/AVC 부호기와 복호기의 구조

3.2.1.1 H.264의 프로파일과 레벨

프로파일은 부호화 툴을 적당한 기능 단위로 단락 지은 것이다. 그리고 레벨은 화상 크기 등의 영상관련 파라미터에 따라 단락 지은 것이다. H.264는 [그림 3-2]와 같이 기본적으로 베이스라인 프로파일, 메인 프로파일, 확장 프로파일을 지원했으나, 최근에 FRExt(Fidelity Range Extension) 확장안이 추가되면서 4개의 하이 프로파일이 추가적으로 생겨났다.

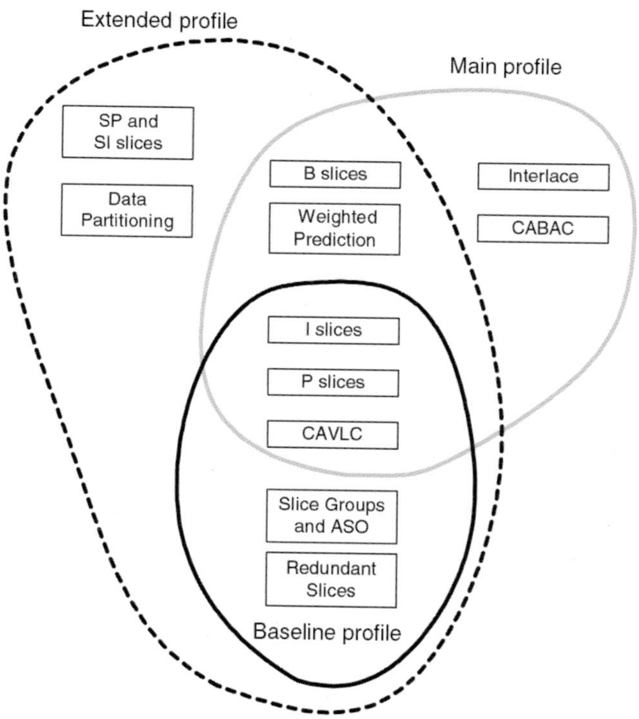

[그림 3-2] H.264의 베이스라인, 메인, 확장 프로파일

3.2.1.2 H.264의 비디오 형식

색을 표현 하는 데에는 색상의 기본인 3원색(red, green, blue)만 있으면 모든 색상을 표현할 수 있다. 현재 비디오 포맷으로는 RGB가 아닌 색차 신호방식을 이용하는데 이는 사람의 눈은 휘도보다 색차에 둔감하다는데 착안하여 영상 정보를 휘도와 색차 신호로 분리한 다음 색차 신호의 정보량을 줄인 것이다. 그리고 휘도와 색차 사이의 비에 따라 [그림 3-3]과 같이 4:2:0, 4:2:2, 4:4:4 방식으로 구별된다.

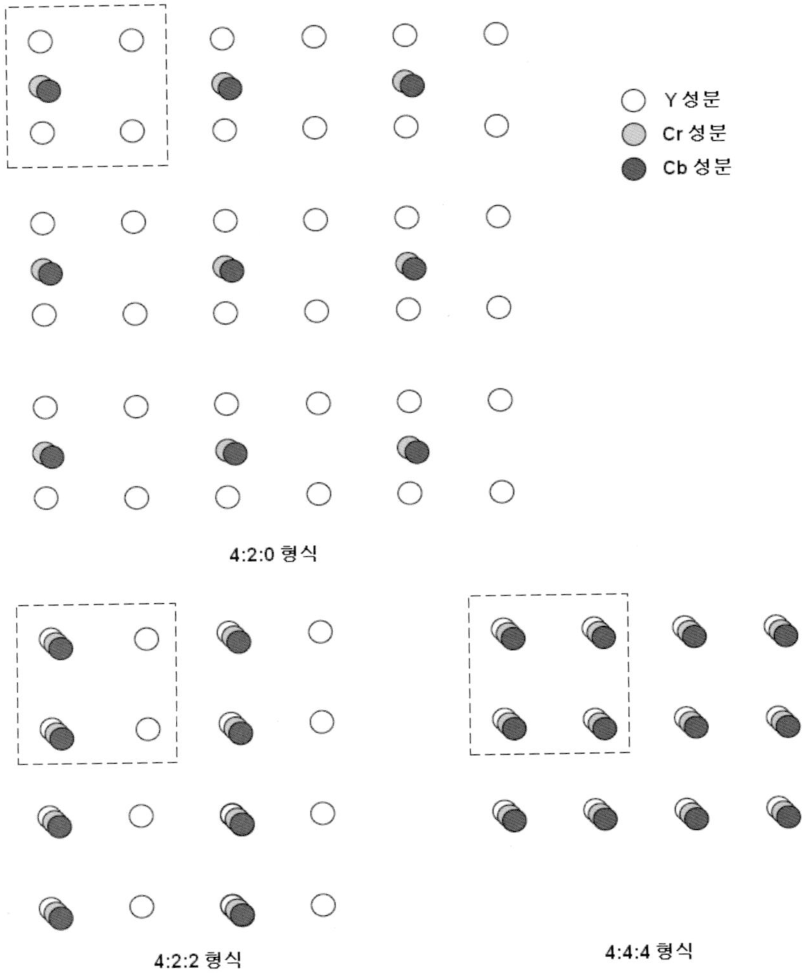

[그림 3-3] 다양한 색차 형식

또한 순차주사(progressive) 방식과 비월주사(interlaced) 방식을 지원하는데, 이는 TV와 컴퓨터 모니터의 주사 방식을 통해 쉽게 이해할 수 있다. 우리가 흔히 접하는 일반적인 TV의 경우 비월주사 방식으로 화면을 보여준다. 이는 화면 주사선이 왼쪽 맨 위의 화소에서부터 오른쪽 맨 아래의 화소 쪽으로 주사해갈 때 수평 라인들을 한 줄씩 건너뛰면서 주사하는 방식을 말한다. 이와는 달리 대부분의 컴퓨터 모니터의 경우 순차주사 방식을 이용하는데 이는 매 라인을 순차적으로 주사하는 방식이다. 비디오 포맷도 이와 마찬가지로 순차주사 방식과 비월주사 방식을 지원한다. 현재 H.264의 기본적인 색차 포맷은 4:2:0 방식의 순차주사 방식을 기반으로 하고 있다.

3.2.1.3 H.264 비디오 영상의 구성

[그림 3-4]와 같이 비디오 영상은 여러 개의 GOP(Group Of Pictures)로 구성되고, 하나의 GOP는 여러 픽쳐(프레임)으로 구성되어 있다. 하나의 픽쳐는 다시 하나 혹은 여러 개의 슬라이스로 구성되어 있고, 하나의 슬라이스는 여러 개의 매크로블록으로 구성되어 있다.

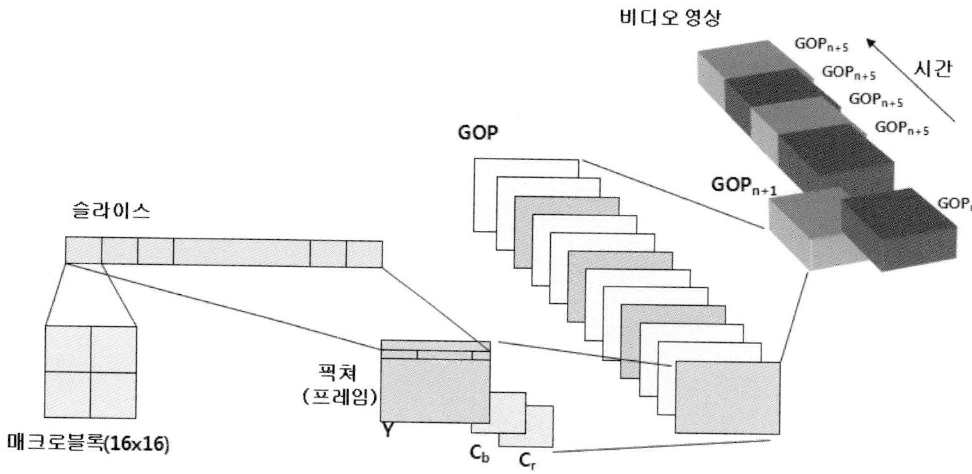

[그림 3-4] 비디오 영상의 구성

<표 3-1>은 현재 H.264에서 사용되고 있는 5가지 타입의 슬라이스와 해당 슬라이스가 이용 가능한 프로파일을 보여주고 있다.

<표 3-1> H.264 슬라이스 타입

슬라이스 타입	내용	이용 가능한 프로파일
I(Intra)	I 매크로블록만으로 구성된다.	모든 프로파일
P(Predicted)	P 매크로블록과 I 매크로블록이 이용가능하지만 대부분 P 매크로블록으로 구성된다.	모든 프로파일
B(Bi-predictive)	P 매크로블록과 I 매크로블록이 이용가능하지만 대부분 B 매크로블록으로 구성된다.	메인, 확장, 하이 프로파일
SP(Switching P)	비트스트림의 스위칭에 이용되는 P 슬라이스이다. P 매크로블록과 I 매크로블록이 이용가능하다.	확장 프로파일
SI(Switching I)	비트스트림의 스위칭에 이용되는 I 슬라이스이다. I 매크로블록만 이용가능하다.	확장 프로파일

매크로블록은 부호화의 가장 기본 단위인데 16×16의 크기이고 4:2:0 색차 형식을 기준으로 하면 16×16 크기의 Y 블록 하나와 8×8 크기의 Cb, Cr 블록 두개로 구성되어 있다. 부호화 방식에 따라 I, P, B 매크로블록으로 구분된다.

3.2.2 베이스라인 프로파일

베이스라인 프로파일은 H.264의 프로파일 중 가장 간단한 프로파일로 복잡도가 낮으며 처리 속도가 빠르지만 부호화 효율은 다른 프로파일에 비해 떨어진다. 본 장에서는 H.264의 베이스라인 프로파일에 대한 부호화 방법에 대해 설명한다.

3.2.2.1 인터 예측

인터 예측은 비디오 압축의 가장 기본이 되는 기술로 이전에 부호화 된 프레임을 복원하여 이를 현재 프레임의 부호화에 이용하는 방식이다. 현재 프레임의 블록과 유사한 블록을 이전에 부호화 된 프레임에서 찾고, 두 블록 사이의 상대적인 위치 차이를 움직임 벡터로 정의한다. 그리고 이 두 블록 사이의 차이와 움직임 벡터를 부호화여 전송함으로써 복호기에서 해당 정보를 이용하여 현재 프레임내의 블록들을 복원하는 방식이다. 현재 H.264 베이스라인에서 허용되는 인터 예측은 P 매크로블록을 이용한 인터 예측 방법이다.

▶ 다양한 매크로블록 모드

H.264는 하나의 매크로블록을 부호화하기 위해 [그림 3-5]와 같이 다양한 매크로블록 모드를 이용한다.

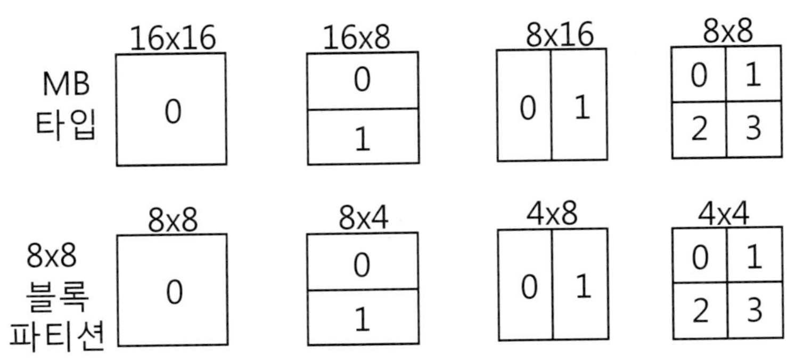

[그림 3-5] 다양한 매크로블록 모드

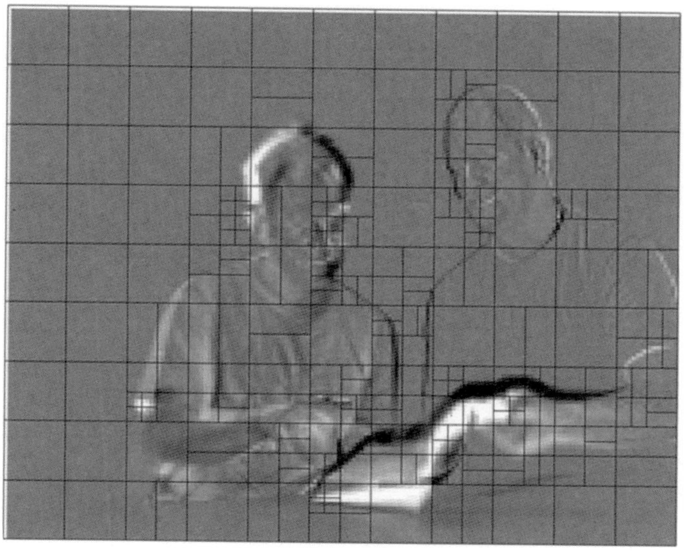

[그림 3-6] 다양한 매크로블록 모드

비디오 압축의 주된 과정인 움직임 예측 및 보상이 각 매크로블록 모드의 하위 블록 단위로 수행된다. 이런 파티션 된 매크로블록은 [그림 3-6]과 같이 하나의 매크로블록 내에 여러 개의 객체가 존재하여 각각이 다른 움직임을 갖는 경우 하나의 블록으로 처리하는 경우에 비해 부호화 효율이 크게 향상된다. 각각의 하위 블록마다 움직임 정보를 보내야 하지만 블록 파티션으로 인해 예측의 정확도가 향상되어 잔여 데이터 부호화에서 큰 이득을 보는 것이다. 다양한 매크로블록 중 부호화를 위한 최적의 매크로블록에 대한 선택은 나중에 소개될 비트율-왜곡(rate-distortion) 관점에서 비교하여 선택한다.

〈JMVC 4.0에서 P 프레임에 대한 인터 매크로블록 모드 관련 소스코드〉

```
  //====== evaluate macroblock modes ======
  if( rcMbDataAccess.getSH().isInterP() )
{
RNOK( xEstimateMbSkip      ( m_pcIntMbTempData,   m_pcIntMbBestData,   rcList0,
rcList1 ) );
}
if( rcMbDataAccess.getSH().isInterB() )
{
RNOK( xEstimateMbDirect    ( m_pcIntMbTempData,   m_pcIntMbBestData,   rcList0,
rcList1,                                          NULL, false ) );
}
if( rcMbDataAccess.getSH().isInterP() || rcMbDataAccess.getSH().isInterB() )
{
```

```
RNOK( xEstimateMb16x16    ( m_pcIntMbTempData,    m_pcIntMbBestData,    rcList0,
rcList1,  false,  uiNumMaxIter, uiIterSearchRange,  false,  NULL, false ) );
RNOK( xEstimateMb16x8     ( m_pcIntMbTempData,    m_pcIntMbBestData,    rcList0,
rcList1,  false,  uiNumMaxIter, uiIterSearchRange,  false,  NULL, false ) );
RNOK( xEstimateMb8x16     ( m_pcIntMbTempData,    m_pcIntMbBestData,    rcList0,
rcList1,  false,  uiNumMaxIter, uiIterSearchRange,  false,  NULL, false ) );
RNOK( xEstimateMb8x8      ( m_pcIntMbTempData,    m_pcIntMbBestData,    rcList0,
rcList1,  false,  uiNumMaxIter, uiIterSearchRange,  false,  NULL, false ) );
RNOK( xEstimateMb8x8Frext( m_pcIntMbTempData,    m_pcIntMbBestData,    rcList0,
rcList1,  false,  uiNumMaxIter, uiIterSearchRange,  false,  NULL, false ) );
}
```

▶ 움직임 예측 비용 함수

움직임 예측이란 현재 블록과 유사한 블록을 참조 화면에서 찾는 과정이고, 그 결과물은 블록에 대한 움직임 벡터이다. H.264는 기본적으로 다수의 참조화면을 허용하고 있다. 즉, 현재 프레임을 부호화 할 때 이미 부호화 된 다수의 이전 프레임들을 참조화면으로 이용할 수 있다는 의미이다. H.264에서 움직임 예측은 매크로블록을 구성하는 하위 블록의 단위로 이루어진다. 매크로블록의 모드에 따라 하위 블록의 크기는 달라지며 최소 단위는 4×4 블록까지 이용된다. 움직임 예측이라는 것은 현재 프레임 내부의 특정 블록에 대해 이와 가장 유사한 블록을 참조 화면에서 찾는 과정이다. 여기에는 유사도를 판별하는 비용함수(cost function)가 필요한데, H.264는 비트율-왜곡 함수인 J_{motion}을 이용한다. 비트율-왜곡 함수는 H.264의 주된 특징 중 하나인데, 부호화 과정에 가능한 여러 후보 방법 중에 하나를 선택하기 위해 해당 방법을 선택하여 부호화 하는 경우 기대되는 발생 비트(비트율)와 원 영상과의 유사도(왜곡)을 고려하는 것이다. 움직임 예측에 사용되는 J_{motion}은 다음과 같이 정의된다.

$$J_{motion}(MV, REF \mid \lambda_{motion}) = SAD(s, r(MV, REF)) + \lambda_{motion} \cdot R(MV, REF) \qquad (3\text{-}1)$$

여기서 λ_{motion}은 라그랑지안 계수로, 양자화 계수에 의존하는 값을 갖는다. $R(MV, REF)$는 움직임 벡터와 참조영상을 부호화하는데 필요한 비트 수로 표 참조 연산에 의해 얻어진다. $SAD(s, r(MV, REF))$는 원 영상과 움직임 예측에 의해 움직임 보상된 영상과의 차에 대한 절대값의 합이고, 블록에 대하여 다음과 같이 정의된다.

$$SAD(s,r(MV,REF)) = \sum_{x \in H,\, y \in V}^{H,V} \left| s(x,y) - r(x - m_x, y - m_y) \right| \tag{3-2}$$

여기서 s와 r은 각각 원 블록과 복호된 블록의 화소 값을 나타낸다. H와 V는 각각 가변 블록의 너비와 높이이며, m_x와 m_y는 움직임 벡터이다.

〈JMVC 4.0에서 움직임 예측에 이용되는 비용함수 계산관련 소스 코드〉

```
UInt  uiMvBits    = xGetBits( sHor, sVer );
ruiBits        += uiMvBits
ruiCost           =(UInt)floor( fWeight * (Double) ( uiMinSAD - xGetCost( uiMvBits )
) ) + xGetCost( ruiBits );
```

▶ 부화소 움직임 예측

H.264는 1/8화소까지의 부화소(sub-pel) 단위의 움직임 예측을 허용하는데, 이는 디지털 영상이 획득되는 과정에서 정해진 해상도로 샘플링하여 획득하기 때문에 정화소 단위로 획득된 영상이 부호화 단위의 움직임을 반영하지 못하는 문제점을 해결하기 위한 것이다. 이를 위해서 움직임 예측 시 참조화면의 영상 크기를 업샘플링하여 사용한다. 1/2화소의 경우 6-tap FIR(Finite Impulse Response) 필터를 이용하는데 [그림 3-7]과 같다.

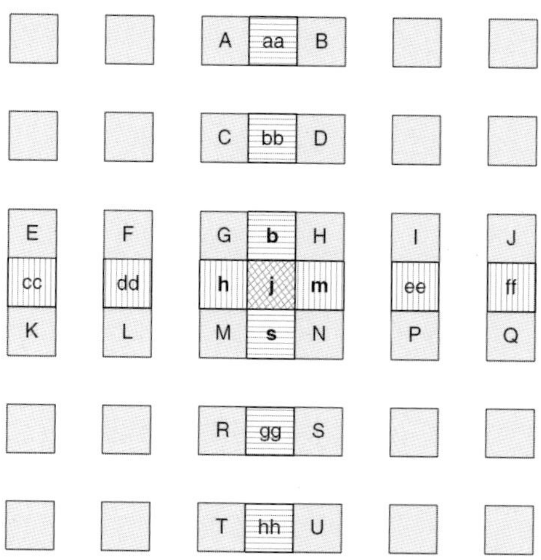

[그림 3-7] 휘도 성분에 대한 1/2화소 단위의 보간법

여기서 대문자가 정화소의 위치이고 소문자가 부화소의 위치인데, 예를 들어 b 위치의 화소는 b 화소의 E, F, G, H, I, J로부터 다음과 같이 계산된다.

$$b = round(E - 5F + 20G + 20H - 5I + J)/32 \tag{3-3}$$

1/4화소의 경우는 [그림 3-8]에서 보듯이 1/2 보간된 영상에서 식 (3-4)를 이용하여 주변 화소의 평균으로 계산한다.

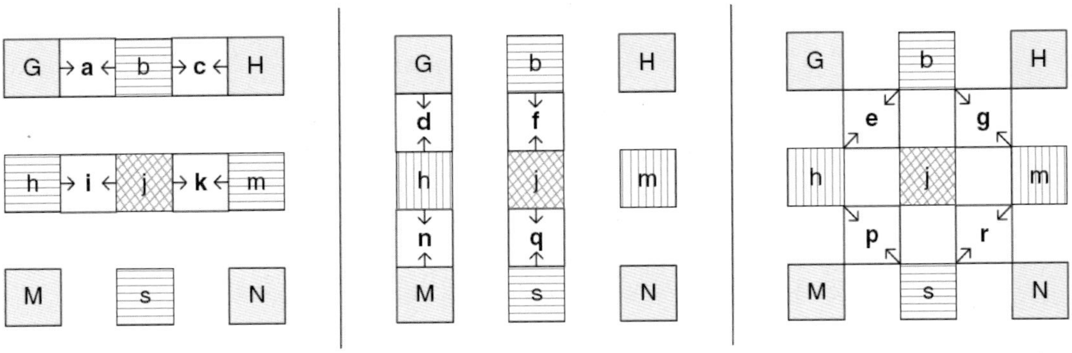

[그림 3-8] 휘도 성분에 대한 1/4화소 단위의 보간법

$$a = round(G + b)/2 \tag{3-4}$$

YUV 4:2:0 색차 형식의 경우 휘도 성분이 1/4화소까지 확장되면 색차 성분은 1/8화소까지 확장되어야 한다. 때문에 H.264는 색차 성분을 1/8화소 까지 확장하기 위해 [그림 3-9]와 같이 위치에 따른 가중치를 이용한 방법을 사용하고 있다.

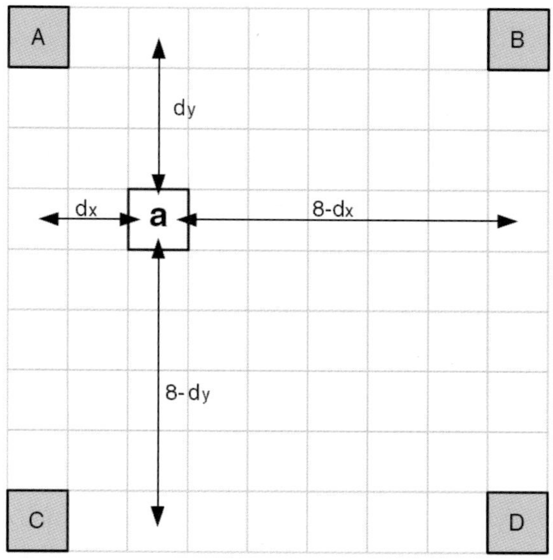

[그림 3-9] 색차 성분에 대한 1/8 화소 단위의 보간법

예를 들어 [그림 3-9]의 화소 a의 경우 A, B, C, D로부터 식 (3-5)처럼 계산된다.

$$a = round(30A + 10B + 18C + 6D)/64 \tag{3-5}$$

〈JMVC 4.0에서 움직임 예측 관련 소스 코드〉

```
//===== FULL-PEL ESTIMATION ======
  if( bOriginalSearchModeIsYUVSAD &&( pcBSP /* bi-prediction */ || fWeight !=
afCW[ 0] || fWeight != afCW[ 1] /* different component weights */ ) )
{
m_cParams.setFullPelDFunc( DF_SAD ); // set to normal SAD
  }
// <<< heiko.schwarz@hhi.fhg.de(fix for uninitialized memory with YUV_SAD and
bi-directional search)
  xGetMotionCost(( 1 != m_cParams.getFullPelDFunc() ), 0 );
m_pcXDistortion->getDistStruct( uiMode, m_cParams.getFullPelDFunc(), false,
m_cXDSS );
m_cXDSS.pYOrg = pcWeightedYuvBuffer->getLumBlk();
m_cXDSS.pUOrg = pcWeightedYuvBuffer->getCbBlk();
m_cXDSS.pVOrg = pcWeightedYuvBuffer->getCrBlk();
xSetPredictor( rcMvPred );
xSetCostScale( 2 );

if( ! bQPelRefinementOnly )
{
```

```
if( uiSearchRange )
{
xPelBlockSearch    ( pcRefPelData[ 0] , cMv, uiMinSAD, uiSearchRange );
}
else
   {
switch( m_cParams.getSearchMode() )
{
case 0:
{
xPelBlockSearch( pcRefPelData[ 0] , cMv, uiMinSAD );
}
break
case 1:
{
xPelSpiralSearch( pcRefPelData[ 0] , cMv, uiMinSAD );
}
break
case 2:
{
xPelLogSearch   ( pcRefPelData[ 0] , cMv, uiMinSAD, false, m_iMaxLogStep <<((NULL
== pcBSP) ? 1 : 0) );
}
break
case 3:
{
rcMbDataAccess.getMvPredictors( m_acMvPredictors );
xPelLogSearch   ( pcRefPelData[ 0] , cMv, uiMinSAD, true,(NULL == pcBSP) ? 2 : 1 );
}
break
case 4:
{
rcMbDataAccess.getMvPredictors( m_acMvPredictors );
xTZSearch( pcRefPelData[ 0] , cMv, uiMinSAD );
}
break
default:
RERR();
break
}
}
cMv <<= 2;
}
else
  {
Mv cMvBase = cMv
cMv.limitComponents( m_cMin, m_cMax );
if( !( cMvBase == cMv ) )
{
```

```
// don't refine in that case
     rcMv    = cMvBase
ruiBits += 2;
ruiCost  = MSYS_UINT_MAX / 2;
// >>>> bug fix by H.Schwarz 19/9/05
     if( bOriginalSearchModeIsYUVSAD )
m_cParams.setFullPelDFunc( DF_YUV_SAD );
}
// <<<< bug fix by H.Schwarz 19/9/05
     return Err::m_nOK
}
}
//  heiko.schwarz@hhi.fhg.de(fix  for  uninitialized  memory  with  YUV_SAD  and
bi-directional search) >>>>
  if( bOriginalSearchModeIsYUVSAD )
{
m_cParams.setFullPelDFunc( DF_YUV_SAD );
}
// <<< heiko.schwarz@hhi.fhg.de(fix for uninitialized memory with YUV_SAD and
bi-directional search)

  //===== SUB-PEL ESTIMATION =====
  xGetMotionCost( 1 !=( 1 & m_cParams.getSubPelDFunc() ), 0 );
m_pcXDistortion->getDistStruct(  uiMode,  m_cParams.getSubPelDFunc(),  false,
m_cXDSS );
m_cXDSS.pYOrg = pcWeightedYuvBuffer->getLumBlk();
xSetCostScale( 0 );

xSubPelSearch( pcRefPelData[ 1], cMv, uiMinSAD, uiBlk, uiMode, bQPelRefinementOnly );

Short sHor     = cMv.getHor();
Short sVer     = cMv.getVer();
UInt  uiMvBits  = xGetBits( sHor, sVer );
ruiBits       += uiMvBits
ruiCost         =(UInt)floor( fWeight * (Double)( uiMinSAD - xGetCost( uiMvBits )
) ) + xGetCost( ruiBits );
rcMv          = cMv
```

▶ 움직임 벡터 예측

비디오 영상은 기본적으로 움직임에 대한 공간적 상관도가 높다. 이는 인접한 매크로블록은 비슷한 움직임을 가질 가능성이 높다는 것을 의미한다. 때문에 움직임 예측을 하고 나서 각 블록에 대한 움직임 벡터를 살펴보면, 인접한 블록의 경우 그 움직임 벡터의 크기가 비슷함을 알 수 있다. 움직임 벡터 예측은 이러한 움직임 벡터간의 유사성을 이용하여 움직임 벡터 부호화에 필요한 비트를 줄이는 방식이다. [그림 3-10]과 같이 현재 블록에 대한 움직임 벡터를 이미 부호화 된 좌(A), 상(B), 우상(C) 블록으로부터 예측하여 현재 움직임 벡터와의 차분만을 코딩하는 방식이다.

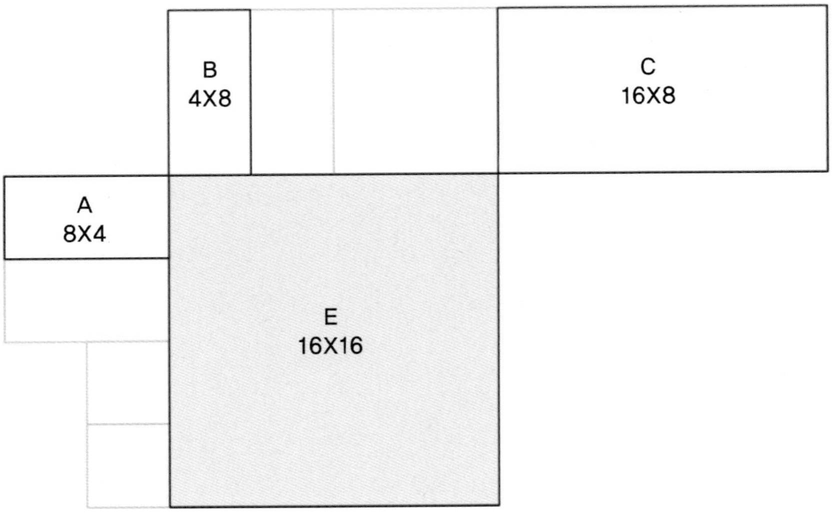

[그림 3-10] 현재 블록에 대한 움직임 벡터 예측

이때 인접한 매크로블록이 분할 된 경우는 좌 매크로블록의 경우 가장 우 상에 위치한 하위 블록을, 상 매크로블록의 경우 가장 좌하에 위치한 하위 블록을, 그리고 C 매크로블록의 경우 가장 좌하에 위치한 하위 블록의 움직임 벡터를 이용한다. 주변의 세 블록으로부터 현재 매크로블록에 대한 움직임 벡터를 예측하는 방법은 현재 매크로블록의 분할에 따라 다음과 같은 세 가지 방법을 이용한다.

① 현재 매크로블록이 16×8이나 8×16이 아닌 경우: A, B, C 움직임 벡터의 미디언 값을 이용한다.

② 현재 매크로블록이 16×8인 경우: 상위 블록은 B의 움직임 벡터를 하위 블록은 A의 움직임 벡터를 이용한다.

③ 현재 매크로블록이 8×16인 경우: 좌 블록은 A의 움직임 벡터를 우 블록은 C의 움직임 벡터를 이용한다.

〈JMVC 4.0에서 움직임 벡터 예측 관련 소스 코드〉

```
Void MbDataAccess::xGetMvPredictor( Mv& rcMvPred, SChar scRef, ListIdx eListIdx, PredictionType ePredType, LumaIdx cIdx, LumaIdx cIdxEnd )
{

//===== set motion vector predictors: A, B, C =====
  B4x4Idx cIdxA           = cIdx   .b4x4();
B4x4Idx cIdxB           = cIdx   .b4x4();
B4x4Idx cIdxD           = cIdx   .b4x4();
B4x4Idx cIdxC           = cIdxEnd.b4x4();

const MbData& rcMbDataA  = xGetBlockLeft     ( cIdxA );
const MbData& rcMbDataB  = xGetBlockAbove    ( cIdxB );
const MbData& rcMbDataC  = xGetBlockAboveRight( cIdxC );

rcMbDataA.getMbMotionData( eListIdx ).getMv3DNeighbour( m_cMv3D_A, cIdxA );
rcMbDataB.getMbMotionData( eListIdx ).getMv3DNeighbour( m_cMv3D_B, cIdxB );
rcMbDataC.getMbMotionData( eListIdx ).getMv3DNeighbour( m_cMv3D_C, cIdxC );
if( m_cMv3D_C == BLOCK_NOT_AVAILABLE )
{
const MbData& rcMbDataD = xGetBlockAboveLeft( cIdxD );
rcMbDataD.getMbMotionData( eListIdx ).getMv3DNeighbour( m_cMv3D_C, cIdxD );
}
//===== check directional prediction types =====
  if(( ePredType == PRED_A && m_cMv3D_A == scRef ) ||
( m_cMv3D_A == scRef  && m_cMv3D_B != scRef && m_cMv3D_C != scRef ) ||
( m_cMv3D_B == BLOCK_NOT_AVAILABLE && m_cMv3D_C == BLOCK_NOT_AVAILABLE ) )
{
rcMvPred = m_cMv3D_A
return
}
if(( ePredType == PRED_B && m_cMv3D_B == scRef ) ||
( m_cMv3D_A != scRef  && m_cMv3D_B == scRef && m_cMv3D_C != scRef ) )
{
rcMvPred = m_cMv3D_B
return
}
if(( ePredType == PRED_C && m_cMv3D_C == scRef ) ||
( m_cMv3D_A != scRef  && m_cMv3D_B != scRef && m_cMv3D_C == scRef ) )
{
rcMvPred = m_cMv3D_C
return
}
#define                                                  MEDIAN(a,b,c)
((a)>(b)?(a)>(c)?(b)>(c)?(b):(c):(a):(b)>(c)?(a)>(c)?(a):(c):(b))


{
rcMvPred.setHor( MEDIAN( m_cMv3D_A.getHor(), m_cMv3D_B.getHor(), m_cMv3D_C.getHor() ) );
```

```
rcMvPred.setVer( MEDIAN( m_cMv3D_A.getVer(), m_cMv3D_B.getVer(), m_cMv3D_C.getVer()
) );
}
#undef MEDIAN
}
```

3.2.2.2 인트라 예측

인트라 예측은 인터 예측과 달리 현재 화면 내의 정보를 이용하여 부호화하는 방법이다. H.264에서 인트라 예측은 I 슬라이스, P 슬라이스, B 슬라이스 부호화에 이용되고, 특히 I 슬라이스의 경우 모든 매크로블록이 인트라 예측만을 이용하여 부호화되어야 한다. 현재 H.264의 인트라 매크로블록의 경우 베이스라인 프로파일에서 휘도 성분에 대해서는 I_PCM, Intra 16×16, Intra 4×4 모드를 지원하고, 색차 성분에 대해서는 Intra 8×8 모드를 지원하고 있다. 인트라 예측의 경우 I 슬라이스와 같이 인터 예측이 불가능한 경우나 P 슬라이스와 B 슬라이스에 대해서는 다른 인터 예측 모드에 비해 비트율-왜곡 관점에서 인트라 예측 모드가 우수할 경우 선택되어 사용된다.

▶ I_PCM 모드

I_PCM 모드는 인트라 예측과 변환 과정이 없이 현재 블록을 바로 부호화 하는 방법이다. 이는 영상이 공간적 상관도나 시간적 상관도가 없는 아주 특별한 경우이거나 부호화 과정에 이용되는 양자화 계수값이 매우 작은 경우 선택될 수 있다.

〈JMVC 4.0에서 I_PCM 모드 관련 소스 코드〉

```
ErrVal
MbEncoder::xEstimateMbPCM( IntMbTempData*&   rpcMbTempData,
IntMbTempData*&   rpcMbBestData,
Bool             bBSlice  )
{
return Err::m_nOK

rpcMbTempData->clear();
rpcMbTempData->setMbMode( MODE_PCM );
rpcMbTempData->setBLSkipFlag( false );
rpcMbTempData->loadLuma   ( *m_pcIntOrgMbPelData );
rpcMbTempData->loadChroma( *m_pcIntOrgMbPelData );
```

```
Pel*  pucDest   = rpcMbTempData->getPelBuffer();
XPel* pucSrc    = rpcMbTempData->getMbLumAddr();
Int   iStride   = rpcMbTempData->getLStride();
UInt  uiDist    = 0;

UInt  uiMbBits  = 8*8*8*6+(bBSlice?11:9)+4;
UInt  uiDelta   = 1;
Int   n, m, n1, m1, dest, cnt, diff, idx

for( n = 0; n < 16; n+=uiDelta )
{
for( m = 0; m < 16; m+=uiDelta )
{
dest  = 0;
cnt   = 0;
for( n1=0; n1< (Int)uiDelta n1++)
for( m1=m m1<m+(Int)uiDelta m1++)
{
dest += pucSrc[ m1+n1*iStride] ;
cnt  ++;
}
dest  =( dest + cnt / 2 ) / cnt
dest  = min( 255, max( 1, dest ) );

*pucDest =(Pel)dest
pucDest++;

for( n1=0; n1< (Int)uiDelta n1++)
for( m1=m m1<m+(Int)uiDelta m1++)
{
idx  = m1 + n1*iStride
diff = pucSrc[ idx] - dest
pucSrc[ idx]       = dest
uiDist += diff * diff
}
}
pucSrc  += uiDelta*iStride
}

pucSrc  = rpcMbTempData->getMbCbAddr();
iStride = rpcMbTempData->getCStride();

for( n = 0; n < 8; n+=uiDelta )
{
for( m = 0; m < 8; m+=uiDelta )
{
dest  = 0;
```

```
cnt   = 0;
for( n1=0; n1< (Int)uiDelta n1++)
for( m1=m m1<m+(Int)uiDelta m1++)
{
dest += pucSrc[ m1+n1*iStride] ;
cnt  ++;
}
dest  =( dest + cnt / 2 ) / cnt
dest  = min( 255, max( 1, dest ) );

*pucDest =(Pel)dest
pucDest++;

for( n1=0; n1< (Int)uiDelta n1++)
for( m1=m m1<m+(Int)uiDelta m1++)
{
idx  = m1 + n1*iStride
diff = pucSrc[ idx] - dest
pucSrc[ idx]        = dest
uiDist += diff * diff
}
}
pucSrc  += uiDelta*iStride
}

pucSrc  = rpcMbTempData->getMbCrAddr();

for( n = 0; n < 8; n+=uiDelta )
{
for( m = 0; m < 8; m+=uiDelta )
{
dest  = 0;
cnt   = 0;
for( n1=0; n1< (Int)uiDelta n1++)
for( m1=m m1<m+(Int)uiDelta m1++)
{
dest += pucSrc[ m1+n1*iStride] ;
cnt  ++;
}
dest  =( dest + cnt / 2 ) / cnt
dest  = min( 255, max( 1, dest ) );

*pucDest =(Pel)dest
pucDest++;

for( n1=0; n1< (Int)uiDelta n1++)
for( m1=m m1<m+(Int)uiDelta m1++)
{
```

```
idx  = m1 + n1*iStride
diff = pucSrc[ idx] - dest
pucSrc[ idx]       = dest
uiDist += diff * diff
}
}
pucSrc  += uiDelta*iStride
}

rpcMbTempData->getTempYuvMbBuffer().setAllSamplesToZero();

const DFunc&   rcDFunc  =  m_pcCodingParameter->getMotionVectorSearchParams().
getSubPelDFunc();
rpcMbTempData->rdCost() = uiDist + m_pcMotionEstimation->getRateCost( uiMbBits,
rcDFunc == DF_SAD );
rpcMbTempData->cbp()    = 0;

rpcMbTempData->getMbMotionData( LIST_0 ).setMotPredFlag( false );
rpcMbTempData->getMbMotionData( LIST_1 ).setMotPredFlag( false );

rpcMbTempData->rdCost() = m_pcRateDistortionIf->getCost( uiMbBits, uiDist );

RNOK( xCheckBestEstimation( rpcMbTempData, rpcMbBestData ) );

return Err::m_nOK
}
```

▶ 휘도 성분에 대한 Intra 4×4 모드

H.264의 Intra 4×4 모드는 매크로블록을 16개의 4×4 블록으로 나누고, 각 4×4 블록에 대해 인트라 예측을 하는 방법이다. 현재 H.264에서 Intra 4×4에 대해서는 9가지의 예측 방법을 이용하고 있다. 각 예측에는 주변 블록의 경계값이 이용되는데, 이는 [그림 3-11]과 같다. 움직임 벡터 예측과 유사하게 좌, 상, 우상 블록의 경계값들이 이용된다.

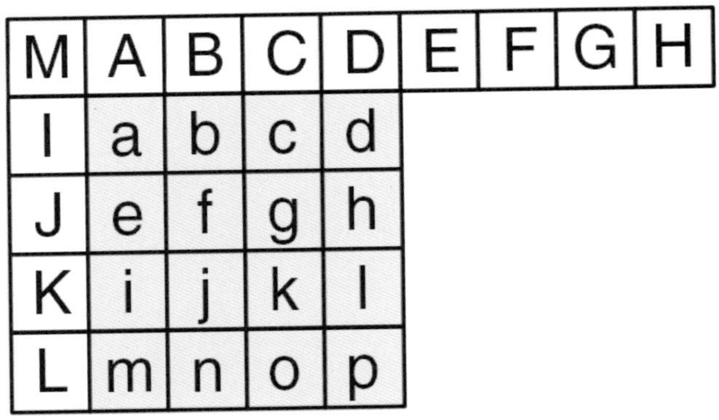

[그림 3-11] 인트라 4×4 예측에 대한 환경

여기서 대문자는 현재 4×4 블록의 주변 화소 값이고, 소문자가 주변 화소들로부터 예측해야 할 값이다. [그림 3-12]는 인트라 4×4에 대한 9가지 예측 모드를 보여주고 있다. 각 모드는 주변 화소들로부터 방향성을 기반으로 하여 설계되었다.

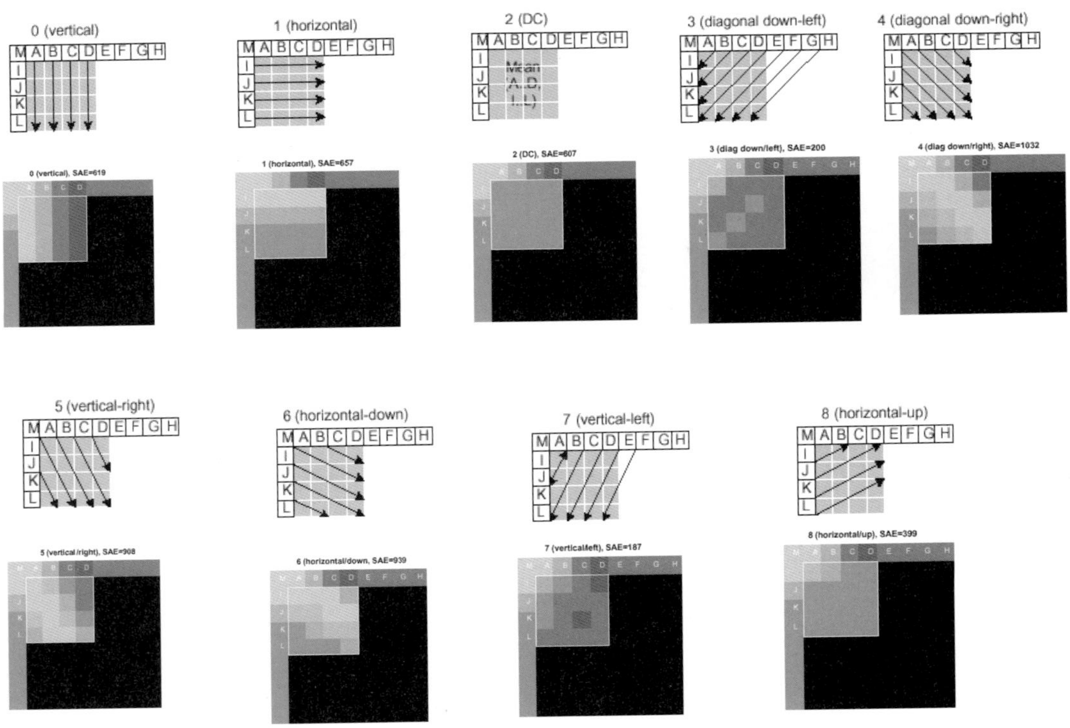

[그림 3-12] 인트라 4×4의 9가지 예측모드

0번(vertical) 모드의 경우에는 다음과 같이 예측된다.

① a, e, i, m = A

② b, f, j, n = B

③ c, g, k, o = C

④ d, h, l, p = D

1번(horizontal) 모드의 경우에는 다음과 같이 예측된다.

① a, b, c, d, = I

② e, f, g, h = J

③ i, j, k, l = K

④ m, n, o, p = L

2번(DC) 모드의 경우에는 다음과 같이 예측된다.

① a, b, c, d, e, f, g, h, I, j, k, l, m, n, o, p =(A+B+C+D+I+J+K+L+4)/8

3번(diagonal down-left) 모드의 경우에는 다음과 같이 예측된다.

① a =(A+2B+C+2)/4

② b, e =(B+2C+D+2)/4

③ c, f, i =(C+2D+E+2)/4

④ d, g, j, m =(D+2E+F+2)/4

⑤ h, k, n =(E+2F+G+2)/4

⑥ l, o =(F+2G+H+2)/4

⑦ p =(G+3H+2)/4

4번(diagonal down-right) 모드의 경우에는 다음과 같이 예측된다.

① m =(L+2K+J+2)/4

② i, n =(K+2J+I+2)/4

③ e, j, o =(J+2I+M+2)/4

④ a, f, k, p =(I+2M+A+2)/4

⑤ b, g, l =(M+2A+B+2)/4

⑥ c, h =(A+2B+C+2)/4

⑦ d =(B+2C+D+2)/4

5번(vertical-right) 모드의 경우에는 다음과 같이 예측된다.

① a, j =(M+A+1)/2

② b, k =(A+B+1)/2

③ c, l =(B+C+1)/2

④ d =(C+D+1)/2

⑤ e, n =(I+2M+A+2)/4

⑥ f, o =(M+2A+B+2)/4

⑦ g, p =(A+2B+C+2)/4

⑧ h =(B+2C+D+2)/4

⑨ i =(M+2I+J+2)/4

⑩ m =(I+2J+K+2)/4

6번(horizontal-down) 모드의 경우에는 다음과 같이 예측된다.

① a, g =(M+I+1)/2

② b, h =(I+2M+A+2)/4

③ c =(M+2A+B+2)/4

④ d =(A+2B+C+2)/4

⑤ e, k =(I+J+1)/2

⑥ f, l =(M+2I+J+2)/4

⑦ i, o =(J+K+1)/2

⑧ j, p =(I+2J+K+2)/4

⑨ m =(K+L+1)/2

⑩ n =(J+2K+L+2)/4

7번(vertical-left) 모드의 경우에는 다음과 같이 예측된다.

① a =(A+B+1)/2

② b, i =(B+C+1)/2

③ c, j =(C+D+1)/2

④ d, k =(D+E+1)/2

⑤ l =(E+F+1)/2

⑥ e =(A+2B+C+2)/4

⑦ f, m =(B+2C+D+2)/4

⑧ g, n =(C+2D+E+2)/4

⑨ h, o =(D+2E+F+2)/4

⑩ p =(E+2F+G+2)/4

8번(horizontal-up) 모드의 경우에는 다음과 같이 예측된다.

① a =(I+J+1)/2

② b =(I+2J+K+2)/4

③ c, e =(J+K+1)/2

④ d, f =(J+2K+L+2)/4

⑤ g, i =(K+L+1)/2

⑥ h, j =(K+3L+2)/4

⑦ k, l, m, n, o, p = L

〈JMVC 4.0에서 I_4×4 모드 예측 관련 소스 코드〉

```
ErrVal IntraPredictionSearch::predictSLumaBlock( IntYuvMbBuffer *pcYuvBuffer,
UInt uiPredMode, LumaIdx cIdx, Bool &rbValid )
{
rbValid      = false
XPel* pPel    = pcYuvBuffer->getLumBlk();
Int   iStride = pcYuvBuffer->getLStride();

m_uiAvailable = xGetAvailableMask( cIdx );

switch( uiPredMode & 0xf )
{
case 0:
{
if( xIsAboveRef() )
{
xPredMode0Vert( pPel, iStride );
```

```
rbValid = true
}
break
}
case 1:
{
if( xIsLeftRef() )
{
xPredMode1Horiz( pPel, iStride );
rbValid = true
}
break
}
case 2:
{
xPredMode2Dc( pPel, iStride );
rbValid = true
break
}
case 3:
{
if( xIsAboveRef() )
{
xPredMode3DiagDownLeft( pPel, iStride );
rbValid = true
}
break
}
case 4:
{
if( xIsAllLeftAboveRef() )
{
xPredMode4DiagDownRight( pPel, iStride );
rbValid = true
}
break
}
case 5:
{
if( xIsAllLeftAboveRef() )
{
xPredMode5VertRight( pPel, iStride );
rbValid = true
}
break
}
case 6:
```

```
{
if( xIsAllLeftAboveRef() )
{
xPredMode6HorizDown( pPel, iStride );
rbValid = true
}
break
}
case 7:
{
if( xIsAboveRef() )
{
xPredMode7VertLeft( pPel, iStride );
rbValid = true
}
break
}
case 8:
{
if( xIsLeftRef() )
{
xPredMode8HorizUp( pPel, iStride );
rbValid = true
}
break
}
default:
{
assert( 0 );
return Err::m_nERR
}
}

return Err::m_nOK
}
```

▶ **휘도 성분에 대한 Intra 16×16 모드**

H.264의 Intra 16×16 모드는 [그림 3-13]과 같이 4개의 예측 모드를 지원한다.

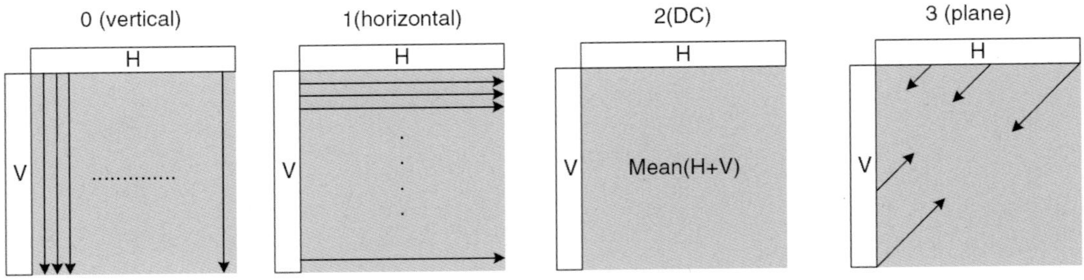

[그림 3-13] 인트라 16×16의 4가지 예측모드

Intra 4×4와 마찬가지로 주변 화소로부터 값을 예측하고, plane 모드에 대한 예측 방법은 색차 성분의 Intra 8×8을 참고하기 바란다.

〈JMVC 4.0에서 I_16×16 모드 예측 관련 소스 코드〉

```
ErrVal  IntraPredictionSearch::predictSLumaMb(  IntYuvMbBuffer  *pcYuvBuffer,
UInt uiPredMode, Bool& rbValid )
{
rbValid = false
m_uiAvailable =( m_uiAvailableMaskMb >> 4 ) | m_uiAvailableMaskMb

XPel *pPel    = pcYuvBuffer->getMbLumAddr();
Int  iStride = pcYuvBuffer->getLStride();

switch( uiPredMode )
{
case 0:
{
if( xIsAboveRef() )
{
xPred16x16IMode0Vert( pPel, iStride );
rbValid = true
}
break
}
case 1:
{
if( xIsLeftRef() )
```

```
{
xPred16x16IMode1Hori( pPel, iStride );
rbValid = true
}
break

}
case 2:
{
xPred16x16IMode2DC( pPel, iStride );
rbValid = true
break
}
case 3:
{
if( xIsAllLeftAboveRef() )
{
xPred16x16IMode3Plane( pPel, iStride );
rbValid = true
}
break
}
default:
{
AF();
return Err::m_nERR
}
}
return Err::m_nOK
}
```

▶ 색차 성분에 대한 Intra 8×8 모드

색차 성분에 대한 Intra 8×8 모드는 기본적으로 Intra 16×16과 유사하다. 다만 모드의 순서가 DC 모드가 0번, horizontal 모드가 1번, vertical 모드가 2번, plane 모드가 3번이다.

색차 성분에 대한 Intra 8×8에서 예측에 이용되는 주변 화소는 [그림 3-14]와 같다.

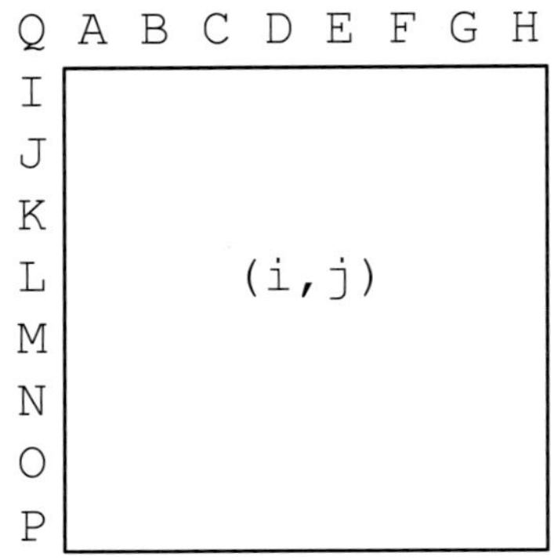

[그림 3-14] 인트라 16×16의 Plane 모드

A부터 Q를 이용하여 16×16 블록 내부의(i, j) 위치에 대한 화소값을 예측하는데 그 방법은 다음과 같다. 3번(Plane) 모드의 경우에는 다음과 같은 방법으로 예측한다. 먼저 ih와 iv가 다음과 같이 정의된다.

$$ih = 4\times(H-Q)+3\times(G-A)+2\times(F-B)+(E-C)$$
$$iv = 4\times(P-Q)+3\times(O-I)+2\times(N-J)+(M-K)$$

ih와 iv로부터 다시 ib와 ic가 다음과 같이 정의된다.

$$ib =(17\times ih+2\times 8)/32,\quad ic =(17\times iv+2\times 8)/32$$

그리고 iaa는 다음과 같이 정의된다.

$$iaa = 16\times(H+P)$$

위에서 정의한 값으로부터(i, j)에 위치에 대한 예측값은 다음과 같이 계산된다.

$$pred(i, j) = \max(0, \min(255,(iaa+(i-3)\times ib+(j-3)\times ic+16)/32))$$

〈JMVC 4.0에서 Chroma I_8×8 모드 예측 관련 소스 코드〉

```
ErrVal IntraPredictionSearch::predictSChromaBlock( IntYuvMbBuffer *pcYuvBuffer, UInt
uiPredMode, Bool &rbValid )
{
m_uiAvailable =( m_uiAvailableMaskMb >> 4 ) | m_uiAvailableMaskMb

rbValid = false
XPel *pucCb = pcYuvBuffer->getMbCbAddr();
XPel *pucCr = pcYuvBuffer->getMbCrAddr();
Int iStride = pcYuvBuffer->getLStride();

switch( uiPredMode )
{
case 0:
{
xPred8x8IMode0DC( pucCb, iStride );
xPred8x8IMode0DC( pucCr, iStride );
rbValid = true
break
}
case 1:
{
ROFRS( xIsLeftRef(), Err::m_nOK );

xPred8x8IMode1Hori( pucCb, iStride );
xPred8x8IMode1Hori( pucCr, iStride );
rbValid = true
break
}
case 2:
{
ROFRS( xIsAboveRef(), Err::m_nOK );

xPred8x8IMode2Vert( pucCb, iStride );
xPred8x8IMode2Vert( pucCr, iStride );
rbValid = true
break
}

case 3:
{
ROFRS( xIsAllLeftAboveRef(), Err::m_nOK );

xPred8x8IMode3Plane( pucCb, iStride );
xPred8x8IMode3Plane( pucCr, iStride );
rbValid = true
break
}
```

```
default:
{
assert( 0 );
return Err::m_nERR
}
}
return Err::m_nOK
}
```

▶ 인트라 모드 정보의 부호화

H.264의 intra 4×4 모드는 앞에서 소개했듯이 9가지 예측 모드를 이용한다. 그리고 여러 가지 예측 모드 중 비트율-왜곡 관점에서 최적의 모드가 선택이 되고, 4×4 블록은 해당 예측 모드로 부호화 된다. 그렇다면 디코더 측면에서는 4×4 블록이 어떤 모드로 부호화되었는지 알기 위해서는 인코더 단에서 부호화된 모드에 대한 정보를 보내줘야 한다. 이 경우 4×4 블록은 9가지 모드이기 때문에 3비트로는 표현이 되지 않아 4비트를 사용해야 한다. 그러나 이러한 비효율성을 해결하기 위해 H.264에서는 intra4×4에 대한 모드 정보를 부호화하기 위해 이미 부호화된 다른 블록과의 상관도를 이용한다.

모드 정보 예측에는 움직임 벡터 예측과 유사하게 이미 부호화 된 이전 블록들이 이용된다. 이 경우 좌블록과 상위 블록이 참조 블록으로 이용된다. 이를 이용하여 만약 현재 intra4×4 블록의 베스트 모드와 예측된 모드가 동일하면 prev_intra4x4_pred_mode를 1로 보낸다. 즉, 이 경우 현재 4x4 블록의 베스트 모드는 예측 모드와 동일하다. 만약 베스트 모드가 예측 모드와 동일하지 않다면 prev_intra4x4_pred_mode를 0으로 보내고 9가지 모드 중 예측 모드를 제외한 8가지 모드를 rem_intra4x4_pred_mode를 3비트로 나타내어 보낸다. 이를 통해 예측 모드 부호화 비트를 줄일 수 있다.

3.2.2.3 디블록킹 필터

블록 기반의 영상 압축 알고리즘이 갖는 가장 큰 문제점이 바로 블록킹 현상이다. 이는 블록 단위로 예측을 하고 블록 단위로 양자화를 하기 때문에 생기는 현상으로, 일반적으로 블록의 경계 부근이 내부 화소보다 낮은 정밀도를 갖게 되어 블록의 경계 부근이 부 자연스러운 현상을 말한다. 이러한 블록킹 현상의 문제점은 첫째로 주관적 화질에 영향을 미친다. 즉, 사람의 눈으로 봤을 때 블록킹 현상이 있는 영상은 그렇지 않은 영상에 비해 부자연스럽게 느껴지고 사람의 눈의 특성상 이러한 부자연스러움에 더 신경이 쓰이는 법이다. 둘째로 부호화 효율에 영향을 미친다. 이는 블록의 경계를 포함하는 영역이 다음 프레임에서 부호화해야 할 블록인 경우, 해당 영역에 블록킹 현상으로 인해 부호화 효율이 떨어지게 된다. 이러한 문제를 해결하기 위해 제안된 것이 바로 디블록킹 필터이다. 이는 한 프레임에 대한 모든 부호화가 끝나고 난 후, 복원 영상을 만드는 과정에서 이루어진다. 그 구체적인 동작은 다음과 같다.

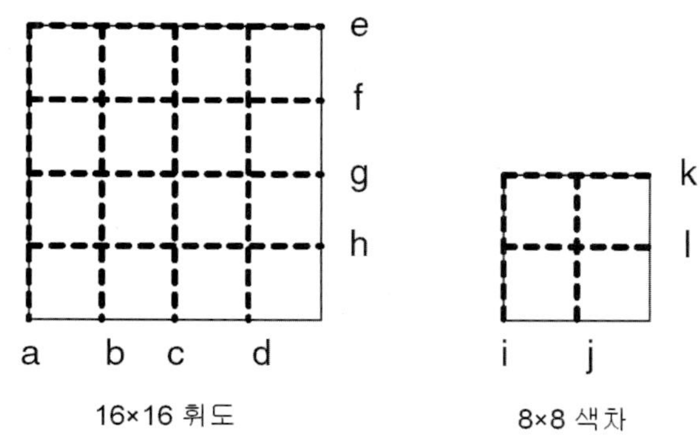

[그림 3-15] 매크로블록에 대한 디블록킹 필터

H.264의 디블록킹 필터는 [그림 3-15]와 같이 매크로블록 단위로 적용되는데 먼저 휘도 성분인 16×16 블록에 대해 수직 방향으로 4번(a, b, c, d), 수평 방향으로 4번(e, f, g, h) 수행된다. 그리고 색차 성분인 8×8 블록에 대해 수직 방향으로 2번(i, j), 수평 방향으로 2번(k, l) 수행된다. 그리고 각 경계에 대한 필터링 강도는 경계 강도(Boundary Strength, BS)로 결정되고, BS는 〈표 3-2〉와 같이 결정된다.

〈표 3-2〉 디블록킹 필터 경계 강도 결정 조건

블록 p 혹은 q가 인트라 블록이고 경계가 매크로블록의 경계일 때	BS = 4
블록 p와 q가 인트라 블록이고 경계가 매크로블록의 경계가 아닐 때	BS = 3
블록 p와 q 모두 인트라 블록이 아닐 때, 블록 p와 q가 0이 아닌 계수를 가질 때	BS = 2
블록 p와 블록 q 모두 인트라 블록이 아닐 때	BS = 1
그 밖의 경우	BS = 0

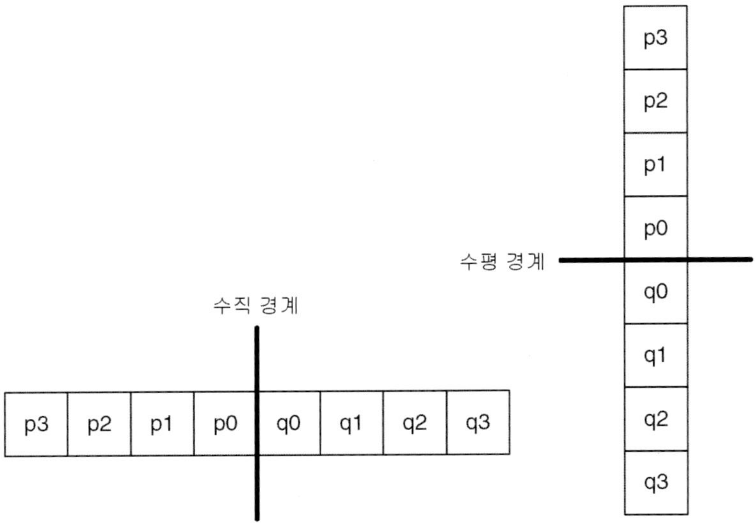

[그림 3-16] 디블록킹 필터의 수직 및 수평 경계

디블록킹 필터의 경계 강도 조건에서 보듯이, 인트라 블록의 경우가 디블록킹 필터의 강도가 더 크고, 매크로블록의 경계에 가까울수록 강도가 커짐을 알 수 있다. 디블록킹 필터의 경계 강도는 화소의 위치와 매크로블록 타입에 따라 결정되지만 실제로 디블록킹 필터는 다음의 두 가지 조건을 만족한 경우에 한하여 적용된다.

1) BS 〉 0
2) $|p0-q0|<\alpha$이고, $|p1-p0|<\beta$이고, $|q1-q0|\leq\beta$인 경우

이때 α와 β는 표준에서 정해져 있는 문턱 값(threshold)으로, p와 q의 평균 QP값에 따라 변화된다. 필터의 적용 여부는 경계 부근의 급격한 변화의 정도에 따라 결정된다. QP가 작은 경우 어느 정도의 급격한 변화는 블록킹 현상보다는 영상 자체적으로 변화하는 영역이라 간주되어 이러한 변화는 디블록킹으로 인해 크게 손상되지 않도록 문턱 값도 작게 설정된다. 하지만 QP가 커질수록 문턱값을 크게 설정하여 보다 더 필터링이 많이 되도록 한다. 일단 위의 조건을 통해 필터링이 적용되는 경우에는 해당 BS값을 이용하여 다음과 같이 디블록킹 필터를 수행한다. [그림 3-17]은 디블록킹 필터에 대한 예이다.

1. BS = 1, 2, 3인 경우
   1) $p1$, $p0$, $q0$, $q1$을 4-tap 필터에 적용하여 각각 $p'0$와 $q'0$을 구한다.
   2) $|p2-p0|<\beta$이면, $p2$, $p1$, $p0$, $q0$를 4-tap 필터에 적용하여 각각 $p'1$를 구한다. (휘도 성분인 경우만)
   3) $|q2-q0|<\beta$이면, $p0$, $q0$, $q1$, $q2$를 4-tap 필터에 적용하여 각각 $q'1$를 구한다. (휘도 성분인 경우만)
2. BS = 4인 경우

   If $|p2-p0|<\beta$이고, $|p0-q0| < round(\alpha/4)$이고, 휘도 블록인 경우
   1) $p2$, $p1$, $p0$, $q0$, $q1$을 5-tap 필터에 적용하여 $p'0$를 구한다.
   2) $p2$, $p1$, $p0$, $q0$을 4-tap 필터에 적용하여 $p'1$를 구한다.
   3) $p3$, $p2$, $p1$, $p0$, $q0$을 5-tap 필터에 적용하여 $p'2$를 구한다.

   else
   1) $p1$, $p0$, $q1$을 3-tap 필터에 적용하여 $p'0$를 구한다.

   If $|q2-q0|<\beta$이고, $|p0-q0| < round(\alpha/4)$이고, 휘도 블록인 경우
   1) $q2$, $q1$, $q0$, $q0$, $p1$을 5-tap 필터에 적용하여 $q'0$를 구한다.
   2) $q2$, $q1$, $q0$, $p0$을 4-tap 필터에 적용하여 $q'1$를 구한다.
   3) $q3$, $q2$, $q1$, $q0$, $p0$을 5-tap 필터에 적용하여 $q'2$를 구한다.

   else
   1) $q1$, $q0$, $p1$을 3-tap 필터에 적용하여 $q'0$를 구한다.

[그림 3-17] 디블록킹 필터의 결과(좌: 적용 전, 우: 적용 후)

〈JMVC 4.0에서 디블록킹 필터 관련 소스 코드〉

```
ErrVal LoopFilter::process( SliceHeader&  rcSH,
IntFrame*     pcFrame,
MbDataCtrl*   pcMbDataCtrlMot, // if NULL -> all intra
                        MbDataCtrl*   pcMbDataCtrlRes,
UInt        uiMbInRow,
RefFrameList* pcRefFrameList0,
RefFrameList* pcRefFrameList1,bool  bAllSliceDone,
bool        spatial_scalable_flg)  // SSUN@SHARP
{
ROT( NULL == m_pcControlMngIf );

RNOK(   m_pcControlMngIf->initSliceForFiltering( rcSH             ) );
RNOK(   pcMbDataCtrlRes ->initSlice           ( rcSH, POST_PROCESS, false, NULL )
);
if( pcMbDataCtrlMot )
{
RNOK( pcMbDataCtrlMot ->initSlice            ( rcSH, POST_PROCESS, false, NULL )
);
}

//-> ICU/ETRI DS FMO Process
  UInt uiFirstMbInSlice
UInt uiLastMbInSlice

FMO* pcFMO = rcSH.getFMO();

for(Int       iSliceGroupID=0;!pcFMO->SliceGroupCompletelyCoded(iSliceGroupID);
iSliceGroupID++)

{
 if(false == pcFMO->isCodedSG(iSliceGroupID) && false == bAllSliceDone)
{

continue

uiFirstMbInSlice = pcFMO->getFirstMacroblockInSlice(iSliceGroupID);
uiLastMbInSlice = pcFMO->getLastMBInSliceGroup(iSliceGroupID);

for(UInt uiMbAddress= uiFirstMbInSlice ;uiMbAddress<=uiLastMbInSlice ;)
//===== loop over macroblocks use raster scan =====
{
UInt         uiMbY           = uiMbAddress / uiMbInRow
UInt         uiMbX           = uiMbAddress % uiMbInRow
MbDataAccess* pcMbDataAccessMot = 0;
MbDataAccess* pcMbDataAccessRes = 0;
if( pcMbDataCtrlMot )
{
RNOK( pcMbDataCtrlMot ->initMb          ( pcMbDataAccessMot, uiMbY, uiMbX ) );
}
RNOK(   pcMbDataCtrlRes ->initMb          ( pcMbDataAccessRes, uiMbY, uiMbX ) );
```

```
RNOK(  m_pcControlMngIf->initMbForFiltering( uiMbAddress ) );

// Hanke@RWTH
     if( m_pcHighpassFrame ) {
m_pcHighpassYuvBuffer = m_pcHighpassFrame->getFullPelYuvBuffer();
}
else
{
m_pcHighpassYuvBuffer = NULL
}

if( 0 ==(m_eLFMode & LFM_NO_FILTER))
{
RNOK( xFilterMb( pcMbDataAccessMot,
pcMbDataAccessRes,
pcFrame->getFullPelYuvBuffer(),
pcRefFrameList0,
pcRefFrameList1,

spatial_scalable_flg ) );  // SSUN@SHARP

//*/
}

if( m_eLFMode & LFM_EXTEND_INTRA_SUR )
{
UInt uiMask = 0;

RNOK( pcMbDataCtrlRes->getBoundaryMask( uiMbY, uiMbX, uiMask ) );
if( uiMask )
{
IntYuvMbBufferExtension cBuffer
cBuffer.setAllSamplesToZero();

cBuffer.loadSurrounding( pcFrame->getFullPelYuvBuffer() );

RNOK( m_pcReconstructionBypass->padRecMb( &cBuffer, uiMask ) );
     pcFrame->getFullPelYuvBuffer()->loadBuffer( &cBuffer );
}
}
uiMbAddress = rcSH.getFMO()->getNextMBNr(uiMbAddress );
}
}
//<- ICU/ETRI DS

  // Hanke@RWTH: Reset pointer
  setHighpassFramePointer();

return Err::m_nOK
}
```

3.2.2.4 변환과 양자화

H.264에서는 최소 4×4 단위까지 움직임 예측 및 보상을 적용하고, 모든 블록의 잔여 성분에 대해서는 베이스라인 프로파일의 경우 4×4 정수 변환 및 양자화를 이용한다. 정수 변환은 일반적인 DCT(Discrete Cosine Transform)을 기반으로 디자인되었으며, 연산의 속도 증가 및 자원의 효율적 활용을 위해 모든 연산을 정수 연산으로 수행한다. 즉, 변환의 모든 연산이 단순한 덧셈과 쉬프트(shift) 연산만으로 구현될 수 있다. 때문에 기존의 DCT 변환과 아주 정확하게 일치하지는 않지만 유사한 성능을 보이며, 변환을 정수형으로 디자인하기 위해 일부분은 양자화 과정으로 포함된다.

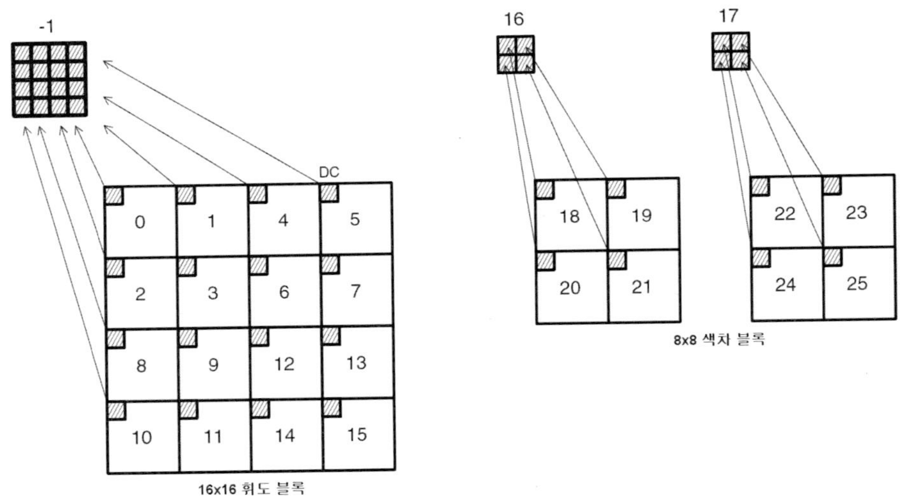

[그림 3-18] 잔여 매크로블록 내부 블록들의 스캔 순서

H.264에서 매크로블록 내부 블록들은 [그림 2-18]의 순서에 따라 전송된다. 16×16 휘도 블록의 DC 계수 블록은 인트라 모드에서만 하다마드(Hadamard) 변환되어 전송된다. 각 블록의 변환에는 다음의 변환이 사용된다.

1) 4×4 잔여 블록의 DCT 기반 변환(0~15, 18~21, 22~25)

2) 16×16 인트라 모드에서 4×4 휘도 DC 계수 블록의 하다마드 변환(-1)

3) 2×2 색차 DC 계수 블록의 하다마드 변환(16, 17)

$N \times N$ 크기의 잔여 블록 X에 대한 DCT 계수 블록 Y는 다음 식 (3-6)에 의해 계산된다.

$$Y_{xy} = C_x C_y \sum_{i=0}^{N-1} \sum_{j=0}^{N-1} X_{ij} \cos\frac{(2j+1)y\pi}{2N} \cos\frac{(2i+1)x\pi}{2N} \tag{3-6}$$

여기서 C_i는 i가 0일 경우 $\sqrt{1/N}$, 0이 아닐 경우 $\sqrt{2/N}$이다.

또한 식 (3-6)은 행렬을 사용하여 다음과 같이 표현된다.

$$\mathbf{Y} = \mathbf{AXA}^T, \qquad A_{ij} = C_i \cos\frac{(2j+1)i\pi}{2N} \tag{3-7}$$

4×4 DCT의 경우(N= 4), 변환 행렬 A는 다음과 같이 구할 수 있다.

$$\mathbf{A} = \begin{pmatrix} \frac{1}{2}\cos(0) & \frac{1}{2}\cos(0) & \frac{1}{2}\cos(0) & \frac{1}{2}\cos(0) \\ \sqrt{\frac{1}{2}}\cos\left(\frac{\pi}{8}\right) & \sqrt{\frac{1}{2}}\cos\left(\frac{3\pi}{8}\right) & \sqrt{\frac{1}{2}}\cos\left(\frac{5\pi}{8}\right) & \sqrt{\frac{1}{2}}\cos\left(\frac{7\pi}{8}\right) \\ \sqrt{\frac{1}{2}}\cos\left(\frac{2\pi}{8}\right) & \sqrt{\frac{1}{2}}\cos\left(\frac{6\pi}{8}\right) & \sqrt{\frac{1}{2}}\cos\left(\frac{10\pi}{8}\right) & \sqrt{\frac{1}{2}}\cos\left(\frac{14\pi}{8}\right) \\ \sqrt{\frac{1}{2}}\cos\left(\frac{3\pi}{8}\right) & \sqrt{\frac{1}{2}}\cos\left(\frac{9\pi}{8}\right) & \sqrt{\frac{1}{2}}\cos\left(\frac{15\pi}{8}\right) & \sqrt{\frac{1}{2}}\cos\left(\frac{21\pi}{8}\right) \end{pmatrix}$$

$$= \begin{pmatrix} \frac{1}{2} & \frac{1}{2} & \frac{1}{2} & \frac{1}{2} \\ \sqrt{\frac{1}{2}}\cos\left(\frac{\pi}{8}\right) & \sqrt{\frac{1}{2}}\cos\left(\frac{3\pi}{8}\right) & -\sqrt{\frac{1}{2}}\cos\left(\frac{3\pi}{8}\right) & -\sqrt{\frac{1}{2}}\cos\left(\frac{\pi}{8}\right) \\ \frac{1}{2} & -\frac{1}{2} & -\frac{1}{2} & \frac{1}{2} \\ \sqrt{\frac{1}{2}}\cos\left(\frac{3\pi}{8}\right) & -\sqrt{\frac{1}{2}}\cos\left(\frac{\pi}{8}\right) & \sqrt{\frac{1}{2}}\cos\left(\frac{\pi}{8}\right) & -\sqrt{\frac{1}{2}}\cos\left(\frac{3\pi}{8}\right) \end{pmatrix} \tag{3-8}$$

$$\cong \begin{pmatrix} 0.5 & 0.5 & 0.5 & 0.5 \\ 0.653 & 0.271 & 0.271 & -0.653 \\ 0.5 & -0.5 & -0.5 & 0.5 \\ 0.271 & -0.653 & -0.653 & 0.271 \end{pmatrix}$$

식 (3-7)에 의해 구한 계수 행렬 Y의 원소는 각 위치에 해당하는 주파수 성분의 계수이다. [그림 2-19]에 표시된 DCT 기본 패턴(basis pattern)들에 해당 위치의 계수를 곱하고 더함으로써 임의의 영상 블록을 복원할 수 있다.

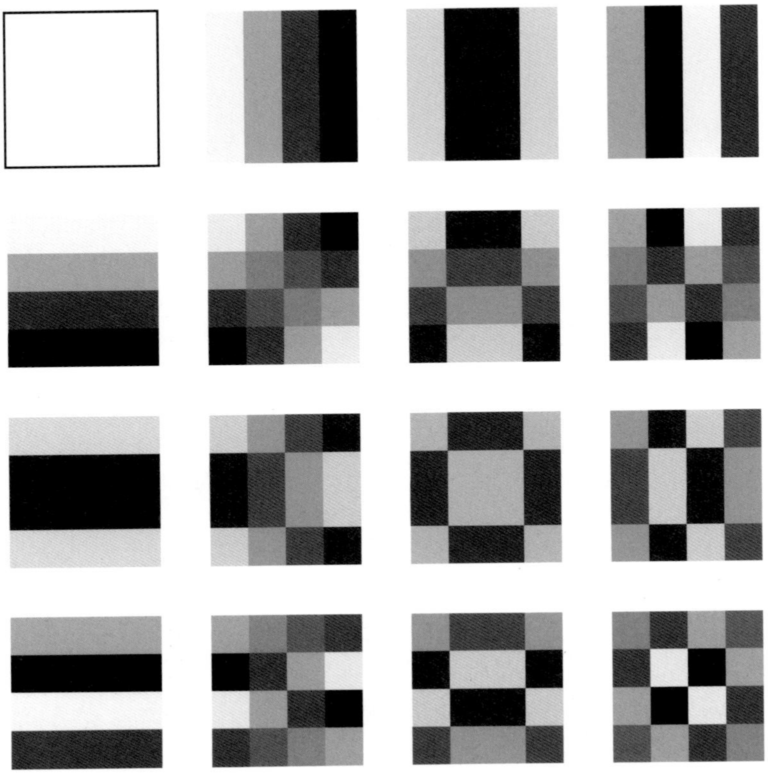

[그림 3-19] 4×4 DCT 기본 패턴

앞서 언급했듯이 H.264에서는 잔여 블록을 변환하는 데 4×4 DCT를 기반으로 한 정수 DCT를 사용하며 이에 필요한 변환 행렬은 DCT 변환 행렬 A의 근사화와 분리에 의해 이루어진다. DCT 식은 다음과 같다.

$$\mathbf{Y} = \mathbf{AXA}^T = \begin{pmatrix} a & a & a & a \\ b & c & -c & -b \\ a & -a & -a & a \\ c & -b & b & -c \end{pmatrix} \mathbf{X} \begin{pmatrix} a & b & a & c \\ a & c & -a & -b \\ a & -c & -a & b \\ a & -b & a & -c \end{pmatrix} \tag{3-9}$$

여기서,

$$a=\frac{1}{2}, \quad b=\sqrt{\frac{1}{2}}\cos\left(\frac{\pi}{8}\right), \quad c=\sqrt{\frac{1}{2}}\cos\left(\frac{3\pi}{8}\right) \tag{3-10}$$

이다. 식 (3-9)는 a와 b를 분리함으로써 다음 식과 같이 표현된다.

$$\mathbf{Y}=(\mathbf{CXC}^T)\otimes\mathbf{E}=\left\{\begin{pmatrix}1&1&1&1\\1&d&-d&-1\\1&-1&-1&1\\d&-1&1&-d\end{pmatrix}\mathbf{X}\begin{pmatrix}1&1&1&d\\1&d&-1&-1\\1&-d&-1&1\\1&-1&1&-d\end{pmatrix}\right\}\otimes\begin{pmatrix}a^2&ab&a^2&ab\\ab&b^2&ab&b^2\\a^2&ab&a^2&ab\\ab&b^2&ab&b^2\end{pmatrix} \tag{3-11}$$

식 (3-11)에서 ⊗은 두 행렬에서 같은 위치의 원소들끼리 곱하는 연산자이며 d는 c/b이고 약 0.414와 같다.

행렬 C 내의 모든 원소를 정수로 만들기 위하여 d=1/2로 근사화되며, 변환의 직교성을 유지하기 위해 $b=\sqrt{2/5}$로 변경된다. 또한 2로 나눌 때 생길 수 있는 손실을 없애기 위하여 행렬 C에서 d를 포함하는 2행과 4행에 2를 곱하고 이를 행렬 E에서 보상하여 변환 식은 최종적으로 다음과 같이 정리된다.

$$\mathbf{Y}=(\mathbf{C}_f\mathbf{XC}_f^T)\otimes\mathbf{E}_f=\left\{\begin{pmatrix}1&1&1&1\\2&1&-1&-2\\1&-1&-1&1\\1&-2&2&-1\end{pmatrix}\mathbf{X}\begin{pmatrix}1&2&1&1\\1&1&-1&-2\\1&-1&-1&2\\1&-2&1&-1\end{pmatrix}\right\}\otimes\begin{pmatrix}a^2&\frac{ab}{2}&a^2&\frac{ab}{2}\\\frac{ab}{2}&\frac{b^2}{4}&\frac{ab}{2}&\frac{b^2}{4}\\a^2&\frac{ab}{2}&a^2&\frac{ab}{2}\\\frac{ab}{2}&\frac{b^2}{4}&\frac{ab}{2}&\frac{b^2}{4}\end{pmatrix} \tag{3-12}$$

식 (3-12)에서 $C_fXC_f^T$ 부분이 정수 DCT의 핵심 부분이며 정수 연산만을 사용하여 구현이 가능하다. Ef는 변환 과정에서 분리되어 양자화 과정에 포함된다.

〈JMVC 4.0에서 4×4 정수 변환 관련 소스 코드〉

```
Void Transform::xForTransform4x4Blk( XPel* pucOrg, XPel* pucRec, Int iStride,
TCoeff* piPredCoeff )
{

Int aai[ 4][ 4] ;
Int tmp1, tmp2

for( Int y = 0; y < 4; y++ )
{
Int ai[ 4] ;

ai[ 0] = pucOrg[ 0] - pucRec[ 0] ;
ai[ 1] = pucOrg[ 1] - pucRec[ 1] ;
ai[ 2] = pucOrg[ 2] - pucRec[ 2] ;
ai[ 3] = pucOrg[ 3] - pucRec[ 3] ;

tmp1 = ai[ 0] + ai[ 3] ;
tmp2 = ai[ 1] + ai[ 2] ;

aai[ 0][ y] = tmp1 + tmp2
aai[ 2][ y] = tmp1 - tmp2

tmp1 = ai[ 0] - ai[ 3] ;
tmp2 = ai[ 1] - ai[ 2] ;

aai[ 1][ y] = tmp1 * 2 + tmp2 ;
aai[ 3][ y] = tmp1 - tmp2 * 2;
pucRec += iStride
pucOrg += iStride
}


for( Int x = 0; x < 4; x++, piPredCoeff++ )
{
tmp1 = aai[ x][ 0] + aai[ x][ 3] ;
tmp2 = aai[ x][ 1] + aai[ x][ 2] ;

piPredCoeff[ 0] = tmp1 + tmp2
piPredCoeff[ 8] = tmp1 - tmp2
tmp1 = aai[ x][ 0] - aai[ x][ 3] ;
tmp2 = aai[ x][ 1] - aai[ x][ 2] ;

piPredCoeff[ 4] = tmp1 * 2 + tmp2
piPredCoeff[ 12] = tmp1 - tmp2 * 2;
}
}
```

H.264 표준에 정의된 역변환 과정은 다음 식과 같다.

$$\mathbf{X} = \mathbf{C}_i^T (\mathbf{Y} \otimes \mathbf{E}_i)\mathbf{C}_i = \begin{pmatrix} 1 & 1 & 1 & \frac{1}{2} \\ 1 & \frac{1}{2} & -1 & -1 \\ 1 & -\frac{1}{2} & -1 & 1 \\ 1 & -1 & 1 & -\frac{1}{2} \end{pmatrix} \left\{ \mathbf{Y} \otimes \begin{pmatrix} a^2 & ab & a^2 & ab \\ ab & b^2 & ab & b^2 \\ a^2 & ab & a^2 & ab \\ ab & b^2 & ab & b^2 \end{pmatrix} \right\} \begin{pmatrix} 1 & 1 & 1 & 1 \\ 1 & \frac{1}{2} & -\frac{1}{2} & -1 \\ 1 & -1 & -1 & 1 \\ \frac{1}{2} & -1 & 1 & -\frac{1}{2} \end{pmatrix} \tag{3-13}$$

〈JMVC 4.0에서 4×4 정수 역변환 관련 소스 코드〉

```
Void Transform::xInvTransform4x4Blk( XPel* puc, Int iStride, TCoeff* piCoeff )
{

Int aai[ 4][ 4] ;
Int tmp1, tmp2
Int x, y
Int iStride2=2*iStride
Int iStride3=3*iStride

for( x = 0; x < 4; x++, piCoeff+=4 )
{
tmp1 = piCoeff[ 0] + piCoeff[ 2] ;
tmp2 =(piCoeff[ 3]>>1) + piCoeff[ 1] ;

aai[ 0][ x] = tmp1 + tmp2
  aai[ 3][ x] = tmp1 - tmp2

tmp1 = piCoeff[ 0] - piCoeff[ 2] ;
tmp2 =(piCoeff[ 1]>>1) - piCoeff[ 3] ;

aai[ 1][ x] = tmp1 + tmp2
aai[ 2][ x] = tmp1 - tmp2
}

for( y = 0; y < 4; y++, puc ++ )
{
tmp1 =  aai[ y][ 0] + aai[ y][ 2] ;
tmp2 =(aai[ y][ 3]>>1) + aai[ y][ 1] ;

puc[ 0]        = xClip( xRound( tmp1 + tmp2) + puc[ 0]        );
                 puc[ iStride3] = xClip( xRound( tmp1 - tmp2) + puc[ iStride3] );
```

```
tmp1 =  aai[ y][ 0]  - aai[ y][ 2] ;
tmp2 =(aai[ y][ 1]>>1)  - aai[ y][ 3] ;

puc[ iStride]   = xClip( xRound( tmp1 + tmp2) + puc[ iStride]   );
                   puc[ iStride2]  = xClip( xRound( tmp1 - tmp2) + puc[ iStride2]  );

}
}
```

H.264의 양자화 과정은 나눗셈과 부동소수점 연산을 사용하지 않으며 식 (3-12)과 식 (3-13)에서의 스케일링 행렬 Ef와 Ei를 포함한다. 양자화의 기본적인 동작은 다음과 같다.

$$Z_{ij} = round(Y_{ij} / Qstep) \tag{3-14}$$

Y_{ij}는 식 (3-12)에서의 결과 행렬 Y의 원소들이며 $Qstep$은 양자화 구간의 폭이다. 표준에 의하여 52개의 $Qstep$ 값들이 제공되는데 각 값들은 QP(Quantization Parameter)에 의하여 지정된다. QP에 따른 $Qstep$의 값이 〈표 2-3〉에 정리되어 있다.

〈표 3-3〉 H.264 표준 양자화기의 양자화 구간 폭

QP	0	1	2	3	4	5	6	7	8	9	10	…
$Qstep$	0.625	0.6875	0.8125	0.875	1	1.125	1.25	1.375	1.625	1.75	2	
QP	…	18	…	24	…	30	…	36	…	42	…	51
$Qstep$	…	5	…	10	…	20	…	40	…	80	…	224

QP가 6씩 증가할 때마다 $Qstep$은 두 배가 된다. QP가 클수록 양자화 구간의 폭이 커지므로 양자화에 의한 오차가 증가하지만 양자화 후 더 많은 계수들이 0이 되므로 압축률 또한 증가한다. 이처럼 QP를 사용하여 손실과 압축률을 적절히 조절할 수 있다.

식 (3-12)에서의 스케일링 행렬 E_f를 양자화 과정에 포함시키기 위하여 식 (3-14)를 다음 과 같이 바꿀 수 있다.

$$Z_{ij} = round\left(W_{ij} \cdot \frac{PF}{Qstep}\right) \tag{3-15}$$

W_{ij}는 정수 이산 코사인 변환의 결과 행렬인 $W = CXC^T$의 원소이며 PF는 W_{ij}에 곱해지는 스케일링 행렬 E_f의 각 성분이다.

$$\mathbf{E}_f = \begin{pmatrix} a^2 & ab/2 & a^2 & ab/2 \\ ab/2 & b^2/4 & ab/2 & b^2/4 \\ a^2 & ab/2 & a^2 & ab/2 \\ ab/2 & b^2/4 & ab/2 & b^2/4 \end{pmatrix}, \quad a = 1/2, b = \sqrt{2/5}$$

식 (3-15)에서의 소수 곱셈과 나눗셈을 정수 연산으로 대체하기 위하여 식 (3-15)은 다음 식을 사용하여 구현된다.

$$Z_{ij} = round\left(W_{ij} \cdot \frac{MF}{2^{qbits}}\right) \tag{3-16}$$

여기서,

$$\frac{MF}{2^{qbits}} = \frac{PF}{Qstep} \tag{3-17}$$

이며,

$$qbits = 15 + floor(QP/6) \tag{3-18}$$

이다. QP가 6 증가할 때 $Qstep$이 두 배가 되는 것과 같이, $qbits$ 역시 QP가 6 증가할 때마다 1씩 증가하므로 2^{qbits}는 두 배가 된다. MF에는 식 (3-17)에 의하여 계산된 MF값을 반올림한 정수가 사용되며 각 값은 [그림 3-20]과 같다.

$$\begin{pmatrix} 13107 & 8066 & 13107 & 8066 \\ 8066 & 5243 & 8066 & 5243 \\ 13107 & 8066 & 13107 & 8066 \\ 8066 & 5243 & 8066 & 5243 \end{pmatrix}$$

(a) $QP\%\ 6=0$

$$\begin{pmatrix} 11916 & 7490 & 11916 & 7490 \\ 7490 & 4660 & 7490 & 4660 \\ 11916 & 7490 & 11916 & 7490 \\ 7490 & 4660 & 7490 & 4660 \end{pmatrix}$$

(b) $QP\%\ 6=1$

$$\begin{pmatrix} 10082 & 6554 & 10082 & 6554 \\ 6554 & 4194 & 6554 & 4194 \\ 10082 & 6554 & 10082 & 6554 \\ 6554 & 4194 & 6554 & 4194 \end{pmatrix}$$

(c) $QP\%\ 6=2$

$$\begin{pmatrix} 9362 & 5825 & 9362 & 5825 \\ 5825 & 3647 & 5825 & 3647 \\ 9362 & 5825 & 9362 & 5825 \\ 5825 & 3647 & 5825 & 3647 \end{pmatrix}$$

(d) $QP\%\ 6=3$

$$\begin{pmatrix} 8192 & 5243 & 8192 & 5243 \\ 5243 & 3355 & 5243 & 3355 \\ 8192 & 5243 & 8192 & 5243 \\ 5243 & 3355 & 5243 & 3355 \end{pmatrix}$$

(e) $QP\%\ 6=4$

$$\begin{pmatrix} 7282 & 4559 & 7282 & 4559 \\ 4559 & 2893 & 4559 & 2893 \\ 7282 & 4559 & 7282 & 4559 \\ 4559 & 2893 & 4559 & 2893 \end{pmatrix}$$

(f) $QP\%\ 6=5$

[그림 3-20] 양자화 시 QP에 따른 MF의 값들

[그림 3-20]에서 % 연산자는 나눗셈에 의한 나머지를 뜻한다.

〈JMVC 4.0에서 휘도 성분에 대한 양자화 시 이용되는 MF 표〉

```
const Int g_aaiQuantCoef[ 6][ 16] =
{
{ 13107, 8066,13107, 8066,
8066, 5243, 8066, 5243,
13107, 8066,13107, 8066,
8066, 5243, 8066, 5243
},
{ 11916, 7490,11916, 7490,
7490, 4660, 7490, 4660,
11916, 7490,11916, 7490,
7490, 4660, 7490, 4660
},
{ 10082, 6554,10082, 6554,
6554, 4194, 6554, 4194,
10082, 6554,10082, 6554,
6554, 4194, 6554, 4194
},
{  9362, 5825, 9362, 5825,
5825, 3647, 5825, 3647,
9362, 5825, 9362, 5825,
5825, 3647, 5825, 3647
},
{  8192, 5243, 8192, 5243,
5243, 3355, 5243, 3355,
```

```
8192, 5243, 8192, 5243,
5243, 3355, 5243, 3355
},
{  7282, 4559, 7282, 4559,
4559, 2893, 4559, 2893,
7282, 4559, 7282, 4559,
4559, 2893, 4559, 2893
}
};
```

$$|Z_{ij}| = (|W_{ij}| \cdot MF + f) >> qbits \tag{3-19}$$

$$sign(Z_{ij}) = sign(W_{ij}) \tag{3-20}$$

실제 양자화 과정은 식 (3-19), 식 (3-20)에 의해 구현되며 〉〉은 우향 자리 이동 연산을 뜻한다. f는 인트라 블록의 경우 $2^{qbits}/3$, 인터 블록의 경우 $2^{qbits}/6$과 같다.

역양자화 과정은

$$Y_{ij}' = Z_{ij} Qstep \tag{3-21}$$

위 식에 의하여 원래의 변환 계수값을 되돌리는 과정이다. 실제 역 양자화 과정은

$$W_{ij}' = Z_{ij} V_{ij} \cdot 2^{floor(QP/6)} \tag{3-22}$$

에 의해 이루어지고 W_{ij}'는 식 (1-8)에서 $C_i^T W C_i$에 의해 역 변환된다. 표준에 정의된 V_{ij}의 값이 [그림 3-21]에 정리되어 있다.

$$\begin{pmatrix} 10 & 13 & 10 & 13 \\ 13 & 16 & 13 & 16 \\ 10 & 13 & 10 & 13 \\ 13 & 16 & 13 & 16 \end{pmatrix}$$

(a) $QP\%\ 6=0$

$$\begin{pmatrix} 11 & 14 & 11 & 14 \\ 14 & 18 & 14 & 18 \\ 11 & 14 & 11 & 14 \\ 14 & 18 & 14 & 18 \end{pmatrix}$$

(b) $QP\%\ 6=1$

$$\begin{pmatrix} 13 & 16 & 13 & 16 \\ 16 & 20 & 16 & 20 \\ 13 & 16 & 13 & 16 \\ 16 & 20 & 16 & 20 \end{pmatrix}$$

(c) $QP\%\ 6=2$

$$\begin{pmatrix} 14 & 18 & 14 & 18 \\ 18 & 23 & 18 & 23 \\ 14 & 18 & 14 & 18 \\ 18 & 23 & 18 & 23 \end{pmatrix}$$

(d) $QP\%\ 6=3$

$$\begin{pmatrix} 16 & 20 & 16 & 20 \\ 20 & 25 & 20 & 25 \\ 16 & 20 & 16 & 20 \\ 20 & 25 & 20 & 25 \end{pmatrix}$$

(e) $QP\%\ 6=4$

$$\begin{pmatrix} 18 & 23 & 18 & 23 \\ 23 & 29 & 23 & 29 \\ 18 & 23 & 18 & 23 \\ 23 & 29 & 23 & 29 \end{pmatrix}$$

(f) $QP\%\ 6=5$

[그림 3-21] 양자화 시 QP에 따른 MF의 값들

〈JMVC 4.0에서 휘도 성분에 대한 양자화 시 이용되는 MF 표〉

```
const Int g_aaiDequantCoef[ 6][ 16] ={
{ 10, 13, 10, 13,
13, 16, 13, 16,
10, 13, 10, 13,
13, 16, 13, 16
},
{ 11, 14, 11, 14,
14, 18, 14, 18,
11, 14, 11, 14,
14, 18, 14, 18
},
{ 13, 16, 13, 16,
16, 20, 16, 20,
13, 16, 13, 16,
16, 20, 16, 20
},
{ 14, 18, 14, 18,
18, 23, 18, 23,
14, 18, 14, 18,
18, 23, 18, 23
},
{ 16, 20, 16, 20,
20, 25, 20, 25,
16, 20, 16, 20,
20, 25, 20, 25
},
```

```
{
18, 23, 18, 23,
23, 29, 23, 29,
18, 23, 18, 23,
23, 29, 23, 29
}
};
```

〈JMVC 4.0에서 휘도 성분에 대한 양자화/역양자화 관련 소스 코드〉

```
Void Transform::xQuantDequantNonUniformLuma( TCoeff* piQCoeff, TCoeff* piCoeff,
const QpParameter& rcQp, const UChar* pucScale, UInt& ruiDcAbs, UInt& ruiAcAbs )
{
Int   iLevel = piCoeff[ 0];
UInt  uiSign =((UInt)iLevel)>>31;
Int   iAdd   =( 1 << 3 ) >> rcQp.per();

iLevel      = abs( iLevel ) * g_aaiQuantCoef[ rcQp.rem() ][ 0];
if( pucScale )
{
iLevel    =( iLevel << 4 ) / pucScale[ 0];
}
iLevel      =( iLevel + 2 * rcQp.add() ) >>( rcQp.bits() + 1 );

ruiDcAbs    += iLevel
iLevel      =( uiSign ? -iLevel : iLevel );
piQCoeff[ 0]  = iLevel


UInt uiAcAbs = 0;
for( Int n = 1; n < 16; n++ )
{
iLevel      = piCoeff[ n];
Int iSign   = iLevel
iLevel      = abs( iLevel ) * g_aaiQuantCoef[ rcQp.rem()][ n];
if( pucScale )
{
iLevel    =( iLevel << 4 ) / pucScale[ n];
}
iLevel      =( iLevel + rcQp.add() ) >> rcQp.bits();
if( 0 != iLevel )
{
iSign       >>= 31;
Int iDeScale  = g_aaiDequantCoef[ rcQp.rem()][ n];
uiAcAbs      += iLevel
iLevel       ^= iSign
```

```
iLevel      -= iSign
piQCoeff[ n]   = iLevel
if( pucScale )
{
piCoeff[ n] =(( iLevel*iDeScale*pucScale[ n] + iAdd ) << rcQp.per() ) >> 4;
}
else
    {

piCoeff[ n]  = iLevel*iDeScale << rcQp.per();
}
}
else
   {
piQCoeff[ n] = 0;
piCoeff [ n] = 0;
}
}

ruiAcAbs += uiAcAbs
return
}
```

〈JMVC 4.0에서 색차 성분에 대한 양자화/역양자화 관련 소스 코드〉

```
Void  Transform::xQuantDequantNonUniformChroma(  TCoeff*  piQCoeff,  TCoeff*
piCoeff, const QpParameter& rcQp, const UChar* pucScale, UInt& ruiDcAbs, UInt&
ruiAcAbs )
{
Int   iAdd   =( 1 << 3 ) >> rcQp.per();
{
Int   iLevel  = piCoeff[ 0] ;
UInt  uiSign  =((UInt)iLevel)>>31;

iLevel      =( abs( iLevel ) * g_aaiQuantCoef[  rcQp.rem() ][ 0] );
if( pucScale )
{
iLevel     =( iLevel << 4 ) / pucScale[ 0] ;
}
iLevel      =( iLevel + 2*rcQp.add() ) >>( rcQp.bits() + 1 );
ruiDcAbs   += iLevel
iLevel     =( uiSign ? -iLevel : iLevel );
piQCoeff[ 0]  = iLevel
piCoeff [ 0]  = iLevel
}
UInt uiAcAbs = 0;
```

```
for( int n = 1; n < 16; n++ )
{
Int iLevel  = piCoeff[ n] ;
Int iSign   = iLevel

iLevel     =( abs( iLevel ) * g_aaiQuantCoef[ rcQp.rem()][ n] );

if( pucScale )
{
iLevel    =( iLevel << 4 ) / pucScale[ n] ;
}
iLevel =( iLevel + rcQp.add() ) >> rcQp.bits();

if( 0 != iLevel )
{
iSign     >>= 31;
Int iDeScale = g_aaiDequantCoef[ rcQp.rem()][ n] ;
uiAcAbs     += iLevel
iLevel      ^= iSign
iLevel      -= iSign
piQCoeff[ n]  = iLevel
if( pucScale )
{
piCoeff[ n] =(( iLevel*iDeScale*pucScale[ n] + iAdd ) << rcQp.per() ) >> 4;
}
else
    {
piCoeff[ n]  = iLevel*iDeScale << rcQp.per();
}
}
else
  {
piQCoeff[ n] = 0;
piCoeff[ n] = 0;
}
}
ruiAcAbs += uiAcAbs
return
}
```

▶ 16×16 인트라 모드에서 4×4 휘도 DC 계수 블록의 변환과 양자화

매크로블록이 16×16 인트라 모드로 부호화되는 경우, 각 4×4 잔여 블록들은 앞서 설명한 정수 DCT의 핵심 부분에 의하여 변환되고 각 블록의 DC 계수들은 4×4 블록을 형성하여 4×4 하다마드 변환에 의해 다시 변환된다.

$$\mathbf{Y}_D = \left\{ \begin{pmatrix} 1 & 1 & 1 & 1 \\ 1 & 1 & -1 & -1 \\ 1 & -1 & -1 & 1 \\ 1 & -1 & 1 & -1 \end{pmatrix} \mathbf{W}_D \begin{pmatrix} 1 & 1 & 1 & 1 \\ 1 & 1 & -1 & -1 \\ 1 & -1 & -1 & 1 \\ 1 & -1 & 1 & -1 \end{pmatrix} \right\} / 2 \tag{3-23}$$

Y_D는 변환의 결과 행렬이며 W_D는 4×4 DC 계수 블록이다.

하다마드 변환을 거친 계수 Y_D는 다음의 식에 의하여 양자화된다.

$$\left|Z_{D(i,j)}\right| = \left(\left|Y_{D(i,j)}\right| MF_{(0,0)} + 2f\right) >> (qbits + 1) \tag{3-24}$$

$$sign\left(Z_{D(i,j)}\right) = sign\left(Z_{D(i,j)}\right) \tag{3-25}$$

부호화된 4×4 휘도 DC 계수 블록을 복호하는 경우, 역 하다마드 변환을 먼저 수행한 후 역양자화가 이루어진다. 역 하다마드 변환 과정은 다음과 같다.

$$\mathbf{W}_{QD} = \left\{ \begin{pmatrix} 1 & 1 & 1 & 1 \\ 1 & 1 & -1 & -1 \\ 1 & -1 & -1 & 1 \\ 1 & -1 & 1 & -1 \end{pmatrix} \mathbf{Z}_D \begin{pmatrix} 1 & 1 & 1 & 1 \\ 1 & 1 & -1 & -1 \\ 1 & -1 & -1 & 1 \\ 1 & -1 & 1 & -1 \end{pmatrix} \right\} \tag{3-26}$$

역 하다마드 변환 후 역양자화 과정이 다음 식에 의해 이루어진다.

$$W'_{D(i,j)} = W_{QD(i,j)} V_{(0,0)} 2^{floor(QP/6)-2} \qquad (QP \geq 12) \tag{3-27}$$

$$W'_{D(i,j)} = \left[W_{QD(i,j)} V_{(0,0)} + 2^{1-floor(QP/6)}\right] >> (2 - floor(QP/6)) \qquad (QP < 12) \tag{3-28}$$

〈JMVC 4.0에서 휘도 DC 계수 블록의 변환 관련 소스 코드〉

```
Void Transform::xForTransformLumaDc( TCoeff* piCoeff )
{
Int aai[ 4][ 4] ;
Int tmp1, tmp2
Int x, y

TCoeff *piWCoeff = piCoeff

for( x = 0; x < 4; x++, piCoeff += 0x10 )
{
tmp1 = piCoeff[ 0x00] + piCoeff[ 0x80] ;
tmp2 = piCoeff[ 0xc0] + piCoeff[ 0x40] ;

aai[ x][ 0] = tmp1 + tmp2
aai[ x][ 3] = tmp1 - tmp2

tmp1 = piCoeff[ 0x00] - piCoeff[ 0x80] ;
tmp2 = piCoeff[ 0x40] - piCoeff[ 0xc0] ;

aai[ x][ 1] = tmp1 + tmp2
aai[ x][ 2] = tmp1 - tmp2
}

for( y = 0; y < 4; y++ )
{
tmp1 = aai[ 0][ y] + aai[ 2][ y] ;
tmp2 = aai[ 3][ y] + aai[ 1][ y] ;

piWCoeff[ 0x00] =(tmp1 + tmp2)/2;
piWCoeff[ 0x30] =(tmp1 - tmp2)/2;

piWCoeff += 0x40;
}
}
```

〈JMVC 4.0에서 휘도 DC 계수 블록의 역변환 관련 소스 코드〉

```
ErrVal Transform::invTransformDcCoeff( TCoeff* piCoeff, Int iQpScale )
{
Int aai[ 4][ 4] ;
Int tmp1, tmp2
Int x, y

TCoeff *piWCoeff = piCoeff
```

```
for( x = 0; x < 4; x++, piCoeff += 0x10 )
{
tmp1 = piCoeff[ 0x00] + piCoeff[ 0x80] ;
tmp2 = piCoeff[ 0xc0] + piCoeff[ 0x40] ;

aai[ x][ 0] = tmp1 + tmp2
  aai[ x][ 3] = tmp1 - tmp2

tmp1 = piCoeff[ 0x00] - piCoeff[ 0x80] ;
tmp2 = piCoeff[ 0x40] - piCoeff[ 0xc0] ;

aai[ x][ 1] = tmp1 + tmp2
aai[ x][ 2] = tmp1 - tmp2
}

for( y = 0; y < 4; y++ )
{
tmp1 = aai[ 0][ y] + aai[ 2][ y] ;
tmp2 = aai[ 3][ y] + aai[ 1][ y] ;

piWCoeff[ 0x00] =(( tmp1 + tmp2 ) * iQpScale + 2 ) >> 2;
                                piWCoeff[ 0x30] =(( tmp1 - tmp2 ) * iQpScale + 2 ) >> 2;

tmp1 = aai[ 0][ y] - aai[ 2][ y] ;
tmp2 = aai[ 1][ y] - aai[ 3][ y] ;

piWCoeff[ 0x10] =(( tmp1 + tmp2 ) * iQpScale + 2 ) >> 2;
piWCoeff[ 0x20] =(( tmp1 - tmp2 ) * iQpScale + 2 ) >> 2;

piWCoeff += 0x40;
}

return Err::m_nOK
}
```

▶ 색차 블록의 변환과 양자화

8×8 색차 블록은 네 개의 4×4 블록으로 나뉘어 정수 DCT에 의해 변환되고 각 4×4 블록의 DC 계수들은 2×2 블록을 형성하여 하다마드 변환으로 변환된다.

$$\mathbf{Y}_D = \begin{pmatrix} 1 & 1 \\ 1 & -1 \end{pmatrix} \mathbf{W}_D \begin{pmatrix} 1 & 1 \\ 1 & -1 \end{pmatrix} \tag{3-29}$$

Y_D는 변환의 결과 행렬이며 W_D는 2×2 DC 계수 블록이다. 변환을 거친 계수의 양자화는 다음 식에 의하여 이루어진다.

$$\left|Z_{D(i,j)}\right| = \left(\left|Y_{D(i,j)}\right| MF_{(0,0)} + 2f\right) >> (qbits + 1) \quad (3\text{-}30)$$

$$sign\left(Z_{D(i,j)}\right) = sign\left(Y_{D(i,j)}\right) \quad (3\text{-}31)$$

$MF_{(0,0)}$는 각 QP에 해당하는 행렬의(0, 0) 위치 성분이며 f와 $qbits$는 앞서 정의된 바와 같다. 복호과정에서, 역변환 과정이 먼저 이루어진 후 역양자화가 수행된다. 역변환은 다음 식에 의해 이루어진다.

$$\mathbf{W}_{QD} = \begin{pmatrix} 1 & 1 \\ 1 & -1 \end{pmatrix} \mathbf{Z}_D \begin{pmatrix} 1 & 1 \\ 1 & -1 \end{pmatrix} \quad (3\text{-}32)$$

역변환 과정은 다음과 같다.

$$W'_{D(i,j)} = W_{QD(i,j)} V_{(0,0)} 2^{floor(QP/6)-1} \qquad (QP \geq 6) \quad (3\text{-}33)$$

$$W'_{D(i,j)} = \left\lfloor W_{QD(i,j)}\ V_{(0,0)} \right\rfloor >> 1 \qquad (QP < 12) \quad (3\text{-}34)$$

〈JMVC 4.0에서 색차 블록의 변환 관련 소스 코드〉

```
ErrVal Transform::transformChromaBlocks( XPel* pucOrg, XPel* pucRec, Int
iStride, TCoeff* piCoeff, TCoeff* piQuantCoeff, const UChar* pucScale, UInt&
ruiDcAbs, UInt& ruiAcAbs )
{
Int iOffset = 0;


xForTransform4x4Blk( pucOrg + iOffset, pucRec + iOffset, iStride, piQuantCoeff
+ 0x00);
iOffset += 4;
xForTransform4x4Blk( pucOrg + iOffset, pucRec + iOffset, iStride, piQuantCoeff
+ 0x10);
iOffset  = 4*iStride
xForTransform4x4Blk( pucOrg + iOffset, pucRec + iOffset, iStride, piQuantCoeff
+ 0x20);
```

```
iOffset += 4;
xForTransform4x4Blk( pucOrg + iOffset, pucRec + iOffset, iStride, piQuantCoeff
+ 0x30);

xForTransformChromaDc( piQuantCoeff );

xQuantDequantNonUniformChroma( piCoeff + 0x00, piQuantCoeff + 0x00,
m_cChromaQp, pucScale, ruiDcAbs, ruiAcAbs );

xQuantDequantNonUniformChroma( piCoeff + 0x10, piQuantCoeff + 0x10,
m_cChromaQp, pucScale, ruiDcAbs, ruiAcAbs );
xQuantDequantNonUniformChroma( piCoeff + 0x20, piQuantCoeff + 0x20,
m_cChromaQp, pucScale, ruiDcAbs, ruiAcAbs );
xQuantDequantNonUniformChroma( piCoeff + 0x30, piQuantCoeff + 0x30,
m_cChromaQp, pucScale, ruiDcAbs, ruiAcAbs );

return Err::m_nOK
}
```

〈JMVC 4.0에서 색차 블록의 역변환 관련 소스 코드〉

```
ErrVal Transform::invTransformChromaBlocks( XPel* puc, Int iStride, TCoeff*
piCoeff )
{
xInvTransform4x4Blk( puc,     iStride, piCoeff + 0x00 );
xInvTransform4x4Blk( puc + 4, iStride, piCoeff + 0x10 );
puc += iStride << 2;
xInvTransform4x4Blk( puc,     iStride, piCoeff + 0x20 );
xInvTransform4x4Blk( puc + 4, iStride, piCoeff + 0x30 );

return Err::m_nOK
}
```

〈JMVC 4.0에서 색차 블록의 DC에 대한 하다마드 변환 관련 소스 코드〉

```
Void Transform::xForTransformChromaDc( TCoeff* piCoeff )
{
Int   tmp1, tmp2
Int   d00, d01, d10, d11

d00 = piCoeff[ 0] ;
d10 = piCoeff[ 16] ;
d01 = piCoeff[ 32] ;
d11 = piCoeff[ 48] ;

tmp1 = d00 + d11
tmp2 = d10 + d01
```

```
piCoeff[  0] =(tmp1 + tmp2);
piCoeff[ 48] =(tmp1 - tmp2);

tmp1 = d00 - d11
tmp2 = d01 - d10

piCoeff[ 16] =(tmp1 + tmp2);
piCoeff[ 32] =(tmp1 - tmp2);
}
```

〈JMVC 4.0에서 색차 블록의 DC에 대한 하다마드 역변환 관련 소스 코드〉

```
Void Transform::invTransformChromaDc( TCoeff* piCoeff, Int iQpScale )
{
Int   tmp1, tmp2
Int   d00, d01, d10, d11

d00 = piCoeff[ 0] ;
d10 = piCoeff[ 32] ;
d01 = piCoeff[ 16] ;
d11 = piCoeff[ 48] ;

tmp1 = d00 + d11
tmp2 = d10 + d01

piCoeff[  0] =(( tmp1 + tmp2 ) * iQpScale ) >> 5;
piCoeff[ 48] =(( tmp1 - tmp2 ) * iQpScale ) >> 5;

tmp1 = d00 - d11
tmp2 = d01 - d10
piCoeff[ 32] =(( tmp1 + tmp2 ) * iQpScale ) >> 5;
piCoeff[ 16] =(( tmp1 - tmp2 ) * iQpScale ) >> 5;
}
```

〈JMVC 4.0에서 색차 블록의 양자화/역양자화 관련 소스 코드〉

```
Void  Transform::xQuantDequantNonUniformChroma(  TCoeff*  piQCoeff,  TCoeff*
piCoeff, const QpParameter& rcQp, const UChar* pucScale, UInt& ruiDcAbs, UInt&
ruiAcAbs )
{
Int   iAdd   =( 1 << 3 ) >> rcQp.per();
{
Int   iLevel  = piCoeff[ 0] ;
UInt  uiSign  =((UInt)iLevel)>>31;
```

```
iLevel       =( abs( iLevel ) * g_aaiQuantCoef[ rcQp.rem() ][ 0] );

if( pucScale )
{
iLevel     =( iLevel << 4 ) / pucScale[ 0] ;
}
iLevel       =( iLevel + 2*rcQp.add() ) >>( rcQp.bits() + 1 );

ruiDcAbs   += iLevel
iLevel     =( uiSign ? -iLevel : iLevel );
piQCoeff[ 0]  = iLevel
piCoeff [ 0]  = iLevel
}



UInt uiAcAbs = 0;
for( int n = 1; n < 16; n++ )
{
Int iLevel  = piCoeff[ n] ;
Int iSign   = iLevel

iLevel     =( abs( iLevel ) * g_aaiQuantCoef[ rcQp.rem()][ n] );
if( pucScale )
{
iLevel    =( iLevel << 4 ) / pucScale[ n] ;
}
iLevel =( iLevel + rcQp.add() ) >> rcQp.bits();

if( 0 != iLevel )
{
iSign     >>= 31;
Int iDeScale = g_aaiDequantCoef[ rcQp.rem()][ n] ;
uiAcAbs     += iLevel
iLevel      ^= iSign
iLevel      -= iSign
piQCoeff[ n]   = iLevel
if( pucScale )
{
piCoeff[ n] =(( iLevel*iDeScale*pucScale[ n]  + iAdd ) << rcQp.per() ) >> 4;
}
else
     {
piCoeff[ n]   = iLevel*iDeScale << rcQp.per();
}
}
else
    {
piQCoeff[ n]  = 0;
```

```
piCoeff[ n]  = 0;
}
}

ruiAcAbs += uiAcAbs
return
}
```

3.2.2.5 H.264의 매크로블록 모드 결정 방법

매크로블록을 어떤 모드로 부호화 할지를 결정하는 것은 H.264 부호기의 핵심이다. 기존의 비디오 압축 부호화 표준과는 달리 H.264는 여러 개의 모드 중에서 최적의 모드를 결정하기 위해서 왜곡도와 함께 발생 비트를 고려한다. 이를 위해 라그랑지안 함수에 기반한 비용함수를 사용한다. 각 블록에 대한 움직임 벡터 결정과 매크로블록의 최적모드를 결정하기 위해 사용되는 이 함수는 왜곡도와 발생 비트량을 나타내는 항과 발생 비트 수의 가중치 값인 라그랑지안 계수(Lagrangian multiplier)로 이루어져 있다. P8×8 모드에서 각 8×8 블록에 대한 최적의 하위 매크로블록 모드의 결정, 인트라모드에서 최적의 예측 방향 결정과 매크로블록에 대한 최적모드 결정은 식 (3-35)의 최소값에 의해 결정된다.

$$J_{mode}(s,r,M \mid \lambda_{mode}) = SSD(s,r,M) + \lambda_{mode} \cdot R(s,r,M) \tag{3-35}$$

여기서 λ_{mode}는 λ_{motion}의 제곱 값이다. M은 매크로블록 모드, 예측방향 모드 또는 하위 매크로블록 모드이다. $R(s,r,M)$은 M에 해당하는 모드로 부호화했을 때, 실제로 발생되는 비트 수며, H.264 참조 소프트웨어에서는 이 값을 계산하기 위해 모든 부호화 과정을 수행한다. $SSD(s,r,M)$는 원 영상과 복호된 영상과의 차이에 대한 제곱의 합이고, 다음과 같이 계산된다.

$$SSD(s,r,M) = \sum_{x \in H,\, y \in V}^{H,V} \left(s(x,y) - r(x-m_x, y-m_y) \right)^2 \tag{3-36}$$

P8×8 모드의 하위 모드결정과 인트라모드에서 예측방향 결정의 경우에 식 (3-35)는 휘도 성분만을 고려하여 계산하고, 최종 모드결정을 위한 경우는 휘도와 색차 성분 모두에 대해서 계산을 수행한다.

〈JMVC 4.0에서 인터 모드에 대한 비트율-왜곡 비용함수 계산 관련 소스 코드〉

```
ErrVal
MbEncoder::xSetRdCostInterMb( IntMbTempData&  rcMbTempData,
MbDataAccess*   pcMbDataAccessBase,
RefFrameList&   rcRefFrameList0,
RefFrameList&   rcRefFrameList1,
Bool          bBLSkip,
UInt          uiAdditionalBits,
Bool          bSkipMCPrediction )
{
IntYuvMbBuffer& rcYuvMbBuffer     = rcMbTempData
IntYuvMbBuffer& rcTempYuvMbBuffer = rcMbTempData   .getTempYuvMbBuffer();
MbDataAccess&   rcMbDataAccess     = rcMbTempData  .getMbDataAccess   ();
MbData&        rcMbData          = rcMbDataAccess.getMbData         ();
UInt          uiMbDist          = 0;
UInt          uiMbBits          = 0;
MbMode         eMbMode           = rcMbData.getMbMode();
Bool           b8x8Mode           =( eMbMode == MODE_8x8 || eMbMode == MODE_8x8ref0
);
UInt          uiFwdBwd          = 0;

Bool bResidualCoded = pcMbDataAccessBase &&(
( pcMbDataAccessBase->getMbData().getMbCbp() & 0xF ) ||
pcMbDataAccessBase->getMbData().getResidualPredFlag( PART_16x16 ) );
if( rcMbDataAccess.getSH().getQualityLevel() != 0 &&
rcMbDataAccess.getMbData().getResidualPredFlag( PART_16x16 ) &&
bResidualCoded &&
pcMbDataAccessBase->getMbData().isTransformSize8x8() )
{
// 4x4-trafo not allowed here
   rcMbTempData.rdCost() = DOUBLE_MAX
return Err::m_nOK
}


//===== set forward / backward indication =====
  if( rcMbDataAccess.getSH().isInterB() )
{
for( Int n = 3; n >= 0; n--)
{
```

```
uiFwdBwd <<= 4;
uiFwdBwd +=(0 < rcMbDataAccess.getMbMotionData( LIST_0 ).getRefIdx( Par8x8(n)
)) ? 1:0;
uiFwdBwd +=(0 < rcMbDataAccess.getMbMotionData( LIST_1 ).getRefIdx( Par8x8(n)
)) ? 2:0;
}
}
if( rcMbDataAccess.getSH().isInterP() )
{
for( Int n = 3; n >= 0; n--)
{
uiFwdBwd <<= 4;
uiFwdBwd += (0 < rcMbDataAccess.getMbMotionData( LIST_0 ).getRefIdx( Par8x8(n)
)) ? 1:0;
}
}
rcMbTempData.setFwdBwd( uiFwdBwd );

if( ! bSkipMCPrediction )
{
//===== get prediction and copy to temp buffer =====
   if( b8x8Mode )
{
for( B8x8Idx c8x8Idx c8x8Idx.isLegal(); c8x8Idx++ )
{
RNOK(    m_pcMotionEstimation->compensateSubMb(    c8x8Idx,    rcMbDataAccess,
rcRefFrameList0, rcRefFrameList1,
&rcYuvMbBuffer, false, false ) );
}
}
else
   {
RNOK  ( m_pcMotionEstimation->compensateMb  ( rcMbDataAccess, rcRefFrameList0,
rcRefFrameList1,
&rcYuvMbBuffer, false) );
}
}
rcTempYuvMbBuffer.loadLuma ( rcYuvMbBuffer );
rcTempYuvMbBuffer.loadChroma( rcYuvMbBuffer );

//===== encode residual and get rate for coefficients =====
  UInt  uiCoeffCost = 0;
UInt  uiExtCbp    = 0;
Bool  bSkipMode    =( eMbMode == MODE_SKIP && rcMbDataAccess.getSH().isInterP()
);

if( ! bSkipMode )
{
//--- LUMA ---
```

```
    for( B8x8Idx c8x8Idx c8x8Idx.isLegal(); c8x8Idx++ )
{
xSetCoeffCost( 0 );
UInt  uiBits = 0;
UInt  uiCbp  = 0;

for( S4x4Idx cIdx( c8x8Idx ); cIdx.isLegal( c8x8Idx ); cIdx++ )
{
RNOK( xEncode4x4InterBlock( rcMbTempData, cIdx, uiBits, uiCbp ) );
}
if( uiCbp )
{
if( xGetCoeffCost() <= 4 && rcMbDataAccess.getSH().getQualityLevel() != 0 &&
rcMbDataAccess.getSH().getTemporalLevel() != 0 &&
! pcMbDataAccessBase->getMbData().isIntra() )
{
rcYuvMbBuffer.loadLuma( rcTempYuvMbBuffer, c8x8Idx );
if( rcMbDataAccess.getMbData().getBLSkipFlag() )
{
MbTransformCoeffs cMbTCoeffs
rcMbTempData.clearNewLumaLevels8x8(                          c8x8Idx,
pcMbDataAccessBase->getMbTCoeffs() );
RNOK( xScaleTCoeffs( rcMbDataAccess, cMbTCoeffs ) );
for( S4x4Idx cIdx( c8x8Idx ); cIdx.isLegal( c8x8Idx ); cIdx++ )
{
RNOK(   m_pcTransform->invTransform4x4Blk(   rcYuvMbBuffer.getYBlk(   cIdx   ),
rcYuvMbBuffer.getLStride(), cMbTCoeffs.get( cIdx ) ) );
}
}
else
        {
rcMbTempData.clearLumaLevels8x8( c8x8Idx );
}
}
else if( xGetCoeffCost() <= 4 && rcMbDataAccess.getSH().getQualityLevel() == 0
)
{
rcYuvMbBuffer.loadLuma( rcTempYuvMbBuffer, c8x8Idx );

rcMbTempData.clearLumaLevels8x8( c8x8Idx );
}
else
      {
uiCoeffCost += xGetCoeffCost();
uiExtCbp    += uiCbp
uiMbBits    += uiBits
}
}
}
```

```
if( uiExtCbp && uiCoeffCost <= 5 && rcMbDataAccess.getSH().getQualityLevel()
!= 0 &&
rcMbDataAccess.getSH().getTemporalLevel() != 0 &&
! pcMbDataAccessBase->getMbData().isIntra() )
{
uiExtCbp  = 0;
uiMbBits  = 0;
rcYuvMbBuffer.loadLuma( rcTempYuvMbBuffer );
if( rcMbDataAccess.getMbData().getBLSkipFlag() )
{
MbTransformCoeffs cMbTCoeffs
rcMbTempData.clearNewLumaLevels( pcMbDataAccessBase->getMbTCoeffs() );
RNOK( xScaleTCoeffs( rcMbDataAccess, cMbTCoeffs ) );
for( S4x4Idx cIdx cIdx.isLegal(); cIdx++ )
{
RNOK(   m_pcTransform->invTransform4x4Blk(   rcYuvMbBuffer.getYBlk(   cIdx   ),
rcYuvMbBuffer.getLStride(), cMbTCoeffs.get( cIdx ) ) );
}
}
else
     {
rcMbTempData.clearLumaLevels();
}
}
else if( uiExtCbp && uiCoeffCost <= 5 && rcMbDataAccess.getSH().getQualityLevel() ==
0 )
{
rcYuvMbBuffer.loadLuma( rcTempYuvMbBuffer );
uiExtCbp  = 0;
uiMbBits  = 0;

rcMbTempData.clearLumaLevels();
}
//--- CHROMA ---
   RNOK( xEncodeChromaTexture( rcMbTempData, uiExtCbp, uiMbBits ) );
}
rcMbTempData.cbp() = xCalcMbCbp( uiExtCbp );

//===== get distortion =====
  uiMbDist    +=  m_pcXDistortion->getLum16x16(  rcYuvMbBuffer.getMbLumAddr(),
rcYuvMbBuffer.getLStride() );
uiMbDist    +=  m_pcXDistortion->get8x8Cb       (  rcYuvMbBuffer.getMbCbAddr(),
rcYuvMbBuffer.getCStride() );
uiMbDist    +=  m_pcXDistortion->get8x8Cr       (  rcYuvMbBuffer.getMbCrAddr(),
rcYuvMbBuffer.getCStride() );

if( rcMbDataAccess.getSH().getSliceType() == B_SLICE &&
rcMbDataAccess.getSH().getQualityLevel() == 0 &&
```

```
rcMbDataAccess.getMbData().getMbMode() == MODE_SKIP &&
uiExtCbp == 0 &&
!rcMbDataAccess.getMbData().getResidualPredFlag( PART_16x16 ) )
{
bSkipMode = true
if( rcMbDataAccess.getSH().getBaseLayerId() == MSYS_UINT_MAX )
{
uiMbBits += 1;
}
}

//===== get rate =====
  if( ! bSkipMode )
{
RNOK(   BitCounter::init() );
if( ! bBLSkip )
{
RNOK(   MbCoder::m_pcMbSymbolWriteIf->mbMode    ( rcMbDataAccess/*, false*/ ) );
if( b8x8Mode )
{
RNOK( MbCoder::m_pcMbSymbolWriteIf->blockModes( rcMbDataAccess ) );
}
}

RNOK(    MbCoder::m_pcMbSymbolWriteIf->cbp     ( rcMbDataAccess ) );

if( rcRefFrameList0.getActive() && !bBLSkip )
{
RNOK(   MbCoder::xWriteMotionPredFlags       ( rcMbDataAccess, eMbMode, LIST_0 ) );
RNOK(   MbCoder::xWriteReferenceFrames       ( rcMbDataAccess, eMbMode, LIST_0 ) );
RNOK(   MbCoder::xWriteMotionVectors         ( rcMbDataAccess, eMbMode, LIST_0 ) );
}
uiMbBits  += BitCounter::getNumberOfWrittenBits();
}


//===== set rd-cost =====
  rcMbTempData.rdCost()            =            m_pcRateDistortionIf->getCost(
uiMbBits+uiAdditionalBits, uiMbDist );

return Err::m_nOK
}
```

〈JMVC 4.0에서 인트라 모드에 대한 비트율-왜곡 비용함수 계산 관련 소스 코드〉

```
ErrVal
MbEncoder::xSetRdCostIntraMb( IntMbTempData&  rcMbTempData,
UInt          uiCoeffBits,
Bool          bSlice,
Bool          bBLSkip )
{
IntYuvMbBuffer& rcYuvMbBuffer    = rcMbTempData
MbDataAccess&   rcMbDataAccess   = rcMbTempData.getMbDataAccess();
UInt          uiMbDist        = 0;
UInt          uiMbBits        = 0;

//===== get distortion =====
  uiMbDist    +=  m_pcXDistortion->getLum16x16(  rcYuvMbBuffer.getMbLumAddr(),
rcYuvMbBuffer.getLStride() );
uiMbDist    +=  m_pcXDistortion->get8x8Cb       (  rcYuvMbBuffer.getMbCbAddr(),
rcYuvMbBuffer.getCStride() );
uiMbDist    +=  m_pcXDistortion->get8x8Cr       (  rcYuvMbBuffer.getMbCrAddr(),
rcYuvMbBuffer.getCStride() );

//===== get rate =====
  SliceType eRealSliceType  = rcMbDataAccess.getSH().getSliceType();
if( ! bSlice )
{
rcMbDataAccess.getSH().setSliceType( P_SLICE );
}

RNOK(  BitCounter::init() );

MbMode  eMbMode = rcMbDataAccess.getMbData().getMbMode();
if( eMbMode == INTRA_BL )
{
rcMbDataAccess.getMbData().setMbMode( INTRA_4X4 );
}
if( ! bBLSkip )
{
RNOK( MbCoder::m_pcMbSymbolWriteIf->mbMode   ( rcMbDataAccess/*, false*/ ) );
}

rcMbDataAccess.getMbData().setMbMode( eMbMode );

rcMbDataAccess.getSH().setSliceType( eRealSliceType );

RNOK(  MbCoder::m_pcMbSymbolWriteIf->cbp     ( rcMbDataAccess ) );
uiMbBits  += BitCounter::getNumberOfWrittenBits();
uiMbBits  += uiCoeffBits + 1; // 1 for chroma pred mode
  //===== set rd-cost =====
  rcMbTempData.rdCost() = m_pcRateDistortionIf->getCost( uiMbBits, uiMbDist
```

```
);

return Err::m_nOK
}
```

〈JMVC 4.0에서 최적의 매크로블록 선택을 위한 비트율-왜곡 비교 관련 소스 코드〉

```
ErrVal
MbEncoder::xCheckBestEstimation( IntMbTempData*& rpcMbTempData,
IntMbTempData*& rpcMbBestData )
{
ROFRS( rpcMbTempData->rdCost() < rpcMbBestData->rdCost(), Err::m_nOK );
//----- switch data objects -----
  IntMbTempData*  pcTempData  = rpcMbTempData
rpcMbTempData             = rpcMbBestData
rpcMbBestData             = pcTempData

return Err::m_nOK
}
```

3.2.2.6 문맥 기반 적응적 가변 길이 부호화(CAVLC)

문맥 기반 적응적 가변 길이 부호화(context-adaptive variable length coding, CAVLC)는 화면 내 예측이나 화면 간 예측을 사용하여 발생한 잔여 데이터에 4×4 정수 DCT 변환을 적용한 후, 지그재그(zig-zag) 순서로 주사하여 부호화하는 방법이다. 양자화 변환된 DCT 계수는 4×4 블록 크기의 2차원 배열을 가지는데, 이를 효율적으로 전송하기 위해서 1차원 형태로 나열해야 한다. H.264/AVC 표준에서는 [그림 3-22]과 같은 지그재그 순서로 주사하여 양자화 변환 계수를 재배열한다.

0	1	5	6
2	4	7	12
3	8	11	13
9	10	14	15

[그림 3-22] 지그재그 주사 순서

위에서 설명한 것처럼, 양자화 변환된 2차원의 4×4 DCT 계수를 지그재그 순서로 주사한 후, 문맥 기반 적응적 가변 길이 부호화는 고주파 영역에 집중된 0 계수를 효율적으로 부호화하기 위해 런-레벨(run-level) 부호화를 사용한다. 일반적으로, 지그재그 주사 후 0이 아닌 가장 고주파 계수는 ±1의 작은 값을 갖는데, 이를 효율적으로 부호화하기 위해 고주파에 위치한 연속된 ±1 계수를 'Trailing One'이라 정의하고, 이에 대한 특별한 부호화 과정을 수행한다. 또한, 이웃하는 블록 내에서 0이 아닌 계수의 개수는 서로 상관성이 높다는 점을 이용하여, 이웃하는 블록의 0이 아닌 계수의 수에 따라 현재 블록의 0이 아닌 계수의 개수를 부호화하는데 사용할 부호 표를 결정한다. 각 0이 아닌 계수의 크기를 부호화할 때, 각 계수의 크기(level) 값은 재배열된 스트링의 저주파 영역에서 큰 값을 갖는 경향이 많고, 고주파 영역으로 갈수록 작아지는 경향이 있다. 문맥 기반 적응적 가변 길이 부호화는 레벨 변수를 부호화하기 위해 현재 부호화된 레벨의 크기에 따라 VLC look-up 표를 가변적으로 선택한다.

위에서 설명한 내용을 종합적으로 고려하여, 한 블록에 대한 양자화 변환된 DCT 계수의 문맥 기반 적응적 가변 길이 부호화 과정은 다음과 같다.

(1) 0이 아닌 DCT 계수와 trailing one의 수를 부호화한다.(coeff_token)

(2) 각 trailing one의 부호(sign)를 부호화한다.

(3) 남아있는 0이 아닌 계수의 크기(level)를 부호화한다.

(4) 마지막 0이 아닌 계수 앞에 존재하는 모든 0의 수를 부호화한다.

(5) 각각의 0을 부호화한다.

CAVLC 부호화 과정에서는 우선 현재 부호화하려는 4×4 DCT 블록 내에 존재하는 0이 아닌 계수의 수 TotalCoeffs와 마지막(trailing) ±1의 수 TrailingOnes의 값을 동시에 부호화한다. 4×4 블록의 경우에, TotalCoeffs는 0(4×4 블록 내에 0이 아닌 계수가 존재하지 않음)부터 16(16개의 0이 아닌 계수가 존재함)까지의 값을 가질 수 있고, TrailingOnes는 0부터 3까지의 값을 가질 수 있다. 만약 마지막 ±1의 수가 3보다 많으면, 마지막 3개만 TrailingOnes으로 '특별히' 취급되고, 나머지 ±1은 모두 일반적인 계수로 부호화된다.

4×4 블록에 대한 coeff_token을 부호화하기 위해 3개의 가변 길이 부호화 표와 1개의 고정 길이 부호화 표를 포함하여 총 4개의 look-up 표가 사용된다. 부호화 표의

선택은 이전에 부호화된 위쪽 블록과 왼쪽 블록에서의 0이 아닌 계수의 수에 따라 결정되는데, 이를 각각 NU와 NL로 표시한다. 이때 부호화할 블록에 대한 0이 아닌 계수의 수에 대한 예측을 나타내는 변수 N은 다음과 같은 방법으로 결정된다.

$$N = round((NU + NL)/2) \tag{3-37}$$

만약 위쪽 블록이나 왼쪽 블록 중에서 오직 하나의 블록만 사용할 수 있는 경우에 변수 N은 사용 가능한 블록에서의 0이 아닌 계수의 수로 결정되며, 모두 사용할 수 없을 때에는 N=0으로 결정된다. 변수 N이 정해지면 〈표 3-4〉에 명시된 대로 coeff_token (TotalCoeffs와 TrailingOnes)을 부호화할 가변 길이 부호화 표가 선택된다. 이와 같이 현재 블록을 부호화하는데 사용될 가변 길이 부호화 표의 선택은 주변 블록에서 부호화된 계수의 수에 따라 결정된다.

〈표 3-4〉는 예측된 N 값에 따라 coeff_token(TotalCoeffs와 TrailingOnes)을 효율적으로 부호화할 수 있도록 만들어진 Huffman 테이블을 나타내고 있다. 여기서 Num-VLC0은 0이 아닌 계수가 적은 경우에 사용되며, TotalCoeffs의 작은 값에 짧은 코드를 할당하고, TotalCoeffs의 큰 값에 긴 코드를 할당한다. Num-VLC1은 중간 수의 값(보통 2, 3)에 짧은 코드를 할당하며, Num_VLC2는 0이 아닌 계수가 적은 경우에 사용된다. 또한 FLC는 TotalCoeff와 TrailingOnes 값의 모든 쌍에 6 비트의 고정된 코드를 할당한다.

〈표 3-4〉 coeff_token에 대한 look-up 표 선택

N	coeff_token에 대한 표
0, 1	Num-VLC0
2, 3	Num-VLC1
4, 5, 6, 7	Num-VLC2
8 혹은 이상	Num-VLC3

한 블록 내에 존재하는 0이 아닌 계수의 수는 numcoeff에 저장되고, 0이 아닌 마지막 고주파 계수 앞에 있는 0의 개수는 totzeros에 저장된다. TrailingOnes은 0부터 3까지의 값을 가질 수 있다.

coeff_token에 의해 정해진 수의 trailing one은 가장 고주파 계수부터 역순서로 부호화되며, trailing one의 부호(sign)는 +는 0으로, -는 1로 한 비트를 사용하여 부호화된다.

블록 내에 남아 있는 0이 아닌 계수의 레벨(부호와 크기)은 가장 고주파 계수부터 시작하여 DC 계수 쪽으로 역순으로 부호화된다. 각 레벨 값의 부호화는 다음과 같이 수행된다.

(1) 처음에 사용될 부호 표는 Level_VLC0으로 초기화된다. 만약, 한 블록 내에 0이 아닌 계수의 수가 10 이상이고, trailing ones의 개수가 3보다 작다면, 처음에 사용할 부호 표는 Level_VLC1로 초기화된다.

(2) 0이 아닌 가장 고주파 계수를 부호화한다.

(3) 만약 이 계수의 크기가 미리 정의된 임계값보다 크면, Level_VLC 표의 번호를 증가시킨다.

위 과정에서 레벨 값을 부호화하는데 사용되는 Level_VLC 표는 최근에 부호화된 계수의 크기에 따라 선택된다. <표 3-5>는 Level_VLC 표 번호의 증가를 결정하는 임계값을 보여 준다. 처음에 사용되는 Level_VLC0의 임계값은 0이므로, 첫 계수의 레벨이 부호화되고 난 뒤에는 Level_VLC 표 번호가 항상 증가된다.

<표 3-5> Level_VLC 표 번호의 증가를 결정하는 임계값

Levle_VLC 표	Level_VLC표를 증가시키는 경계 값
Level_VLC0	0
Level_VLC1	3
Level_VLC2	6
Level_VLC3	12
Level_VLC4	24
Level_VLC5	48
Level_VLC6	49 이상의 값

각 레벨 값을 부호화한 다음, 네 번째 과정에서는 TotalZeros를 부호화한다. TotalZeros는 지그재그 패턴으로 재정리된 DCT 계수의 배열에서 0이 아닌 가장 마지

막 고주파 계수를 기준으로 그 앞에 존재하는 모든 0의 수를 의미하며, 별도로 설계된 가변 길이 부호화 표를 이용하여 TotalZeros를 부호화한다. 모든 0의 수를 부호화하기 위해 다른 가변 길이 부호화 표를 사용하는 이유는 대부분의 블록이 저주파 영역에 0이 아닌 계수가 많이 존재하므로, 저주파 영역에서는 연속하는 0을 부호화할 필요가 없기 때문이다.

마지막으로, 각각 0이 아닌 계수의 앞에 존재하는 0의 수(run_before)를 역순으로 부호화한다. run_before 변수는 0이 아닌 계수 위치에서 부호화된다. run_before 부호화는 가장 높은 고주파에서부터 시작된다. 다음은 두 가지 예외를 나타낸다.

1) 만약 더 이상 부호화할 0이 남아 있지 않다면 run_before 값을 부호화할 필요가 없다.
2) 마지막 0이 아닌 계수에 대한 run_before는 부호화할 필요가 없다.

각각의 0의 run에 대한 가변 길이 부호화는 (a) 아직 부호화되지 않은 0의 수(ZerosLeft)와 (b) run_before에 따라 결정된다. 예를 들어, 만약 2개의 부호화할 0이 남아 있다면, run_before는 3개의 값(0, 1, 혹은 2)을 갖는다. 따라서, 가변 길이 부호화는 2 비트 이상 필요하지 않다. 만약 6개의 부호화할 0이 남아 있다면, run_before는 7(0부터 6까지)개의 값을 가질 수 있고 따라서 가변 길이 부호화 표는 이에 대응하기 위해 더 큰 값을 필요로 한다. 위에 언급된 CAVLC의 부호화 과정의 예를 다음에 나타내었다.

0	3	-1	0
0	-1	1	0
1	0	0	0
0	0	0	0

[그림 3-23] 4×4 블록

1) [그림 3-23]에 있는 계수들을 지그재그 스캔하여 1차원 계수 형태로 다음과 같이 정렬한다.

0, 3, 0, 1, -1, -1, 0, 1, 0, . . .

2) 주어진 계수들로부터 TotalCoeff, TotalZeros, TrailingOnes를 다음과 같이 구한다.

TotalCoeff=5(0이 아닌 계수의 개수 3, 1, -1, -1, 1)

TotalZeros=3(0이 아닌 가장 고주파 계수 앞에 존재하는 0의 개수)

TrailingOnes=3(가장 고주파 계수부터 연속된 절대 값이 1인 계수의 개수)

* 단 가장 고주파 계수의 절대 값이 반드시 1이어야 한다.
그렇지 않으면 TrailingOnes=0

3) 2)에서 얻은 정보를 이용하여 다음 순서를 통해 실제 부호화를 수행한다.

a) coefficients와 trailing ones의 수를 부호화한다. (coeff_token)

b) 각각의 trailing one의 부호를 부호화한다.

c) 남아있는 0이 아닌 계수의 levels을 부호화한다.

d) 마지막 계수 앞에 존재하는 모든 0의 수를 부호화한다.

e) 각각의 0을 부호화한다.

Element	Value	Code
coeff_token	TotalCoeffs=5, T1s=3	0000100
T1 sign (4)	+	0
T1 sign (3)	-	1
T1 sign (2)	-	1
Level (1)	+1 (use Level_VLC0)	1
Level (0)	+3 (use Level_VLC1)	0010
TotalZeros	3	111
run_before(4)	ZerosLeft=3; run_before=1	10
run_before(3)	ZerosLeft=2; run_before=0	1
run_before(2)	ZerosLeft=2; run_before=0	1
run_before(1)	ZerosLeft=2; run_before=1	01
run_before(0)	ZerosLeft=1; run_before=1	No code required; last coefficient.

[그림 3-24] 4×4 블록 내 계수 부호화 과정

4) 위의 부호화 과정을 통해 얻은 비트스트림은 '000010001110010111101101'이다. [그림 3-25]에서는 주어진 비트스트림을 이용한 복호 과정을 간단히 나타내었다.

Code	Element	Value	Output array
0000100	coeff_token	TotalCoeffs=5, T1s=3	Empty
0	T1 sign	+	1
1	T1 sign	-	-1, 1
1	T1 sign	-	-1, -1, 1
1	Level	+1	1, -1, -1, 1
0010	Level	+3	3, 1, -1, -1, 1
111	TotalZeros	3	3, 1, -1, -1, 1
10	run_before	1	3, 1, -1, -1, 0, 1
1	run_before	0	3, 1, -1, -1, 0, 1
1	run_before	0	3, 1, -1, -1, 0, 1
01	run_before	1	3, 0, 1, -1, -1, 0, 1

[그림 3-25] 4×4 블록 내 계수 복호화 과정

〈JMVC 4.0에서 CAVLC를 이용한 휘도 블록 부호화 관련 소스 코드〉

```
ErrVal UvlcWriter::residualBlock( MbDataAccess& rcMbDataAccess,
LumaIdx      cIdx,
ResidualMode  eResidualMode )
{
const UChar*  pucScan
const TCoeff* piCoeff = rcMbDataAccess.getMbTCoeffs().get( cIdx );

Int   iLevel
Int   iRun     = 0;
UInt  uiPos     = 0;
UInt  uiMaxPos  = 16;

switch( eResidualMode )
{
case LUMA_I16_DC:
{
pucScan  = g_aucLumaFrameDCScan
uiMaxPos = 16;
break
}
case LUMA_I16_AC:
{
pucScan  = g_aucFrameScan
uiPos=1;
```

```
break
}
case LUMA_SCAN:
{
pucScan  = g_aucFrameScan
break
default:
return Err::m_nERR
}

Int   aiLevelRun[ 32] ;
UInt  uiTrailingOnes = 0;
UInt  uiTotalRun     = 0;
UInt  uiCoeffCnt     = 0;

while( uiPos < uiMaxPos )
{
if(( iLevel = piCoeff[  pucScan [  uiPos++ ] ] ) )
{
if( abs(iLevel) == 1 )
{
m_uiCoeffCost += COEFF_COST[ iRun] ;
uiTrailingOnes++;
}
else
     {
m_uiCoeffCost += MAX_VALUE              // set high cost, shall not be discarded
       uiTrailingOnes = 0;
}
}

aiLevelRun[ uiCoeffCnt]       = iLevel
aiLevelRun[ uiCoeffCnt+0x10]  = iRun
uiTotalRun += iRun
uiCoeffCnt++;
iRun = 0;
}
else
   {
iRun++;
}
}

if( uiTrailingOnes > 3 )
{
uiTrailingOnes = 3;
}
```

```
switch( eResidualMode )
{
case LUMA_I16_DC:
{
ETRACE_T( "Luma:" );
ETRACE_V( cIdx );
ETRACE_N
xPredictNonZeroCnt( rcMbDataAccess, cIdx, uiCoeffCnt, uiTrailingOnes );
xWriteRunLevel( aiLevelRun, uiCoeffCnt, uiTrailingOnes, 16, uiTotalRun );
break
}
case LUMA_I16_AC:
{
ETRACE_T( "Luma:" );
ETRACE_V( cIdx );
ETRACE_N
xPredictNonZeroCnt( rcMbDataAccess, cIdx, uiCoeffCnt, uiTrailingOnes );
xWriteRunLevel( aiLevelRun, uiCoeffCnt, uiTrailingOnes, 15, uiTotalRun );
break
}
case LUMA_SCAN:
{
ETRACE_T( "Luma:" );
ETRACE_V( cIdx );
ETRACE_N
xPredictNonZeroCnt( rcMbDataAccess, cIdx, uiCoeffCnt, uiTrailingOnes );
xWriteRunLevel( aiLevelRun, uiCoeffCnt, uiTrailingOnes, 16, uiTotalRun );
break
}
default:
{
AF();
}
}

return Err::m_nOK
}
```

〈JMVC 4.0에서 CAVLC를 이용한 색차 블록 부호화 관련 소스 코드〉

```
ErrVal UvlcWriter::residualBlock( MbDataAccess& rcMbDataAccess,
ChromaIdx     cIdx,
ResidualMode  eResidualMode )
{
const TCoeff* piCoeff = rcMbDataAccess.getMbTCoeffs().get( cIdx );
const UChar*  pucScan
```

```
Int          iRun = 0, iLevel
UInt         uiPos, uiMaxPos

switch( eResidualMode )
{
case CHROMA_DC:
{
pucScan = g_aucIndexChromaDCScan
uiPos=0;  uiMaxPos= 4;
break
}
case CHROMA_AC:
{
pucScan = g_aucFrameScan
uiPos=1;  uiMaxPos=16;
break
}
default:
return Err::m_nERR
}

Int aiLevelRun[ 32] ;
UInt uiTrailingOnes = 0;
UInt uiTotalRun     = 0;
UInt uiCoeffCnt     = 0;

while( uiPos < uiMaxPos )
{
if(( iLevel = piCoeff[  pucScan [  uiPos++ ] ] ) )
{
if( abs(iLevel) == 1 )
{
m_uiCoeffCost += COEFF_COST[ iRun] ;
uiTrailingOnes++;
}
else
     {
m_uiCoeffCost += MAX_VALUE                  // set high cost, shall not be discarded
       uiTrailingOnes = 0;
}

aiLevelRun[ uiCoeffCnt]       = iLevel
aiLevelRun[ uiCoeffCnt+0x10]  = iRun
uiTotalRun += iRun
uiCoeffCnt++;
iRun = 0;
}
```

```
else
   {
iRun++;
}
}

if( uiTrailingOnes > 3 )
{
uiTrailingOnes = 3;
}
switch( eResidualMode )
{
case CHROMA_AC:
{
ETRACE_T( "CHROMA_AC:" );
ETRACE_V( cIdx );
ETRACE_N
xPredictNonZeroCnt( rcMbDataAccess, cIdx, uiCoeffCnt, uiTrailingOnes );
xWriteRunLevel( aiLevelRun, uiCoeffCnt, uiTrailingOnes, 15, uiTotalRun );
break
}
case CHROMA_DC:
{
ETRACE_T( "CHROMA_DC:" );
ETRACE_V( cIdx );
ETRACE_N
xWriteTrailingOnes4( uiCoeffCnt, uiTrailingOnes );
xWriteRunLevel( aiLevelRun, uiCoeffCnt, uiTrailingOnes, 4, uiTotalRun );
break
}
default:
{
AF();
}
}

return Err::m_nOK
}
```

2.2.3 메인 프로파일

메인 프로파일은 베이스 프로파일에서 다중 슬라이스 그룹, ASO, 중복 슬라이스를 제외한 모든 도구들을 포함하며 B 슬라이스, 가중치 예측, 인터레이스(interlace) 영상, 그리고 CABAC(Context Adaptive Binary Arithmetic Coding)을 추가로 지원한다. 메인 프로파일은 디지털 TV, 저장용 디지털 영상과 같은 방송 미디어 등의 응용에 적합하다.

3.2.3.1 B 슬라이스

B 슬라이스 내의 인터 부호화된 매크로블록은 두 개까지의 참조 영상을 예측에 사용할 수 있다. 참조 영상의 위치는 이전 화면에서 두 개, 이후 화면에서 두 개, 혹은 이전과 이후에서 하나씩이 가능하다.

▶ B 슬라이스의 참조 영상

B 슬라이스는 리스트 0과 리스트 1, 두 개의 리스트를 사용하여 이전에 부호화된 참조 영상들을 관리한다. 리스트 0에는 가장 최근의 과거 화면으로부터 그 이전의 화면 순으로 인덱스가 주어지고 그 다음으로 가장 가까운 미래 화면으로부터 그 이후의 화면이 지정된다. 리스트 1은 리스트 0과 반대로, 가장 가까운 미래 화면으로부터 그 이후의 화면 순으로 인덱스가 주어지고 그 다음에 가장 최근의 과거 화면과 그 이전 화면들이 지정된다.

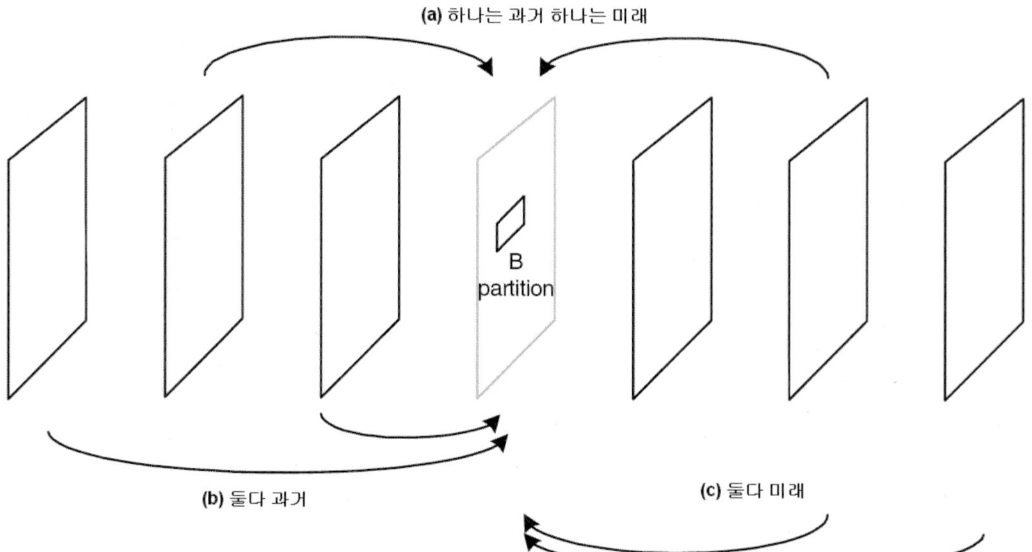

[그림 3-26] B 슬라이스의 참조 영상 방향

▶ **양방향 예측**

양방향 예측 모드에서는, 리스트 0와 리스트 1로부터의 블록들을 가지고 참조 블록을 생성하여 현재 블록의 예측에 사용한다. 참조 블록의 각 화소값은, 가중치 예측 방식이 사용될 때를 제외하고 다음 식에 의해 계산된다.

$$pred(i,j) = (pred0(i,j) + pred1(i,j) + 1) >> 1 \tag{3-38}$$

$pred(i,j)$, $pred0(i,j)$, $pred1(i,j)$는 각각 새로 생성된 참조 블록, 리스트 0의 참조 블록, 리스트 1의 참조 블록의 각 화소값을 의미한다.

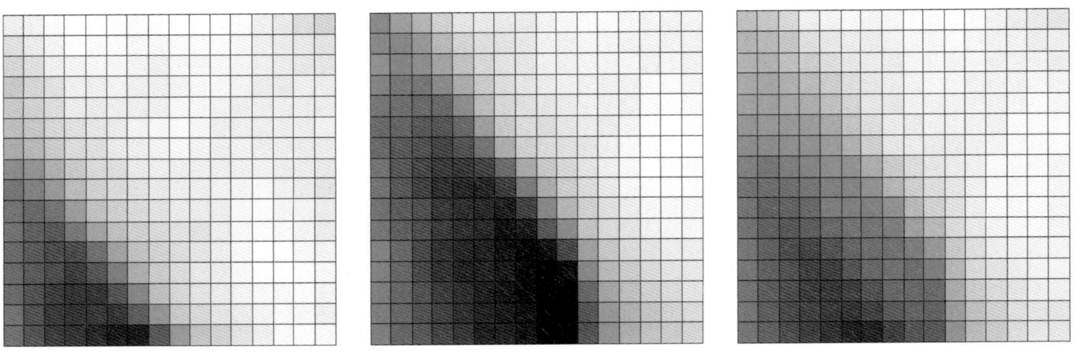

(a) List 0 (b) List 1 (c) bi-predicted

[그림 3-27] 양방향 예측의 예

▶ **가중치 예측**

가중치 예측에는 다음 세 가지 방식이 있다. P 슬라이스 가중치 예측의 경우 참조 블록에 가중치 w_0이 곱해진 후 움직임 보상에 사용된다. B 슬라이스 가중치 예측의 경우 리스트 0의 블록에는 w_0, 리스트 1의 블록에는 w_1이 곱해진 후 참조 블록이 만들어진다.

〈표 3-6〉 가중치 예측 방식

P 슬라이스 매크로블록	가중치 명시 예측
B 슬라이스 매크로블록	가중치 명시 예측
B 슬라이스 매크로블록	가중치 내포 예측

가중치 명시 예측의 경우, 부호화 과정에서 정해진 가중치들이 슬라이스 헤더를 통해 복호기 측으로 전달된다. 가중치 내포 예측의 경우, w_0과 w_1은 리스트 0 블록과 리스트 1 블록의 현재 블록으로부터의 거리에 따라 계산된다. 따라서 시간축에서 현재 블록에 가까울수록 가중치는 커지고 멀수록 가중치는 작아진다. 가중치 예측 방식은 영상이 검게 페이드아웃 되거나, 두 장면이 겹치면서 전환되는 부분 등에서 압축 효율을 증대시킨다.

〈JMVC 4.0에서 양방향 예측 및 가중치 예측 관련 소스 코드〉

```
if( pcBSP ) // bi prediction
 {
ROF( pcBSP->pcAltRefPelData    );
ROF( pcBSP->pcAltRefFrame      );
ROF( pcBSP->apcWeight[ LIST_0]  );
ROF( pcBSP->apcWeight[ LIST_1]  );

pcWeightedYuvBuffer             = &cWeightedYuvBuffer
pcWeightedYuvBuffer   ->set4x4Block( cIdx );
pcBSP->pcAltRefPelData->set4x4Block( cIdx );

if( rcMbDataAccess.getSH().getPPS().getWeightedBiPredIdc() == 2 ) // implicit
weighting
   {
//----- get implicit weights -----
    PW           acIPW[ 2] ;
const  IntFrame*  pcFrameL0  =( pcBSP->uiL1Search ? pcBSP->pcAltRefFrame :
&rcRefFrame         );
const  IntFrame*  pcFrameL1  =( pcBSP->uiL1Search ? &rcRefFrame          :
pcBSP->pcAltRefFrame );
Int                 iScale      = rcMbDataAccess.getSH().getDistScaleFactorWP(
pcFrameL0, pcFrameL1 );

//----- weighting -----
    if( iScale == 128 ) // same distance -> use normal function for same result
 {
m_pcSampleWeighting->inverseLumaSamples       ( pcWeightedYuvBuffer,
m_pcXDistortion->getYuvMbBuffer(),
pcBSP->pcAltRefPelData,
iYSize, iXSize );
fWeight           = 0.5;
}
else
    {
```

```
acIPW[ 1] .scaleL1Weight( iScale   );
acIPW[ 0] .scaleL0Weight( acIPW[ 1] );
m_pcSampleWeighting->weightInverseLumaSamples  ( pcWeightedYuvBuffer,
m_pcXDistortion->getYuvMbBuffer(),
pcBSP->pcAltRefPelData,
&acIPW[ pcBSP->uiL1Search] ,
&acIPW[ 1-pcBSP->uiL1Search] ,
fWeight, iYSize, iXSize );
}
}
else if( pcBSP->apcWeight[ LIST_0] ->getLumaWeightFlag() ||
pcBSP->apcWeight[ LIST_1] ->getLumaWeightFlag()   )
{
//----- explicit weighting -----
     m_pcSampleWeighting->weightInverseLumaSamples   ( pcWeightedYuvBuffer,
m_pcXDistortion->getYuvMbBuffer(),
pcBSP->pcAltRefPelData,
pcBSP->apcWeight[ pcBSP->uiL1Search] ,
pcBSP->apcWeight[ 1-pcBSP->uiL1Search] ,
fWeight, iYSize, iXSize );
}
else
   {
//----- standard weighting -----
     m_pcSampleWeighting->inverseLumaSamples   ( pcWeightedYuvBuffer,
m_pcXDistortion->getYuvMbBuffer(),
pcBSP->pcAltRefPelData,
iYSize, iXSize );
fWeight   = 0.5;
}
}
```

▶ 다이렉트 예측

다이렉트 예측 모드에서는 움직임벡터가 전송되지 않는다. 대신 이전에 부호화된 움직임 벡터를 사용하여 리스트 0 벡터와 리스트 1 벡터를 계산한다. 다이렉트 예측 모드에는 공간 다이렉트 모드와 시간 다이렉트 모드 두 가지가 있다. 공간 다이렉트 모드에서는 앞 절에서 설명한 것과 같이 리스트 0 벡터와 리스트 1 벡터를 계산한다. 그 후, 리스트 1의 첫 참조 블록의 움직임 벡터가 ±1/2 휘도 화소보다 작다면 예측된 벡터들을 0으로 리셋하고 그렇지 않으면 계산된 벡터를 그대로 사용하여 양방향 움직임 보상을 수행한다. 시간 다이렉트 모드 과정은 다음과 같다.

1. 현재 블록의 리스트 1 화면에서 같은 위치에 있는 블록의 리스트 0 화면을 찾는다. 이것이 현재 블록의 리스트 0 화면이 된다.
2. 리스트 1 화면에서 같은 위치에 있는 블록의 리스트 0 움직임 벡터를 찾는다.
3. 2에서 찾은 움직임 벡터를 현재 화면과 리스트 1 화면 간의 거리에 맞춰 스케일링한 후 이를 새로운 리스트 1 움직임 벡터로 삼는다.
4. 2에서 찾은 움직임 벡터를 현재 화면과 리스트 0 화면 간의 거리에 맞춰 스케일링한 후 이를 새로운 리스트 0 움직임 벡터로 삼는다.

〈JMVC 4.0에서 다이렉트 모드 관련 소스 코드〉

```
ErrVal
MbEncoder::xEstimateMbDirect( IntMbTempData*&  rpcMbTempData,
IntMbTempData*&  rpcMbBestData,
RefFrameList&    rcRefFrameList0,
RefFrameList&    rcRefFrameList1,
MbDataAccess*    pcMbDataAccessBaseMotion,
Bool             bResidualPred )
{
ROFRS( rcRefFrameList0.getActive() && rcRefFrameList1.getActive(), Err::m_nOK );

Int iRefIdxL0 = 1;
Int iRefIdxL1 = 1;
Mv  cMvPredL0
Mv  cMvPredL1

rpcMbTempData->getMbDataAccess     ().getMvPredictor   ( cMvPredL0, iRefIdxL0,
LIST_0 );
rpcMbTempData->getMbDataAccess     ().getMvPredictor   ( cMvPredL1, iRefIdxL1,
LIST_1 );
rpcMbTempData->clear             ();
rpcMbTempData->setMbMode          ( MODE_SKIP );
rpcMbTempData->setBLSkipFlag      ( false );
rpcMbTempData->getMbMotionData    ( LIST_0 ).setRefIdx     ( iRefIdxL0 );
rpcMbTempData->getMbMotionData    ( LIST_0 ).setAllMv      ( cMvPredL0 );
rpcMbTempData->getMbMvdData      ( LIST_0 ).setAllMv      ( Mv::ZeroMv() );
rpcMbTempData->getMbMotionData    ( LIST_0 ).setMotPredFlag( false );
rpcMbTempData->getMbMotionData    ( LIST_1 ).setRefIdx     ( iRefIdxL1 );
rpcMbTempData->getMbMotionData    ( LIST_1 ).setAllMv      ( cMvPredL1 );
rpcMbTempData->getMbMvdData      ( LIST_1 ).setAllMv      ( Mv::ZeroMv() );
rpcMbTempData->getMbMotionData    ( LIST_1 ).setMotPredFlag( false );
rpcMbTempData->setResidualPredFlag( bResidualPred );

if( rpcMbTempData->getSH().isH264AVCCompatible() )
{
```

```
//===== H.264/AVC compatible direct mode =====
Bool          bOneMv          = false
Bool          bFaultTolerant  = false
MbDataAccess&   rcMbDataAccess   = rpcMbTempData->getMbDataAccess();
B8x8Idx       c8x8Idx
ROFRS(     rcMbDataAccess.getMvPredictorDirect(     c8x8Idx.b8x8(),     bOneMv,
bFaultTolerant ), Err::m_nOK ); c8x8Idx++;
ROFRS(     rcMbDataAccess.getMvPredictorDirect(     c8x8Idx.b8x8(),     bOneMv,
bFaultTolerant ), Err::m_nOK ); c8x8Idx++;
ROFRS(     rcMbDataAccess.getMvPredictorDirect(     c8x8Idx.b8x8(),     bOneMv,
bFaultTolerant ), Err::m_nOK ); c8x8Idx++;
ROFRS(     rcMbDataAccess.getMvPredictorDirect(     c8x8Idx.b8x8(),     bOneMv,
bFaultTolerant ), Err::m_nOK );
}
IntMbTempData* pcMbRefData = rpcMbTempData


RNOK(   xSetRdCostInterMb      (   *rpcMbTempData,   pcMbDataAccessBaseMotion,
rcRefFrameList0, rcRefFrameList1, false ) );


//JVT-R057 LA-RDO{
  if(m_bLARDOEnable)
{
  MbDataAccess&   rcMbDataAccess  = rpcMbTempData->getMbDataAccess();
  Int distortion1=0,distortion2=0,distortion=0;
  for( Int n = 0; n <1; n++)
  {
  Int iRefIdx[ 2] ;
iRefIdx [ 0] =rpcMbTempData->getMbMotionData(LIST_0).getRefIdx(B4x4Idx(n));
iRefIdx [ 1] =rpcMbTempData->getMbMotionData(LIST_1).getRefIdx(B4x4Idx(n));
IntFrame* pcRefFrame0 =( iRefIdx [ 0] > 0 ? rcRefFrameList0[ iRefIdx [ 0] ]  : NULL
);
IntFrame* pcRefFrame1 =( iRefIdx [ 1] > 0 ? rcRefFrameList1[ iRefIdx [ 1] ]  : NULL
);
Int iMvX
Int iMvY
if(pcRefFrame0)
 {
  iMvX=rpcMbTempData->getMbMotionData(LIST_0).getMv(B4x4Idx(n)).getHor();
  iMvY=rpcMbTempData->getMbMotionData(LIST_0).getMv(B4x4Idx(n)).getVer();
getChannelDistortion(rcMbDataAccess,*pcRefFrame0,&distortion1,iMvX,iMvY,0,0,4
,4);
 }
if(pcRefFrame1)
{       iMvX=rpcMbTempData->getMbMotionData(LIST_1).getMv(B4x4Idx(n)).getHor();
  iMvY=rpcMbTempData->getMbMotionData(LIST_1).getMv(B4x4Idx(n)).getVer();
getChannelDistortion(rcMbDataAccess,*pcRefFrame1,&distortion2,iMvX,iMvY,0,0,4
,4);
  if(pcRefFrame0)
  distortion1=(Int)(m_dWr0*distortion1+m_dWr0*distortion2);
  else
  distortion1=distortion2
```

```
  }
  distortion+=distortion1
  }
  setEpRef(distortion);
  rpcMbTempData->rdCost()+=distortion
}
//JVT-R057 LA-RDO}
//JVT-W080 BUG_FIX

RNOK(    xCheckSkipSearch(    rcRefFrameList0,    iRefIdxL0,    rpcMbTempData,
cMvPredL0.getHor(), cMvPredL0.getVer(),(UInt) LIST_0 ) );
RNOK(    xCheckSkipSearch(    rcRefFrameList1,    iRefIdxL1,    rpcMbTempData,
cMvPredL1.getHor(), cMvPredL1.getVer(),(UInt) LIST_1 ) );
//~JVT-W080 BUG_FIX
  RNOK( xCheckBestEstimation( rpcMbTempData, rpcMbBestData ) );

RNOK(   xCheckInterMbMode8x8(    rpcMbTempData,   rpcMbBestData,   pcMbRefData,
rcRefFrameList0, rcRefFrameList1, pcMbDataAccessBaseMotion ) );

return Err::m_nOK
}
```

3.2.3.2 인터레이스 영상

매크로블록 적응적 화면/필드 모드에서는, 매크로블록 단위로 필드 혹은 화면 코딩 여부가 선택된다. 이 모드에서는 16×32 크기의 매크로블록 쌍([그림 3-28] 참조) 단위로 부호화가 진행된다.

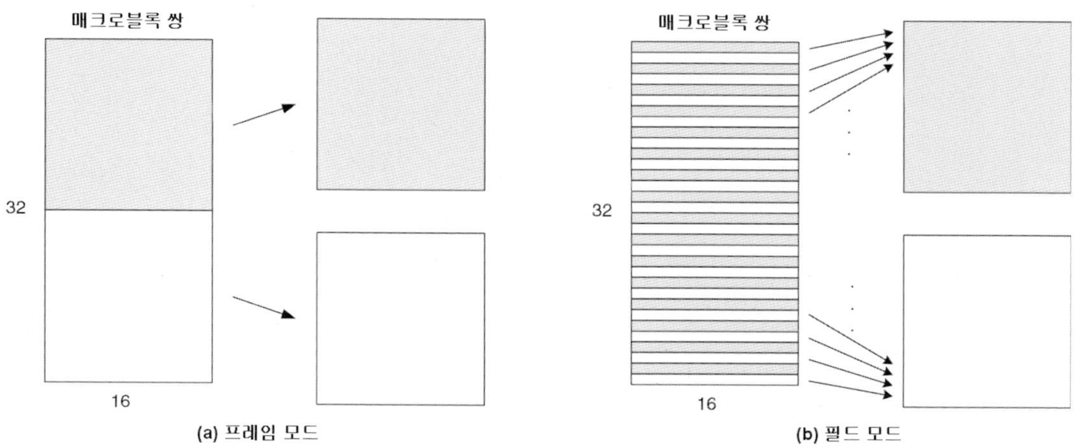

[그림 3-28] 매크로블록 적응적 화면/필드 부호화

필드 모드에서는 필드 모드의 지그재그 스캔 대신 [그림 3-29]의 스캔 순서가 적용된다.

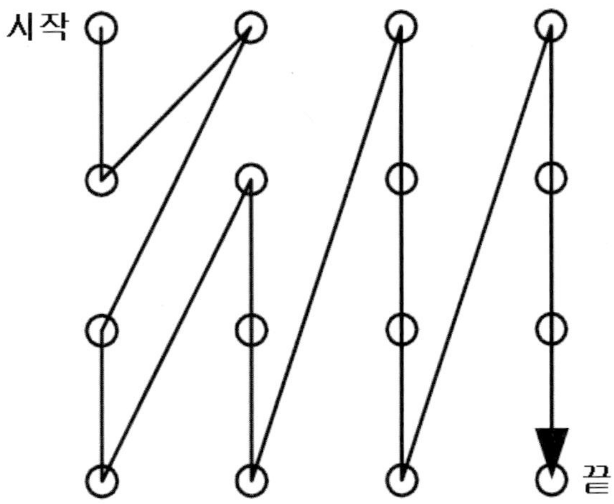

[그림 3-29] 필드 모드에서의 계수 재배열 순서

3.2.3.3 문맥 기반 적응적 이진 산술 부호화(CABAC)

CABAC은 잔여 신호만을 부호화하는 CAVLC와는 달리 구문 요소(syntax element)라 불리는 매크로블록 헤더와 관련된 정보도 부호화를 수행한다. CABAC은 문맥기반 모델링을 통한 적응적 이진 산술 부호화를 수행하여, 각각 문맥 요소에 대한 확률 모델을 선택하여 부호화 효율을 높인다. CABAC은 다음의 4단계로 구성되어 있다.

1) 이진화 (Binarization)
2) 문맥 모델링 (Context Modeling)
3) 이진 산술 부호화 (Binary Arithmetic Coding)
4) 확률 업데이트 (Probability Update)

▶ 이진화(Binarization)

문맥 기반 적응적 이진 산술 부호화는 이진 값을 부호화도록 설계되었다. 따라서, 비이진 값의 심볼은 산술 부호화에 앞서 이진 코드로 변환되어야 한다. 이러한 과정을 이진화 과정이라 부르며, 이진화 과정은 데이터 심볼을 가변 길이 부호화로 변환하는 과정과 유사하다. CABAC에서는 입력되는 비이진 심볼의 확률적 분포에 따라서 크게 4

종류의 이진화 과정을 사용한다. 단항 부호 (Unary code), 절삭형 단항 부호 (Truncated unary code), k차 Exp-Golomb 부호 (k-th order Exp-Golomb code), 그리고 고정 길이 부호(fixed-length code)이다. 이진화 방법은 이런 기본적인 종류를 기반으로 하고 있다.

단항 부호를 통한 이진화 과정에서는 각각의 양의 정수 값(x)을 갖는 입력 심볼에 대해 단항 부호어는 x개의 연속된 '1'과 마지막 '0'으로 구성되어 있다. 절삭형 단항 부호는 단지 0 〈 x 〈 S의 범위에 대해서만 정의되어 있다. 여기서, X 〈 S에 대해, 부호는 단항 부호에 의해 값이 정의된다. 반면, X = S에 대해 마지막 "0" 비트는 삭제된다. 즉, X = S의 절삭형 단항 부호는 단지 "1" 비트의 구성으로만 이루어진 부호가 된다. Exp-Golomb 부호는 접두사와 접미사 부호어의 연결로 구성되어 있다. Exp-Golomb 부호어의 접두사 부분은 $l(x)=\lfloor \log_2(x/2^k+1) \rfloor$값에 대응하는 단항 부호로 구성되어 있다. 또한, Exp-Golomb 부호의 접미사 부분은 k+l(x)의 유효 비트들을 사용해서 얻은 x+2k(1-2l(x))의 이진 값으로 나타난다. 고정 길이 이진화의 응용에서는 대응하는 구문 요소의 값이 유한하고 주어진 구문 요소의 값 x가 0≤x 〈 S의 범위를 갖는다고 가정한다. 그러면, x의 고정 길이 부호어는 고정된(최소의) $l_{FL}=\lceil \log_2 S \rceil$의 비트 수를 갖는 이진 값으로 간단히 나타내어진다. 일반적으로, 고정 길이 이진화는 거의 동일한 분포를 갖는 구문 요소에 사용된다.

위에 이미 언급한 이진화 과정과 별도로 매크로블록 타입과 서브 매크로블록 타입의 부호화를 위해서는 비구조적 이진 트리가 사용된다. 이진화부의 역할을 정리하면, 각 이진수 표현이 아닌 구문 요소를 이진수(bins)로 변환하고, 변환된 각 이진수의 문맥을 계산하여 다음 단계로 전달하는 것이다.

▶ 문맥 모델링

산술 부호화의 가장 중요한 특징 중의 하나는 모델링(modeling)과 부호화(coding) 사이의 명확한 인터페이스(interface) 사용이 가능하다는 것이다. 따라서 확률 분포 모델은 주어진 심볼에 할당되고, 실제 부호화 엔진(coding engine)은 모델 분포에 기반을 두어 심볼의 부호화를 나타내는 비트의 열을 만든다.

문맥 기반 적응적 이진 산술 부호화에서 사용하는 문맥 모델의 타입(type)은 기본적으로 4가지이다. 첫 번째 타입은 부호화를 하기 위해 현재 심볼의 이웃하는 문맥 템플

릿(context templates)을 사용하는 방법이다. 예를 들어, 현재 구문 요소 C을 결정하기 위해 현재 블록의 이웃하는 두 블록(왼쪽 블록과 위쪽 블록)의 구문 요소 A와 B로 구성된 문맥 템플릿을 사용한다.

문맥 모델의 두 번째 타입은 mb_type와 sub_mb_type의 구문 요소들에 대한 정의이다. 이와 같은 타입의 문맥 모델을 위해, 이전에 부호화된 이진수(b_0, b_1, b_2, ⋯, b_{i-1}) 의 값은 인덱스 i를 갖는 주어진 빈에 대한 문맥 모델을 선택하는데 사용된다. 문맥 기반 적응적 이진 산술 부호화에서 이와 같은 문맥 모델은 단지 대응하는 이진트리(binary trees)의 다른 내부 노드(internal nodes)에 대한 다른 모델을 선택하는데 사용된다.

〈표 3-7〉 구문 요소와 문맥 인덱스의 관련된 범위

구문 요소	슬라이스 타입(Slice type)		
mb_type	SI/I	P/SP	B
mb_skip_flag	0/3-10	14-20	27-35
sub_mb_type		11-13	24-26
mvd(horizontal)		21-23	
mvd(vertical)		40-46	
ref_idx		47-53	
mb_qp_dalta	60-63	54-59	54-59
intra_chroma_pred_mode	64-67	60-63	60-63
pre_intra4x4_pred_mode_flag	64-67	64-67	64-67
rem_intra4x4_pred_mode	68	68	68
mb_field_decoding_flag	69	69	69
mb_field_decoding_flag	70-72	70-72	70-72
coded_block_pattern	73-84	73-84	73-84
coded_block_flag	85-104	85-104	85-104
significant_coeff_flag	105-106, 277-337	105-106, 277-337	105-106, 277-337
last_significnat_coeff_falg	166-226, 338-398	166-226, 338-398	166-226, 338-398
coeff_abs_level_minus1	227-275	227-275	227-275
end_of_slice_flag	276	276	276

문맥 모델의 세 번째 타입과 네 번째 타입은 모두 잔여 데이터를 부호화하는데 적용된다. 세 번째 타입은 과거에 부호화된 데이터에 의존하지 않고, 스캔 경로(scanning path)의 위치에 의존한다. 네 번째 타입에서, 모델링 함수는 현재 부호화할 레벨 이진수(level bin) 이전에 부호화된 레벨의 누적된 수를 조사한다. 〈표 3-7〉은 문맥 기반 적응적 이진 산술 부호화에서 각 구문 요소와 이를 부호화하기위해 사용되는 관련된 문맥 인덱스(γ)를 나타낸다.

〈표 3-7〉에서 0부터 72사이 범위의 문맥 인덱스들은 매크로블록 타입, 서브 매크로블록 타입, 그리고 공간과 시간 타입의 예측 모드뿐 아니라 슬라이스 기반, 매크로블록 기반 조절 정보의 구문 요소와 관계가 있다. 이와 같은 타입의 구문 요소들에 대해, 대응하는 문맥 인덱스(γ)는 다음과 같은 방법을 통해 계산된다.

$$\gamma = \Gamma s + \chi s \tag{3-39}$$

여기서 Γs는 문맥 인덱스 오프셋(context index offset)을 의미하며 주어진 구문 요소에 대한 해당 인덱스의 초기 값을 나타낸다. 예를 들면, mvd(vertical) 라는 차분 움직임 벡터를 나타내는 구문 요소에 속한 문맥 인덱스 범위는 40-46임을 〈표 3-7〉에서 알 수 있다. 이때, 차분 움직임 벡터에 대한 문맥 인덱스 오프셋(Γs)은 주어진 문맥 인덱스 범위의 최소값인 40을 나타낸다. 또한 변수(variable) χs는 문맥 인덱스 증가(context index increment)를 나타내며, 주어진 구문의 오프셋 값으로부터 어떠한 문맥 모델을 사용할 것인가에 대한 추가 값을 나타낸다. 각 구문 요소마다 구문 오프셋 값을 결정하는 방법이 다르게 설정이 되어 있다. 다음은 움직임 차분 벡터에 대한 구문 오프셋 값을 결정하는 예이다. mvd(X,cmp)는 매크로블록 혹은 서브 매크로블록 X에 관련된 방향 cmp∈{수평, 수직}의 움직임 벡터 차이 성분의 값을 나타낸다. 주어진 매크로블록 혹은 서브 매크로블록 부분 C와 성분(cmp)에 대해 관련된 문맥 인덱스 증가 값 $\chi_{\text{Mvd}}(C,cmp)$은 다음의 방법을 통해 결정된다.

$$\chi_{\text{Mvd}}(C,cmp) = \begin{cases} 0, & if \quad e(A,B,cmp) < 3 \\ 1, & if \quad 3 \le e(A,B,cmp) \le 32 \\ 2, & if \quad e(A,B,cmp) > 32 \end{cases} \tag{3-40}$$

여기서 e(A,B,cmp) = |mvd(A,cmp)| + |mvd(B,cmp)|이고, A와 B는 현재 매크로블록 혹은 서브 매크로블록 C에 대응하는 왼쪽과 위쪽 매크로블록 혹은 서브 매크로블록을 나타낸다. 위의 식에서 χ_{Mvd}(C,cmp)는 mvd(C,cmp)의 이진화된 값의 첫 번째 이진수의 값을 부호화하기 위한 확률 모델의 선택을 위해 적용된다. 그리고 네 개의 부가적인 문맥 모델은 두 번째, 세 번째, 네 번째, 그리고 다섯 번째부터 아홉 번째 이진수와 관련된 값을 부호화하기 위해 사용된다. 지금까지는 움직임 차분 벡터에 관한 문맥 인덱스 증가 값을 결정하는 예를 보였다. 〈표 3-7〉에 언급된 다른 구문 요소도 각자의 문맥 인덱스 증가 값을 결정하는 방법이 정해져 있다.

▶ 잔여 데이터의 부호화 과정

다음은 각각의 양자화 변환 계수를 부호화하는 순서를 나타내는 블록 다이어그램이다.

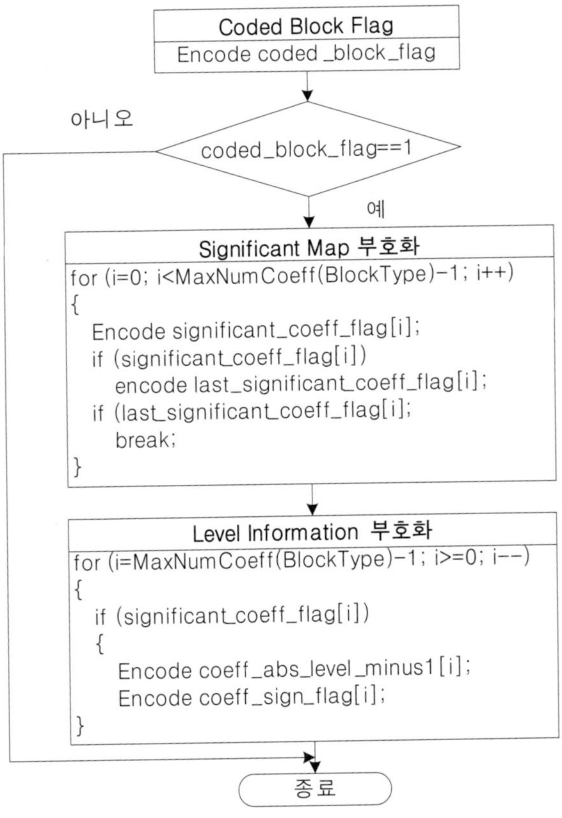

[그림 3-30] 변환 계수의 블록에 대한 문맥 기반 적응적 이진 산술 부호화 과정 흐름도

〈표 3-7〉에서 문맥 인덱스 73부터 398 사이 범위에 있는 구문 요소는 잔여 데이터 부호화와 관계가 있다. 잔여 데이터의 모든 다른 구문 요소에 대한 문맥 인덱스 γ는 다음과 같이 계산된다.

$$\gamma = \Gamma s + \Delta s(ctx\_cat) + \chi s \tag{3-41}$$

문맥 인덱스 오프셋 Γs와 함께 오프셋 Δs에 의존적인 문맥 카테고리(ctx_cat)도 이용된다.

부호화 블록 패턴은 현재 블록이 0이 아닌 계수를 가지고 있다는 것을 나타내는 일종의 플래그 정보이다. 만약부호화 블록 패턴이 0이면, 주어진 블록에 대해 더 이상 전송될 정보는 없다는 것을 의미한다. 다음으로 significant 계수의 위치를 나타내는 significance map이 부호화되어야 한다. 마지막으로, 각각의 significant 변환 계수에 대한 절대값뿐만 아니라 부호 정보도 부호화되어야 한다. 이러한 값은 역으로 스캔된 순서에 따라 전송된다.

coded_block_flag의 부호화는 네 개의 다른 확률 모델을 이용한다. 주어진 블록 C의 문맥 인덱스 증가 값 χ_{CBFlag}는 다음과 같은 방법으로 결정된다.

$$\chi_{CBFlag} = coded\_block\_flag(A) + 2 \cdot coded\_block\_flag(B) \tag{3-42}$$

여기서 A와 B는 주어진 블록 C의 왼쪽 블록과 위쪽 블록의 같은 타입의 대응하는 블록을 의미한다. sgnificance map을 부호화하기 위해, 4×4 블록의 경우 15개의 다른 확률 모델이 signifnicant_coeff_flag와 last_significnat_coeff_flag를 위해 사용된다. 모델 선택과 대응하는 문맥 인덱스 증가 χ_{SIG}와 χ_{LAST}는 스캔 위치에 따라 결정된다. 계수 coeff[i]에 대해, i는 스캔 위치를 나타낸다. 다음은 문맥 인덱스 증가 값을 결정하는 방법을 나타낸다.

$$\chi_{SIG}(coeff[i]) = \chi_{LAST}(coeff[i]) \tag{3-43}$$

Scanning position	0	1	2	3	4	5	6	7	8	9	10	11	12	13	14	15
Coefficients	18	-2	0	0	0	-5	1	-1	0	0	0	0	1	0	0	1
SIG	1	1	0	0	0	1	1	1	0	0	0	0	1	0	0	-1
LAST	0	0				0	0	0					0			-1

[그림 3-31] Significance Map 부호화

NumT1(i)는 이미 부호화된 trailing ones의 누적된 수를 의미한다. 그리고 NumLgt1(i)는 1보다 큰 절대값을 갖는 부호화/복호화 level의 누적된 수를 의미한다. coeff_abs_ level_minus1의 첫 번째 빈에 대한 문맥 모델은 현재 값 NumT1에 의해 결정된다. 스캔 위치 i에서 문맥 인덱스 증가 값 $\chi_{AbsCoeff}$(I, bin_index = 0)은 다음과 같이 결정된다.

$$\chi_{AbsCoeff}(I,\ \ bin\_index = 0) = \begin{cases} 4, & if\ \ NumLgt1(i) > 0 \\ \min(3,\ \ NumT1(i)), & otherwise \end{cases} \qquad (3\text{-}44)$$

1≤bin_index≤13를 갖는 빈을 부호화하기 위해, 문맥 인덱스 증가 값 $\chi_{AbsCoeff}$(I, bin_index)는 4의 최대 문맥 인덱스 증가 값을 갖는 NumLgt1에 의해 결정된다.

$$\chi_{AbsCoeff}(I,\ \ bin\_index) = 5 + \min(4,\ \ NumLgt1(i)) \qquad (1 \le bin\_index \le 13) \qquad (3\text{-}45)$$

▶ 테이블 기반 이진 산술 부호화

문맥 기반 적응적 이진 산술 부호화에서 부호화 엔진은 정규 부호화 모드에 대한 엔진과 심볼의 부호화를 더 빠르게 하기 위한 바이패스(bypass) 부호화 엔진으로 구분된다. 정규 부호화 모드의 경우 산술 부호화 엔진의 내부 상태(internal state)는 현재 내부 범위 R과 현재 부호화 내부의 기본값 L(낮은 끝점)에 의해 결정된다. 확률 상태

인덱스와 발생 확률이 가장 높은 심볼(most probable symbol, MPS) 의 값을 갖는 문맥에서 관찰된 이진 값이 산술 부호화된다. 만약 관찰된 이진 값이 MPS과 동일하다면, 낮은 쪽의 부분구간이 선택되고 L은 변하지 않는다. 그렇지 않다면, RLPS와 같은 범위를 갖는 위쪽의 부분구간이 선택된다. 정규 산술 부호화 과정의 마지막은 확률 상태의 업데이트이다. 바이패스 부호화 모드의 경우 확률 예측을 하지 않고 관찰된 이진 값을 그대로 부호화 한다.

문맥 기반 적응적 이진 산술 부호화에서 각 문맥 모델은 두 변수에 의해 결정된다. 0과 63 사이의 인덱스 σ에 의해 표시되는 발생 확률이 가장 낮은 심볼(least probable symbol, LPS) 확률의 현재 값과 0 혹은 1의 값을 갖는 MPS 값 ϖ에 의해 결정된다. 따라서 문맥 기반 적응적 이진 산술 부호화에서의 확률 평가는 총 128개의 다른 확률 상태를 사용하여 처리된다. 문맥 기반 적응적 이진 산술 부호화에서 모든 확률 모델은 적응적 모델이다. 즉, 각각 심볼을 부호화하고 난 후에는 확률 평가의 업데이트가 실행되어야 한다. 실제로 주어진 확률 상태에 대해, 업데이트는 상태 인덱스와 LPS 혹은 MPS로 부호화된 심볼의 값에 의해 결정된다. 업데이트 처리 결과, 새로운 확률 상태가 생성된다.

〈JMVC 4.0에서 CABAC를 이용한 휘도 블록 부호화 관련 소스 코드〉

```
ErrVal CabacWriter::residualBlock( MbDataAccess& rcMbDataAccess,
LumaIdx       cIdx,
ResidualMode   eResidualMode )
{
const UChar* pucScan = g_aucFrameScan

switch( eResidualMode )
{
case LUMA_I16_DC:
{
pucScan = g_aucLumaFrameDCScan
break
}
case LUMA_SCAN:
case LUMA_I16_AC:
{
break
}
```

```
default:
{
AF();
return Err::m_nERR
}
}
ETRACE_T( "LUMA:" );
ETRACE_V( cIdx );
ETRACE_N

TCoeff* piCoeff = rcMbDataAccess.getMbTCoeffs().get( cIdx );

UInt uiNumSig = xGetNumberOfSigCoeff( piCoeff, eResidualMode, pucScan );

RNOK( xWriteBCbp( rcMbDataAccess, uiNumSig, eResidualMode, cIdx ) );

if( uiNumSig )
{
RNOK( xWriteCoeff( uiNumSig, piCoeff, eResidualMode, pucScan ) );
}
return Err::m_nOK
}
```

〈JMVC 4.0에서 CABAC를 이용한 색차 블록 부호화 관련 소스 코드〉

```
ErrVal CabacWriter::residualBlock( MbDataAccess&  rcMbDataAccess,
ChromaIdx     cIdx,
ResidualMode   eResidualMode )
{
const UChar* pucScan

switch( eResidualMode )
{
case CHROMA_DC:
{
ETRACE_T( "CHROMA_DC:" );
pucScan = g_aucIndexChromaDCScan
break
}
case CHROMA_AC:
{
ETRACE_T( "CHROMA_AC:" );
pucScan = g_aucFrameScan
break
```

```
}
default:
{
AF();
return Err::m_nERR
}
}
ETRACE_V( cIdx );
ETRACE_N

TCoeff* piCoeff = rcMbDataAccess.getMbTCoeffs().get( cIdx );

UInt uiNumSig = xGetNumberOfSigCoeff( piCoeff, eResidualMode, pucScan );

RNOK( xWriteBCbp( rcMbDataAccess, uiNumSig, eResidualMode, cIdx ) );
if( uiNumSig )
{
RNOK( xWriteCoeff( uiNumSig, piCoeff, eResidualMode, pucScan ) );
}

return Err::m_nOK
}
```

Chapter 04

MVC 주요 알고리즘과 신택스 구조

4.1 다시점 비디오 부호화

다시점 비디오 부호화에 관한 요구되는 사항은 다시점 비디오에 관한 표준화 작업에서 논의되었던 사항으로, 크게 압축에 관련된 요구사항과 시스템에 관련된 요구사항으로 분류된다. 이러한 요구사항은 다시점 비디오 부호화에 관한 연구 시 반드시 고려되어야 한다.

4.1.1 압축관련 요구사항

▸ 압축 효율

다시점 비디오 부호화는 최신 비디오 압축 표준인 H.264/AVC를 기반으로 구성되지만, 기존의 비디오 압축과 달리 여러 대의 카메라로부터 획득한 영상을 압축해야 하므로 데이터 양이 매우 많다. 그러나 각 카메라의 영상 간에는 공간적인 중복성이 있으므로, 기존의 비디오 압축에 이러한 점을 고려하여 높은 압축효율을 제공해야 한다. 각 카메라에 관한 부가적인 데이터가 필요하지만 이 정보도 최소가 되어야 한다.

▸ 시점 계위성

다시점 비디오는 복호화 과정에서 특정 시점에 대한 복호화가 가능해야 하고 그 복잡도 또한 가능하면 낮아야 한다. 이를 위해 계위적인 비트스트림 구조를 지원해야 한다.

▸ **자유 시점 계위성**

다시점 비디오는 부호화되지 않은 가상 시점에 대한 접근이 가능하도록 하는 계위적인 비트스트림 구조를 지원해야 한다. 이는 자유 시점 탐색을 가능케 한다.

▸ **공간적/시간적/SNR 계위성**

다시점 비디오는 공간적, 시간적, SNR 계위성을 지원해야 한다.

▸ **호환성**

다시점 비디오의 한 시점은 H.264/AVC와 호환이 가능해야 한다.

▸ **자원의 효율적 사용**

다시점 비디오 부호화 시 메모리 크기나 메모리의 대역폭 (bandwidth), 프로세싱 파워 등의 자원을 효율적으로 사용해야 한다. 또한 자원의 효율적 관리가 지원되어야 한다. 예를 들어, 특정 시간의 모든 시점의 화면들이 동시에 이용가능 하도록 효율적인 자원 관리가 필요하다.

▸ **적은 지연**

다시점 비디오 부호화 및 복호화 시 지연이 적어야 한다.

▸ **강인성**

다시점 비디오는 다양한 전송환경에서 에러에 강인해야 한다.

▸ **다양한 해상도, 색 공간 및 색 깊이 지원**

다시점 비디오 부호화는 다양한 종류의 해상도(QCIF, CIF, SD, HD)와 다양한 색 공간(YCbCr 4:4:4, 4:2:2, 4:2:0)을 지원해야 한다. 그리고 보다 다양한 응용에 이용되기 위해서는 더 넓은 범위의 조건들도 지원해야 한다.

▸ **시점간의 유연한 화질 할당**

다시점 비디오 부호화는 시점 간의 유연한 화질 할당을 허용해야 한다. 즉, 특정 시점을 원하는 화질로 부호화 할 수 있어야 한다.

▸ **시간적 임의 접근성**

다시점 비디오 부호화는 특정 시간의 화면에 대한 임의 접근이 가능해야 한다.

▸ **시점 임의 접근성**

다시점 비디오 부호화는 특정 시점에 대한 임의 접근이 가능해야 한다.

▸ **공간적 임의 접근성**

다시점 비디오 부호화는 화면의 특정한 공간 위치에 대한 임의 접근이 가능해야 한다.

▸ **병렬 처리**

다시점 비디오 부호화 및 복호화 시 병렬처리를 지원해야 한다.

4.1.2 시스템 지원관련 요구사항

▸ **동기화**

다시점 비디오는 시점 간의 정확한 시간적 동기화를 지원해야 한다.

▸ **가상시점 생성**

다시점 비디오는 효율적인 가상 시점 생성을 지원해야 한다.

▸ **비평면적 영상과 디스플레이 장치**

다시점 비디오는 IP(integral photography)와 비평면 영상 디스플레이장치에 대한 효율적인 표현 및 부호화를 지원해야 한다.

▸ **카메라 파라미터**

다시점 비디오는 카메라 파라미터의 전송을 지원해야 한다.

4.1.3 다시점 비디오의 부호화 조건

다시점 비디오의 부호화 조건은 MVC에 관한 표준화 작업을 통해 결정된 조건들로 각 영상의 특성들을 고려하여 결정되었다. 〈표 4-1〉은 각 실험 영상에서 요구되는 시간적인 임의 접근 간격과 실험에 이용될 비트율을 명시하고 있다. "Rena"와 "Akko&Kayo" 영상은 100대의 카메라를 이용하여 획득한 실험 영상이므로, 공간적인 밀집도를 이용하면서 복잡도를 줄이기 위해 한정적인 시점만을 사용한다. "Rena" 영상은 중간의 16시점을 사용하며, "Akko&Kayo" 영상에 대해서는 3×5의 2차원 배열이 선택되어 사용된다. 부호화에는 각 실험 영상에 대해 약 10초 분량만 사용된다.

〈표 4-1〉 MPEG-4 3DAV 다시점 비디오 실험 영상의 부호화 조건

실험 영상	시간적 임의 접근	기본 QP			
Ballroom	0.5초	22	27	32	37
Exit	0.5초	22	27	32	37
Uli	0.5초	22	27	32	37
Race1	0.5초	22	27	32	37
Flamenco2	1.0초	22	27	32	37
Breakdancers	1.0초	22	27	32	37
Rena (16 가운데 장면)	0.5초	22	27	32	37
Akko&Kayo (3 수직*5 수평장면)	0.5초	22	27	32	37

2006년 4월에는 각 비트율에 대한 기본 QP와 계층적 B 화면 (hierarchical B-picture) 구조의 각 계층에 대한 양자화 계수 차이 값(DeltaLayerQuant)이 결정되었다. 〈표 4-2〉은 계층적 B화면 구조의 각 계층에 대한 양자화 계수 차이 값을 보여주고 있다.

〈표 4-2〉 계층적 B화면 구조의 각 계층에 대한 양자화 계수 차이 값

기본 QP와의 차이값	
DeltaLayer0Quant	0
DeltaLayer1Quant	3
DeltaLayer2Quant	4
DeltaLayer3Quant	5
DeltaLayer4Quant	6
DeltaLayer5Quant	7

[그림 4-1]은 다시점 비디오 부호화 참조 소프트웨어의 시 · 공간 예측 구조를 보여주고 있다.

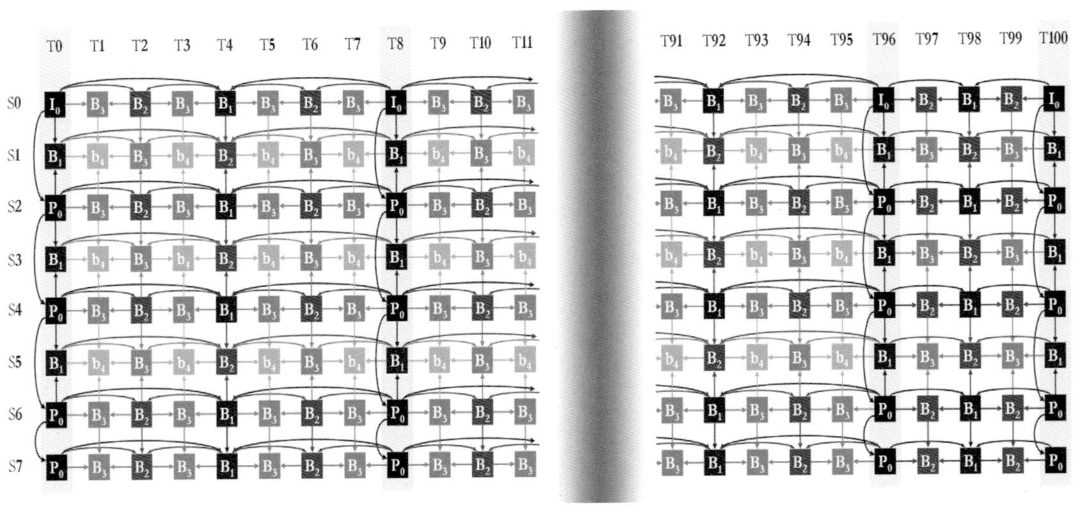

[그림 4-1] 다시점 비디오 참조 소프트웨어의 시 · 공간 예측 구조

[그림 4-1]에서 Sn은 n번째 시점의 카메라를 의미하고, Tn은 시간적으로 n번째 화면을 의미한다. 화살표는 각 화면간의 참조 관계를 의미한다. 시점 방향으로는 IBPBP 구조를 이용하고, 시간 방향으로는 계층적 B화면 구조를 이용한다. 시 · 공간적 예측 구조에 대한 부호화 순서는 다음과 같다. [그림 4-1]의 경우 I시점인 S0를 처음 부호화하고, S0의 복원 영상을 이용하여 P시점인 S2를 부호화한다. 마찬가지 방법으로 S0와 S2의 복원 영상을 이용하여 B시점인 S1을 부호화한다. 그러나 실험 영상에 따라 시

간적 상관도가 다르므로 이에 따라 적절한 GOP 길이를 이용한다. 〈표 4-3〉은 각 실험 영상에 대한 GOP 구조를 나타낸다. 각 실험 영상들은 카메라 배치에 따라 조금은 다른 형태의 GOP 구조를 갖기도 한다.

〈표 4-3〉 각 실험 영상의 GOP 구조

실험 영상	프레임 수	GOP 길이	GOP구성
Ballroom	250	12	20xGOP_12+GOP9
Exit	250	12	20xGOP_12+GOP9
Uli	250	12	20xGOP_12+GOP9
Race1	532	15	35xGOP_15+GOP6
Flamenco2	1000	15	66xGOP_15+GOP9
Breakdancers	100	15	6xGOP_15+GOP9
Rena (16 가운데 장면)	300	15	19xGOP_12+GOP14
Akko&Kayo (3 수직*5 수평 장면)	300	15	19xGOP_12+GOP14

또한 각 실험 영상들은 카메라 배치에 따라 조금은 다른 형태의 GOP 구조를 갖기도 한다. 십자형 카메라 구조를 갖는 "Flamenco2"와 같은 영상은 [그림 4-2]와 같이 중앙 시점의 영상을 I화면으로 부호화하여 나머지 시점의 화면이 이를 참조하는 형태다. "Akko&Kayo"와 같은 영상은 2차원 평행형 카메라로 촬영한 영상 중에서 중앙의 15시점의 영상만을 취하여 부호화한다. [그림 4-2], [그림 4-3], [그림 4-4]는 여러 실험 영상들에 대해 GOP 길이와 카메라의 배치에 따른 예측 구조의 차이를 보여주고 있다.

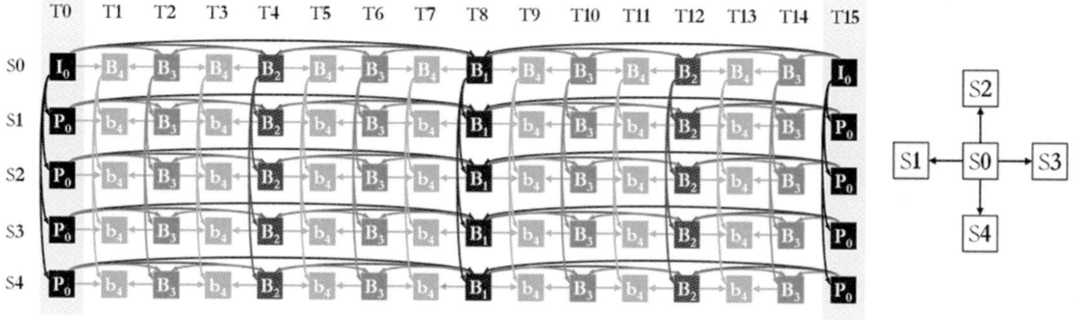

[그림 4-2] "Flamenco2"에 대한 시·공간 예측 구조

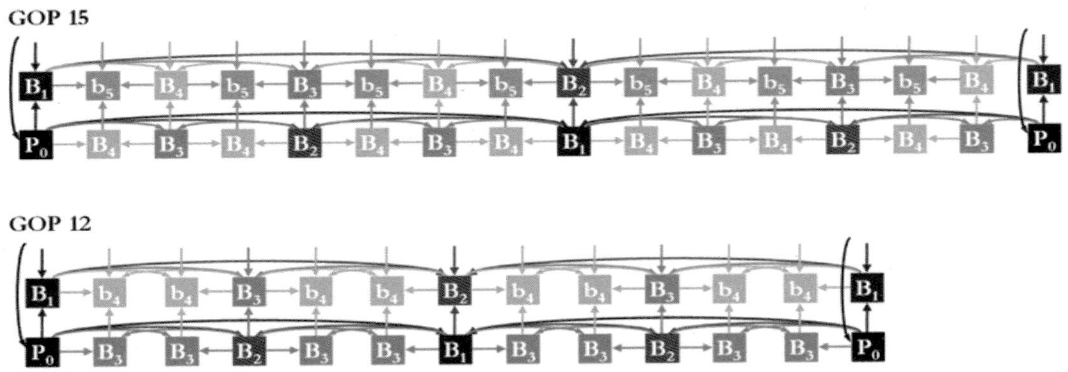

[그림 4-3] 일반적인 1D 카메라 배치에 대한 시·공간 예측 구조

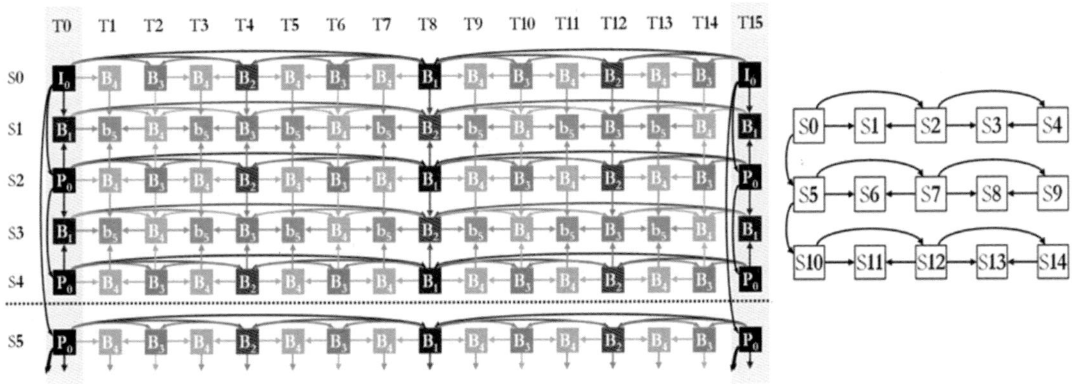

[그림 4-4] "Akko&Kayo"에 대한 시·공간 예측 구조

4.2 MVC 주요 알고리즘

다시점 비디오는 표준화 과정에서 매크로블록 레벨의 부호화 기술인 조명 보상 기술과 움직임 정보 공유 기술 등이 논의 되었지만 표준에는 계층적 B화면 구조와 일부 하이 레벨 신택스(syntax)만이 채택되었다. 비록 논의되었던 부호화 기술들이 정식 표준에는 채택되지 않았지만, MVC의 참조 오픈 소스 중 하나인 JMVM에는 구현되어 있다. 본 장에서는 JMVM에 구현되어 있는 MVC 기술들에 대해 소개하고자 한다.

4.2.1 조명 보상 기술

다시점 비디오는 여러 카메라로 촬영한 영상이기 때문에 동일한 장면을 촬영하더라도 카메라의 위치 변이, 카메라의 제작상의 차이와 조리개 조절 변이 등의 문제로 조명값의 변화가 있기 마련이다. [그림 4-5]는 실험 영상 중 하나인 Uli 영상에서의 조명 차이로 인한 문제점을 보여주고 있다.

[그림 4-5] 다시점 비디오의 색상 차 문제 (Uli 영상)

따라서 이에 따른 다양한 조명 보상 기술이 제안되었고, ETRI/Sejong과 Thomson/USC가 공동제안한 매크로블록단위의 조명보상기술이 JMVM 2.0에 구현되었다. 이 방법은 움직임 예측/보상 과정에서 매크로블록 단위로 조명을 보상해주는 방법 (ICA MC, illumination change-adaptive motion compensation)이다.

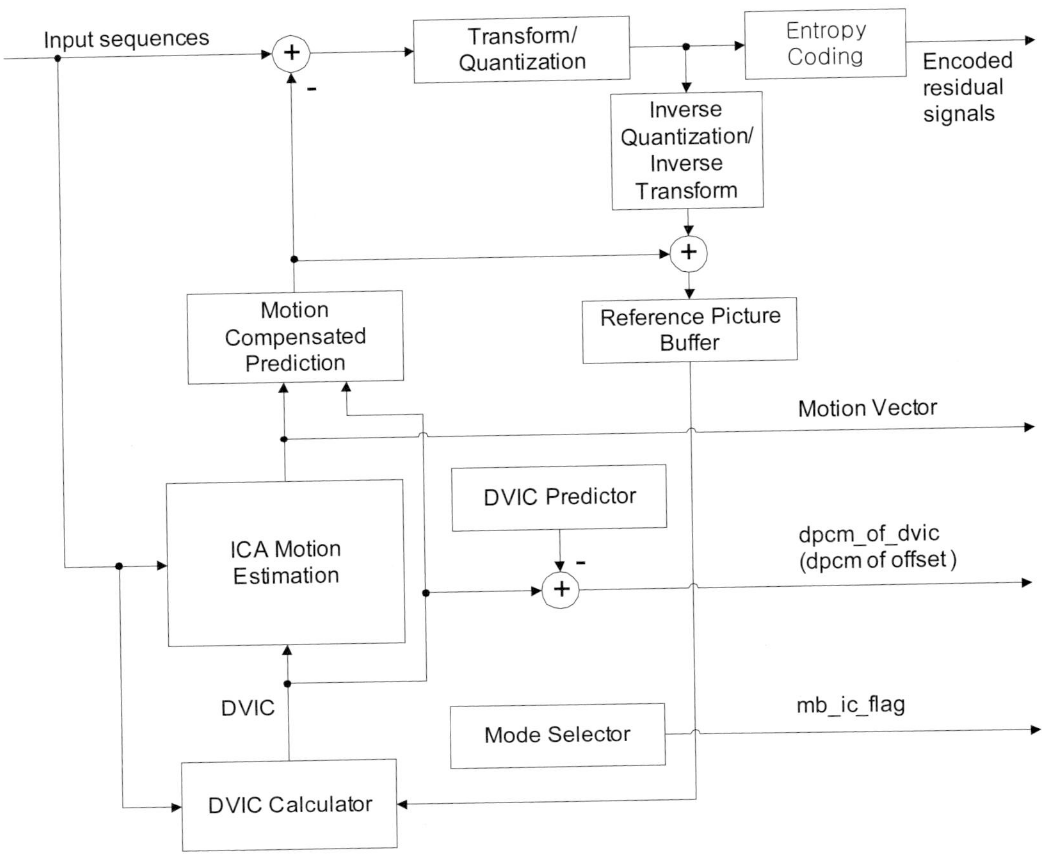

[그림 4-6] 매크로블록 기반의 ICA ME/MC 부호화 구조

[그림 4-6]에 보인 것처럼 기존의 다양한 매크로블록 모드에 조명을 보상한 16×16 모드를 추가하여 움직임 예측을 수행하고, 비트율-왜곡 (rate-distortion) 관점에서 조명을 보상한 16×16 모드가 선택될 경우 조명이 보상되는 방법이다. 16×16 모드에는 P-SKIP, P_16×16, B_SKIP, B_Direct, B_16×16 모드가 포함된다. 조명보상은 식 (4-1)과 같은 기존의 SAD (sum of absolute difference)가 아닌 식 (4-4)와 같은 MR_SAD(mean-removed SAD)가 사용함으로써 가능하다.

$$SAD(x,y) = \sum_{i=m}^{m+S-1} \sum_{j=n}^{n+T-1} \left| f(i,j) - r(i+x, j+y) \right| \tag{4-1}$$

$$M_{cur} = \frac{1}{S \times T} \sum_{i=m}^{m+S-1} \sum_{j=n}^{n+T-1} f(i,j) \tag{4-2}$$

$$M_{ref}(p,q) = \frac{1}{S \times T} \sum_{i=p}^{p+S-1} \sum_{j=q}^{q+T-1} r(i,j) \tag{4-3}$$

$$MR\_SAD(x,y) = \sum_{i=m}^{m+S-1} \sum_{j=n}^{n+T-1} \left| \{f(i,j) - M_{cur}\} - \{r(i+x, j+y) - M_{ref}(m+x, n+y)\} \right| \tag{4-4}$$

이때, M_{cur}과 M_{ref}는 현재 블록과 참조 블록의 평균값을 나타내고, $f(i,j)$와 $r(i,j)$는 현재 화면과 참조화면의 화소값을 각각 나타낸다. MR_SAD를 사용하면 현재 블록과 참조 블록간의 평균치를 제외한 상태에서 상대적인 비교가 가능해진다. 이 참조 블록간의 평균값의 차이가 바로 조명 차이에서 기인한 것이다. 따라서 우리는 이 두 블록의 평균값의 차이인 DVIC (difference value of illumination change) 값을 보내줘야 한다. 이 값은 그리고 식 (4-5)와 같이 정의된다.

$$DVIC = M_{cur} - M_{ref} \tag{4-5}$$

그러나 이 $DVIC$ 값의 경우 인접한 매클로블록의 $DVIC$ 값과 현재 블록에 대한 $DVIC$ 값이 유사한 특성을 지니기 때문에 $DVIC$을 부호화 하는 대신에 현재 블록의 $DVIC$ 값과 주변 매크로블록으로부터 예측한 $pred_{DVIC}$의 차이 값인 dpcm_of_dvic을 정의하고, 이를 부호화한다. [그림 4-7]은 매크로블록 기반 조명보상 기술에 대한 복호화기 구조이다.

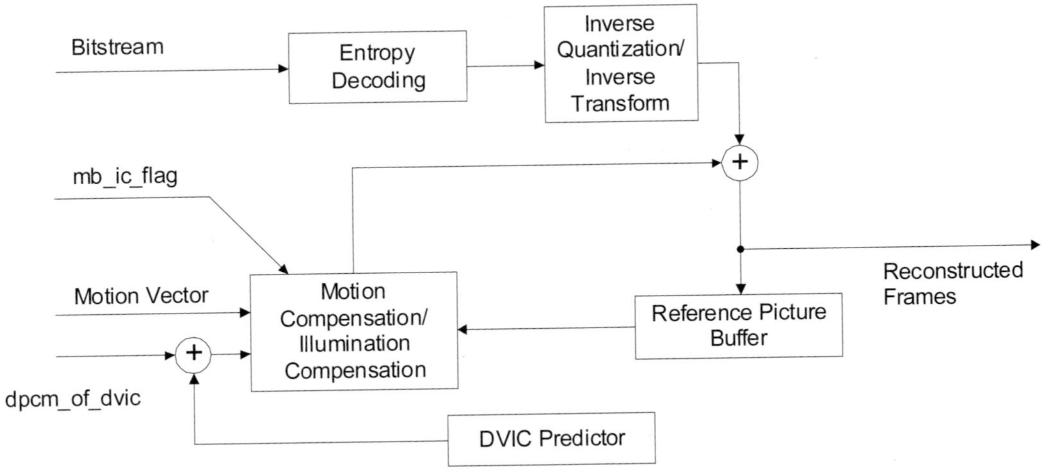

[그림 4-7] 매크로블록 기반의 ICA MC 복호화 구조

이처럼 다시점 비디오에서 발생하는 인접 시점간의 조명 값의 차이를 보상하기 위한 효율적인 방법으로 블록 기반의 조명보상 기술이 제안되었고, 다시점 비디오 부호화의 테스트 조건 하에서 평균 0.2dB 정도의 부호화 효율 개선 효과를 보였다.

조명 보상 기술에 대한 헤더 신택스는 다음과 같다.

```
slice_header({
        first_mb_in_slice
        slice_type
        ic_enable
        pic_parameter_set_id
        frame_num
        ...
}
```

조명 보상 기술에 대한 슬라이스 데이터 신택스는 다음과 같다.

```
slice_data({
        if( entropy_coding_mode_flag )
                while( !byte_aligned()
                        cabac_alignment_one_bit
        CurrMbAddr = first_mb_in_slice *  ( 1 + MbaffFrameFlag )
        moreDataFlag = 1
        prevMbSkipped = 0
        do {
                If( slice_type  != I  &&  slice_type  != SI )
                        if( !entropy_coding_mode_flag ) {
                                mb_skip_run
                                prevMbSkipped = ( mb_skip_run > 0 )
                                For( i=0; i<mb_skip_run; i++ ) {
                                        CurrMbAddr = NextMbAddress(
CurrMbAddr )
                                        if  ( ic_enable && slice_type == B )
                                                macroblock_layer(
                                }
                                moreDataFlag = more_rbsp_data(
                        } else {
                                mb_skip_flag
                                moreDataFlag = !mb_skip_flag
                        }
                If( moreDataFlag | | ( ic_enable && slice_type == B ) ) {
                        if( MbaffFrameFlag && ( CurrMbAddr % 2  = =  0  | |
                                ( CurrMbAddr % 2  = =  1  &&  prevMbSkipped ) )
)
                                mb_field_decoding_flag
                        macroblock_layer(
                }
                If( !entropy_coding_mode_flag )
                        moreDataFlag = more_rbsp_data(
                else {
                        if( slice_type  !=  I  &&  slice_type  !=  SI )
                                prevMbSkipped = mb_skip_flag
                        if( MbaffFrameFlag  &&  CurrMbAddr % 2  = =  0 )
                                moreDataFlag = 1
                        else {
                                end_of_slice_flag
                                moreDataFlag = !end_of_slice_flag
                        }
                }
                CurrMbAddr = NextMbAddress( CurrMbAddr )
        } while( moreDataFlag )
}
```

조명 보상 기술에 대한 매크로블록 레벨의 신택스는 다음과 같다.

```
macroblock_layer({
        if ( ic_enable && mb_type == B_Skip ) ) {
                mb_ic_flag
                if( mb_ic_flag )
                        dpcm_of_dvic
        } else {
                mb_type
                if( mb_type  = =  I_PCM ) {
                        while( !byte_aligned()
                                pcm_alignment_zero_bit
                        for( i = 0; i < 256; i++ )
                                pcm_sample_luma[ i]
                        for( i = 0; i < 2 * MbWidthC * MbHeightC; i++ )
                                pcm_sample_chroma[ i]
                } else {
                        noSubMbPartSizeLessThan8x8Flag = 1
                        if( mb_type  !=  I_NxN  &&
                                MbPartPredMode( !=  Intra_16x16  &&
                                NumMbPart( = =  4 ) {
                                sub_mb_pred( mb_type )
                                for( mbPartIdx = 0; mbPartIdx < 4;
mbPartIdx++ )
                                        if( sub_mb_type[ PartIdx !=
B_Direct_8x8 ) {
                                                if( NumSubMbPart([ )  >  1 )

noSubMbPartSizeLessThan8x8Flag = 0
                                        } else if(
!direct_8x8_inference_flag )

noSubMbPartSizeLessThan8x8Flag = 0
                        } else {
                                if( transform_8x8_mode_flag  &&  mb_type  = =
I_NxN )
                                        transform_size_8x8_flag
                                mb_pred( mb_type )
                        }
                        if( MbPartPredMode( !=  Intra_16x16 ) {
                                coded_block_pattern
                                if( CodedBlockPatternLuma > 0  &&
                                        transform_8x8_mode_flag  &&
```

```
mb_type  !=  I_NxN  &&
                                          noSubMbPartSizeLessThan8x8Flag  &&
                                          ( mb_type  !=  B_Direct_16x16  | |
direct_8x8_inference_flag ) )
                                         transform_size_8x8_flag
                          }
                          if( CodedBlockPatternLuma > 0  | |
CodedBlockPatternChroma > 0  | |                        MbPartPredMode( = =
Intra_16x16 ) {
                                   mb_qp_delta
                                   residual(
                          }
                 }
        }
}
```

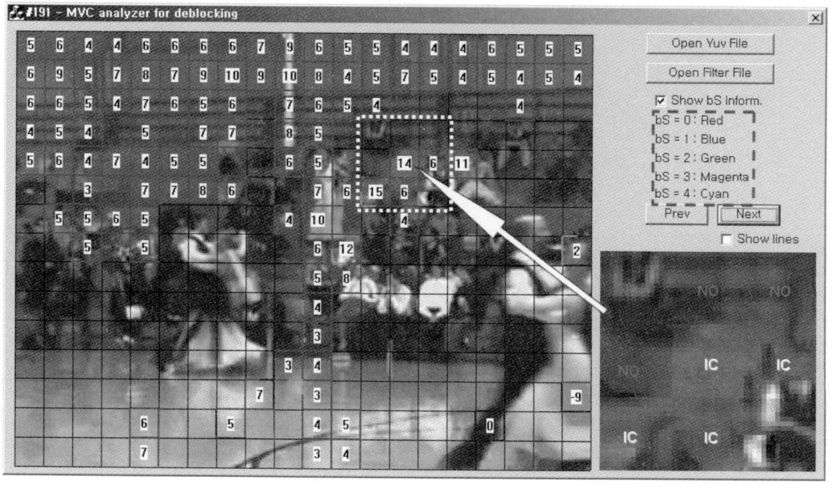

[그림 4-8] 매크로블록 기반 조명 보상으로 인한 블록킹 현상

블록 단위 조명 보상은 [그림 4-8]과 같은 블록킹 현상을 야기한다. 이를 해결하기 위해 2007년 5월에 배포된 JMVM 4.0에는 B_Skip/Direct_16×16 모드에 대해 IC 관련 정보를 유추하여 사용하는 방법과 블록 단위의 조명 보상으로 인해 발생하는 블록킹 현상 (blocking artifact)을 줄이기 위해 복원 영상을 만드는 과정에서 경계 부분에 대한 필터의 강도 (boundary filtering strength, bS)를 조정하는 방법이 추가로 구현되었다.

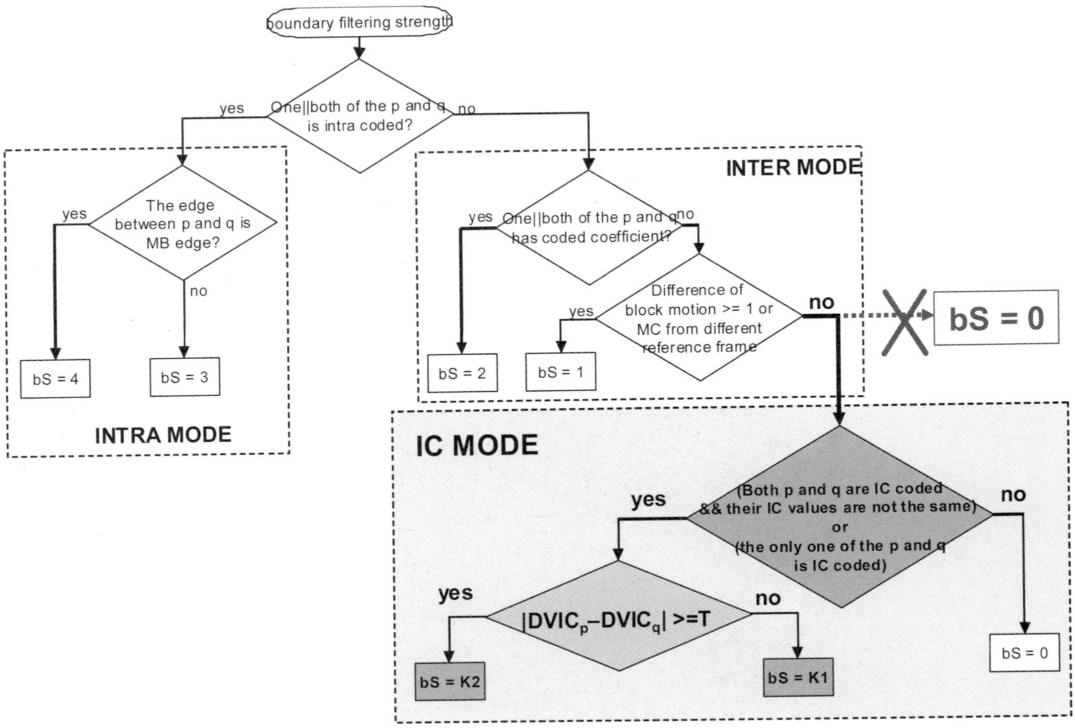

[그림 4-9] 매크로블록 기반 조명 보상 시 디블록킹 조건

[그림 4-9]와 같이 조명 보상이 발생하는 인터 모드에 대해 디블록킹 필터를 처리하는 과정에서 경계 부분에 대한 필터의 강도 (boundary filtering strength, bS)를 조정하는 방법을 개선하여 조명 보상으로 인한 블록킹 현상을 효율적으로 제거할 수 있다. 이러한 방법으로 조명 보상으로 인한 블록킹 현상을 줄이면 부호화 효율의 증가는 미비하나 [그림 4-10]과 같이 주관적인 화질의 개선에는 큰 도움이 된다.

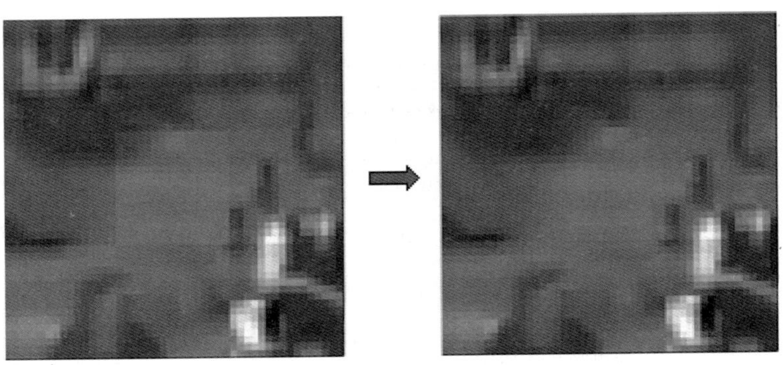

[그림 4-10] 디블록킹 개선 전후의 조명 보상으로 인한 복원 영상 (좌: 개선 전, 우: 개선 후)

4.2.2 움직임 정보 생략 모드

다시점 비디오는 하나의 장면을 여러 대의 카메라를 통해 찍은 것이므로 인접하는 시점끼리의 시간적 상관도가 상당히 유사하다. 움직임 생략 모드는 이러한 특징을 고려하여 이전에 부호화 된 인접 시점의 움직임 정보를 공유하는 방법을 통해 부호화 효율을 증진시킨다. [그림 4-11]은 인접 시점과 현재 시점간의 매크로블록간의 상관관계를 보여주는 그림이다. 이미 부호화 된 인접 시점에서 T0 시간대의 매크로블록 P_0´이 T1 시간대의 P1'을 참조하여 부호화 된 경우 움직임의 정도가 MV_{nbr}이고, 현재 시점의 T0 시간대의 매크로블록 P_0가 T1 시간대의 매크로블록 P_1을 참조하여 부호화하는 경우의 MV_{cur}는 MV_{nbr}와 유사하고, 두 시점간의 상대적인 변이는 dv와 dv´도 유사하다는 가정이다. 이 경우 P_0의 부호화 시 필요한 움직임 정보를 P_0´로부터 공유하여 쓸 수 있다는 것이 바로 움직임 생략모드 핵심적인 아이디어다.

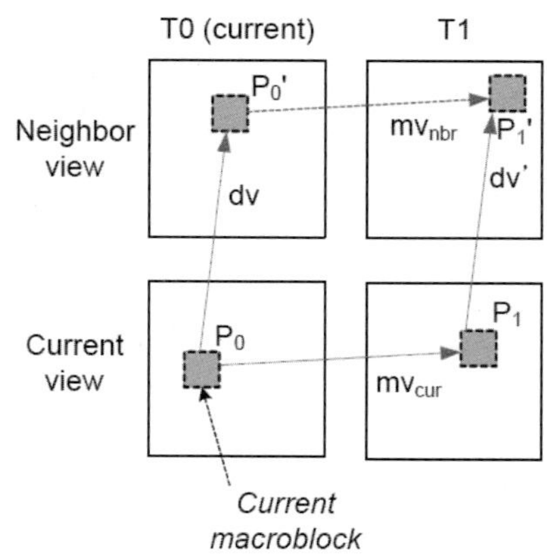

[그림 4-11] 인접한 두 시점에서의 매크로블록간의 상관관계

움직임 정보 생략 모드 기술은 크게 인접 시점에서 상응 매크로블록을 찾는 단계와 상응 매크로블록으로부터 움직임 정보를 유도하는 단계로 나뉜다. 상응 매크로블록의 위치를 찾는다는 것은 [그림 4-11]의 dv 값을 정의하는 것으로써, 상응 매크로블록은 시점간의 예측만을 이용해 부호화 되는 기준 화면(anchor frame)에서 식 (4-6)처럼 매크로블록 크기인 16의 배수 영역마다 MAD 값을 계산하여 최소의 MAD값을 갖는 변이가 전역 변이 값(global disparity value, GDV)이 되고, 해당 GDV 값은 기준 화면의 헤더에 부호화 된다.

$$GDV(x,y) = \min_{x,y}\left[\frac{\sum_{i,j\in R}\left|img0(i,j) - img1(i-16\times x, j-16\times y)\right|}{R}\right] \tag{4-6}$$

여기서 img0과 img1은 두 시점의 영상이고, R은 두 이미지가 겹쳐진 영역을 의미한다. 즉, 16의 단위만큼 움직이면서 겹쳐지는 영역의 평균 에러가 가장 작은 값이 GDV 값이 되는 것이다.

비 기준 화면(non-anchor frame)에 대한 GDV 값은 식 (4-7)와 같이 해당 화면의 POC(picture order count)와 해당 비 기준 화면이 속한 GOP의 양 끝단에 위치한 기준 화면의 GDV 값으로부터 유도된다. 최근에는 식 (4-8)과 같이 단순한 형태로 유도하여 쓴다. 이는 GDV_A와 GDV_B의 차이가 32 이상 차이가 나지 않는 경우 GDV_{cur}이 결국 GDV_A와 GDV_B 중 하나와 유사해지므로 단순화 하여 사용하여도 큰 차이가 없음을 연구를 통해 밝혔다.

$$GDV_{cur} = GDV_A + \left\lfloor \frac{POC_{cur} - POC_A}{POC_B - POC_A} \times (GDV_B - GDV_A) \right\rfloor \tag{4-7}$$

$$GDV_{cur} = GDV_A \tag{4-8}$$

각 화면에 대한 GDV 값을 계산한 후 해당 화면에 속하는 매크로블록은 GDV 값을 통해 인접 시접에서 상응 매크로블록을 찾고, 상응 매크로블록의 움직임 관련 정보를 공유한다. Motion Skip Mode는 다른 기존의 모드와 비트율-왜곡 (ratedistortion) 관점에서 비교되고, Motion Skip Mode가 최적으로 판단되는 경우 매크로블록 레벨에서 정의된 motion_skip_flag를 전송함으로써 움직임 관련 정보의 부호화를 대신한다.

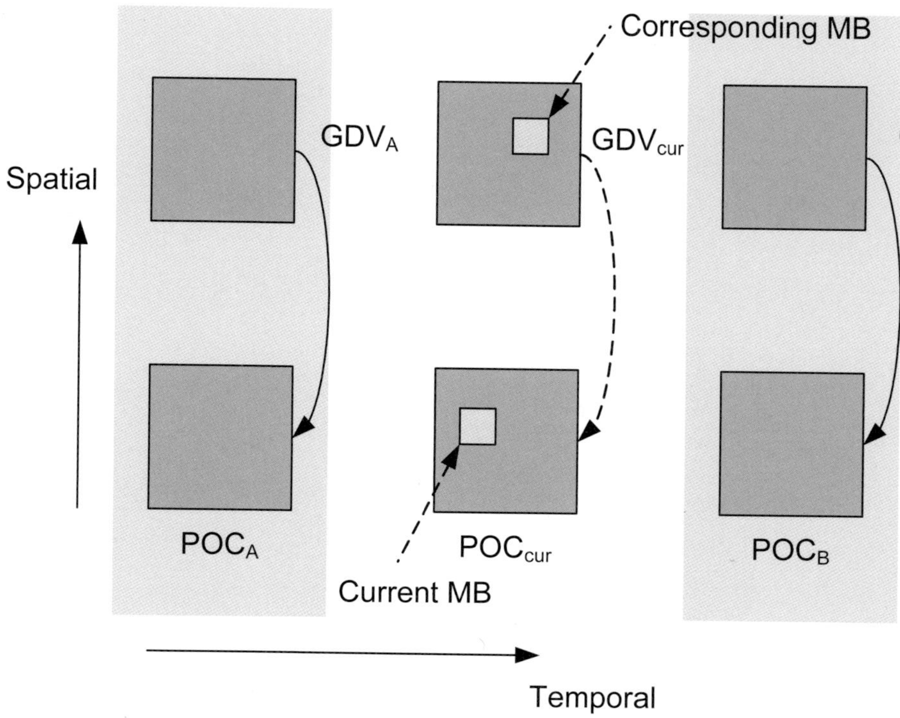

[그림 4-12] Motion Skip Mode에 대한 개념도

[그림 4-12]는 Motion Skip Mode에서 상응 매크로블록에 대한 개념과 GDV의 유도에 관해 보여주고 있다. 매크로블록에 대해 Motion Skip Mode가 선택되면 매크로블록 모드, 참조 인덱스, 움직임 벡터와 같은 움직인 관련 정보는 부호화되지 않고, 인접 시점의 상응 매크로블록의 움직임 정보로 대체된다. 해당 기술은 2007년 5월에 JMVM 4.0에 구현되었다. 테스트 조건을 준수하여 실험을 한 결과 움직임 정보 공유 모드 기술은 평균적으로 0.18dB 정도의 부호화 효율 증진을 보였다.

움직임 정보 생략 모드에 대한 슬라이스 헤더 신택스는 다음과 같다.

```
slice_header_mvc_extension ({
        first_mb_in_slice
        slice_type
        if ( view_level != 0 && anchor_pic_flag ) {
                if( slice_type = = P | | slice_type = = B ) {
                        for( compIdx = 0; compIdx < 2; compIdx++ )
                        global_disparity_mb_l0[ compIdx ]
```

```
                }
                if(( slice_type = = B ) {
                        for( compIdx = 0; compIdx < 2; compIdx++ )
                        global_disparity_mb_l1[ compIdx ]
                }
}
        pic_parameter_set_id
              --- The remaining parts are identical to JMVM ---
```

움직임 정보 생략 모드에 대한 매크로블록 레벨 신택스는 다음과 같다.

```
macroblock_layer_mvc_extension ({
if ( view_level != 0 && ! anchor_pic_flag ) {
        motion_skip_flag
} else {
   motion_skip_flag = 0
}
        if (! motion_skip_flag) {
                mb_type
                if( mb_type  = =  I_PCM ) {
                        while( !byte_aligned()
                                pcm_alignment_zero_bit
                        for( i = 0; i < 256; i++ )
                                pcm_sample_luma[ i]
                        for( i = 0; i < 2 * MbWidthC * MbHeightC; i++ )
                                pcm_sample_chroma[ i]
                } else {
                        NoSubMbPartSizeLessThan8x8Flag = 1
                        if( mb_type  !=  I_NxN  &&
                                MbPartPredMode( !=  Intra_16x16  &&
                        NumMbPart( = =  4 ) {
                                sub_mb_pred( mb_type )
                                for( mbPartIdx = 0; mbPartIdx < 4; mbPartIdx++ )
                                        if( sub_mb_type[  !=  B_Direct_8x8 ) {
                                        if( NumSubMbPart(sub_mb_type[ )  >  1
)

NoSubMbPartSizeLessThan8x8Flag = 0
                                        }else if( !direct_8x8_inference_flag
)
```

```
NoSubMbPartSizeLessThan8x8Flag = 0
                        } else {
                                if( transform_8x8_mode_flag && mb_type = =
I_NxN )
                                        transform_size_8x8_flag
                                mb_pred( mb_type )
                        }
                }
}
        --- Theremaining parts are identical to JMVM ---
```

움직임 정보 생략 기술의 경우 추후에 보다 정교하게 전역 변이를 예측하는 방법이 제안되었다. 이 방법은 기존의 방법이 16 화소 단위로 변이를 예측하는 방법과 달리 [그림 4-13]과 같이 8 화소 단위로 변이를 예측하여 보다 정교한 전역 변이를 예측한다.

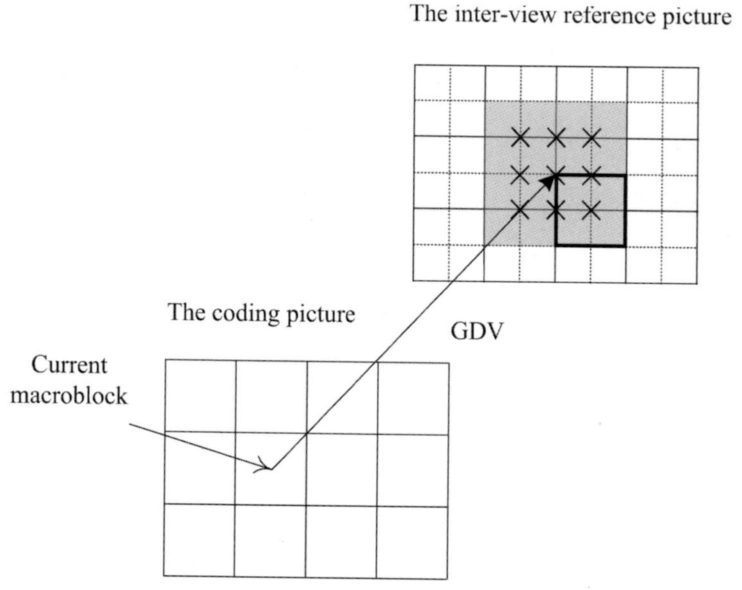

[그림 4-13] 8×8 단위의 정교한 GDV 계산

이 경우 GDV 값은 단순히 새로운 탐색 영역의 중심이 되고 탐색 영역의 중심으로부터 32×32의 움직임 영역을 설정하여 해당 움직임 영역 내의 9개의 매크로블록에 대한 움직임 정보를 만들어낸다. 이 경우 매크로블록이 여러 매크로블록에 걸쳐있는 경우

여러 매크로블록으로부터의 움직임 정보를 고려하여 새로운 움직임 정보를 만들어낸다. 9개의 후보 매크로블록 중 비트율-왜곡 관점에서 최적인 후보 매크로블록이 선택된다. 이 경우 후보 매크로블록의 위치를 나타내기 위해 GDV 값과 후보 매크로블록의 위치 사이의 offset 값이 부호화된다. 이에 따른 신택스의 변화가 생긴다. 먼저 슬라이스 헤더 신택스에 대한 변화는 다음과 같다.

```
Slice_header({
  first_mb_in_slice
  slice_type
  ic_enable
  if ( anchor_pic_flag ) {
    if( slice_type = = P | | slice_type = = B ) {
      for( compIdx = 0; compIdx < 2; compIdx++ )
          global_disparity_blk_l0 [ compIdx ]
    }
    if(( slice_type = = B ) {
      for( compIdx = 0; compIdx < 2; compIdx++ )
          global_disparity_blk_l1 [ compIdx ]
    }
  }
   pic_parameter_set_id
   frame_num
  …
}
```

매크로블록 레벨에 대한 신택스 변화는 다음과 같다.

```
macroblock_layer({
  if ( ! anchor_pic_flag ) {
     motion_skip_flag
  }
  if(motion_skip_flag) {
    for( compIdx = 0; compIdx < 2; compIdx++ )
       motion_info_offset_blk[ compIdx]
     if(num_non_anchor_refs_l0[ view_id] >0&&
       num_non_anchor_refs_l1[ view_id] >0 )
       motion_ref_view_dir
```

```
  }
  else {
    mb_type
   ...
  }
  if( MbPartPredMode(!= Intra_16x16 ) {
    coded_block_pattern
   ...
  }
}
```

4.2.3 계층적 B화면 구조

JMVC는 기본적으로 다양한 GOP 구조 중 계층적 B화면 (Hierarchical B) 구조를 채택하였다. 계층적 B화면 구조는 B프레임을 참조 화면으로 사용할 수 있도록 허용함으로써 양방향 예측의 효율을 극대화 한 GOP 구조로 기존의 다른 어떤 GOP 구조보다 강력한 부호화 효율을 보인다.

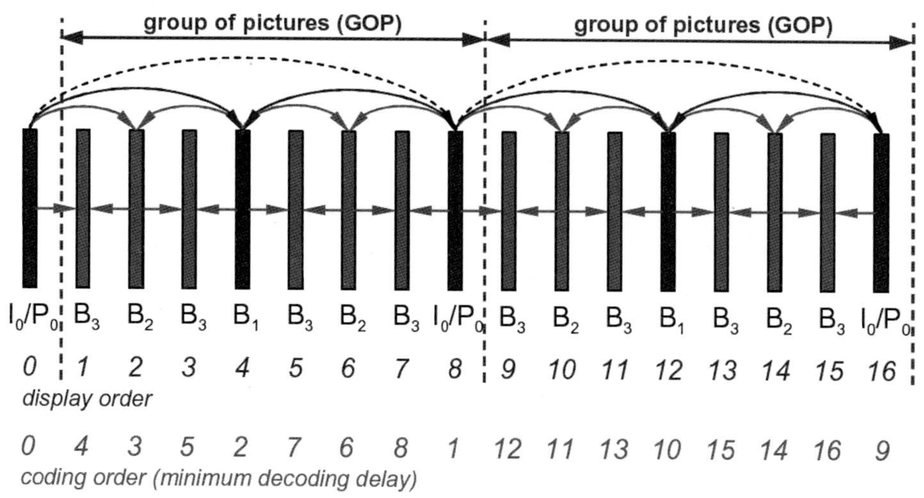

[그림 4-14] 계층적 B화면 구조의 예

[그림 4-14]는 4단계를 갖는 전형적인 계층적 B화면 구조를 보여준다. 그림에서 보듯이 GOP 양 끝에 위치한 프레임을 기준화면 (anchor frame)이라 부르는데, 기준 화면은 I 혹은 P화면으로 부호화되고, 나머지 프레임인 비 기준 화면들은 모두 B화면으

로 부호화 된다. 먼저 GOP 양 끝의 기준 화면으로부터 중간에 위치한 레벨 1의 B화면을 부호화 하고, 레벨 1의 B화면과 양 끝의 기준 화면으로부터 레벨 2의 B화면 두개를 부호화한다. 동일한 방법으로 남은 B화면들을 부호화 한다. 계층적 B화면 구조는 그 부호화 효율은 매우 높고 임의 접근성 면에서도 상위계층의 화면만 복호화하면 되므로 좋은 성능을 보인다.

4.3 MVC 주요 신택스 분석

4.3.1 MVC를 위한 NAL 단위 헤더 신택스

```
nal_unit_header_mvc_extension( ) {
        non_idr_flag
        priority_id
        view_id
        temporal_id
        anchor_pic_flag
        inter_view_flag
        reserved_one_bit
}
```

- **non_idr_flag**: 0이면 현재 접근 유닛이 IDR 접근 유닛임을 의미한다.
- **priority_id**: NAL 유닛의 우선순위를 결정하는 식별자 (identifier)이다. priority_id 값이 작을수록 우선순위가 높다.
- **view_id**: NAL 유닛에 대한 시점 식별자이다. 동일한 view_id를 갖는 NAL 유닛들은 동일한 시점에 속한다.
- **temporal_id**: NAL 유닛에 대한 시간 식별자이다. 한 시간대의 접근 유닛에 대한 모든 접두 MVC 확장 NAL 유닛과 부호화 된 슬라이스 MVC 확장 NAL 유닛은 모두 동일한 temporal_id를 갖는다.
- **anchor_pic_flag**: 1이면 현재 접근 유닛이 기준 (anchor) 접근 유닛임을 의미한다.

- inter_view_flag: 0이면 현재 시점이 다른 시점의 시점 간 예측 시 참조 시점으로 이용되지 않음을 의미하고, 1이면 현재 시점이 다른 시점의 시점 간 예측에 이용됨을 의미한다.
- reserved_one_bit: 후에 MVC를 위한 NAL 단위 헤더 신택스가 확장될 것을 대비하여 정의해놓은 신택스로 0이면 확장이 있음을 의미하므로, 확장이 없는 일반적인 경우에는 0으로 결정된다.

4.3.2 MVC를 위한 시퀀스 파라미터 셋에 대한 신택스

```
seq_parameter_set_mvc_extension ({
        num_views_minus1
        for( i = 0; i <= num_views_minus1; i++ )
                view_id[ i]
        for( i = 1; i <= num_views_minus1; i++ ) {
                num_anchor_refs_l0[ i]
                for( j = 0; j < num_anchor_refs_l0[  j++ )
                        anchor_ref_l0[ i] [ j]
                num_anchor_refs_l1[ i]
                for( j = 0; j < num_anchor_refs_l1[  j++ )
                        anchor_ref_l1[ i] [ j]
        }
        for( i = 1; i <= num_views_minus1; i++ ) {
                num_non_anchor_refs_l0[ i]
                for( j = 0; j < num_non_anchor_refs_l0[  j++ )
                        non_anchor_ref_l0[ i] [ j]
                num_non_anchor_refs_l1[ i]
                for( j = 0; j < num_non_anchor_refs_l1[  j++ )
                        non_anchor_ref_l1[ i] [ j]
        }
        num_level_values_signalled_minus1
        for( i i i++ ) {
                level_idc[ i]
                num_applicable_ops_minus1[ i]
                for( j j[ i]  j++ ) {
                        applicable_op_temporal_id[ i] [ j]
                        applicable_op_num_target_views_minus1[ i] [ j]
                        for( k = 0; k <=
```

```
applicable_op_num_target_views_minus1[ i][ j]  k++ )
                                        applicable_op_target_view_id[ i][ j][ k]
                              applicable_op_num_views_minus1[ i][ j]
                    }
          }
}
```

- **num_views_minus1**: +1값이 부호화 된 시점의 수를 정의한다. 허용 범위는 0부터 1023까지이다.
- **view_id**[i]: VOIdx 값이 i인 view_id를 의미한다.
- **num_anchor_refs_l0**[i]: VOIdx가 i인 기준 시점의 초기화된 RefPicList0의 시점 간 예측을 위한 참조 화면의 수를 의미한다. 그 값은 15를 넘을 수 없고 num_anchor_refs_l0[0]값은 0이어야 한다.
- **anchor_refs_l0**[i][j]: VOIdx가 i인 기준 시점의 초기화된 RefPicList0의 j번째 시점에 대한 시점간 예측에 사용되는 view_id를 의미한다.
- **num_anchor_refs_l1**[i]: VOIdx가 i인 기준 시점의 초기화된 RefPicList1의 시점간 예측을 위한 참조 화면의 수를 의미한다. 그 값은 15를 넘을 수 없고 num_anchor_refs_l0[0]값은 0이어야 한다.
- **anchor_refs_l1**[i][j]: VOIdx가 i인 기준 시점의 초기화된 RefPicList1의 j번째 시점에 대한 시점 간 예측에 사용되는 view_id를 의미한다.
- **num_non_anchor_refs_l0**[i]: VOIdx가 i인 비 기준 시점의 초기화된 RefPicList0의 시점 간 예측을 위한 참조 화면의 수를 의미한다. 그 값은 15를 넘을 수 없고 num_anchor_refs_l0[0] 값은 0이어야 한다.
- **non_anchor_refs_l0**[i][j]: VOIdx가 i인 비 기준 시점의 초기화된 RefPic List0의 j번째 시점에 대한 시점 간 예측에 사용되는 view_id를 의미한다.
- **num_non_anchor_refs_l1**[i]: VOIdx가 i인 비 기준 시점의 초기화된 RefPic List1의 시점 간 예측을 위한 참조 화면의 수를 의미한다. 그 값은 15를 넘을 수 없고 num_anchor_refs_l0[0] 값은 0이어야 한다.
- **non_anchor_refs_l1**[i][j]: VOIdx가 i인 비 기준 시점의 초기화된 RefPic List1의 j번째 시점에 대한 시점 간 예측에 사용되는 view_id를 의미한다.

- **num_level_values_signalled_minus1**: +1 값이 부호화 된 비디오 시퀀스를 나타내는 레벨 값의 수를 의미한다. 허용 가능한 범위는 0부터 63까지이다.
- **level_idc**[i]: 부호화 된 비디오 시퀀스를 나타내는 i 번째 레벨 값을 의미한다.
- **num_applicable_ops_minus1**[i]: +1 값이 level_idc[i]의 레벨 값에 대한 작동 점의 수를 의미한다. 허용 범위는 0부터 1023이다.
- **applicable_op_temporal_id**[i][j]: level_idc[i]에서 지정한 레벨 값의 j번째 작동 점에 대한 temporal_id를 의미한다.
- **applicable_op_num_target_views_minus1**[i][j]: +1 값이 level_idc[i]에서 지정한 레벨 값의 j번째 작동 점에 대해 생성해야 할 출력 시점의 수를 의미한다. 값의 허용범위는 0부터 1023까지이다.
- **applicable_op_target_view_id**[i][j][k]: level_idc[i]에서 지정한 레벨 값의 j 번째 작동 점에 대해 생성해야 할 k 번째 출력 시점을 의미한다.
- **applicable_op_num_views_minus1**[i][j]: level_idc[i]에서 지정한 레벨 값의 j 번째 작동 점에 대해 생성해야 할 출력 시점을 디코딩하는데 필요한 시점의 수를 의미한다.

4.3.3 MVC를 위한 참조 화면 리스트 신택스

```
ref_pic_list_mvc_modification({
        if( slice_type % 5  !=  2  &&  slice_type % 5  !=  4 ) {
                ref_pic_list_modification_flag_l0
                if( ref_pic_list_modification_flag_l0 )
                        do {
                        modification_of_pic_nums_idc
                        if( modification_of_pic_nums_idc  = =  0  | |
                        modification_of_pic_nums_idc  = =  1 )
                                abs_diff_pic_num_minus1
                        else if( modification_of_pic_nums_idc  = =  2 )
                                long_term_pic_num
                        else if  ( modification_of_pic_nums_idc  = =  4  |
                                |modification_of_pic_nums_idc  = =  5 )
                                abs_diff_view_idx_minus1
                        } while( modification_of_pic_nums_idc  !=  3 )
        }
        if( slice_type % 5  = =  1 ) {
```

```
                ref_pic_list_modification_flag_l1
                if( ref_pic_list_modification_flag_l1 )
                        do {
                        modification_of_pic_nums_idc
                        if( modification_of_pic_nums_idc  = =  0  | |
                        modification_of_pic_nums_idc  = =  1 )
                                abs_diff_pic_num_minus1
                        else if( modification_of_pic_nums_idc  = =  2 )
                                long_term_pic_num
                        else if ( modification_of_pic_nums_idc  = =  4  |
                               |modification_of_pic_nums_idc  = =  5 )
                                abs_diff_view_idx_minus1
                        } while( modification_of_pic_nums_idc  !=  3 )
        }
}
```

- **ref_pic_list_modification_flag_l0**: 1이면 참조 화면 리스트 0에 대해 modification _of_pic_nums_idc이 존재함을 의미한다. 0이면 반대로 modification_of_pic_nums_idc가 존재하지 않음을 의미한다.
- **ref_pic_list_modification_flag_l1**: 1이면 참조 화면 리스트 1에 대해 modification_of_pic_nums_idc이 존재함을 의미한다. 0이면 반대로 modification_of_pic_nums_idc가 존재하지 않음을 의미한다.
- **modification_of_pic_nums_idc**: abs_diff_pic_num_minus1, long_term_pic_num, abs_ diff_view_idx_minus1과 함께 참조 화면 및 시점 간 참조 요소를 재 맵핑한다.
- **abs_diff_pic_num_minus1**: +1 값이 참조 화면 리스트의 현재 인덱스와 연관된 시점 간 참조 인덱스와 참조 인덱스에 대한 예측 값 사이의 절대적 차이를 의미한다.
- **long_term_pic_num**: 리스트내의 현재 인덱스로 옮겨져서 오랫동안 참조화면으로 사용되는 화면의 수를 의미한다.

4.4 MVC의 주요 SEI 메시지

4.4.1 평행형 (parallel) 디코딩 정보 SEI 메시지 신택스

```
parallel_decoding_info(payloadSize ) {
        seq_parameter_set_id
        for( i = 1; i <= num_views_minus1; i++ ) {
                if( anchor_pic_flag ) {
                        for( j = 0; j <= num_anchor_refs_l0[ i] j++ )
                                pdi_init_delay_anchor_minus2_l0[ i] [ j]
                        for( j = 0; j <= num_anchor_refs_l1[ i] j++ )
                                pdi_init_delay_anchor_minus2_l1[ i] [ j]
                }
                else {
                        for( j = 0; j <= num_non_anchor_refs_l0[ i] j++ )
                                pdi_init_delay_non_anchor_minus2_l0[ i] [ j]
                        for( j = 0; j <= num_non_anchor_refs_l1[ i] j++ )
                                pdi_init_delay_non_anchor_minus2_l1[ i] [ j]
                }
        }
}
```

- **seq_parameter_set_id**: 시점 간 의존성 정보를 포함하는 시퀀스 파라미터의 서브셋을 정의한다.
- **pdi_init_delay_anchor_minus2_l0[i] [j]** : view_id가 anchor_ref_l0[i][j]와 동일한 시점에서의 비 참조 영역을 정의한다. anchor_ref_l0[i][j]는 view_id가 view_id[i]인 기준 시점에 의해 시점 간 참조로 사용되어질 수 없다.
- **pdi_init_delay_anchor_minus2_l1[i] [j]** : view_id가 anchor_ref_l1[i][j]와 동일한 시점에서의 비 참조 영역을 정의한다. anchor_ref_l1[i][j]는 view_id가 view_id[i]인 기준 시점에 의해 시점 간 참조로 사용되어질 수 없다.
- **pdi_init_delay_non_anchor_minus2_l0[i] [j]** : view_id가 non_anchor_ ref_l0 [i][j]와 동일한 시점에서의 비 참조 영역을 정의한다. non_anchor_ref_ l0[i][j]는 view_id가 view_id[i]인 비 기준 시점에 의해 시점 간 참조로 사용되어질 수 없다.

• pdi_init_delay_non_anchor_minus2_l1[i] [j] : view_id가 non_anchor_ref_l1[i][j]와 동일한 시점에서의 비 참조 영역을 정의한다. non_anchor_ref_l1[i][j]는 view_id가 view_id[i]인 비 기준 시점에 의해 시점 간 참조로 사용되어질 수 없다.

4.4.2 MVC 계위화 (scalable) 네스팅 (nesting) SEI 메시지 신택스

```
mvc_scalable_nesting( payloadSize ) {
        operation_point_flag
        if ( !operation_point_flag ) {
                all_view_components_in_au_flag
                if( !all_view_components_in_au_flag ) {
                        num_view_components_minus1
                        for( i = 0; i <= num_view_components_minus1; i++ )
                                sei_view_id[ i]
                }
        } else {
                num_view_components_op_minus1
                for( i = 0; i <= num_view_components_op_minus1; i++ )
                        sei_op_view_id[ i]
                sei_op_temporal_id
        }
        while( !byte_aligned( ) )
                sei_nesting_zero_bit /* equal to 0 */
        sei_message( )
}
```

• operation_point_flag: 1이면 모든 i에 대해 sei_op_temporal_id와 sei_op_view_id[i]에 의해 정의된 연관 동작점이 0부터 num_view_components_op_minus1 사이에서 복호화 되었을 때 네스트된 SEI 메시지를 현재 접근 유닛에 적용한다. 0이면 어떤 동작점이 복호화 되든지 all_view_components_in_au_flag, num_view_components_minus1, 그리고 0과 num_view_components_minus1 사이의 sei_view_id[i]에 의해 정의된 시점에 네스트 된 SEI 메시지가 적용된다. 만약 네스트 된 SEI 메시지의 payloadType이 0 이나 1이면 operation_point_flag는 1이어야 하고 그렇지 않으면 operation_point_flag는 0이어야 한다.

- **all_view_components_in_au_flag**: 1이면 네스트된 SEI 메시지를 접근 유닛의 모든 시점에 적용한다. 0이면 네스트된 SEI 메시지의 적용 범위는 elements num_view_ components_minus1와 0부터 num_view_components_minus1 사이의 모든 i에 대한 sei_ view_id[i]에 의해 결정된다.
- **sei_view_id**[i]: operation_point_flag가 0이고 all_view_components_in_au_flag가 0일 때 네스트 된 SEI 메시지를 적용하는 i번째 시점에 대한 view_id를 의미한다.
- **num_view_components_op_minus1**: +1 값이 operation_point_flag이 1일 때, 네스트 된 SEI 메시지를 적용하는 동작점의 시점 수를 정의한다. 값의 허용범위는 0부터 1023이다.
- **sei_op_view_id**[i]: operation_point_flag가 1일 때 네스트 된 SEI 메시지를 적용하는 i번째 시점의 view_id를 의미한다.
- **sei_op_temporal_id**: operation_point_flag가 1일 때 네스트 된 SEI 메시지를 적용하는 비트스트림 서브셋의 최대 temporal_id를 의미한다.
- **sei_nesting_zero_bit**: 0으로 설정된다.

4.4.3 시점 계위성 정보 SEI 메시지 신택스

```
view_scalability_info( payloadSize ) {
        num_operation_points_minus1
        for( i = 0; i <= num_operation_points_minus1; i++ ) {
                operation_point_id[ i]
                priority_id[ i]
                temporal_id[ i]
                num_target_output_views_minus1[ i]
                for( j = 0; j <= num_target_output_views_minus1[ i] j++ )
                        view_id[ i] [ j]
                profile_level_info_present_flag[ i]
                bitrate_info_present_flag[ i]
                frm_rate_info_present_flag[ i]
                if( !num_target_output_views_minus1[ i] )
                        view_dependency_info_present_flag[ i]
                parameter_sets_info_present_flag[ i]
                bitstream_restriction_info_present_flag[
```

```
                if ( profile_level_info_present_flag[ i] )
                        op_profile_level_idc[ i]
                if( bitrate_info_present_flag[ ) {
                        avg_bitrate[ i]
                        max_bitrate[ i]
                        max_bitrate_calc_window[ i]
                }
                if( frm_rate_info_present_flag[ ) {
                        constant_frm_rate_idc[ i]
                        avg_frm_rate[ i]
                }
                if( view_dependency_info_present_flag[ ) {
                        num_directly_dependent_views[ i]
                        for( j = 0; j < num_directly_dependent_views[  j++ ) {
                                directly_dependent_view_id[ i][ j]
                } else
                        view_dependency_info_src_op_id[ i]
                if( parameter_sets_info_present_flag[ ) {
                        num_seq_parameter_set_minus1[ i]
                        for( j = 0; j <= num_seq_parameter_set_minus1[  j++ )
                                seq_parameter_set_id_delta[ i][ j]
                        num_subset_seq_parameter_set_minus1[ i]
                        for( j = 0; j <=
num_subset_seq_parameter_set_minus1[  j++ )
                                subset_seq_parameter_set_id_delta[ i][ j]
                        num_pic_parameter_set_minus1[ i]
                        for( j = 0; j <= num_init_pic_parameter_set_minus1[
j++ )
                                pic_parameter_set_id_delta[ i][ j]
                } else
                        parameter_sets_info_src_op_id[ i]
                if( bitstream_restriction_info_present_flag[ ) {
                        motion_vectors_over_pic_boundaries_flag[ i]
                        max_bytes_per_pic_denom[ i]
                        max_bits_per_mb_denom[ i]
                        log2_max_mv_length_horizontal[ i]
                        log2_max_mv_length_vertical[ i]
                        num_reorder_frames[ i]
                        max_dec_frame_buffering[ i]
                }
        }
}
```

- **num_operation_point_minus1** : +1값이 부호화 된 비디오 시퀀스에서 나타나는 동작점의 수를 의미한다. 값의 허용범위는 0부터 65535이다.
- **operation_point_id[i]** : 동작점의 식별자를 의미한다. 각 동작점은 하나의 고유한 동작점 식별자와 연계되어 있다. 값의 허용범위는 0부터 65535이다.
- **priority_id[i]** : 현재 동작점 NAL 유닛의 priority_id 최대값을 의미한다.
- **temporal_id[i]** : 현재 동작점 NAL 유닛의 temporal_id 최대값을 의미한다.
- **num_target_output_views_minus1[i]** : 현재 동작점에 대한 목표 출력 시점의 수를 의미한다. 허용범위는 0부터 1023이다.
- **view_id[i] [j]** : 현재 동작점의 j번째 목표 출력 시점의 식별자를 의미한다. 허용범위는 0부터 1023이다.
- **profile_level_info_present_flag[i]** : 1이면 현재 동작점의 프로파일과 레벨 정보를 SEI 메시지에 존재하고, 0이면 존재하지 않는다.
- **bitrate_info_present_flag[i]** : 1이면 현재 시점에 대한 비트율 정보를 SEI 메시지에 존재하고, 0이면 존재하지 않는다.
- **frm_rate_info_present_flag[i]** : 1이면 현재 시점에 대한 프레임 율 정보를 SEI 메시지에 존재하고, 0이면 존재하지 않는다.
- **view_dependency_info_present_flag[i]** : 1이면 현재 동작점의 목표 출력 시점의 상관도 정보가 SEI 메시지에 존재하고, 0이면 존재하지 않는다.
- **parameter_sets_info_present_flag[i]** : 1이면 시퀀스 파라미터 셋과 서브셋 시퀀스 파라미터 셋의 seq_parameter_set_id와 현재 동작점의 VCL NAL 유닛들에 의해 참조되어지는 픽쳐 파라미터 셋의 pic_parameter_set_id가 SEI 메시지에 존재하고 0이면 존재하지 않는다.
- **bitstream_restriction_info_present_flag[i]** : 1이면 현재 동작점의 비트스트림 제한 정보가 SEI 메시지에 존재하고 0이면 존재하지 않는다.
- **op_profile_level_idc[i]** : 현재 동작점의 프로 파일과 레벨의 수락을 의미한다.
- **avg_bitrate[i]** : 현재 동작점의 평균 비트율을 의미한다.
- **max_bitrate[i]** : 현재 동작점의 최대 비트율을 의미한다.
- **max_bitrate_calc_window[i]** : 시간 윈도우의 길이를 의미하는데 기본 단위는 1/100초 이고 max_bitrate[i]을 이용하여 계산된다.

- **constant_frm_rate_idc[i]** : 현재 동작점의 프레임율이 가변형인지 불변형인지를 결정한다.
- **avg_frm_rate[i]** : 현재 동작점의 평균 프레임 율을 의미하는데 기본 단위는 256 초당 프레임 수이다.
- **num_directly_dependent_views[i]** : 현재 동작점의 목표 출력 시점에 직접적으로 연관되어 있는 시점의 수를 의미한다. 값의 허용범위는 0부터 16이다.
- **directly_dependent_view_id[i] [j]** : 현재 동작점의 목표 출력 시점에 직접적으로 연관되어 있는 j번째 시점의 view_id를 의미한다. 값의 허용범위는 0부터 1023이다.
- **view_dependency_info_src_op_id[i]** : 현재 동작점에 대한 목표 출력 시점과 직접적으로 연관된 시점들이 만약 view_dependency_info_src_op_id[i]가 operation_point_id[i]와 동일하지 않다면 view_dependency_info_src_op_id[i]를 식별자로 갖는 시점들과 같게 정의한다.
- **num_seq_parameter_set_minus1[i]** : +1값이 현재 동작점의 대한 VCL NAL유닛들에 의해 참조되어지는 다른 시퀀스 파라미터 셋의 수를 의미한다. 값의 허용범위는 0부터 31이다.
- **seq_parameter_set_id_delta[i] [j]** : j가 0이면 현재 동작점의 복호화에 필요한 모든 시퀀스 파라미터 셋의 seq_parameter_set_id의 최소값을 의미하고, 그렇지 않으면 현재 동작점의 복호화에 (j-1)번째로 필요한 시퀀스 파라미터 셋의 seq_parameter_set_id와 j번째로 필요한 시퀀스 파라미터 셋의 seq_parameter_set_id간의 차이 값을 의미한다. 값의 허용범위는 0부터 31이다.
- **num_subset_seq_parameter_set_minus1[i]** : +1값이 현재 동작점의 대한 VCL NAL유닛들에 의해 참조되어지는 다른 서브셋 시퀀스 파라미터 셋의 수를 의미한다. 값의 허용범위는 0부터 31이다.
- **subset_seq_parameter_set_id_delta[i] [j]** : j가 0이면 현재 동작점의 복호화에 필요로 되어지는 모든 서브셋 시퀀스 파라미터 셋의 seq_parameter_set_id의 최소값을 의미하고, 그렇지 않으면 현재 동작점의 복호화에 (j-1)번째로 필요한 서브셋 시퀀스 파라미터 셋의 seq_parameter_ set_id와 j번째로 필요한 서브셋 시퀀스 파라미터 셋의 seq_parameter _set_id간의 차이 값을 의미한다. 값의 허용범위는 0부터 31이다.

- **num_pic_parameter_set_minus1[i]** : +1값이 현재 동작점의 대한 VCL NAL유닛들에 의해 참조되어지는 다른 픽처 파라미터 셋의 수를 의미한다. 값의 허용범위는 0부터 255이다.
- **pic_parameter_set_id_delta[i] [j]** : j가 0이면 현재 동작점의 복호화에 필요한 모든 픽쳐 파라미터 셋의 seq_parameter_set_id의 최소 값을 의미하고, 그렇지 않으면 현재 동작점의 복호화에 (j-1)번째로 필요한 픽쳐 파라미터 셋의 seq_parameter_set_id와 j번째로 필요한 픽쳐 파라미터 셋의 seq_parameter_set_id간의 차이 값을 의미한다. 값의 허용범위는 0부터 255이다.
- **parameter_sets_info_src_op_id[i]** : parameter_sets_info_src_op_id[i]가 operation_point _id[i]와 동일하지 않는 경우 시퀀스 파리미터 셋과 서브셋 시퀀스 파라미터 셋의 seq_ parameter_set_id의 값과 현재 동작점의 VCL NAL 유닛에 의해 참조되어지는 픽쳐 파라미터 셋의 pic_parameter_set_id의 값을 식별자 값이 parameter_sets_info_src_op_id[i]인 동작점과 동일하게 정의한다. 값의 허용범위는 0부터 65535이다.
- **motion_vectors_over_pic_boundaries_flag[i]** : 현재 동작점에 대한 motion_vectors_ over_pic_boundaries_flag를 의미한다.
- **max_bytes_per_pic_denom[i]** : 현재 동작점에 대한 max_bytes_per_pic_ denom 값을 의미한다.
- **max_bits_per_mb_denom[i]** : 현재 동작점에 대한 max_bits_per_mb_denom 값을 의미한다.
- **log2_max_mv_length_horizontal[i]** : 현재 동작점에 대한 log2_max_mv_ length_horizontal 값을 의미한다.
- **log2_max_mv_length_vertical[i]** : 현재 동작점에 대한 log2_max_mv_length_vertical 값을 의미한다.
- **num_reorder_frames[i]** : 현재 동작점에 대한 num_reorder_frames 값을 의미한다.
- **max_dec_frame_buffering[i]** : 현재 동작점에 대한 max_dec_frame_buffering 값을 의미한다.

4.4.4 다시점 장면 정보 SEI 메시지 신택스

```
multiview_scene_info(payloadSize ) {
        max_disparity
}
```

• max_disparity: 인접한 시점과의 최대 변이값을 의미한다. 변이는 휘도 영상의 화소 단위로 측정되고 값의 허용범위는 0부터 1023이다.

4.4.5 다시점 획득 SEI 메시지 정보

```
multiview_acquisition_info(payloadSize ) {
        num_views_minus1
        intrinsic_param_flag
        extrinsic_param_flag
        if ( instrinsic_param_flag ) {
                intrinsic_params_equal
                prec_focal_length
                prec_principal_point
                prec_skew_factor
                if( intrinsic_params_equal )
                        num_of_param_sets
                else
                        num_of_param_sets = num_views_minus1
                for( i = 0; i < num_of_param_sets; i++ ) {
                        sign_focal_length_x[ i]
                        exponent_focal_length_x[ i]
                        mantissa_focal_length_x[ i]
                        sign_focal_length_y[ i]
                        exponent_focal_length_y[ i]
                        mantissa_focal_length_y[ i]
                        sign_principal_point_x[ i]
                        exponent_principal_point_x[ i]
                        mantissa_principal_point_x[ i]
                        sign_principal_point_y[ i]
                        exponent_principal_point_y[ i]
                        mantissa_principal_point_y[ i]
```

```
                        sign_skew_factor[ i]
                        exponent_skew_factor[ i]
                        mantissa_skew_factor[ i]
                }
        }
        if( extrinsic_param_flag ) {
                prec_rotation_param
                prec_translation_param
                for( i = 0; i <= num_views_minus1; i++) {
                        for ( j = 1; j <= 3; j++) {  /* row */
                                for ( k = 1; k <= 3; k++) {  /* column */
                                        sign_r[ i][ j][ k]
                                        exponent_r[ i][ j][ k]
                                        mantissa_r[ i][ j][ k]
                                }
                                sign_t[ i][ j]
                                exponent_t[ i][ j]
                                mantissa_t[ i][ j]
                        }
                }
        }
}
```

- **num_views_minus1**: +1 값이 시점의 수를 의미하고 값의 허용범위는 0부터 1023이다.
- **intrinsic_param_flag**: 1이면 내부 카메라 파라미터가 존재함을 의미하고, 0이면 존재하지 않음을 의미한다.
- **extrinsic_param_flag**: 1이면 외부 카메라 파라미터가 존재함을 의미하고, 0이면 존재하지 않음을 의미한다.
- **intrinsic_params_equal**: 1이면 모든 시점의 카메라에 대한 내부 카메라 파라미터가 동일함을 의미하고, 0이면 모든 시점의 카메라에 대한 내부 카메라 파라미터가 다름을 의미한다.
- **prec_focal_length**: $2^{-prec\_focal\_length}$ 형태의 focal_length_x[i]와 focal_length_y[i]에 대한 최대 허용 가능한 내림 오류의 지수를 의미한다.

- **prec_principal_point**: $2^{-\text{prec\_principal\_point}}$ 형태의 principal_point_x[i]와 principal_point_y[i]에 대한 최대 허용 가능한 내림 오류의 지수를 의미한다.
- **prec_skew_factor**: $2^{-\text{prec\_skew\_factor}}$ 형태의 뒤틀림 요소에 대한 최대 허용 가능한 내림 오류의 지수를 의미한다.
- **sign_focal_length_x[i]** : 0이면 수평 방향의 i번째 카메라의 초점 거리의 부호가 양수임을 의미하고 1이면 음수임을 의미한다.
- **exponent_focal_length_x[i]** : 수평 방향으로 놓인 i번째 카메라 초점 거리의 지수 부분을 의미한다. 허용범위는 0부터 62이고 63은 추후 사용을 위해 비워져 있다.
- **mantissa_focal_length_x[i]** : 수평 방향으로 놓인 i번째 카메라 초점 거리의 가수 부분을 의미한다. 값은 다음과 같이 결정된다.
  - If exponent_focal_length_x[i] = = 0, the length is max(0, prec_focal_length - 30)
  - Otherwise (0 〈 exponent_focal_length_x[i] 〈 63), the length is max(0, exponent_focal_length_x[i]+ prec_focal_length-31)
- **sign_focal_length_y[i]** : 0이면 수직 방향의 i번째 카메라의 초점 거리의 부호가 양수임을 의미하고 1이면 음수임을 의미한다.
- **exponent_focal_length_y[i]** : 수직 방향으로 놓인 i번째 카메라 초점 거리의 지수 부분을 의미한다. 허용범위는 0부터 62이고 63은 추후 사용을 위해 비워져있다.
- **mantissa_focal_length_y[i]** : 수직 방향으로 놓인 i번째 카메라 초점 거리의 가수 부분을 의미한다. 값은 다음과 같이 결정된다.
  - If exponent_focal_length_y[i] = = 0, the length is max(0, prec_focal_length - 30)
  - Otherwise (0 〈 exponent_focal_length_y[i] 〈 63), the length is max(0, exponent_focal_length_y[i]+ prec_focal_length-31)
- **sign_principal_point_x[i]** : 0이면 수평 방향의 i번째 카메라의 주점의 부호가 양수임을 의미하고 1이면 음수임을 의미한다.
- **exponent_principal_point_x[i]** : 수평 방향으로 놓인 i번째 카메라 주점의 지수 부분을 의미한다. 허용범위는 0부터 62이고 63은 추후 사용을 위해 비워져있다.

- **mantissa_principal_point_x[i]** : 수평 방향으로 놓인 i번째 카메라 주점의 가수 부분을 의미한다. 값은 다음과 같이 결정된다.
  - If exponent_principal_point_x[i] = = 0, the length is max(0, prec_principal_point − 30)
  - Otherwise (0 〈 exponent_principal_point_x[i] 〈 63), the length is max(0, exponent_principal_point_x[i]+ prec_principal_point−31)
- **sign_principal_point_y[i]** : 0이면 수직 방향의 i번째 카메라의 주점의 부호가 양수임을 의미하고 1이면 음수임을 의미한다.
- **exponent_principal_point_y[i]** : 수직 방향으로 놓인 i번째 카메라 주점의 지수 부분을 의미한다. 허용범위는 0부터 62이고 63은 추후 사용을 위해 비워져있다.
- **mantissa_principal_point_y[i]** : 수직 방향으로 놓인 i번째 카메라 주점의 가수 부분을 의미한다. 값은 다음과 같이 결정된다.
  - If exponent_principal_point_y[i] = = 0, the length is max(0, prec_principal_point − 30)
  - Otherwise (0 〈 exponent_principal_point_y[i] 〈 63), the length is max(0, exponent_principal_point_y[i]+ prec_principal_point−31)
- **sign_skew_factor[i]** : 0이면 i번째 카메라의 뒤틀림 요소 부호가 양수임을 의미하고, 1이면 음수임을 의미한다.
- **exponent_skew_factor[i]** : i번째 카메라 뒤틀림 요소의 지수 부분을 의미한다. 허용범위는 0부터 62이고 63은 추후 사용을 위해 비워져있다.
- **mantissa_skew_factor[i]** : i번째 카메라 뒤틀림 요소의 가수 부분을 의미한다. 값은 다음과 같이 결정된다.
  - If exponent_skew_factor[i] = = 0, the length is max(0, prec_skew_factor − 30)
  - Otherwise (0 〈 exponent_skew_factor[i] 〈 63), the length is max(0, exponent_skew_factor[i]+ prec_skew_factor−31)

i번째 카메라에 대한 내부 카메라 파라미터 매트릭스는 다음과 같다.

$$\begin{bmatrix} \text{focalLengthX}[i] & \text{skewFactor}[i] & \text{principalPointX}[i] \\ 0 & \text{focalLengthY}[i] & \text{principalPointY}[i] \\ 0 & 0 & 1 \end{bmatrix}$$

- **prec_rotation_param**: $2^{-\text{prec\_rotation\_param}}$ 형태의 r[i][j][k]에 대한 최대 허용 가능한 내림 오류의 지수를 의미한다. 값의 허용범위는 0부터 31이다.
- **prec_translation_param**: $2^{-\text{prec\_translation\_param}}$ 형태의 t[i][j][k]에 대한 최대 허용 가능한 내림 오류의 지수를 의미한다. 값의 허용범위는 0부터 31이다.
- **sign_r**[i] [j] [k] : 0이면 i번째 카메라 회전 매트릭스의 (j, k)의 부호가 양수임을 의미하고, 1이면 음수임을 의미한다.
- **exponent_r**[i] [j] [k] : i번째 카메라 회전 매트릭스의 (j, k)의 지수를 의미한다. 값의 허용범위는 0부터 62이고 63은 추후 사용을 위해 비워져있다.
- **mantissa_r**[i] [j] [k] : i번째 카메라 회전 매트릭스의 (j, k)의 가수를 의미한다. 값은 다음과 같이 결정된다.
  - If exponent_r[i] = = 0, the length is max(0, prec_rotation_param − 30)
  - Otherwise (0 〈 exponent_r[i] 〈 63), the length is max(0, exponent_r[i] + prec_rotation_param − 31)

i번째 카메라에 대한 회전 매트릭스 R[i]는 다음과 같다.

$$\begin{bmatrix} rE[i][0][0] & rE[i][0][1] & rE[i][0][2] \\ rE[i][1][0] & rE[i][1][1] & rE[i][1][2] \\ rE[i][2][0] & rE[i][2][1] & rE[i][2][2] \end{bmatrix}$$

- **sign_t**[i] [j] : 0이면 i번째 카메라에 대한 이동 벡터의 j번째 요소의 부호가 양수임을 의미하고, 1이면 음수임을 의미한다.

- **exponent_t[i] [j]** : i번째 카메라 이동 벡터의 j번째 요소의 지수를 의미한다. 값의 허용범위는 0부터 62이고 63은 추후 사용을 위해 비워져있다.
- **mantissa_t[i] [j]** : i번째 카메라 이동 벡터의 j번째 요소의 가수를 의미한다. 값은 다음과 같이 결정된다.
  - If exponent_t[i] = = 0, the length v = max(0, prec_translation_ param − 30)
  - Otherwise (0 〈 exponent_t[i] 〈 63), the length v = max(0, exponent_t[i] + prec_translation_param − 31)

i번째 카메라에 대한 이동벡터 T[i]는 다음과 같이 정의된다.

$$\begin{bmatrix} tE[i][0] \\ tE[i][1] \\ tE[i][2] \end{bmatrix}$$

카메라 파라미터 변수와 신택스 요소와의 관계는 다음과 같다.

x	s	e	n
focalLengthX[i]	sign_focal_length_x[i]	exponent_focal_length_x[i]	mantissa_focal_length_x[i]
focalLengthY[i]	sign_focal_length_y[i]	exponent_focal_length_y[i]	mantissa_focal_length_y[i]
principalPointX[i]	sign_principal_point_x[i]	exponent_principal_point_x[i]	mantissa_principal_point_x[i]
principalPointY[i]	sign_principal_point_y[i]	exponent_principal_point_y[i]	mantissa_principal_point_y[i]
skewFactor[i]	sign_skew_factor[i]	exponent_skew_factor[i]	mantissa_skew_factor[i]
rE[i] [j] [k]	sign_r[i] [j] [k]	exponent_r[i] [j] [k]	mantissa_r[i] [j] [k]
tE[i] [j]	sign_t[i] [j]	exponent_t[i] [j]	mantissa_t[i] [j]

4.4.6 불필요한 시점에 대한 SEI 메시지 신택스

```
non_required_view_component( payloadSize ) {
        num_info_entries_minus1
        for( i = 0; i <= num_info_entries_minus1; i++ ) {
                view_order_index[ i]
                num_non_required_view_components_minus1[ i]
                for( j = 0; j <= num_non_required_view_components_minus1[  j++
)
                        index_delta_minus1[ i] [ j]
        }
}
```

- **num_info_entries_minus1**: +1 값이 불필요한 시점의 수를 나타내고, 값의 허용 범위는 0부터 num_views_minus1−1까지 이다.
- **view_order_index[i]** : 불필요한 i번째 시점의 순서 인덱스를 의미한다. i번째 시점의 view_id는 view_id[view_order_index[i]]이다. 값의 허용범위는 1부터 num_views_minus1이다.
- **num_non_required_view_components_minus1[i]** : +1 값이 i번째 시점에 대해 불필요한 시점의 수를 의미한다. 값의 허용범위는 0부터 view_order_index [i]−1 이다.
- **index_delta_minus1[i] [j]** : +1 값이 i번째 시점에 대한 순서 인덱스와 i번째 시점에 대해 불필요한 j번째 시점의 순서 인덱스 간의 차를 의미한다. i번째 시점에 대해 j번째로 불필요한 시점의 순서 인덱스는 view_order_index[i]−index_delta_minus1[i][j]−1이다. 값의 허용범위는 0부터 view_order_index [i]−1이다.

4.4.7 시점 의존성 변경 SEI 메시지 신택스

```
    view_dependency_change() {
seq_parameter_set_id
    anchor_update_flag
    non_anchor_update_flag
    if( anchor_update_flag )
            for( i = 1; i <= num_views_minus1; i++ ) {
```

```
                for( j = 0; j < num_anchor_refs_l0[ i]  j++ )
                        anchor_ref_l0_flag[ i][ j]
                for( j = 0; j < num_anchor_refs_l1[ i]  j++ )
                        anchor_ref_l1_flag[ i][ j]
        }
    if( non_anchor_update_flag )
        for( i = 1; i <= num_views_minus1; i++ ) {
                for( j = 0; j < num_non_anchor_refs_l0[ i]  j++ )
                        non_anchor_ref_l0_flag[ i][ j]
                for( j = 0; j < num_non_anchor_refs_l1[ i]  j++ )
                        non_anchor_ref_l1_flag[ i][ j]
        }
}
```

- **seq_parameter_set_id**: 시점간의 상호의존성에 대한 정보를 담고 있는 서브셋 시퀀스 파라미터를 의미한다. 픽쳐 파라미터의 seq_parameter_set_id와 동일하고, 값의 허용범위는 0부터 31이다.
- **anchor_update_flag**: 1이면 MVC 시퀀스 파라미터 셋에 활성화되어 있는 상관관계 정보와 비교하여 기준 시점에 대한 상관관계 정보를 업데이트 하고, 0이면 업데이트 하지 않는다.
- **non_anchor_update_flag**: 1이면 MVC 시퀀스 파라미터 셋에 활성화되어 있는 상관관계 정보와 비교하여 비 기준 시점에 대한 상관관계 정보를 업데이트 하고, 0이면 업데이트 하지 않는다.
- **anchor_ref_l0_flag**[i] [j] : 0이면 RefPicList0의 j번째 시점 간 예측 참조 화면이 시점 순서 인덱스가 I인 어떤 기준 시점에 대해서도 기준 시점에 대한 참조 화면 리스트가 변경된 후에 최종 RefPicList0에 존재하지 않음을 의미한다. 1이면 적어도 하나의 기준시점에 대해서는 참조 화면 리스트가 변경되더라도 최종 RefPicList0에 존재함을 의미한다.
- **anchor_ref_l1_flag**[i] [j] : 0이면 RefPicList1의 j번째 시점 간 예측 참조 화면이 시점 순서 인덱스가 I인 어떤 기준 시점에 대해서도 기준 시점에 대한 참조 화면 리스트가 변경된 후에 최종 RefPicList1에 존재하지 않음을 의미한다. 1이면 적어도 하나의 기준시점에 대해서는 참조 화면 리스트가 변경되더라도 최종 RefPicList1에 존재함을 의미한다.

- **non_nchor_ref_l0_flag[i] [j]** : 0이면 RefPicList0의 j번째 시점 간 예측 참조 화면이 시점 순서 인덱스가 i인 어떤 비 기준 시점에 대해서도 비 기준 시점에 대한 참조 화면 리스트가 변경된 후에 최종 RefPicList0에 존재하지 않음을 의미하고, 1이면 적어도 하나의 비 기준시점에 대해서는 참조 화면 리스트가 변경되더라도 RefPicList0에 존재함을 의미한다.
- **non_nchor_ref_l1_flag[i] [j]** : 0이면 RefPicList1의 j번째 시점 간 예측 참조 화면이 시점 순서 인덱스가 I인 어떤 비기준 시점에 대해서도 비 기준 시점에 대한 참조 화면 리스트가 변경된 후에 최종 RefPicList1에 존재하지 않음을 의미한다. 1이면 적어도 하나의 비 기준시점에 대해서는 참조 화면 리스트가 변경돼도 RefPicList1에 존재함을 의미한다.

4.4.8 제공되지 않은 동작점 (operation point) SEI 메시지 신택스

```
operation_point_not_present( payloadSize ) {
        num_operation_points
        for( k = 0; k < num_operation_points; k++ )
                operation_point_not_present_id[ k]
}
```

- **num_operation_points**: SEI 메시지에 존재하지 않는 동작점의 수를 의미한다. 값의 허용범위는 0부터 num_operation_points_minus1 이다.
- **operation_point_not_present_id[k]** : 존재하지 않은 동작점을 의미한다. 값의 허용범위는 0부터 65535이다. operation_point_not_present_id[k]는 이전 시점 계위화 정보 SEI 메시지의 operation_point_id[i]와 동일해야 한다.

4.4.9 기본 시점의 시간적 HRD SEI 메시지 신택스

```
base_view_temporal_hrd ( payloadSize ) {
        num_of_temporal_layers_in_base_view_minus1
        for( i = 0; i < num_of_temporal_layers_in_base_view_minus1 i++) {
                sei_mvc_temporal_id[ i]
                sei_mvc_timing_info_present_flag[ i]
```

```
            if( sei_mvc_timing_info_present_flag[ ) {
                    sei_mvc_num_units_in_tick[ i]
                    sei_mvc_time_scale[ i]
                    sei_mvc_fixed_frame_rate_flag[ i]
            }
            sei_mvc_nal_hrd_parameters_present_flag[ i]
            if( sei_mvc_nal_hrd_parameters_present_flag[ i] )
                    hrd_parameters( )
            sei_mvc_vcl_hrd_parameters_present_flag[ i]
            if( sei_mvc_vcl_hrd_parameters_present_flag[ i] )
                    hrd_parameters( )
            if( sei_mvc_nal_hrd_parameters_present_flag[ i]  | |
            sei_mvc_vcl_hrd_parameters_present_flag[ i] )
                    sei_mvc_low_delay_hrd_flag[ i]
            sei_mvc_pic_struct_present_flag[ i]
        }
}
```

- **num_of_temporal_layers_in_base_view_minus1**: +1 값이 부호화 된 비디오 시퀀스 내의 시간적 비트스트림의 서브셋의 수를 의미한다. 값의 허용 범위는 0부터 7이다.
- **sei_mvc_temporal_id**[i] : i번재 시간적 비트스트림 서브셋의 temporal_id를 의미한다.
- **sei_mvc_timing_info_present_flag**[i] : 1이면 sei_mvc_num_units_in_tick[i], sei_mvc_ time_scale[i], sei_mvc_fixed_frame_rate_flag[i]이 기준 시점 시간적 HRD SEI 메시지에 존재하고 0이면 존재하지 않는다.
- **sei_mvc_num_units_in_tick**[i] : i번째 비트스트림 서브셋에 적용되는 num_units_in_ tick 값을 의미한다.
- **sei_mvc_time_scale**[i] : i번째 비트스트림 서브셋에 적용되는 time_scale 값을 의미한다.
- **sei_mvc_fixed_frame_rate_flag**[i] : i번째 비트스트림 서브셋에 적용되는 fixed_frame_ rate_flag값을 의미한다.
- **sei_mvc_nal_hrd_parameters_present_flag**[i] : i번째 비트스트림 서브셋에 적용되는 nal_hrd_parameters_present_flag 값을 의미한다.

- **sei_mvc_vcl_hrd_parameters_present_flag[i]** : i번째 비트스트림 서브셋에 적용되는 nal_vcl_parameters_present_flag 값을 의미한다.
- **sei_mvc_low_delay_hrd_flag[i]** : i번째 비트스트림 서브셋에 적용되는 low_delay_hrd _flag 값을 의미한다.
- **sei_mvc_pic_struct_present_flag[i]** : i번째 비트스트림 서브셋에 적용되는 pic_struct_ present_flag 값을 의미한다.

4.4.10 MVC VUI 파라미터 확장 신택스

```
mvc_vui_parameters_extension({
        vui_mvc_num_ops_minus1
        for( i ivui_mvc_num_ops_minus1; i++ ) {
                vui_mvc_temporal_id[ i]
                vui_mvc_num_target_output_views_minus1[ i]
                for( j = 0; j <= vui_mvc_num_target_output_views_minus1[ i] j++
)
                        vui_mvc_view_id[ i] [ j]
                vui_mvc_timing_info_present_flag[ i]
                if( vui_mvc_timing_info_present_flag[  ) {
                        vui_mvc_num_units_in_tick[ i]
                        vui_mvc_time_scale[ i]
                        vui_mvc_fixed_frame_rate_flag[ i]
                }
                vui_mvc_nal_hrd_parameters_present_flag[ i]
                if( vui_mvc_nal_hrd_parameters_present_flag[  )
                        hrd_parameters( )
                vui_mvc_vcl_hrd_parameters_present_flag[ i]
                if( vui_mvc_vcl_hrd_parameters_present_flag[  )

                        hrd_parameters( )
                if( vui_mvc_nal_hrd_parameters_present_flag[   ||
        vui_mvc_vcl_hrd_parameters_present_flag[  )
                        vui_mvc_low_delay_hrd_flag[ i]
                vui_mvc_pic_struct_present_flag[ i]
        }
}
```

- **vui_mvc_num_ops_minus1**: +1 값이 타이밍 정보, NAL HRD 파라미터, VCL HRD 파라미터에 대한 동작점의 수를 의미하고, 값의 허용범위는 0부터 65535이다.
- **vui_mvc_temporal_id[i]** : i번째 동작점의 모든 VCL NAL 유닛에 대한 temporal_id 값의 최대치를 의미한다.
- **vui_mvc_num_target_output_views_minus1[i]** : +1 값이 i번째 동작점의 목표 출력 시점의 수를 의미한다. 값의 허용범위는 0부터 1023이다.
- **vui_mvc_view_id[i] [j]** : i번째 동작점의 j번째 목표 출력 시점을 의미한다. 값의 허용범위는 0부터 1023이다.
- **vui_mvc_timing_info_present_flag[i]** : 1이면 i번째 서브 스트림에 대한 vui_mvc_num _units_in_tick[i], vui_mvc_time_scale[i], and vui_mvc_fixed_frame_rate_flag[i]가 MVC VUI 파라미터 확장에 존재함을 의미하고 1이면 존재하지 않음을 의미한다.
- **vui_mvc_num_units_in_tick[i]** : i번째 서브 스트림에 대한 num_units_in_tick 값을 의미한다.
- **vui_mvc_time_scale[i]** : i번째 서브 스트림에 대한 time_scale 값을 의미한다.
- **vui_mvc_fixed_frame_rate_flag[i]** : i번째 서브 스트림에 대한 fixed_frame_rate_flag 값을 의미한다.
- **vui_mvc_nal_hrd_parameters_present_flag[i]** : i번째 서브 스트림에 대한 nal_hrd_ parameters_present_flag 값을 의미한다.
- **vui_mvc_vcl_hrd_parameters_present_flag[i]** : i번째 서브 스트림에 대한 vcl_hrd_ parameters_present_flag 값을 의미한다.
- **vui_mvc_low_delay_hrd_flag[i]** : i번째 서브 스트림에 대한 low_delay_hrd_flag 값을 의미한다.
- **vui_mvc_pic_struct_present_flag[i]** : i번째 서브 스트림에 대한 pic_struct_present_flag값을 의미한다.

Chapter 05 JMVC 소프트웨어 매뉴얼

본 장에서는 다시점 비디오 부호화(multiview video coding, MVC)의 공개 소프트웨어의 최신 버전인 JMVC 4.0(joint multiview video coding)의 사용법과 소프트웨어 구성에 관한 세부 사항들을 기술하고자 한다. 구체적으로 윈도우즈와 리눅스 환경에서 소프트웨어 빌드 방법과 다양한 방법의 부호화를 위한 환경 설정 파일 설정에 관한 세부 사항 및 각각의 프로젝트의 구성과 기능에 대해서 기술하고자 한다.

5.1 JMVC 소프트웨어 개요

다시점 비디오 부호화에 관한 국제 표준은 ISO/IEC의 MPEG(moving pictures experts group)에서 시작되어 이후 ITU-T의 VCEG(video coding experts group) 그룹과의 연합으로 형성된 JVC(joint video team)에서 진행되었다. 현재 MVC 표준과 관련하여 JMVC와 JMVM(joint multiview video model)이라는 두개의 공개 소프트웨어가 관리되고 있다. JMVM은 MVC 표준화 과정에서 JSVM(joint scalable video model)을 기반으로 표준화 그룹에서 채택된 다양한 부호화 기술들이 구현되어 있는 소프트웨어이다. 그러나 MVC에 관한 최종 표준화 작업에서 이러한 부호화 기술들이 표준 기술로 채택되지 못함에 따라, 채택되지 못한 부호화 기술과 JMVM에 있는 JSVM 관련 내용을 정리하여 새로운 표준 소프트웨어인 JMVC가 개발되었다. 즉, JMVC가 MVC 표준에 관한 정통 공개 소프트웨어이고, JMVM은 현재 MVC의 연구에 관한 목적으로 이용되고 있는 상황이다. JMVC와 JMVM은 C++를 기반으로 구현되어 있고, 모든 소스코드도 공개되어 있다. 이번 절에서는 최신 JMVC와 JMVM을 CVS를 통해 받는 방법과 각 소프트웨어를 윈도우즈 환경과 리눅스 환경에서 구동하는 방법에 대해 설명한다. 이하 모든 설명을 JMVC를 기준으로 설명하기로 한다.

5.1.1 최신 버전의 JMVC 소프트웨어 구하기

현재 JMVC와 JMVM 소프트웨어는 Rheinisch-Westflische Technische Hochschule (RWTH) Aachen에서 CVS를 통해 관리되고 있다. CVS (concurrent versions system)란 파일 버전을 관리하는 네트워크 지원 응용 소프트웨어를 말한다. 네트워크를 통해 다수의 접속자가 동시에 같은 파일에 대한 편집이 가능하기 때문에 주로 프로그램의 공동 개발 작업 등에 사용되고 있다. 또한 소프트웨어의 개발시 버전이 업데이트 된 경우 해당 버전마다 파일을 관리하여 임의 버전을 추출하고 원래 버전으로 되돌릴 수도 있다. 이러한 특성 때문에 현재 표준화 관련 공개 소프트웨어가 CVS를 통해 관리되고 있다. CVS를 이용하기 위해서는 CVS를 지원하는 CVS 프로그램이 필요한데, WinCVS가 대표적인 CVS 프로그램이고 이 외에 다른 CVS 프로그램을 통해서 이용이 가능하다. CVS 서버에 접속하기 위해서 〈표 5-1〉에 명시된 CVS 접근을 위한 파라미터를 이용하면 된다. JMVC 소프트웨어 서버에서 읽기 권한은 모든 접속자에게 허용되지만 쓰기 권한은 JMVC 소프트웨어 매니저 그룹에 한하여 제한된다. JMVM의 경우도 모든 정보가 동일하고 다만 module name에 대한 파라미터 값이 jmvm으로 변경된다. CVS 사용이 익숙하지 않은 경우에는 JVT 사이트 (http://wftp3.itu.int/av-arch/jvt-site/)에서도 소프트웨어를 구할 수 있다.

〈표 5-1〉 CVS 접근을 위한 파라미터

authentication	pserver
host address:	garcon.ient.rwth-aachen.de
path:	/cvs/jvt
user name:	jvtuser
password:	jvt.Amd.2
module name:	jmvc

다음은 JMVC 소프트웨어에 접근하기 위한 CVS 클라이언트 명령어에 대한 예이다.

```
cvs -d :pserver:jvtuser:jvt.Amd.2@garcon.ient.rwth-aachen.de:/cvs/jvt login
cvs -d :pserver:jvtuser@garcon.ient.rwth-aachen.de:/cvs/jvt checkout jmvc
```

다음은 특정 소프트웨어 버전 (예: JMVC 2_1)에 접근하기 위한 명령어이다.

```
cvs -d :pserver:jvtuser:jvt.Amd.2@garcon.ient.rwth-aachen.de:/cvs/jvt login
cvs -d :pserver:jvtuser@garcon.ient.rwth-aachen.de:/cvs/jvt co -r JMVC_2_1
jmvc
```

5.1.2 CVS 구조

위에서 언급한 방법을 통해 JMVC 소프트웨어에 접근하면, JMVC 폴더가 생성되며, 해당 폴더의 디렉토리 구조는 〈표 5-2〉에 자세히 설명되어 있다. bin 폴더와 lib 폴더는 5.1.3 절에서 명시한대로 소프트웨어를 빌드하는 과정에 생성되며, JMVC 폴더는 소프트웨어를 빌드하고 실행하는데 필요한 모든 파일들을 포함하고 있다.

JMVC/H264Extension/src 폴더는 라이브러리, 테스트 프로젝트와 툴들에 대한 하위폴더들을 포함하고 있다. 해당 폴더에는 다른 라이브러리나 테스트 프로젝트에서 공유되어야 하는 일부 인클루드 파일들이 *JMVC/H264Extension/include* 폴더에 포함된 것을 제외하고는 JMVC 소프트웨어의 모든 소스파일과 인클루드 파일이 포함되어 있다. JMVM도 JMVC와 기본적으로 유사한 구조를 갖는다.

〈표 5-2〉 JMVC 소프트웨어 CVS 구조

폴 더	내 용
bin	소프트웨어 빌드 후 생성되는 바이너리들이 위치한다. 바이너리에 관한 자세한 내용은 2.1.4 절을 참조.
lib	소프트웨어 빌드 후 생성되는 라이브러리들이 위치한다. 라이브러리에 관한 자세한 내용은 2.1.4 절을 참조.
JMVC	JMVC 소프트웨어의 소스코드와 프로젝트 파일들이 위치한다. 빌드와 JMVC 구동에 필요한 모든 파일이 이 폴더에 저장되어 있다.
JMVC/H264Extension/build	마이크로소프트 비주얼 스튜디오 6과 마이크로소프트 비주얼 스튜디오 .NET을 위한 작업공간과 리눅스를 위한 메이크파일이 제공된다.
JMVC/H264Extension/data	인코더 환경 설정 파일에 대한 기본적인 예제 파일들이 위치한다. 위 예제 파일들은 환경 설정 파일에서 사용가능한 모든 변수들을 포함한 것은 아니며, 단지 환경 설정 파일에 대한 기본적인 예를 제공하고 있다.
JMVC/H264Extension/include	현재 폴더에 있어야 할 라이브러리 또는 테스트 프로젝트에 필요한 클래스를 위한 파일을 포함한다. 현 폴더는 자주 사용되는 라이브러리(H264AVCCommonLib)를 위한 폴더를 포함하고 있다. JMVC/H264Extension/src에 있는 라이브러리 혹은 테스트 프로젝트 폴더에 포함되는 라이브러리와 테스트 프로젝트에서 필요한 클래스의 파일들을 포함하고 있다.
JMVC/H264Extension/src	이 폴더는 라이브러리와 테스트 프로젝트 내부에서 필요한 모든 소스 파일과 인클루드 파일을 포함하고 있다.
Validation	JMVC 소프트웨어의 유효성(Validation)을 체크하기 위한 펄(Perl) 스크립트(Script)이다. JMVC 소프트웨어를 수정한 이후에는 Validation 스크립트가 실행된다.
jmvc_changes.txt	이 파일은 JMVC 소프트웨어 버전의 업그레이드에 따른 주요한 변동사항에 관하여 명시하고 있으며 JMVC 1.0부터 계속적으로 변동사항에 관하여 이 파일을 통해 명시한다.

5.1.3 JMVC 소프트웨어 빌드

JMVC 소프트웨어는 Microsoft Visual Studio.Net과 같은 Window32 플랫폼이나 gcc와 같은 Linux 플랫폼에서 빌드가 가능하다. 빌드 방법에 대해서는 5.1.3.1과 5.1.3.2에서 자세히 살펴보기로 한다. JMVC 소프트웨어는 C++로 짜여져 있기 때문에 C++ 컴파일러를 제공하는 다른 플랫폼에서도 빌드가 가능하나 올바른 구동을 보장하지는 못한다. 모든 라이브러리는 정적 라이브러리로 모든 실행파일들은 정적으로 라이브러리들과 연결된다.

5.1.3.1 Microsoft Visual Studio를 이용한 Windows 플랫폼

JMVC/H264Extension/build/windows 폴더를 따라가면 Microsoft Visual Studio .NET 워크스페이스인 H264AVCVideoEncDec.sln을 발견할 수 있다. JMVC를 빌드하기 위해서는 이 워크스페이스를 열고 빌드하면 된다.

Microsoft Visual C++ 6.0을 사용하는 경우에는 JMVC/H264Extension/build/windows 폴더의 H264AVCVideoEncDec.dsw 워크스페이스를 이용하면 되는데, 현재 JMVC는 Microsoft Visual C++.NET을 기반으로 개발되고 관리되고 있기 때문에 정확한 구동을 위해서는 Microsoft Visual C++.NET을 이용할 것을 권한다. 때때로 Microsoft Visual C++ 6.0의 소스는 제대로 작동하지 않을 수 있다.

빌드를 하고 나면 bin 폴더와 lib 폴더에 다음과 같은 바이너리 파일과 라이브러리 파일이 생겼음을 확인할 수 있다. 디버깅 모드로 빌드한 경우와 릴리즈 모드로 빌드한 경우에 대해 다른 실행 파일과 라이브러리 파일들이 생성되는데, 디버깅 모드인 경우 .exe 나 .lib 앞에 'd'라는 문자가 하나 더 있음을 확인할 수 있다.

```
===== binaries =====
bin/DownConvertStatic.exe
bin/DownConvertStaticd.exe
bin/H264AVCDecoderLibTestStatic.exe
bin/H264AVCDecoderLibTestStaticd.exe
bin/H264AVCEncoderLibTestStatic.exe
bin/H264AVCEncoderLibTestStaticd.exe
bin/MVCBitStreamAssemblerStaticd.exe
bin/MVCBitStreamAssemblerStatic.exe
bin/MVCBitStreamExtractorStaticd.exe
bin/MVCBitStreamExtractorStatic.exe
bin/PSNRStatic.exe
bin/PSNRStaticd.exe

===== libraries =====
lib/H264AVCCommonLibStatic.lib
lib/H264AVCCommonLibStaticd.lib
lib/H264AVCDecoderLibStatic.lib
lib/H264AVCDecoderLibStaticd.lib
```

```
lib/H264AVCEncoderLibStatic.lib
lib/H264AVCEncoderLibStaticd.lib
lib/H264AVCVideoIoLibStatic.lib
lib/H264AVCVideoIoLibStaticd.lib
```

5.1.3.2 gcc 컴파일러를 이용한 리눅스 플랫폼

JMVC/H264Extension/build/linux 폴더를 보면 gcc 컴파일러를 이용해 리눅스에서 빌드할 수 있는 Make 파일이 있다. 빌드 방법은 단순히 Make 파일이 위치한 디렉터리로 이동한 후 아래와 같이 Make 명령을 실행하면 컴파일이 수행된다.

```
cd JMVC/H264AVCExtension/build/linux
make
```

make라는 명령어 대신 make release 나 make debug 명령어를 이용하면, 릴리즈 모드나 디버그 모드만을 위한 빌드를 할 수 있다. Window32플랫폼에서와 마찬가지로 디버그 모드에서 빌드를 한 경우 'd'라는 문자를 추가하여 릴리즈 모드와 구분하고 있다. 다음은 리눅스에서 빌드를 한 후 생성된 바이너리 파일들과 라이브러리 파일들이다.

```
===== binaries =====
bin/DownConvertStatic
bin/DownConvertStaticd
bin/H264AVCDecoderLibTestStatic
bin/H264AVCDecoderLibTestStaticd
bin/H264AVCEncoderLibTestStatic
bin/H264AVCEncoderLibTestStaticd
bin/MVCBitStreamAssemblerStaticd
bin/MVCBitStreamAssemblerStatic
bin/MVCBitStreamExtractorStaticd
bin/MVCBitStreamExtractorStatic
bin/PSNRStatic
bin/PSNRStaticd

===== libraries =====
lib/libH264AVCCommonLibStatic.a
```

```
lib/libH264AVCCommonLibStaticd.a
lib/libH264AVCDecoderLibStatic.a
lib/libH264AVCDecoderLibStaticd.a
lib/libH264AVCEncoderLibStatic.a
lib/libH264AVCEncoderLibStaticd.a
lib/libH264AVCVideoIoLibStatic.a
lib/libH264AVCVideoIoLibStaticd.a
```

5.1.4 바이너리 및 라이브러리 파일

〈표 5-3〉과 〈표 5-4〉에는 JMVC 소프트웨어 패키지에 포함된 실행파일과 라이브러리 파일에 관한 내용을 나타내었다. 이전 절에 이미 언급한 바와 같이 실행파일과 라이브러리 파일의 이름은 빌드 플랫폼이 release/debug 모드에 따라 그 이름이 결정된다.

〈표 5-3〉 JSVM 소프트웨어에서 제공하는 라이브러리 파일 및 기능

라이브러리	기 능
H264AVCCommonLibStatic	common lib 인코더와 디코더 두 부분에서 모두 사용하는 클래스들을 포함한다. 예를 들어. 매크로블록 데이터 구조, 이미지 데이터에 대한 접근과 저장을 위한 버퍼, 또는 디블록킹 필터의 경우가 이에 속한다.
H264AVCEncoderLibStatic	encoder lib 인코더에서만 사용되는 클래스들만 포함한다. 예를 들어 움직임 예측, 모드결정, 엔트로피 부호화 과정에 관한 경우가 이에 속한다.
H264AVCDecoderLibStatic	decoder lib 디코더에서만 사용되는 클래스들만 포함한다. 예를 들어 엔트로피 복호화 과정과 비트스트림 파싱에 관한 경우가 이에 속한다.
H264AVCVideoIoLibStatic	io lib raw 비디오 데이터를 읽고 쓰기위한 클래스들과 바이트 스트림 형태로 NAL 유닛을 읽고 쓰기위한 클래스들을 포함한다.

〈표 5-4〉 JMVC 소프트웨어에서 제공하는 실행파일 및 기능

실행파일	기 능
DownConvertStatic	resampler 비디오 시퀀스를 시간적 혹은 공간적으로 다운 표본화나 업 표본화와 같은 재표본화(resampling) 작업을 한다.
H264AVCEncoderLibTestStatic	AVC/MVC encoder 인코더는 단일시점(single-view) 혹은 다시점(multiview) 비트스트림 생성에 사용된다.
H264AVCDecoderLibTestStatic	MVC decoder 디코더는 H264AVCEncoderLibTestStatic을 통해서 생성된 비트스트림(AVC 또는 MVC)을 복호화하여 부호화 이전의 영상에 대한 복원 작업을 수행한다.
MVCBitStreamAssembler	MVC assembler 비트스트림 어셈블러는 모든 시점에 대한 비트스트림 생성이 끝난 후 이를 시간 우선 방식 (time-first order)으로 하나의 비트스트림으로 만드는 작업을 수행한다.
MVCBitStreamExtractor	MVC extractor 비트스트림 추출기는 다시점 비트스트림으로부터 서브스트림(substream)을 추출할 때 이용된다. 서브 스트림이란 일부 시점에 대한 스트림을 의미한다.
PSNRStatic	PSNR tool PSNR 툴은 두 raw 비디오 데이터 사이의 PSNR을 측정하기위해 사용된다. 또한, 주어진 비트스트림의 비트율 측정에도 사용된다.

5.2 JMVC 소프트웨어의 사용과 구성

이전 장에서 최신 JMVC 소프트웨어를 구하는 법과, 이를 빌드 한 후 실행파일을 얻는 과정에 대하여 자세히 설명하였다. JMVC는 CVS를 통해 얻는 방법이 일반적이고 JMVC는 오픈 소스이기 때문에 JVT 사이트나 인터넷 검색을 통해서도 쉽게 얻을 수 있으리라 생각된다. 이번 장에서는 〈표 5-4〉에 소개되어 있는 JMVC를 구성하는 다양한 프로젝트 파일의 사용법과 구성에 대해 자세히 살펴보기로 한다.

5.2.1 DownConvertStatic 프로젝트

DownConvertStatic 프로젝트를 통해 생성된 바이너리 파일은 인코더에 데이터가 입력되어 부호화되기 전 입력 비디오 시퀀스들을 시/공간적으로 재표본화하는 작업을 수행한다. 다음은 DownConvertStatic프로젝트를 활성화한 후 사용할 수 있는 입력 변수들이다. 여기서 JMVC은 이미 언급한 대로 여러 프로젝트들로 구성되어 있으므로 특정 프로젝트를 구동하기 위해서는 해당 프로젝트만을 활성화해야 한다. 특정 프로젝트의 활성화는 [그림 5-1] Visual Studio 2005의 경우 좌측에 있는 여러 프로젝트 중에서 해당 프로젝트에 마우스를 대로 오른쪽 마우스를 이용하여 Set as StartUp Project 항목을 클릭하면 된다. 일단 해당 프로젝트가 활성화 되면 다른 프로젝트보다 굵은 글씨로 표시된다.

[그림 5-1] 활성화된 "DownconvertStatic" 프로젝트

다음은 DownConvertStatic 프로젝트에 입력 변수설정과 각 입력 변수의 의미를 설명한 것이다.

```
DownConvertStatic <win> <hin> <in>  <wout> <hout> <out>
                  [<method> [<t> [<skip> [<frms> ]]]]
                  [[ -crop <args>] [ -phase <args>]]
 win    : input width  (luma samples)
 hin    : input height (luma samples)
 in     : input file
 wout   : output width  (luma samples)
 hout   : output height (luma samples)
 out    : output file

-------------------------OPTIONAL --------------------------
 method  : rescaling methods (기준값: 0)
         0: normative upsampling
            non-normative downsampling (JVT-R006)
         1:dyadic upsampling (AVC 6-tap (1/2 pel) on odd luma
samples dyadic downsampling (MPEG-4 downsampling                 filter)
         2: crop only
         3: upsampling (Three-lobed Lanczos-windowed sinc)
         4: upsampling ( AVC 6-tap (1/2 pel) + bilinear 1/4 pel)

 t      : number of temporal downsampling stages (기준값: 0)
 skip    : number of frames to skip at start (기준값: 0)
 frms    : number of frames wanted in output file (기준값: max)

-------------------------OVERLOADED --------------------------
 -crop  <type> <parameters>
  type : 0: Sequence level,  1: Picture level
  params   :   IF   Sequence   level:   <x_orig>    <y_orig>    <crop_width>
                                  <crop_height>
           cropping window origin (x,y) and dimensions
           (width and height)
           IF Picture level: <crop_file>
            input file containing cropping window parameters.
            each line has four integer numbers separated by a
            comma    as    following:    "x_orig,    y_orig,    crop_width,
crop_height" for each picture to be resampled;

-phase <in_uv_ph_x> <in_uv_ph_y> <out_uv_ph_x> <out_uv_ph_y>
  in_uv_ph_x :input  chroma phase shift in horizontal
            direction (기준값:-1)
  in_uv_ph_y :input  chroma phase shift in vertical
            direction (기준값: 0)
```

```
  out_uv_ph_x :output chroma phase shift in horizontal
              direction (기준값:-1)
  out_uv_ph_y:output chroma phase shift in vertical
              direction (기준값: 0)
-resample_mode <resample_mode> (기준값: 0)
     0: low-res-frm  = progressive,
        high-res-frm = progressive
     1: low-res-frm  = interlaced,
        high-res-frm = interlaced
     2: low-res-frm  = progressive  (top-coincided),
        high-res-frm = interlaced
     3: low-res-frm  = progressive  (bot-coincided),
        high-res-frm = interlaced
     4: low-res-frm  = interlaced   (top-first)
        high-res-frm = progressive  (double frm rate),
     5: low-res-frm  = interlaced   (bot-first),
        high-res-frm = progressive  (double frm rate)
```

위 재표본기에 언급된 변수 *methods*는 재표본화 과정에 사용되는 방법이나 필터를 의미한다. method에는 네 가지(0, 1, 3, 4)의 값을 가질 수 있으며 다운 표본화의 경우 (0과 1) 두 가지의 값을 갖는다. 별도로 method=2인 경우에는 *crop only* 과정을 나타낸다.

method=0인 경우: 확장 공간 계위성(Extended Spatial Scalability)을 제공하기 위해 사용되는 SVC 표준 업 표본화 방법이 적용된다. 여기서는 Lanczos-3 필터로부터 유도된 기본적으로 정수 계수 값을 갖는 6-탭 필터가 사용된다.

method=1인 경우: 오직 이분법적인 계위 변화만 지원된다. 재표본화 과정에서 존재하지 않는 밝기성분(luminance)화소들은 AVC에서 사용된 반 화소 생성을 위해 사용된 보간(interpolation) 6-탭 보간 필터({1, −5, 20, 20, −5, 1}/32)를 이용하여 얻어지고 색차신호의 경우 매우 간단한 2-탭({16,16}/32) 보간 필터를 이용하여 얻는다. 단 이 경우 입력과 출력 영상의 비율이 반드시 2의 지수 승에 대한 비율이 되어야 한다.

- method=3인 경우: three-lobed Lanczos-windowed sinc 함수를 이용하여 재표본화 작업을 수행한다.
- method=4인 경우: method 1의 경우와 동일하나 입출력의 관계가 이분법적인 비례 관계로 국한되지 않는다.

다음은 4CIF (704×576) 영상을 CIF (352×288) 영상으로 변환하기 위한 명령어이다.

```
DownConvertStatic 704 576 4CIF.yuv 352 288 CIF.yuv
```

다음은 QCIF (176×144 해상도) 영상을 CIF 영상으로 변환하기 위한 명령어이다.

```
DownConvertStatic 176 144 QCIF.yuv 528 432 CIF.yuv
```

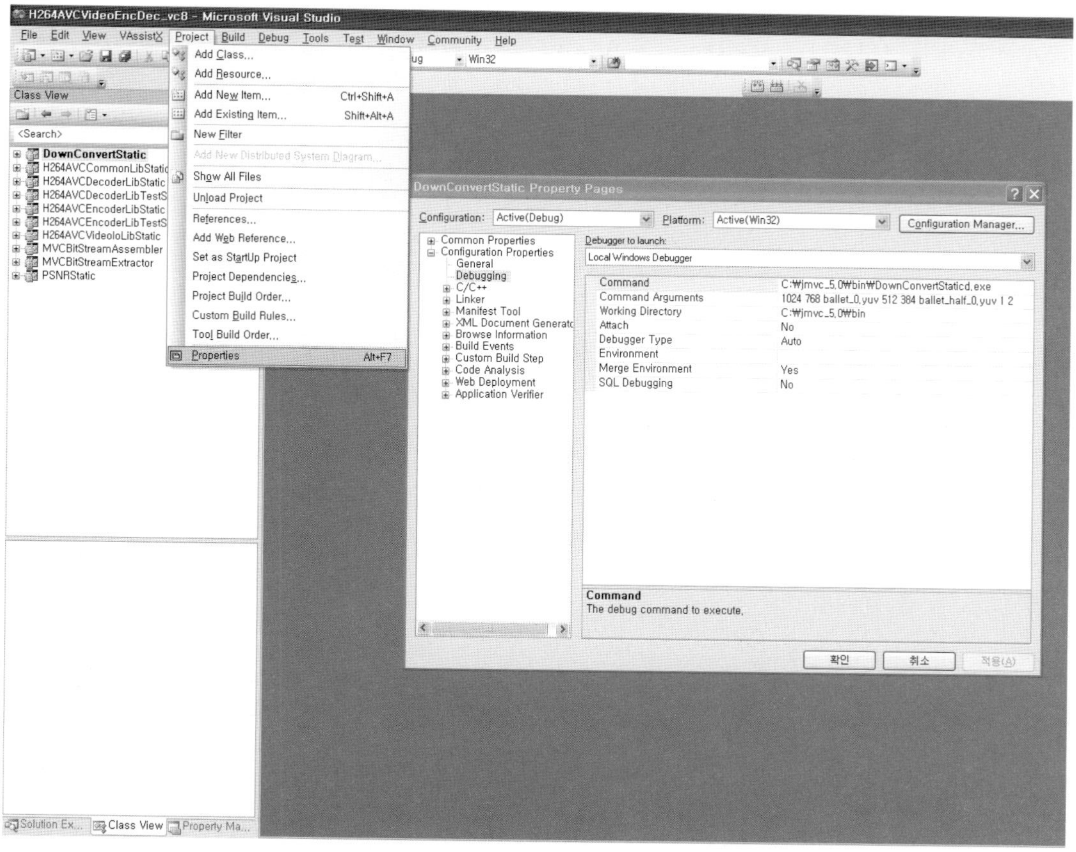

[그림 5-2] 프로젝트 입력 변수 설정 및 구동

일단 위에서 DownConvertStatic 프로젝트 구동에 필요한 입력 인자와 몇 가지 예를 들어 설명하였다. 실제 위에서 사용된 명령어를 이용하여 구동하는 방법에는 여러 가지가 있지만 필자가 사용하는 방법은 [그림 5-2]에 나온 바와 같이 프로젝트가 활성화 된 상태에서 Project/Properties/Debugging의 Command 창에 Down Convert Staticd.exe 파일을 링크시키고 Command Arguments 창에 명령어를 입력한다. Working Directory에는 실행에 필요한 영상 파일이나 환경 설정 파일이 있는 디렉터리를 링크시켜주면 된다.

5.2.2 H264AVCEncoderLibTestStatic 프로젝트

H264AVCEncoderLibTestStatic 프로젝트는 H.264/AVC나 MVC 비트스트림을 생성한다. 아래 예제는 H264AVCEncoderLibTestStatic 실행의 한 예이다. 환경 설정 파일 안에는 인코더 실행을 위한 명령들이 들어있고, view_id는 부호화 될 시점을 의미한다. 인코딩은 각 시점마다 수행된다.

```
H264AVCEncoderLibTestStaticd -vf <환경 설정 file> <view_id>
```

일반적으로 환경 설정 파일은 다수의 환경 설정 파라미터들을 포함하고 있고, 각각의 라인마다 하나의 환경 설정 파라미터가 표현되어 있다. 한 라인에서 '#' 이후의 내용은 주석으로 간주된다. 실제 부호화 과정에서는 각각의 환경 설정 파라미터를 추적하여 그 값을 읽어오기 때문에 환경 설정 파일 내부에서의 순서는 크게 문제가 되지 않는다. 그리고 각각의 파라미터는 기본값(default value)을 가지고 있어서, 파일에 해당 파라미터가 존재하지 않는 경우 기본값으로 대체된다. 그럼 환경 설정 파일의 구성에 대해 좀 더 자세히 알아보기로 한다. 아래 예제는 다시점 비디오 부호화를 위한 환경 설정 파일의 예로, 부호화에 필요한 모든 파라미터를 포함하고 있다.

```
# JMVC Configuration File in MVC mode

#====================== GENERAL ===================================
InputFile             input      # input file
OutputFile            stream     # bitstream file
ReconFile             rec        # reconstructed file
SourceWidth           640        # input  frame width
SourceHeight          480        # input  frame height
```

```
FrameRate               25.0      # frame rate [ Hz]
FramesToBeEncoded      250       # number of frames

#======================== CODING ===============================
SymbolMode               1        # 0=CAVLC, 1=CABAC
FRExt                    1        # 8x8 transform (0:off, 1:on)
BasisQP                 31        # Quantization parameters

#========================= STRUCTURE ============================
GOPSize                 12                  # GOP Size (at maximum frame rate)
IntraPeriod              12                                    # Anchor Period
NumberReferenceFrames  2          # Number of reference pictures
InterPredPicsFirst        1          # 1 Inter Pics 0 Inter-view Pics
DeltaLayer0Quant         0         # differential QP for layer 0
DeltaLayer1Quant         3         # differential QP for layer 1
DeltaLayer2Quant         4         # differential QP for layer 2
DeltaLayer3Quant         5         # differential QP for layer 3
DeltaLayer4Quant         6         # differential QP for layer 4
DeltaLayer5Quant         7         # differential QP for layer 5
PicOrderCntType          0         # Picture order count type (0 or 2)

#=========================== MOTION SEARCH =====================
SearchMode              4          # Search mode (0:BlockSearch, 4:FastSearch)
SearchFuncFullPel         3          # Search function full pel
                                   #   (0:SAD, 1:SSE, 2:HADAMARD, 3:SAD-YUV)
SearchFuncSubPel         2          # Search function sub pel
                                   #   (0:SAD, 1:SSE, 2:HADAMARD)
SearchRange             32         # Search range (Full Pel)
BiPredIter                4          # Max iterations for bi-pred search
IterSearchRange          8          # Search range for iterations (0: normal)

#============================ LOOP FILTER =======================
LoopFilterDisable         0          # Loop filter idc (0: on, 1: off, 2:
                                 #   on except for slice boundaries)
LoopFilterAlphaC0Offset   0          # AlphaOffset(-6..+6): valid range
LoopFilterBetaOffset      0          # BetaOffset (-6..+6): valid range
#====================== WEIGHTED PREDICTION =====================
WeightedPrediction      0          # Weighting IP Slice (0:disable, 1:enable)
WeightedBiprediction    0          # Weighting B  Slice (0:disable, 1:explicit,
                                              2:implicit)

#===================== NESTING SEI MESSAGE ======================
NestingSEI              0          #(0: NestingSEI off, 1: NestingSEI on)
SnapShot              0          #(0: SnapShot off, 1: SnapShot on)

#=================== ACTIVE VIEW INFO SEI MESSAGE ===============
ActiveViewSEI           0          #(0: ActiveViewSEI off, 1: ActiveViewSEI on)
```

```
#=========== VIEW SCALABILITY INFOMATION SEI MESSAGE ===============
ViewScalInfoSEI        0         #(0: ViewScalSEI off, 1: ViewScalSEI on)

#============ MULTIVIEW SCENE INFORMATION SEI MESSAGE =============
MultiviewSceneInfoSEI   1         #(0: off, 1: on)
MaxDisparity                                                          12

#========== MULTIVIEW ACQUISITION INFOMATION SEI MESSAGE ===========
MultiviewAcquisitionInfoSEI  1      #(0: off, 1: on)
AcquisitionInfoFile                                 Camera_ballroom.cfg

#========== PARALLEL DECODING INFORMATION SEI Message =============
PDISEIMessage          0         # PDI SEI message enable (0: disable, 1:enable)
PDIInitialDelayAnc       2         # PDI initial delay for anchor pictures
PDIInitialDelayNonAnc    2         # PDI initial delay for non-anchor pictures

NumViewsMinusOne                     2      # (Number of view to be coded minus 1)
ViewOrder              0-2-1      # (Order in which view_ids are coded)

View_ID
                         0          # (view_id of a view 0 - 1024)
Fwd_NumAnchorRefs                0       # (number of list_0 references for anchor)
Bwd_NumAnchorRefs                 0       # (number of list 1 references for anchor)
Fwd_NumNonAnchorRefs     0       # (number of list 1 references for non-anchor)
Bwd_NumNonAnchorRefs     0       # (number of list 1 references for non-anchor)

View_ID                   1
Fwd_NumAnchorRefs                                                      1
Bwd_NumAnchorRefs                                                      1
Fwd_NumNonAnchorRefs      1
Bwd_NumNonAnchorRefs      1
Fwd_AnchorRefs                                                       0 0
Bwd_AnchorRefs           0 2
Fwd_NonAnchorRefs                                                    0 0
Bwd_NonAnchorRefs                                                    0 2
View_ID                   2
Fwd_NumAnchorRefs                                                      1
Bwd_NumAnchorRefs                                                      0
Fwd_NumNonAnchorRefs      0
Bwd_NumNonAnchorRefs      0
Fwd_AnchorRefs           0 0

NumLevelValuesSignalledMinus1 0

Level_IDC 1
NumApplicableOpsMinus1   0
ApplicableOpTemporalId  0 0
```

```
ApplicableOpNumTargetViewsMinus1  0 2
ApplicableOpNumViewsMinus1  0 2
ApplicableOpTargetViewId    0 0 0
ApplicableOpTargetViewId    0 1 2
ApplicableOpTargetViewId    0 2 1
```

위에 있는 예제 환경 설정 파일에서의 각각의 파라미터의 의미와 역할에 대해 좀 더 자세히 알아보기로 한다.

- `InputFile (string형, default: "in")`: 부호화 할 영상의 파일 이름을 나타낸다. 다시점 영상 부호화의 경우 여러 시점을 하나의 환경 설정 파일을 통해 부호화 할 수 있도록, 파일명을 "시퀀스이름_시점.yuv" 형태로 표현하고 있다. 예를 들어, 8시점의 다시점 영상인 ballet 영상의 경우 그 파일 이름들이 ballet_0.yuv, ballet_1.yuv ... ballet_7.yuv으로 표현된다. 이 경우 InputFile은 "ballet"이 되고, 각 시점은 view_id로 구분된다.
- `OutputFile (string형, default: "test")`: 부호화를 통해 생성된 압축 비트스트림을 나타낸다. InputFile과는 반대로 "ballet"이라는 값을 넣어두면 각 시점이 부호화 될 때마다 ballet_0.264, ballet_1.264와 같은 이름의 비트열을 생성한다.
- `ReconFile (string형, default: "rec")`: 부호화된 원영상에 대한 복원(reconstructed) 영상을 나타낸다. "ballet_rec"이라는 값을 넣어두면 각 시점이 부호화 될 때마다 ballet_rec_0.yuv, ballet_rec_1.yuv와 같은 복원 영상을 생성한다.
- `SourceWidth (unsigned int형, default: 0 (invalid))`: 입력영상의 너비를 의미한다. YUV 색차 형식의 경우 Y 성분 영상에 대한 값이다. 부호화의 기본 단위가 매크로블록 (16×16) 이므로 16의 배수여야 한다.
- `SourceHeight (unsigned int형, default: 0 (invalid))`: 입력영상의 높이를 의미한다. YUV 색차 형식의 경우 Y 성분 영상에 대한 값이다. 부호화의 기본 단위가 매크로블록 (16×16) 이므로 16의 배수여야 한다.
- `FrameRate (double형, default: 60.0)`: 입력영상의 초당 프레임수를 나타낸다.
- `FrameToBeEncoded (unsigned int형, default: 1)`: 입력영상의 한 시점에 대해 부호화 할 전체 프레임수를 나타낸다.

- **SymbolMode (flag형 (0 or 1), default: 1)**: 엔트로피 부호화 방법 결정을 위한 값이다. 0이면 문맥-적응적 가변 길이 부호화(context-adaptive variable length coding, CAVLC)가 사용되고 1이면 문맥-적응적 이진 산술 부호화(context-adaptive binary arithmetic coding, CABAC)이 이용된다. 일반적으로 CABAC이 CAVLC보다 더 좋은 성능을 보인다.
- **FRExt (flag형 (0 or 1), default: 1)**: H.264/AVC의 high profile에서 사용되는 8×8 변환 사용 여부 결정을 위한 값이다. 1이면 8×8 변환이 사용되고, 0이면 사용되지 않는다. 일반적으로 8×8 변환은 4×4 변환만을 이용하는 경우에 비해 더 좋은 부호화 성능을 보이며, 특히 이미지 크기가 큰 경우에 그 효과가 크다.
- **BasisQP (double형, default: 26)**: 부호화를 위한 기본 QP (quantization parameter) 값으로, 일반적으로 계층적 B화면 (hierarchical B picture) 구조에서 Layer 0의 값과 동일하다. 뒤에 나올 DeltaLayerXQuant에 의해 계층별 QP 값이 조정된다.
- **GOPSize (unsigned int형, default: 1)**: MVC에서 기본적으로 사용되는 계층적 B화면 구조의 GOP(group of pictures)는 하나의 anchor 화면과 다수의 계층적 B화면으로 구성되어 있는데, GOPSize는 anchor 화면과 anchor 화면사이의 거리를 의미한다. GOPSize는 FrameRate에 의해 결정되는데 JMVC에서 사용하는 GOP 사이즈는 2, 12, 15의 배수여야 하고, 최대값은 64까지 지원된다.
- **NumReferenceFrames (unsigned int형, default: 2)**: List 0와 List 1에서 사용가능한 참조화면의 수를 나타내며, MVC에서는 2로 설정된다.
- **InterPredPicsFirst (flag형 (0 or 1), default: 1)**: MVC에서 인터 예측과 시점간 예측(inter-view prediction)의 우선순위를 결정하는 변수로, 1이면 참조화면 리스트에서 인터 예측의 우선 순위가 시점간 예측보다 높고, 0이면 시점간 예측 순위가 더 높게 설정된다.
- **DeltaLayerXQuant (double형, default: 0)**: 계층적 B화면에서 X계층에 대한 QP가 QP=BasisQP+DeltaLayerXQuant로 계산된다.
- **PicOrderCntType (unsigned int형, default: 0)**: 부호화 된 비디오 영상의 PicOrderCnt 타입을 의미하고, 0이나 2로 설정된다. 특히 2로 설정되는 경우 GOPSize는 반드시 1이어야 한다.

- `SearchMode (int형, default: 0)`: 움직임 벡터 (motion vector)를 찾는 알고리즘을 결정한다. 0이면 전역 탐색 방법이 사용되고, 4이면 고속 움직임 탐색 방법이 사용된다. 현재 두 가지 방법만 있고, 0과 4 사이에 대한 방법은 정의되지 않았다. 일반적으로는 부호화 시간을 크게 줄이면서 비트율-왜곡 (rate-distortion) 관점에서 큰 손실이 없는 고속 탐색 방법이 선호된다.
- `SearchFuncFullPel (int형, default: 0)`: 정화소 (integer-pel) 단위로 움직임 벡터(motion vector)를 탐색할 때 어떤 왜곡치(distortion measure)를 사용할지를 결정한다.

  0 – 밝기 성분에 대한 SAD (Sum of absolute difference)

  1 – 밝기 성분에 대한 SSD (Sum of squared difference)

  2 – 밝기 성분에 대한 Hadamard 변환된 영역에서의 SAD

  3 – 모든 색상 성분에 대한 SAD
- `SearchFuncSubPel (int형, default: 0)`: 부화소 (sub-pel) 단위로 움직임 벡터(motion vector)를 탐색할 때 어떤 왜곡치(distortion measure)를 사용할지를 결정한다.

  0 – 밝기 성분에 대한 SAD (Sum of absolute difference)

  1 – 밝기 성분에 대한 SSD (Sum of squared difference)

  2 – 밝기 성분에 대한 Hadamard 변환된 영역에서의 SAD
- `SearchRange (unsigned int형, default: 96)`: 움직임 벡터 탐색 범위를 결정한다. 고속 움직임 탐색 방법이 선택된 경우에 대해서는 실제 탐색범위는 좁아지기도 한다.
- `BiPredIter (unsigned int형, default: 4)`: 양방향 예측에서의 움직임 탐색에 대한 반복 횟수를 결정한다. 일반적으로 BiPredIter는 2이상의 값으로 설정되고, 값이 커질수록 B 화면 부호화 효율이 향상된다.
- `IterSearchRange (unsigned int형, default: 8)`: 양방향 예측의 반복적 움직임 탐색을 위한 탐색 범위를 결정한다. 초기 움직임 탐색이 충분이 큰 범위인 SearchRange에 의해 결정되므로, 반복적 탐색에 대한 움직임 탐색 범위는 비교적 작은 값으로 설정된다.

- `LoopFilterDisable (unsigned int형, default: 0)`: 디블록킹 필터를 어떤 방식으로 적용할 것인지를 결정한다.
  0 – 모든 블록의 경계에 디블록킹 필터를 적용한다.
  1 – 디블록킹 필터를 적용하지 않는다.
  2 – 슬라이스의 경계를 제외한 모든 블록의 경계에서 디블록킹 필터를 적용한다.
- `LoopFilterAlphaC0Offset (int형, default: 0)`: 디블록킹 필터의 강도(strength)를 조정하는 alpha offset을 결정한다. –6부터 6까지 설정이 가능하다.
- `LoopFilterBetaOffset (int형, default: 0)`: 디블록킹 필터의 강도(strength)를 조정하는 beta offset을 결정한다. –6부터 6까지 설정이 가능하다.
- `WeightedPrediction (flag형 (0 or 1), default: 0)`: P화면 부호화에 대해 가중 예측(weighted prediction)을 적용할지 말지를 결정한다. 0이면 사용하지 않고, 1이면 사용한다. 가중치는 부호화 과정에서 예측되고 해당 정보가 부호화 되어 전송된다.
- `WeightedBiPrediction (unsigned int형, default: 0)`: B화면 부호화에 대한 가중 예측을 적용유무와 적용하는 경우 어떤 방식을 적용할지는 결정한다. 0이면 가중 예측을 사용하지 않는다. 1이면 명시적 (explicit) 가중 예측 방법이 적용되는데 이 경우 가중치가 부호화 과정에서 예측되어, 이에 대한 정보를 부호화여 전송한다. 2이면 함축적 (implicit) 가중 예측 방법이 적용되는데, 이 경우에는 가중치를 현재 부호화 하고자 하는 화면과 참조 화면간의 거리를 고려하여 결정한다.
- `NestingSEI (unsigned int형, default: 0)`: Scalable NestingSEI 메시지를 사용할지 말지를 결정한다. 0이면 NestingSEI를 사용하지 않고, 1이면 SnapShot이 사용되는 경우면 nestingSEI를 사용한다.
- `SnapShot (unsigned int형, default: 0)`: SnapShot SEI 메시지를 사용할지 말지를 결정한다. 0이면 SnapShotSEI를 사용하지 않고, 1이면 SnapShotSEI를 사용한다.
- `ActiveViewSEI (unsigned int형, default: 0)`: Active View Information SEI(AVI)를 사용하지 말지 결정한다. 1이면 사용하고 0이면 사용하지 않는다.
- `ViewScalInfoSEI (unsigned int형, default: 0)`: View Scalability Information SEI(ViewScalInfo)를 사용하지 말지 결정한다. 1이면 사용하고 0이면 사용하지 않는다.

- **MultiviewSceneInfoSEI (unsigned int형, default: 0)**: Multiview Scene Information SEI(MultiviewSceneInfo)를 사용하지 말지 결정한다. 1이면 사용하고 0이면 사용하지 않는다.
- **MaxDisparity (unsigned int형, default: 0)**: MultiviewSceneInfoSEI가 1인 경우에 최대 변이값(disparity)을 결정한다. 값은 0 이상이어야 한다.
- **MultiviewAcquisitionInfoSEI (unsigned int형, default: 0)**: Multiview Acquisition Information SEI (MultiviewAcquisitionInfoSEI) 메시지 사용 유무를 결정한다. 0이면 사용하지 않고 1이면 사용한다.
- **AcquisitionInfoFile**: MultiviewAcquisitionInfoSEI이 1인 경우 Multiview Acquisition Information을 포함하는 파일 이름을 정의한다. 아래는 Multiview Acquisition Information에 대한 예이다. 관련 내용을 좀 더 자세히 알고 싶으면 JVT문서 JVT-Z038이나 JVT-W060을 참고하면 된다. 해당 문서는 JVT 사이트 (http://wftp3.itu.int/av-arch/jvt-site/)에서 구할 수 있다.
- **PDISEIMessage (unsigned int형, default: 0)**: Parallel Decoding Information (PDI) SEI 메시지 사용 유무를 결정한다. 0이면 사용하지 않고 1이면 사용한다.
- **PDIInitialDelayAnc (unsigned int형, default: 0)**: PDISEIMessage가 1인 경우에 한해, anchor 화면에 대해 사용가능한 참조 영역을 결정하고, 그 값은 2보다 크거나 같아야 한다.
- **PDIInitialDelayNonAnc (unsigned int형, default: 0)**: PDISEIMessage가 1인 경우에 한해, non-anchor 화면에 대해 사용가능한 참조 영역을 결정하고, 그 값은 2보다 크거나 같아야 한다.
- **NumViewMinusOne (unsigned int형 (0-1023): 7)**: 부호화 할 전체 시점의 수에서 1을 뺀 값을 결정한다. 0부터 1023까지 가능하다.
- **ViewOrder (string형 (numbers): 0)**: 부호화 할 시점의 순서를 결정한다. 각 숫자는 view_id를 의미한다.
- **View_ID (unsigned int형 (0-1024): 0)**: 부호화 할 시점이 몇 번째 시점인지를 알려주는 값이다. 다음에 소개되는 파라미터들에 의해 부호화에 관한 세부 사항들이 결정된다.
- **Fwd_NumAnchorRefs (unsigned int형 (0-xx): 0)**: 해당 View_ID의 시점을 부호화 할 때 Anchor화면에 대한 List 0의 수를 결정한다.

- **Bwd_NumAnchorRefs (unsigned int형 (0-xx): 0)**: 해당 View_ID의 시점을 부호화 할 때 Anchor화면에 대한 List 1의 수를 결정한다.
- **Fwd_NumNonAnchorRefs (unsigned int형 (0-xx): 0)**: 해당 View_ID의 시점을 부호화 할 때 non-Anchor화면에 대한 List 0의 수를 결정한다.
- **Bwd_NumNonAnchorRefs (unsigned int형 (0-xx): 0)**: 해당 View_ID의 시점을 부호화 할 때 non-Anchor화면에 대한 List 1의 수를 결정한다.
- **Fwd_AnchorRefs (pair of unsigned int)**: 한 쌍의 수로 구성되어 있는데 첫 번째 숫자는 anchor 화면의 List 0에 대한 상대적인 참조 인덱스이고, 두 번째 숫자는 view_id를 의미한다. 현재는 상대적인 참조화면 인덱스에 하나의 값만을 설정하도록 제한되어 있고, 그 값은 0이어야 한다.
- **Bwd_AnchorRefs (pair of unsigned int)**: 한 쌍의 수로 구성되어 있는데 첫 번째 숫자는 anchor 화면의 List 1에 대한 상대적인 참조 인덱스이고, 두 번째 숫자는 view_id를 의미한다. 현재는 상대적인 참조화면 인덱스에 하나의 값만을 설정하도록 제한되어 있고, 그 값은 0이어야 한다.
- **Fwd_NonAnchorRefs (pair of unsigned int)**: 한 쌍의 수로 구성되어 있는데 첫 번째 숫자는 non-anchor 화면의 List 0에 대한 상대적인 참조 인덱스이고, 두 번째 숫자는 view_id를 의미한다. 현재는 상대적인 참조화면 인덱스에 하나의 값만을 설정하도록 제한되어 있고, 그 값은 0이어야 한다.
- **Bwd_NonAnchorRefs (pair of unsigned int)**: 한 쌍의 수로 구성되어 있는데 첫 번째 숫자는 non-anchor 화면의 List 1에 대한 상대적인 참조 인덱스이고, 두 번째 숫자는 view_id를 의미한다. 현재는 상대적인 참조화면 인덱스에 하나의 값만을 설정하도록 제한되어 있고, 그 값은 0이어야 한다.
- **NumLevelValueSignalledMinus1 (unsigned int형 (0-63): 0)**: 부호화 되는 영상의 level values signalled minus 1의 값을 결정한다. 그 범위는 0부터 63까지이다.
- **Level_IDC (unsigned int형 (0-1023): 0)**: level_idc를 결정하고, 다음에 소개되는 파라미터들에 의해 제어된다.
- **NumApplicableOpsMinus1 (unsigned int형 (0-1023): 0)**: 해당값에 1을 더한 값이 Level_IDC에 의해 결정된 level에 대한 실행 점(operation point)의 수를 결정한다.

- ApplicableOpTemporalId (pair of unsigned int) : 한 쌍의 숫자로 구성되는데, 첫 번째 숫자는 Level_IDC에 의해 결정된 level에 대한 실행 포인트의 인덱스를 의미하고, 두 번째 숫자는 상응하는 실행 점의 temporal_id를 의미하는데 그 값은 0에서 1023까지 설정이 가능하다.
- ApplicableOpNumTargetViewsMinus1 (pair of unsigned int) : 한 쌍의 숫자로 구성되는데, 첫 번째 숫자는 Level_IDC에 의해 결정된 level에 대한 실행 포인트의 인덱스를 의미하고, 두 번째 숫자는 상응하는 실행 점의 target output views minus 1을 의미하고 그 값은 0에서 1023까지 설정이 가능하다.
- ApplicableOpNumViewsMinus1 (pair of unsigned int) : 한 쌍의 숫자로 구성되는데, 첫 번째 숫자는 Level_IDC에 의해 결정된 level에 대한 실행 포인트의 인덱스를 의미하고, 두 번째 숫자는 상응하는 실행점에 대해 목표 시점에 의존적이긴 하나 목표 시점에 속하지 않는 시점의 수들을 의미하고 그 값은 0부터 1023까지 설정이 가능하다.
- ApplicableOpTargetViewId (triplet of unsigned int) : 첫 번째 숫자는 Level_IDC에 의해 결정된 level에 대한 실행 포인트의 인덱스를 의미하고, 두 번째 숫자는 목표 시점의 인덱스를 의미한다. 마지막으로 세 번째 숫자는 상응하는 실행점에 대한 목표 시점(applicable_op_target_view_id)을 의미하고, 그 값은 0부터 1023까지 설정이 가능하다.

5.2.3 H264AVCDecoderLibTestStatic 프로젝트

H264AVCDecoderLibTestStatic 프로젝트는 H.264/AVC나 MVC 비트스트림을 복호하여 복원 영상을 생성한다. 아래 예제는 H264AVCDecoderLibTestStatic 실행의 한 예이다.

```
H264AVCDecoderLibTestStaticd <str> <rec> <numViews>

     str: bitstream file (input)
     rec: reconstructed video sequence (output)
     numViews: number of view in bitstream
```

환경 설정 파일 안에는 인코더 실행을 위한 명령들이 들어있고, view_id는 부호화 될 시점을 의미한다. 인코딩은 각 시점마다 수행된다.

5.2.4 MVCBitStreamAssembler 프로젝트

MVCBitStreamAssember는 부호화 된 각 시점의 비트스트림을 하나로 통합하는 툴이다. 환경 설정 파일에 통합을 위한 파라미터들이 설정되어 있는데, 통합된 비트스트림은 부호화 된 순서와 동일하고, 환경 설정 파일인 assemblere.cfg에 대한 예제는 다음과 같다.

```
#=================== Assembler: View Encode order ===================
OutputFile              ballroom.264
NumberOfViews            8
InputFile0              stream_0.264
InputFile1              stream_2.264
InputFile2              stream_1.264
InputFile3              stream_4.264
InputFile4              stream_3.264
InputFile5              stream_6.264
InputFile6              stream_5.264
InputFile7              stream_7.264
```

MVCBitStreamAssember의 실행법은 다음과 같다.

```
MVCBitStreamAssemblerStaticd -vf assembler.cfg
```

5.2.5 MVCBitStreamExtractor 프로젝트

MVC 비트스트림에서 하위 스트림(sub-stream)을 추출하는 툴이다. 하위 스트림이란 전체 시점중 일부 시점에 대한 스트림을 의미한다. 사용법은 다음과 같다.

```
MVCBitStreamExtractorStaticd InputStream [ OutputStream | [ -op] ]
InputStream: filename for the input bitstream
OutputStream: filename for the output bitstream
 -op Op -> extract the corresponding packets with operation point id = Op
```

사용 예제는 다음과 같다.

```
MVCBitStreamExtractorStaticd input.264 output.264 -op 0
```

5.2.6 PSNRStatic 프로젝트

PSNRStatic 프로젝트는 두 비디오 영상 사이의 PSNR(peak-signal-to-noise-ratio)을 측정하기 위한 툴로서 다음과 같은 입력 변수 구조를 갖는다.

```
PSNRStaticd <w> <h> <org> <rec> [ <t> [ <skip> [ <strm> <fps>] ] ]

   w: original width  (luma samples)
   h: original height (luma samples)
 org: original file
 rec: reconstructed file
   t: number of temporal downsampling stages (default: 0)
skip: number of frames to skip at start      (default: 0)
strm: coded stream
frms: frames per second
```

5.3 배치(batch) 파일 사용법

5.3.1 배치 파일

컴퓨터가 일을 처리하는 방식은 사용자가 명령을 입력하면 그 명령에 따라 일을 수행하는 방식이다. 현재는 윈도우라는 운영체제가 널리 사용되고 있으나, 윈도우 이전인 도스라는 운영체제가 사용되던 시기에는 사용자가 도스 프롬프트 (prompt) 상에서 키보드를 통해 직접 타이핑해서 명령을 내렸고, 하나의 명령이 처리 되고 나면 다음 명령을 처리하는 식이었다. 이 경우 명령에 대한 작업이 간단하거나 오랜 시간이 걸리지 않는다면 상관이 없지만 그 과정이 길고 복잡한 경우에는 사용자가 컴퓨터 앞에 앉아서 결과를 기다려야 하는 불편함이 있었다. 이러한 상황에 대한 해결책이 바로 배치파일이다.

배치파일은 여러 명령을 하나의 파일에 담아 배치파일만 실행함으로써 배치파일에 있는 다수의 명령을 수행할 수 있도록 한 것이다. 배치파일은 test.bat와 같이 bat라는 확장자를 갖는다. 다른 실행파일인 .com이나 .exe이 기계어 코드로 구성된 것과 달리 배치파일은 사람이 해석할 수 있는 일반 텍스트로 이루어져 있다. 때문에 사용자들이 일반적인 텍스트 프로그램을 통해 배치 파일을 작성이 가능하다.

5.3.2 MVC에 배치 파일 활용법

다시점 비디오의 참조 레퍼런스 소프트웨어인 JMVC는 H.264/AVC 기반으로 구성되어 있다. JMVC는 다시점 영상을 부호화해야 하기 때문에 기존의 단일시점 영상에 비해 그 복잡도가 높은 편이다. 일례로 1024x768 사이즈의 8시점 영상을 JMVC를 통해 부호화하는 경우 부호화에 필요한 8번의 인코딩 명령을 수행해야 하고, 이 경우 전체 부호화 시간은 하루를 꼬박 넘기기도 한다. 그리고 부호화 과정이 순차적으로 진행되어야 하므로, 여러 시점을 동시에 부호화 할 수도 없다. 때문에 이런 경우 배치파일을 활용하면 보다 편리한 환경에서 실험을 할 수 있다.

아래 예제는 8시점의 다시점 영상인 Ballet 영상을 부호화하기 위한 배치파일의 예이다. 아래 내용을 텍스트 프로그램에서 작성하여 해당 파일을 test.bat로 저장하고 실행하면 된다. 이 경우 배치파일이 위치한 폴더에 실행파일과 환경 설정 파일이 같은 폴더에 저장되어 있어야 한다. 라인별로 살펴보면 ballet 영상을 0-2-1-4-3-6-5-7 시점의 순서로 부호화 하는 경우이다. 부호화에 관련된 파라미터는 ballet.cfg 파일에 담겨있다. ">" 기호는 부호화 기록을 텍스트 파일에 저장하기 위한 명령이다. 첫 번째 라인의 경우 부호화 결과가 ballet_0.txt 파일에 저장되게 된다. 배치파일을 이용하면 사용자는 오랜 시간동안 컴퓨터 앞에 앉아서 결과를 기다릴 필요가 없이 나중에 결과 파일만을 취합하면 된다.

```
H264AVCEncoderLibTestStaticd.exe -vf ballet.cfg 0 > ballet_0.txt
H264AVCEncoderLibTestStaticd.exe -vf ballet.cfg 2 > ballet_2.txt
H264AVCEncoderLibTestStaticd.exe -vf ballet.cfg 1 > ballet_1.txt
H264AVCEncoderLibTestStaticd.exe -vf ballet.cfg 4 > ballet_4.txt
H264AVCEncoderLibTestStaticd.exe -vf ballet.cfg 3 > ballet_3.txt
H264AVCEncoderLibTestStaticd.exe -vf ballet.cfg 6 > ballet_6.txt
H264AVCEncoderLibTestStaticd.exe -vf ballet.cfg 5 > ballet_5.txt
H264AVCEncoderLibTestStaticd.exe -vf ballet.cfg 7 > ballet_7.txt
```

Chapter 06 DERS/VSRS 매뉴얼

본 장에서는 MPEG 3DVC(3D video coding) 그룹에서 운영되고 있는 깊이영상 예측을 위한 공개 소프트웨어의 최신 버전인 DERS 5.0(depth estimation reference software)와 VSRS 3.5(view synthesis reference software)의 사용법과 소프트웨어 구성에 관한 세부 사항들을 기술하고자 한다. 구체적으로 윈도우즈와 리눅스 환경에서 소프트웨어 빌드 방법과 환경 설정 파일에 관한 세부 사항 및 각각의 프로젝트의 구성과 기능에 대해서 기술하고자 한다.

6.1 DERS/VSRS 개요

DERS는 3차원 비디오와 자유시점 TV에 관한 표준화를 위해 ISO/IEC 산하 MPEG의 3차원 비디오 부호화(3DVC) 그룹에서 개발하고 있는 깊이영상 예측 참조 소프트웨어이고, VSRS는 가상영상 합성을 위한 참조 소프트웨어이다. 현재 3DVC 그룹의 표준화가 진행 중인 관계로 해당 소프트웨어는 매번 MPEG 미팅의 결과를 바탕으로 발전되어가고 있다. DERS와 VSRS는 C++를 기반으로 구현되어 있고, 모든 소스코드도 공개되어 있다. 이번 절에서는 최신 DERS와 VSRS을 SVN를 통해 받는 방법과 각 소프트웨어를 윈도우즈 환경과 리눅스 환경에서 구동하는 방법에 대해 설명한다.

6.1.1 최신 버전의 DERS/VSRS 구하기

현재 DERS는 MPEG sc29wg11 웹 사이트의 SVN 서버를 통해 관리되고 있다. SVN(SubVersioN)은 CVS(Concurrent Version System)와 함께 대표적인 소프트웨

어 버전 관리 프로그램으로 널리 이용되고 있다. 대표적인 SVN 프로그램은 Tortoise SVN이고 다른 SVN 클라이언트를 통해서도 접속이 가능하다. DERS 서버는 소프트웨어 관리자 그룹을 제외하고는 읽기 권한만 허용되어 있어, 해당 소프트웨어를 다운 받을 수 있으나 임의로 수정할 수는 없다. 〈표 6-1〉은 SVN 서버 접속을 위한 정보이다.

〈표 6-1〉 SVN 접근을 위한 매개변수

url address for DERS:	http://wg11.sc29.org/svn/repos/MPEG-4/test/trunk/3D/depth_estimation/DERS/DERS
url address for VSRS:	http://wg11.sc29.org/svn/repos/MPEG-4/test/trunk/3D/view_synthesis/VSRS
user name:	sc29wg11
password:	MPEG 사이트의 password와 동일하고 매번 미팅마다 업데이트 됨

대표 SVN 프로그램인 TortoiseSVN를 http://tortoisesvn.net/downloads에서 내려 받은 후 설치하고 난 후, [그림 6-1]과 같이 임의 폴더에서 내보내기 (export) 메뉴를 통해 DERS나 VSRS를 다운 받을 수 있다. 내보내기를 선택한 후 [그림 6-2]와 같이 〈표 6-1〉의 url, username, password를 입력하면 DERS에 대한 다운로드가 시작된다.

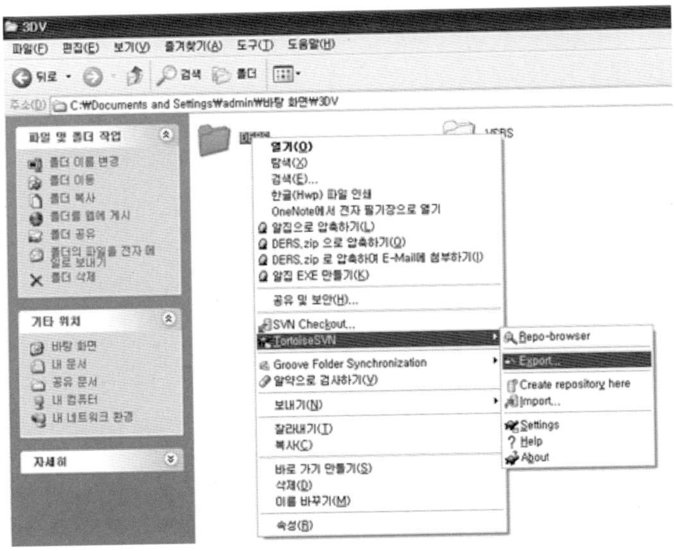

[그림 6-1] TortoiseSVN의 내보내기 메뉴

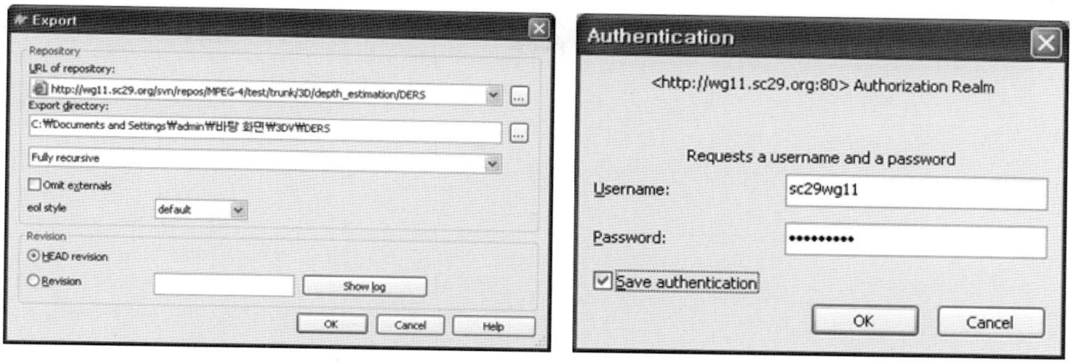

[그림 6-2] TortoiseSVN을 이용한 DERS의 다운로드

6.1.2 SVN 구조

위에서 언급한 방법을 통해 DERS에 접근하면, DERS 폴더가 생성되며, 해당 폴더의 디렉토리 구조는 〈표 6-2〉에 자세히 설명되어 있다. bin 폴더와 lib 폴더는 5.1.4절에서 명시한대로 소프트웨어를 빌드하는 과정에 생성되며 DERS 폴더는 소프트웨어를 빌드하고 실행하는데 필요한 모든 파일들을 포함하고 있다.

DERS/CommonLibStatic 폴더에는 DERS와 VSRS에서 공통으로 사용되는 소스 파일이나 헤더 파일들이 포함되어 있다. *DERS/DepthEstLibStatic*에는 DERS를 위한 소스 파일 및 헤더 파일들이 포함되어 있고, *DERS/DepthEst*에는 DERS의 응용을 위한 소스 파일 및 헤더 파일들이 포함되어 있다. *ders_change.txt* 파일에는 DERS 버전 1.0부터 최신 버전까지의 업데이트된 내용들이 정리되어 있다.

〈표 6-2〉 DERS SVN 구조

폴 더	내 용
DERS	DERS의 소스코드와 프로젝트 파일들이 위치한다. 빌드와 DERS 구동에 필요한 모든 파일이 이 폴더에 저장되어 있다.
DERS/windows	Microsoft Visual Studio 6과 Microsoft Visual Studio.Net을 위한 워크 스페이스가 제공되어 있다.
DERS/linux	리눅스를 위한 makefile이 제공되어 있다.
DERS/DepthEst	DERS 응용 빌드를 위한 소스 및 프로젝트 파일들이 포함되어 있다.
DERS/DepthEstLibStatic	DERS 라이브러리를 위한 소스 및 프로젝트 파일들이 포함되어 있다.
DERS/CommonLibStatic	VSRS와 DERS의 공통 라이브러리에 대한 소스 및 프로젝트 파일들이 포함되어 있다.
DERS/camera_parameter_files	실험영상에 대한 카메라 매개변수 파일들이 포함되어 있다.
DERS/configuration_files	DERS 구동을 위한 옵션들이 저장되어 있는 환경 설정(configuration) 파일이 포함되어 있다.
DERS/bin	DERS를 빌딩하고 나서 실행파일들이 위치하는 곳이다.
DERS/lib	DERS를 빌딩하고 나서 라이브러리 파일들이 위치하는 곳이다.
DERS/doc	DERS의 매뉴얼과 로그(log) 파일들이 위치한다.

6.1.3 OpenCV

DERS와 VSRS를 컴파일하기 위해서는 해당 컴퓨터에 OpenCV 라이브러리가 반드시 설치되어 있어야 한다. OpenCV는 인텔에서 개발한 강력한 영상처리 라이브러리로 현재 버전 2.2.0까지 나와 있으며, 윈도우나 리눅스 플랫폼에서 사용이 가능하다. 기초 영상처리부터 고급 수준의 영상처리 기술까지 다양한 컴퓨터 비전 관련 영상 처리 알고리즘들이 함수로 구현되어 있다. 3D 관련 오픈 라이브러리인 OpenGL과 유사하다고 생각하면 된다. OpenCV는 아래 링크에서 받을 수 있다. 현재 DERS와 VSRS 구동을 위해서는 버전 1.1을 추천한다. 다음은 Microsoft Visual Studio 2005에서의 OpenCV1.1 버전의 설정에 대해 살펴본다.

```
http://sourceforge.net/projects/opencvlibrary/files/
```

먼저 위에서 소개한 사이트에서 OpenCV1.1을 다운 받은 후 설치를 한다. 현재 배포되어 사용되는 OpenCV1.1은 일부 오류를 포함하고 있어 다음과 같은 과정을 거쳐 오류를 수정한 후 사용하길 권장한다. 다운받은 OpenCV1.1을 디렉터리의 변경이 없이 설치하면 C:₩Program Files₩OpenCV에 설치된다. 이후 C:₩Program Files₩OpenCV₩bin에서 bin 폴더를 백업 후 bin 폴더의 파일을 모두 삭제하고, C:₩Program Files₩OpenCV₩_make 폴더의 opencv.dsw 혹은 opencv.vs2005.sln을 실행한다. 해당 프로젝트 헤더 파일 중 cvaux.h 파일을 열어 Ctrl+G를 누른 후 1167 번째 줄의 오류를 [그림 6-3]과 같이 수정해야 한다.

```
CvMemStorage*   storage;        /*storage for 뺁oreground_regions?/
CvSeq*          foreground_regions /*foreground object contours*/
```

```
CvMemStorage*   storage;        /*storage for 뺁oreground_regions*/
CvSeq*          foreground_regions /*foreground object contours*/
```

[그림 6-3] cvaux.h 파일의 오류 수정

다음은 [그림 6-4]와 같이 메뉴에서 Build - Batch Build 실행 후 Platform 버튼을 눌러 정렬 후, Win32 Release, Win32 Debug와 관련 항목만 선택 후 빌드 해준다.

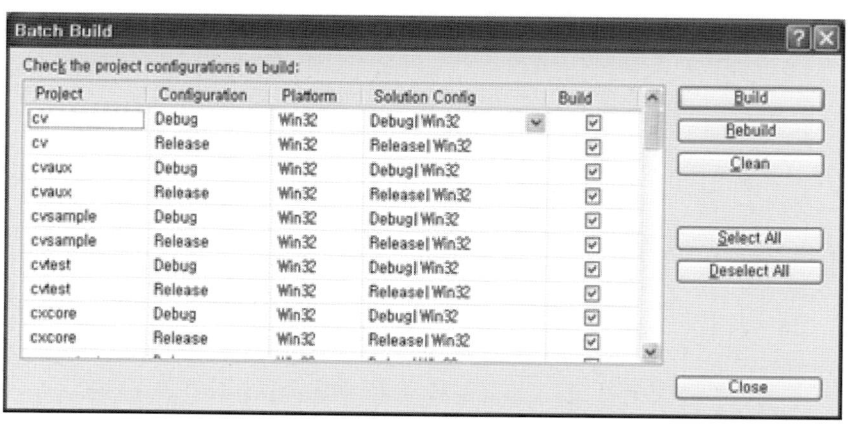

[그림 6-4] 배치 빌드 (batch build)

이 과정을 거치고 나면 C:₩Program Files₩OpenCV₩bin에서 새롭게 생성된 파일들을 볼 수 있을 것이다. 이후 백업해둔 bin 폴더에서 ffopencv110.dll, msvcp80.dll, vcomp.dll을 다시 C:₩Program Files₩OpenCV₩bin으로 복사해준다. 이후 메뉴에서 Tool-Options-Project and Solution-VC++Directories 탭에서 [그림 6-5]와 같이 Include files에 다음 항목을 추가해준다.

- C:₩Program Files₩OpenCV₩cv₩include
- C:₩Program Files₩OpenCV₩cvaux₩include
- C:₩Program Files₩OpenCV₩cxcore₩include
- C:₩Program Files₩OpenCV₩otherlibs₩_graphics₩include
- C:₩Program Files₩OpenCV₩otherlibs₩highgui
- C:₩Program Files₩OpenCV₩apps₩HaarTraining₩include

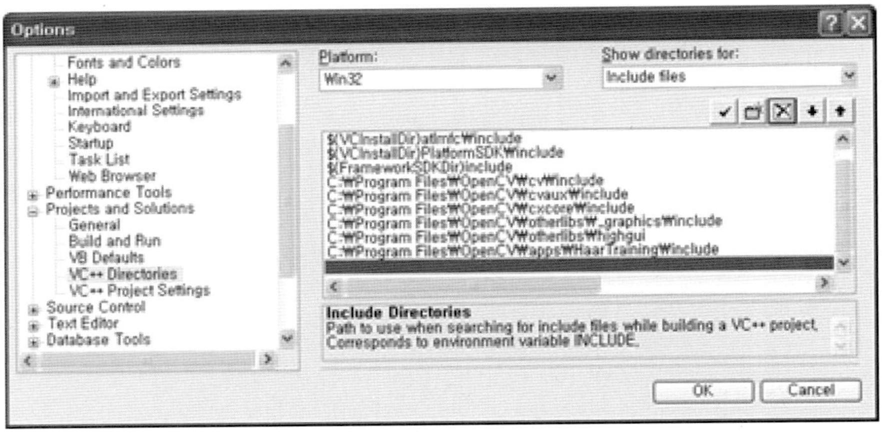

[그림 6-5] Include files 설정

다음은 동일한 방법으로 [그림 6-6]과 같이 Library files에 아래 항목을 추가해준다.

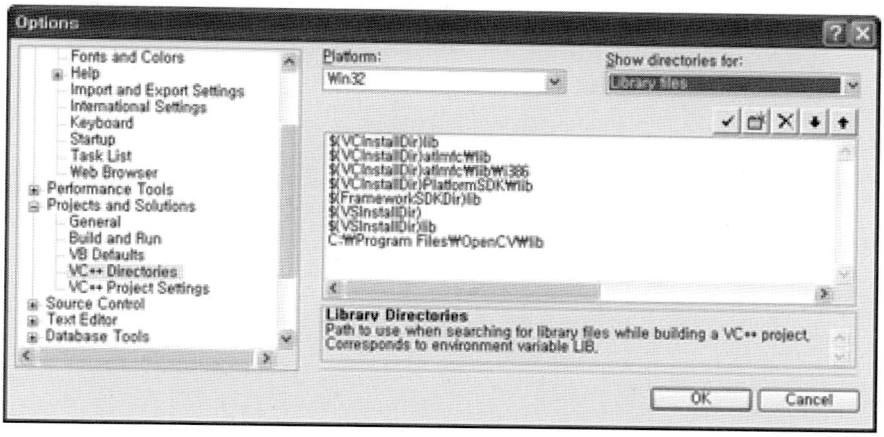

[그림 6-6] Library files 설정

위 과정을 거치면 OpenCV 사용에 대한 설정이 끝난다. 추가적으로 DERS나 VSRS에서 OpenCV를 사용할 때 해당 프로젝트에 다음과 같은 설정을 해줘야 한다. 먼저 DERS나 VSRS의 메뉴에서 Project – Properties – Configuration Properties – Linker – Input – Additional Dependencies란에 cv.lib, cxcore.lib, highgui.lib를 추가한다. 그리고 해당 프로젝트의 작업 디렉터리 폴더에 cv110.dll, cxcore110.dll, highgui110.dll을 복사한다.

6.1.4 DERS/VSRS 빌드

DERS는 Microsoft Visual Studio .Net이나 Visual Studio 6과 같은 윈도우즈 플랫폼이나 gcc와 같은 리눅스 플랫폼에서 빌드가 가능하다. 빌드 방법에 대해서는 6.1.4.1과 6.1.4.2에서 자세히 살펴보기로 한다. DERS는 C++로 짜여져 있기 때문에 C++ 컴파일러를 제공하는 다른 플랫폼에서도 빌드가 가능하나 올바른 구동을 보장하지는 못한다. 모든 라이브러리는 정적 라이브러리로 모든 실행파일들은 정적으로 라이브러리들과 연결된다. VSRS의 경우도 DERS와 동일한 방식으로 구동이 가능하다.

6.1.4.1 Microsoft Visual Studio를 이용한 윈도우즈 플랫폼

DERS/windows 폴더에는 Microsoft Visual Studio.NET 워크스페이스인 DERSVC7.sln이 있다. DERS를 빌드하기 위해서는 이 워크스페이스를 열고 빌드하면 된다. Microsoft Visual C++ 6.0을 사용하는 경우에는 DERS/windows 폴더의 DERSVC6.dsw 워크스페이스를 이용하면 되는데, 현재 DERS는 .NET을 기반으로 개발되고 관리되고 있기 때문에 정확한 구동을 위해서는 .NET을 이용할 것을 권한다. 때때로 Visual C++ 6.0의 소스는 제대로 작동하지 않을 수 있다. 앞에서 소개한 OpenCV 설정을 해주고 [그림 6-7]과 같이 프로젝트 실행 파일, 환경 설정 파일, 작업 디렉터리를 설정해준다.

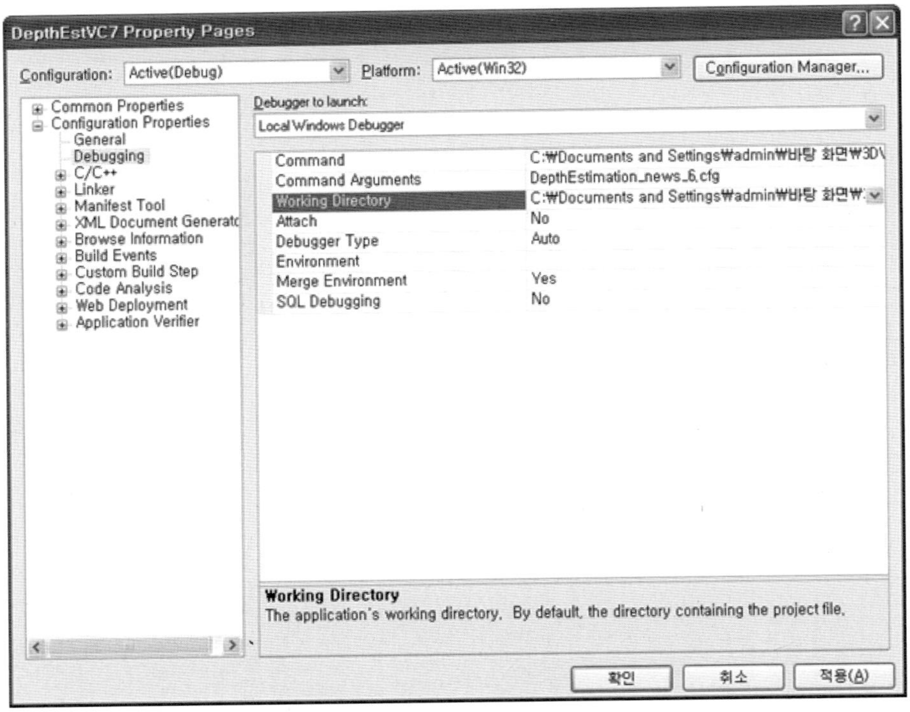

[그림 6-7] DERS 구동을 위한 실행 파일, 환경 설정 파일, 작업 디렉터리 설정

빌드를 하고 나면 bin 폴더와 lib 폴더에 다음과 같은 바이너리파일과 라이브러리 파일이 생겼음을 확인할 수 있다. 디버깅 모드로 빌드한 경우와 릴리즈 모드로 빌드한 경우에 대해 다른 실행파일과 라이브러리 파일들이 생성되는데, 디버깅 모드인 경우 .exe 나 .lib 앞에 d라는 문자가 하나 더 있음을 확인할 수 있다.

```
===== binaries =====
bin/DepthEst.exe
bin/DepthEstd.exe

===== libraries =====
CommonLibStatic/Debug/CommonLibStatic.lib
CommonLibStatic/Release/CommonLibStatic.lib
DepthEstLibStatic/Debug/DepthEstLibStatic.lib
DepthEstLibStatic/Release/DepthEstLibStatic.lib
```

6.1.4.2 gcc 컴파일러를 이용한 리눅스 플랫폼

DERS/linux 폴더를 보면 gcc 컴파일러를 이용해 리눅스에서 빌드할 수 있는 Make 파일이 있다. 빌드 방법은 단순히 Make 파일이 위치한 디렉터리로 이동한 후 아래와 같이 Make 명령을 실행하면 컴파일이 수행된다.

```
cd DERS/linux
make
```

make라는 명령어 대신 make release나 make debug 명령어를 이용하면, 릴리즈 모드나 디버그 모드만을 위한 빌드를 할 수 있다. 윈도우즈 플랫폼에서와 마찬가지로 디버그 모드에서 빌드를 한 경우 d라는 문자를 추가하여 릴리즈 모드와 구분하고 있다. 다음은 리눅스에서 빌드를 한 후 생성된 바이너리 파일들과 라이브러리 파일들이다.

```
===== binaries =====
bin/DepthEst
bin/DepthEsd

===== libraries =====
lib/libDepthEstLibStatic.a
libDepthEstLibStaticd.a
lib/libCommonLibStatic.a
lib/libCommonLibStaticd.a
```

6.1.5 바이너리 및 라이브러리 파일

<표 6-3> 과 <표 6-4>에는 DERS와 VSRS 패키지에 포함된 실행파일과 라이브러리 파일에 관한 내용을 나타내었다. 이전 절에 이미 언급한 바와 같이 실행파일과 라이브러리 파일의 이름은 빌드 플랫폼이 release/debug 모드에 따라 그 이름이 결정되게 된다.

<표 6-3> DERS와 VSRS에서 제공하는 라이브러리 파일 및 기능

라이브러리	기 능
DepthEstLibStatic	깊이영상 예측에 사용되는 클래스들이 포함되어 있다.
ViewSynLibStatic	가상 영상 합성에 사용되는 클래스들이 포함되어 있다.
CommonLibStatic	DERS와 VSRS에서 공통으로 사용되는 클래스들을 포함하고 있다.

<표 6-4> DERS와 VSRS에서 제공하는 실행파일 및 기능

실행파일	기 능
DepthEst	깊이영상 예측을 위한 실행파일이다.
ViewSyn	가상 영상 합성을 위한 실행파일이다.

6.2 DERS 사용과 구성

앞장에서 최신 DERS와 VSRS를 다운로드하는 법과, 이를 빌드 한 후 실행파일을 얻는 과정에 대하여 자세히 설명하였다. 이번 장에서는 깊이 예측에 관한 이해를 돕기 위해 관련 내용을 간략히 설명한 후, <표 6-4>에 소개되어 있는 DERS를 구성하는 프로젝트 파일의 사용법과 환경 설정에 대해 자세히 살펴보기로 한다.

6.2.1 깊이 예측에 관한 이해

깊이(depth)란 카메라와 3차원 공간상의 객체 사이의 거리 정보를 의미하는 3차원 데이터이다. 깊이 정보를 얻기 위한 방법은 깊이 카메라 등 센서를 직접적으로 이용하는 능동형 센서 방법과 앞서 소개한 DERS와 같이 여러 시점의 영상을 이용하여 깊이를 계산적으로 예측하는 수동형 센서 방법으로 나눌 수 있다. 현재 MPEG 내의 3차원

비디오 부호화 그룹에서는 DERS를 이용한 깊이 예측 방법을 사용하고 있다. 깊이영상은 일반적으로 8비트의 4:0:0 혹은 4:2:0 영상으로 표현한다. [그림 6-8]과 같이 가까운 객체는 밝게 표현되고, 멀리 있는 객체는 어둡게 표현된다.

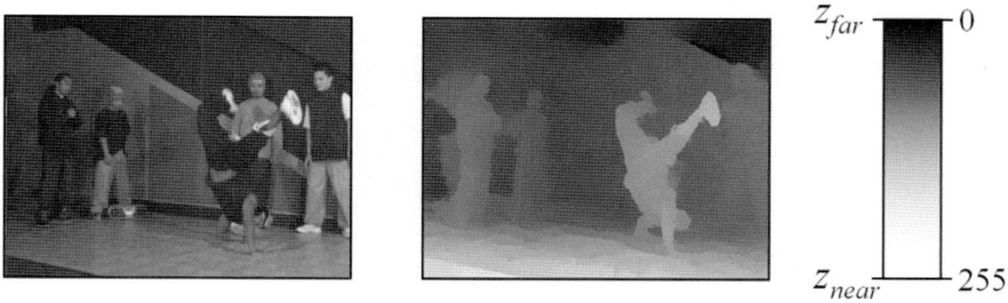

[그림 6-8] 색상영상과 깊이영상

깊이를 이해하기 위해서는 변이와의 상관관계를 이해해야 한다. 변이는 동일한 장면을 촬영한 두 시점의 영상에서 동일 객체에 대한 수평 움직임의 정도를 일컫는다. 전경에 가까운 물체일수록 변이값은 크고, 배경에 가까울수록 변이값은 작아진다. DERS를 비롯한 대부분의 깊이 예측 알고리즘은 실제로 깊이가 아닌 변이를 예측하고, 해당 변이와 깊이와의 상관관계를 이용하여 깊이값을 계산해낸다. 그리고 깊이영상의 화소값은 실제 깊이값이나 변이값이 아니라 이를 8비트 화소로 변환하여 나타낸 대표값이다.

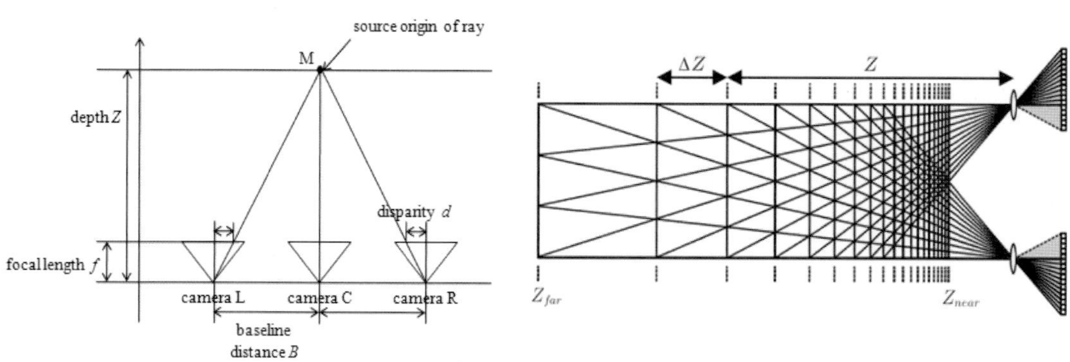

[그림 6-9] 깊이와 변이의 상관관계

[그림 6-9]를 기반으로 깊이와 변이 사이의 상관관계를 유도해보면 다음과 같이 반비례 관계를 갖는다. 여기서 Z는 깊이, d는 변이, B는 카메라 간 거리, f는 카메라의

초점 거리를 의미한다.

$$Z : B = f : d \quad \Rightarrow \quad Z = \frac{B \cdot f}{d} \tag{6-1}$$

다음은 [그림 6-9]의 두 깊이 평면 Z_{near}와 Z_{far} 사이의 깊이값에 대한 영상의 화소값 (v)을 유도하는 과정을 살펴본다. 먼저 식 (6-2)의 $\triangle d_{total}$은 최대 변이값과 최소 변이값의 차이로 전체 변이 구간을 의미한다. 즉, 깊이영상의 모든 변이값은 이 영역내에 존재한다.

$$\Delta d_{total} = d(Z_{near}) - d(Z_{far}) \tag{6-2}$$

해당 영역을 깊이영상의 표현 가능한 화소수(N)로 나누면 하나의 화소값의 변화에 대한 변이의 크기($\triangle d$)가 식 (6-3)과 같이 결정된다. 보통 N의 값은 8비트 영상 기준으로 256이고, N값은 변이 예측의 정확도에 따라 결정된다. 예를 들어, 변이 구간이 50이고, 정확도가 1/4화소 이면 N값은 200이 된다.

$$\Delta d = \frac{\Delta d_{total}}{N-1} \tag{6-3}$$

식 (6-2)와 식 (6-3)을 바탕으로 특정 화소값 v에 대한 변이는 식 (6-4)나 식 (6-5)와 같이 계산된다.

$$d_v = d(Z_{near}) - (N-1-v) \cdot \Delta d \tag{6-4}$$

$$d_v = d(Z_{far}) + \frac{v}{N-1} \cdot (d(Z_{near}) - d(Z_{far})) \tag{6-5}$$

식 (6-5)에 깊이와 변이의 상관관계인 식 (6-1)을 대입하여 정리하면 식 (6-6)과 같이 화소값 v에 대한 깊이값 (Z_v)를 계산할 수 있다.

$$Z_v = \frac{1}{\frac{v}{N-1}\cdot\left(\frac{1}{Z_{near}} - \frac{1}{Z_{far}}\right) + \frac{1}{Z_{far}}} \tag{6-6}$$

식 (6-6)에서 보듯이, 특정 화소에 대한 깊이값을 계산하기 위해서는 Z_{near}와 Z_{far}에 대한 실제 깊이값을 알아야 한다. 식 (6-7)은 특정 깊이값 혹은 특정 변이값을 알고 있는 경우에 그에 상응하는 깊이영상의 화소값을 계산하는 식이다.

$$v = (N-1)\cdot\frac{\frac{1}{Z_v} - \frac{1}{Z_{far}}}{\frac{1}{Z_{near}} - \frac{1}{Z_{far}}} = (N-1)\cdot\frac{d_v - d(Z_{far})}{d(Z_{near}) - d(Z_{far})} \tag{6-7}$$

변이 예측은 쉽게 말하면 두 영상 사이에서 동일 객체의 움직임을 찾는 일이다. 이를 위해 비디오 코딩의 움직임 예측과 같이 한쪽 영상의 작은 영역에 대해 상응하는 영역을 다른 영상에서 찾는 방식으로 변이를 예측한다. 보통은 두 영상이 정렬화가 되어 있는 환경이라 움직임 예측과 달리 수평방향으로만 탐색을 하고, 블록 단위뿐만 아니라 화소 혹은 객체 단위의 변이 예측 방법들을 이용한다. 여러 변이값 중 최적의 변이값을 선택하기 위해 각 변이에 대해 정합 비용(matching cost)를 비교하여, 최소의 정합 오차를 갖는 변이값을 선택한다. 보통은 화소 단위의 변이 예측을 수행하고, 식 (6-8)과 같이 해당 변이 정합에 대한 실제 오차를 계산하는 부분(E_{data})과 변이의 공간적인 유사도 향상을 위해 주변 화소와의 변이 상관도 향상을 위한 부분(E_{smooth})으로 이루어진 정합 함수(matching function)를 이용한다.

$$E(f) = E_{data}(f) + E_{smooth}(f) = \sum_{p\in P} D_p(f_p) + \sum_{\{p,q\}\in N} V_{\{p,q\}}(f_p, f_q) \tag{6-8}$$

주변 화소와의 변이 상관도 향상에는 보통 신뢰 확산(belief propagation)이나 그래프 컷(graph cut) 방법이 사용된다. DERS의 경우 그래프 컷 방법을 사용한다. DERS에서 변이 예측과 관련된 내용은 환경 설정 파일에 대한 소개 부분에서 상세히 다루도록 한다.

6.2.2 DERS 프로젝트

DERS는 깊이영상을 예측하기 위해 사용된다. DERS를 실행하는 명령어는 아래와 같다.

- Visual Studio.Net을 이용하는 경우

```
DERSVC7.exe DepthEstimation.cfg
```

- Visual C++ 6.0을 이용하는 경우

```
DERSVC6.exe DepthEstimation.cfg
```

여기서 DepthEstimation.cfg는 환경 설정 (configuration) 파일로써, DERS 실행에 필요한 옵션들을 설정하기 위한 외부 입력 파일이다. 일반적으로 한 줄당 하나의 옵션이 설정되도록 되어있고, '#'을 이용하여 주석처리를 할 수 있다. 깊이영상 예측을 수행하고자 하는 입력 영상에 대해 영상 관련 정보 및 깊이영상 예측에 필요한 세부 파라미터들을 설정할 수 있다.

6.2.3 DERS 환경 설정 파일

DERS의 환경 설정 파일은 다음과 같이 구성되어 있다.

```
#=============== INPUT PARAMETERS ===============
DepthType 0   # 0...Depth from camera, 1...Depth from the origin of 3D space
SourceWidth  1280              # Input frame width
SourceHeight  960              # Input frame height
StartFrame     0               # Starting frame #
TotalNumberOfFrames    300     # Total number of input frames
LeftCameraName   param_dog37   # Name of left camera
CenterCameraName  param_dog38  # Name of center camera
```

```
RightCameraName   param_dog39 # Name of right camera
MinimumValueOfDisparitySearchRange      0                    # Minimum value of
#disparity search range. This value is not always same as all pairs of views.
MaximumValueOfDisparitySearchRange      20                   # Maximum value of
#disparity search range. This value is not always same as all pairs of views.
MinimumValueOfDisparityRange          0            # Minimum value of #disparity
range. This value is smaller than or equal to minimum value of #disparity search
ranges for all views.
MaximumValueOfDisparityRange          20           # Maximum value of #disparity
range. This value is larger than or equal to maximum value of #disparity search
ranges for all views.
SmoothingCoefficient                  2.0            # Smoothing coefficient to
#compute depth maps
FileLeftViewImage    C:\\YUV\\Dog\\dog037.yuv # Name of left input video
FileCenterViewImage C:\\YUV\\Dog\\dog038.yuv  # Name of center input video
FileRightViewImage  C:\\YUV\\Dog\\dog039.yuv  # Name of right input video
FileOutputDepthMapImage  depth_dog038.yuv   # Name of output depth map file
FileCameraParameter     ..\\camera_parameter_files\\cam_param_dog.txt          #
Name of text file which includes camera parameters


BaselineBasis   1  # 0...minimum baseline, 1...maximum baseline,
                   # 2...left baseline, 3...right baseline
Precision        4  # 1...Integer-pel, 2...Half-pel, 4...Quater-pel
SearchLevel     2  # 1...Integer-pel, 2...Half-pel, 4...Quater-pel
Filter            1  # 0...(Bi)-linear, 1...(Bi)-Cubic, 2...MPEG-4 AVC 6-tap
MatchingMethod  2  # 0...Conventional, 1...Disaprity-based,
                   # 2...Homography-based, 3...Soft-segmentation-based

#========== Temporal Enhancement ==========
TemporalEnhancement  1  #  0...Off,  1...On  :  Temporal  Enhancement  of  Depth
             # Est.
Threshold            2.00  # Threshold of MAD

#==== Size of Matching Block (ignored when MatchingMethod = 3) ========
MatchingBlock        3    # 1...Pixel matching, 3...3x3 block matching

#========== Softsegmentation (for MatchingMethod = 3 only) ==========
SoftDistanceCoeff    10.0   # SoftSegmentation Distance Coefficient
SoftColorCoeff       20.0   # SoftSegmentation Color Coefficient
SoftBlockWidth       11     # SoftSegmentation Block Width
SoftBlockHeight      11     # SoftSegmentation Block Height

#========== Segmentation ==========
ImageSegmentation        0    # 0...Off, 1...On
SmoothingCoefficient2  1.00 # Smoothing coefficient to compute depth maps
SegmentationMethod           3       #  1...mean  shift  algorithm,  2...phyramid
                         # segmentation, 3...K mean clustering
MaxCluster               32  # Positive Integer Value

#========== Semi-automatic Depth Estimation ==========
DepthEstimationMode             1         #0...automatic  Depth  Estimation;
                #                   1...Semi-automatic                 mode1;
             #                  2...Semi-automatic                     mode2;
         # 3...Reference Depth mode
```

```
#---- For DepthEstimationMode = 1  ------
FileCenterManual  dog_38   #Path  and  filename  prefix  of  the  manual  input
                    # files

#---- For DepthEstimationMode = 2  ------
ThresholdOfDepthDifference  10  # Threshold value of depth difference
MovingObjectsBSize           1  # 0: small  1: medium  2: large
MotionSearchBSize            0   # 0: narrow 1: medium 2: wide

#---- For DepthEstimationMode = 3  ------
RefDepthCameraName   param_dog39      # camera param
RefDepthFile        rdepth_dog_39.yuv  # filename reference depthmap video
```

위에 있는 예제 환경 설정 파일에서의 각각의 매개변수의 의미와 역할에 대해 좀 더 자세히 알아보기로 한다.

- DepthType (Bool형 (0 or 1), default: 0): 깊이의 형태를 나타내기 위한 매개변수로 0이면 카메라로부터의 깊이를 의미하고, 1이면 3차원 공간상의 원점으로부터의 깊이를 의미한다.
- SourceWidth (unsigned int형, default: 1280): 깊이영상 예측을 위한 입력영상의 너비를 의미한다.
- SourceHeight (unsigned int형, default: 960): 깊이영상 예측을 위한 입력영상의 높이를 의미한다.
- StartFrame (unsigned int형, default: 0): 깊이영상 예측을 시작할 프레임의 위치를 의미한다.
- TotalNumberOfFrames (unsigned int형, default: 300): 깊이영상 예측을 수행할 총 프레임수를 의미한다.
- LeftCameraName (string형, default: param_dog36): 깊이영상 예측에 이용될 좌시점의 이름을 의미한다.
- CenterCameraName (string형, default: param_dog38): 깊이영상을 예측하고자 하는 중간 시점의 이름을 의미한다.
- RightCameraName (string형, default: param_dog40): 깊이영상 예측에 이용될 우시점의 이름을 의미한다.

- **MinimumValueOfDisparitySearchRange** (int형, default: 0): 변이 탐색을 위한 최소 변이값을 의미한다.
- **MaximumValueOfDisparitySearchRange** (int형, default: 20): 변이 탐색을 위한 최대 변이값을 의미한다.
- **MinimumValueOfDisparityRange** (int형, default: 0): 최소 변이값을 의미한다. 최소 변이는 가장 먼 깊이 값과 상응되는 값이다.
- **MaximumValueOfDisparityRange** (int형, default: 20): 최대 변이값을 의미한다. 최대 변이는 가장 가까운 깊이 값과 상응되는 값이다.

  변이 탐색 범위는 모든 시점에 대해 동일하지는 않다. 탐색 범위 설정에 따라 깊이 영상의 결과가 달라진다. 그러나 변이 탐색 범위는 변이의 최소값과 최대값을 포함하거나 혹은 더 넓은 범위로 설정되어야 한다.
- **SmoothingCoefficient** (double형, default: 4.0): 깊이 예측시 인접한 화소끼리 하나의 변이를 갖도록 합치는 과정에 필요한 옵션으로 값이 클수록 보다 합쳐지는 경향이 있다.
- **FileLeftViewImage** (string형, default: dog036.yPuv): 깊이영상 예측을 위한 좌 시점의 색상 영상을 나타낸다.
- **FileCenterViewImage** (string형, default: dog038.yuv): 깊이영상 예측을 위한 중간 시점의 색상 영상을 나타낸다. 깊이 예측의 결과로 중간 시점에 대한 깊이영상이 생성된다.
- **FileRightViewImage** (string형, default: dog040.yuv): 깊이영상 예측을 위한 우 시점의 색상 영상을 나타낸다.
- **FileOutputDepthMapImage** (string형, default: depth_dog038.yuv): 깊이영상 예측을 통해 출력되는 중간 시점에 대한 깊이영상을 의미한다.
- **FileCameraParameter** (string형, default: cam_param_dog.txt): 색상 영상을 획득한 모든 카메라 시점에 대한 내부 파리미터와 외부 매개변수를 담고 있는 파일이다.
- **BaselineBasis** (unsigned int형 (0-3), default: 1): 변이에 대한 기본 기준선을 의미한다. 0은 최소 기준선을, 1은 최대 기준선을, 2는 중앙과 좌 시점 사이의 기준선을, 그리고 3은 중앙과 우 시점 사이의 기준선을 의미한다.

- `Precision (unsigned int형 (1 or 2 or 4), default: 4)`: 변이 탐색의 정확도 결정을 위한 매개변수로 1은 정화소 정확도를, 2는 반화소 정확도를, 4는 1/4 화소 정확도로 변이를 탐색한다는 의미이다. 변이를 탐색할 때 인접 시점에 대해서 변이를 정수 단위로 변화시키면서 정합 오차를 계산한다. 그러나 대응점의 좌표가 소수점을 가질 경우에는 정확한 대응점을 찾을 수가 없다. 따라서 변이를 탐색할 때 반화소 단위 혹은 1/4 화소 단위로 변이를 탐색하게 되면, 보다 정확한 변이 정보를 얻을 수 있다.

[그림 6-10]은 변이 탐색 정밀도를 나타낸다. 위쪽 그림은 앞선 방법인 정수 단위의 탐색 방법을 나타낸다. 가운데 그림은 모든 화소의 사이에 가상의 화소를 삽입하여 해상도를 두 배로 늘린 다음 변이를 탐색하는 1/2 화소 단위의 변이 탐색 방법을 나타낸다. 아래 그림은 1/2 화소 단위에서 한 번 더 사이 화소들을 삽입하는 방법을 나타낸다.

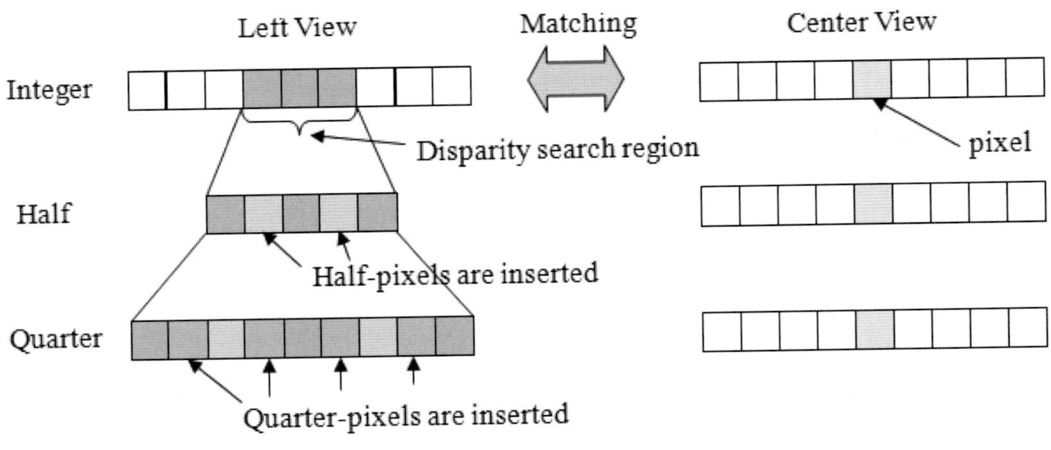

[그림 6-10] 정밀도에 따른 변이 탐색

[그림 6-11]은 변이 탐색의 정밀도에 따른 시점 합성 결과를 나타낸다. 합성된 영상 내의 객체의 경계 주변에서 알 수 있듯이, 1/2 화소 단위의 변이탐색 방법이 정수 단위의 변이탐색 방법보다 나은 결과를 가져옴을 알 수 있다.

(a) 정수 단위의 변이 탐색

[그림 6-11] 정밀도에 따른 시점 합성 결과

(b) 1/2 화소 단위의 변이 탐색

[그림 6-11] 정밀도에 따른 시점 합성 결과

아래 소스 코드는 MPEG 3차원 비디오 부호화 그룹에서 제공한 깊이영상 탐색 방법 중 변이를 탐색하는 함수를 나타낸 것이다.

```
void  CEstimation::block_matching_disparity(CIYuv  *yuvLeft,  CIYuv  *yuvRight,
CIYuv *yuvCenter)
{
  int i, j, d, pp;
  int target_pixel_u;
  int error_l, error_r;

  for(j=pp=0; j<height j++)
  {
    for(i=0; i<width i++, pp++)
    {
      for(d=0; d<num_labels d++)
      {
// 부화소 단위로 변이를 탐색하는 경우
#ifdef SUB_PEL_PRECISION
        target_pixel_u = i*precision + label2disparity[ 0][ d] ;
#else
        target_pixel_u = i + label2disparity[ 0][ d] ;
#endif
        if(target_pixel_u>=0 && target_pixel_u<maxWidth)
          // 좌영상과 원영상의 MAD 계산
          error_l         =         byte_abs[ yuvLeft->Y[ j][ target_pixel_u]        -
yuvCenter->Y[ j][ i]] ;
        else
          error_l = 255;
```

```
#ifdef SUB_PEL_PRECISION
       target_pixel_u = i*precision - label2disparity[ 1][ d] ;
#else
       target_pixel_u = i - label2disparity[ 1][ d] ;
#endif
       if(target_pixel_u>=0 && target_pixel_u<maxWidth)
         // 우영상과 원영상의 MAD 계산
         error_r = byte_abs[ yuvRight->Y[ j][ target_pixel_u] -
                           yuvCenter->Y[ j][ i]] ;
       else
         error_r = 255;

       // 좌우 시점 각각에 대한 정합 오차 중 작은 값을 저장
       errors[ d][ pp]  = error_l<error_r?error_l:error_r;
       } //d
     } //i

     printf(".");
   } //j

  printf("END\n");
  return
}
```

- `SearchLevel (unsigned int형 (1 or 2 or 4), default: 2)`: 후보 변이들의 정확도를 의미한다. 1은 정화소 정확도를, 2는 반화소 정확도를, 4는 1/4 화소 정확도를 의미한다.
- `Filter (unsigned int형 (0-2), default: 1)`: 부화소 위치의 화소 생성을 위한 업샘플링 방법을 정의한다. 0이면 바이 리니어 (bi-linear) 필터를, 1이면 바이 큐빅 (bi-cubic) 필터를, 2이면 H.264/AVC에 있는 업샘플링 방법을 이용한다는 의미이다.
- `MatchingMethod (unsigned int형 (0-3), default: 2)`: 두 영상간의 스테레오 매칭을 통해 정합을 찾을 때 사용하는 방법에 대한 매개변수로, 0이면 주어진 최대 변이와 최소 변이 범위에서 변이 기반 정합을, 1이면 최대 깊이 값과 최소 깊이값을 기반으로 변위 범위를 구하고 그 범위 내에서 변이 기반 정합을, 2이면 호모그래피 기반 정합을, 3이면 단순 분할 (soft segmentation) 기반 정합을 의미한다. 단순 분할 방식은 변이 탐색 시 주변 화소의 가중치를 화소와의 값의 유사도와 거

리를 고려하여 다르게 설정함으로써 객체의 경계와 같은 영역에서 보다 정확한 예측이 가능하다.

- `TemporalEnhancement (Bool형 (0 or 1), default: 1)`: 시간적 상관도 향상을 위한 옵션 선택을 위한 매개변수로, 1이면 사용함을 의미하고 0이면 사용하지 않음을 의미한다. DepthEstimationMode이 2로 설정되면 무시된다.

깊이영상의 시간적 상관도 저하 문제는 매 프레임마다 독립적으로 깊이영상을 탐색해서 발생하는 문제를 말한다. 움직임이 없는 객체의 경우, 매 프레임마다 동일한 깊이값을 가져야 하지만 깊이영상 탐색 방법의 오차로 인해 프레임마다 다른 깊이값을 가지게 된다. 그로 인해, 깊이영상을 이용하여 중간영상을 합성했을 때, 장면이 흔들리는 깜빡임 (flickering) 현상을 발생시켜 시청자에게 시각적 불편함을 유발한다. 또한, 깊이영상 부호화에서 시간적 예측 효과를 저하시키기 때문에 부호화 효율을 떨어뜨린다. 따라서, 이전 프레임에서의 깊이 정보를 참조하는 새로운 정합 함수를 사용하여 깊이영상의 시간적 상관도를 향상시킨다. 정합함수는 이전 프레임에서의 깊이 정보를 고려하는 가중치 함수가 추가된다. 시간적 가중치 함수는 영상의 두 부분, 즉, 움직임이 있는 영역과 그렇지 않은 영역에 대해 각기 다른 방법으로 적용된다. 영상내 움직임의 유무를 판별하기 위해서는 블록 기반의 평균 절대차 (mean absolute difference) 및 임계값을 이용한 움직임 검출 방법을 사용한다. 움직임이 없는 영역에 대한 시간적 가중치 함수는 식 (6-12)와 같이 나타낼 수 있다.

$$E_{new}(x,y,d) = E_{sim}(x,y,d) + E_{temp}(x,y,d) \tag{6-12}$$

여기서 $E_{temp}(x,y,d)$는 식 (6-13)과 같다.

$$E_{temp}(x,y,d) = \delta\lambda \,|\, d - D_{prev}(x,y) \,| \tag{6-13}$$

$$\delta = \begin{cases} 1 & \text{if } MAD < Threshold \\ 0 & \text{otherwise} \end{cases} \tag{6-14}$$

여기서 λ는 가중치 함수의 기울기를 나타내고, $D_{prev}(x,y)$는 이전 프레임에서의 깊이 정보를 의미한다. MAD_k는 k번째 블록의 MAD를 나타내고 Th는 임계값을 나타낸다. 그림 [그림 6-12]는 'BookArrival' 영상에 대한 움직임 검출 결과를 나타낸다.

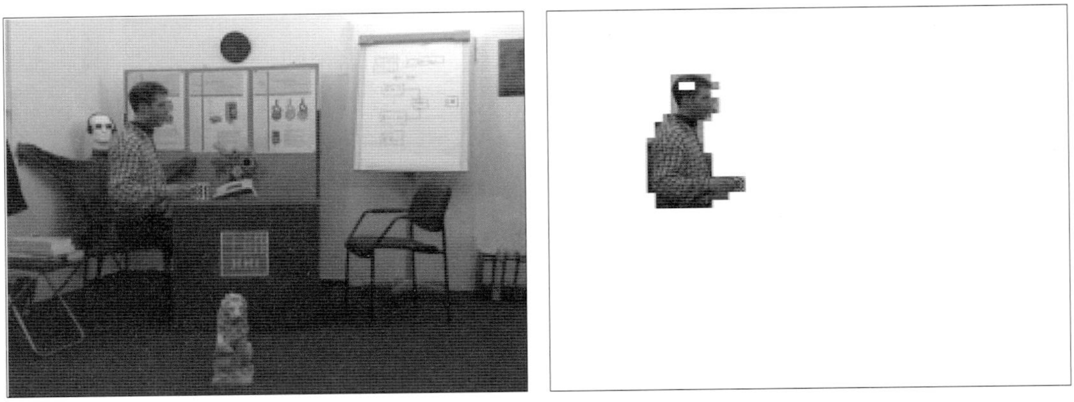

(a) 원영상 (b) 움직임 검출 결과

[그림 6-12] 'BookArrival' 영상에 대한 움직임 검출 결과

[그림 6-13]은 기존의 정합 함수와 시간적 상관도가 향상된 정합 함수를 나타낸다. [그림 6-13]에서 점선은 기존의 정합 함수를 나타내고 1점 쇄선은 이전 프레임의 깊이 값을 고려한 가중치 함수를 나타낸다. 또한, 실선은 기존의 방법에 가중치 함수를 적용한 새로운 정합 함수를 나타낸다. 그림에서 보듯이, 이전 프레임의 깊이 정보가 100인 경우, 현재 프레임의 깊이값 또한 100이 될 확률이 높다. 그러므로 이전 프레임의 깊이 정보 주변의 정합 오차는 그대로 두는 한편, 이전 프레임의 깊이 정보와 차이가 커질수록 정합오차를 선형적으로 증가시키는 가중치 함수를 적용한다. 결과적으로 현재 프레임의 깊이 정보를 탐색하는 과정에서 이전 프레임과 상관도가 높은 깊이 정보가 탐색되기 때문에, 깊이영상의 시간적인 상관도가 높아질 뿐만 아니라, 매 프레임마다 독립적으로 깊이영상을 탐색할 때 발생하는 정합오차도 줄인다.

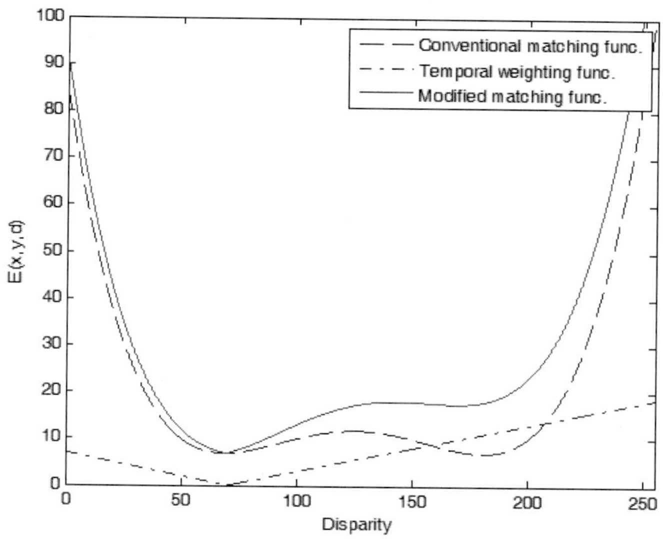

[그림 6-13] 가중치 함수가 적용된 정합 함수의 그래프

아래 소스 코드는 MPEG 3차원 비디오 부호화 그룹에서 제공한 깊이영상 탐색 방법의 소스 코드에서 움직임이 없는 영역에 대한 시간적 상관도 향상 방법이 구현된 부분을 보여준다.

```
void    CDepthEstimation::block_matching_disparity(CIYuv    *yuvLeft,    CIYuv
*yuvRight, CIYuv *yuvCenter, bool temporalonoff, double slope)
{
  int i, j, d, pp;
  int target_pixel_u;
  int error_l, error_r;

  for(j=pp=0; j<height; j++)
  {
    for(i=0; i<width; i++, pp++)
    {
      for(d=0; d<num_labels; d++)
      {
#ifdef SUB_PEL_PRECISION
        target_pixel_u = i*precision + label2disparity[ 0][ d] ;
#else
        target_pixel_u = i + label2disparity[ 0][ d] ;
#endif
        if(target_pixel_u>=0 && target_pixel_u<maxWidth)
          error_l       =       byte_abs[ yuvLeft->Y[ j][ target_pixel_u]       -
yuvCenter->Y[ j][ i]] ;
```

```
        else
          error_l = 255;
#ifdef SUB_PEL_PRECISION
        target_pixel_u = i*precision - label2disparity[1][d];
#else
        target_pixel_u = i - label2disparity[1][d];
#endif
        if(target_pixel_u>=0 && target_pixel_u<maxWidth)
          error_r        =        byte_abs[yuvRight->Y[j][target_pixel_u]        -
yuvCenter->Y[j][i]];
        else
          error_r = 255;

        errors[d][pp] = error_l<error_r?error_l:error_r;

        // 이전 프레임의 깊이값을 고려하도록 정합 오차값에 이전 프레임과의 차이값 더함
        // labels_prev는 이전 프레임에서의 변이값을 의미
        if(temporalonoff)
          errors[d][pp] += slope*abs(d - labels_prev[pp]);
      }
    }

    printf(".");
  }
  printf("END\n");
  return;
}
```

- `Threshold (double형, default: 2.00)`: 시간적 상관도 향상 과정에서 움직이는 객체와 정적인 객체를 분리하기 위해 사용되는 MAD의 임계치값을 의미한다. 매크로블록 단위로 MAD 값이 임계치보다 작으면 정적인 영역으로 간주하고, 정적인 영역에 대해서만 시간적 상관도 향상을 수행한다. Threshold도 Temporal Enhancement와 마찬가지로 DepthEstimationMode이 2로 설정되면 무시된다.
- `MatchingBlock (unsigned int형 (1 or 3), default: 1)`: 블록 정합의 크기를 위한 옵션으로 1이면 화소 단위의 매칭을 3이면 3×3 블록 단위의 매칭을 수행한다. MatchingMethod가 3으로 설정되면 무시된다. 3×3 블록 정합의 경우 식 (6-15)와 같이 Y, U, V를 모두 고려하여 매칭을 수행한다.

$$
\begin{aligned}
E &= 0.5\times Y + 0.25\times U + 0.25\times V \\
&= 0.1\times\left|Y(x,y) - Y(x-d,y)\right| + \\
&= 0.05\times\left|Y(x-p,y-p) - Y(x-p-d,y-p)\right| + \\
&= 0.05\times\left|Y(x,y-p) - Y(x-d,y-p)\right| + \\
&= 0.05\times\left|Y(x+p,y-p) - Y(x+p-d,y-p)\right| + \\
&= 0.05\times\left|Y(x-p,y) - Y(x-p-d,y)\right| + \\
&= 0.05\times\left|Y(x+p,y) - Y(x+p-d,y)\right| + \\
&= 0.05\times\left|Y(x+p,y+p) - Y(x+p-d,y+p)\right| + \\
&= 0.05\times\left|Y(x,y+p) - Y(x-d,y+p)\right| + \\
&= 0.05\times\left|Y(x+p,y+p) - Y(x+p-d,y+p)\right| + \\
&= 0.25\times\left|U(x,y) - U(x-d,y)\right| + \\
&= 0.25\times\left|V(x,y) - V(x-d,y)\right|
\end{aligned}
\quad (6\text{–}15)
$$

- `SmoothingCoefficient2 (double형, default: 1.0)`: 분할 영상에서 두 화소에 대한 평탄화 계수(smoothing coefficient)는 두 화소가 하나의 분할 영역에 속하면 "SmoothingCoefficient"이고, 그렇지 않으면 "SmoothingCoefficient"와 "SmoothingCoefficient2"의 곱으로 표현된다.
- `ImageSegmentation (unsigned int형 (0 or 1), default: 1)`: 색상 정보를 이용한 이미지 분할을 이용할 것인지에 대한 옵션으로 1이면 이용하고, 0이면 이용하지 않는다.
- `SegmentationMethod (unsigned int형 (1 or 2 or 3), default: 3)`: 이미지 분할 방식을 결정한다. 1이면 OpenCV에 구현된 cvPyrMeanShift 필터링 방법, 2이면 OpenCV에 구현된 cvPyrSegmentation 방법, 3이면 OpenCV에 구현된 cvKMeans2 방법을 이용한다.
- `MaxCluster (unsigned int형, default: 32)`: 3번째 SegmentationMethod를 사용하는 경우, 최대 클러스터의 수를 의미한다.
- `DepthEstimationMode (unsigned int형 (0 or 1 or 2), default: 0)`: 깊이영상 예측 방법 선택을 위한 옵션으로, 0이면 자동 깊이영상 예측 방식이고, 1이면

Nagoya 대학에서 제안한 반자동화 방식, 2이면 ETRI에서 제안한 반자동화 방식, 3이면 참조 깊이 모드 방식이다. 현재 MPEG 3DVC 그룹에서는 깊이영상 예측의 성능이 높지 않아 이를 보완하기 위해 반자동화 기반의 깊이영상 예측 방법도 허용하고 있다.

- `FileCenterManual (string형, default: ..\\semi_automatic_input\\champagne_41)`: 반자동화 깊이 예측 방법의 경우 자동 예측 중 특정 프레임의 위치에서 외부에서 수동적으로 구한 더 정확한 깊이영상을 참조하여 깊이 예측의 정확도를 높이는 방법이다. Nagoya 대학 방법의 경우 [그림 6-14]와 같이 수동 깊이영상, 수동 경계영상, 수동 정지영상을 필요로 한다. 세 영상은 모두 사용자에 의해 외부에서 얻어진 영상으로 DERS 구동시 외부 입력으로 들어오는 영상들이다. 반자동화 방식의 경우 외부 영상의 정확도에 따라 전체적인 성능이 크게 좌우된다. 각 영상에 대한 역할은 대한 역할은 다음과 같다.

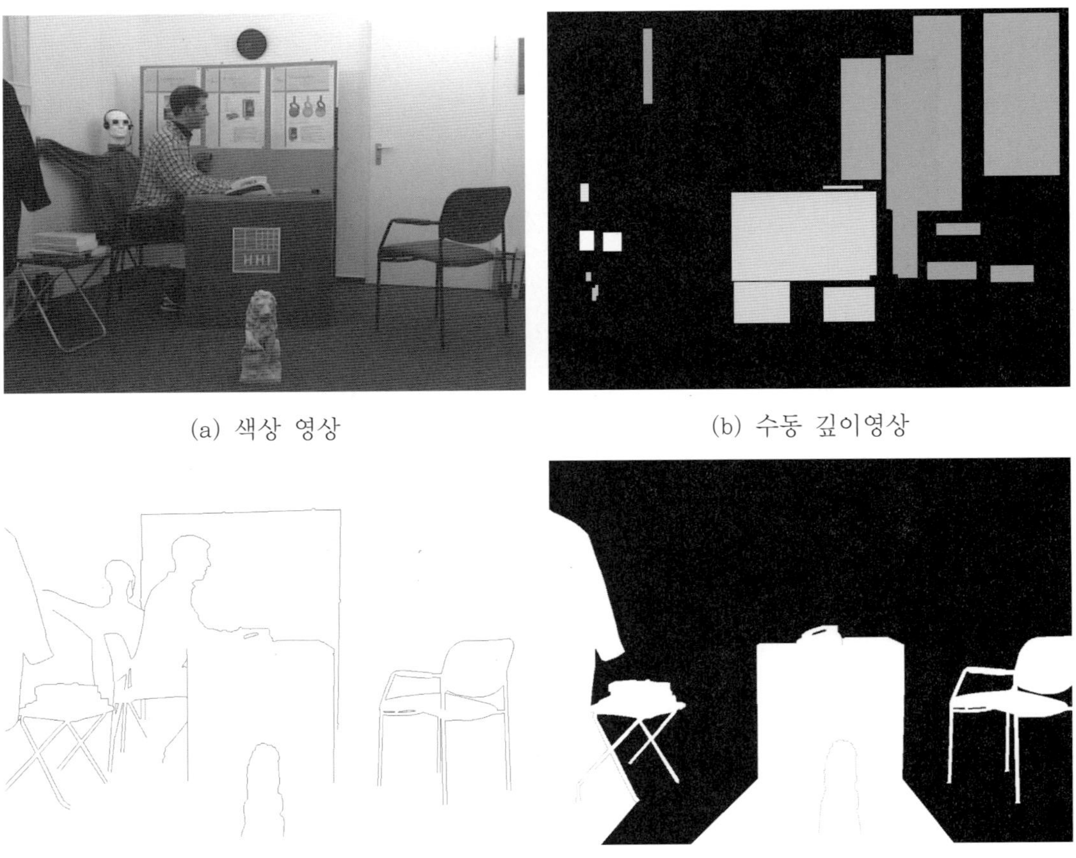

(a) 색상 영상 (b) 수동 깊이영상

(c) 수동 경계영상 (d) 수동 정지영상

[그림 6-14] Nagoya 대학의 반자동 깊이 예측 방법의 영상들

먼저 [그림 6-14(b)]의 수동 깊이영상(MD, manual disparity)은 현재 화면 예측시 활용되는 참조 영상으로 식 (6-16)과 같이 0이 아닌 값을 가지는 영역에 대해서는 수동 깊이영상의 값을 이용하도록 E_{data}를 0으로 설정하고, 그렇지 않은 영역에 대해서는 DERS에서 계산된 변이의 비용값에 현재 변이값과 수동 깊이영상의 변이값의 차이를 고려한다.

$$D(f_p) = \begin{cases} 0 & MD(p) != 0 \\ 2 \times D(f_p) & otherwise \end{cases} \tag{6-16}$$

[그림 6-14(c)]의 수동 경계영상(E, edge)은 E_{smooth}에 영향을 주는 영상으로, 경계의 경우 두 객체 사이가 만나는 영역이므로 두 객체가 가능한 다른 변이값을 갖도록 평탄화 계수값을 낮추는 역할을 한다. 즉, 경계에 속하는 영역에 대해서는 식 (6-17)과 같이 E_{smooth}에 0.1을 곱해, 평탄화 계수의 영향력을 줄인다. 따라서 경계 영역에서는 두 변이값이 합쳐지는 가능성이 낮아지게 된다.

$$V(f_p, f_q) = \begin{cases} 0.1 \times V(f_p, f_q) & E(p) = 1 \; or \; E(q) = 1 \\ V(f_p, f_q) & otherwise \end{cases} \tag{6-17}$$

[그림 6-14(d)]의 수동 정지영상은 전체 시간에서 깊이값이 변하지 않는 정적인 영역을 나타내는 영상으로 정지영상(S, static)에서 정적인 영역에 대해서는 동일한 변이를 갖도록 식 (6-18)과 같이 E_{data}에 대한 비용값을 0으로 설정한다.

$$D(f_p) = \begin{cases} 0 & S(p) = 1 \\ D(f_p) & otherwise \end{cases} \tag{6-18}$$

추가적으로 이전 화면과의 움직임 변화에 대한 움직임 영상(M, motion)을 만들어 움직임이 없는 영역에 대해서는 식 (6-19)와 같이 이전 화면과 유사한 변이를 갖도록 해준다.

$$D(f_p) = \begin{cases} 0 & M(p) = 0 \\ D(f_p) + \left| f_p - D_{prev}(p) \right| + 1 & otherwise \end{cases} \tag{6-19}$$

FileCenterManual 옵션은 위에서 언급한 반자동 깊이 예측 방법을 위한 외부 이미지들을 읽어드리기 위한 파일 이름을 설정해준다. 아래는 "Champagne" 영상에 대한 예이다.

FileCenterManual을 ..₩₩semi_automatic_input₩₩champagne_41과 같이 설정하고, 다음과 같은 파일이 위치하고 있다면,

..₩₩semi_automatic_input₩₩champagne_41MDM081.png

..₩₩semi_automatic_input₩₩champagne_41MEM081.png

..₩₩semi_automatic_input₩₩champagne_41MSM081.png

이 경우 "Champagne" 영상의 82번째 프레임 (프레임 번호는 0부터 시작함)에 대해 MDM(manual depth map), MEM(manual edge map), MSM(manual static map) 영상을 읽어드려 깊이 예측에 이용하라는 의미이다. Nagoya 대학 방법의 경우 수동 변이 맵 ETRI 방법의 경우 다음에 소개될 MotionSearchBSize 크기로 이전 화면과의 움직임을 예측하여, 움직임이 없는 영역에 대해서는 Nagoya 대학의 움직임 영상과 유사한 방법으로 식 (6-20)과 같이 비용값을 조절한다.

$$D(f_p) = \begin{cases} 0 & No\ motion \\ D(f_p) & otherwise \end{cases} \tag{6-20}$$

- **`ThresholdOfDepthDifference (int 형, default: 10)`**: ETRI의 반자동화 깊이 예측 방법을 위한 옵션으로 MovingObjectsBSize 단위로 현재 화면과 이전 화면의 MAD 차이가 ThresholdOfDepthDifference보다 크고 작음에 따라 [그림 6-15]과 같이 움직임 영역을 추출하고, 움직임이 없는 영역에 대해서는 이전 화면의 변이값을 이용한다.

[그림 6-15] ThresholdOfDepthDifference를 이용한 블록 단위 움직임 추출

- `MotionSearchBSize (int 형, default: 0)`: 움직임 벡터 탐색을 위한 블록 크기를 설정하는 옵션으로, 0이면 4, 1이면 8, 2이면 16으로 설정된다.
- `MovingObjectsBSize (int 형, default: 0)`: [그림 6-15]의 블록 단위 움직임 추출을 위한 블록 크기에 관한 옵션으로, 0이면 32, 1이면 64, 2이면 128로 설정된다.
- `RefDepthFile (string형, default: ref_depth.yuv)`: 깊이 예측 시 이미 얻어진 다른 시점의 깊이영상을 참조 영상으로 활용하기 위한 옵션이다. 예를 들어 수동적이든 자동적이든 얻어진 6번 시점의 깊이영상을 다른 인접 시점에 대한 깊이영상 예측시 이용할 수 있다는 것이다. 이 경우 깊이영상 예측에 필요한 옵션들은 동일해야 한다. 즉, 가장 가까운 깊이 값이나 가장 먼 깊이값 등 깊이영상 예측의 일관성을 위한 값들이 동일해야 한다.

깊이영상의 시점간 상관도 저하 문제는 다시점 영상 각 시점마다 독립적으로 깊이영상을 탐색하는 과정에서 발생하는 문제점을 말한다. 이론적으로 다시점 카메라의 간격이 일정한 경우, 여러 시점에 동일하게 존재하는 객체는 깊이값이 동일해야 한다. 하지만, 이 역시 깊이영상 탐색 방법의 오차로 인해 각 시점마다 다른 깊이값을 가지게 되며, 이러한 문제는 영상합성 과정의 오차로 그대로 전파된다.

깊이영상의 시점간 오차를 해결하기 위해, 깊이영상을 탐색할 때 인접한 시점(참조 시점)의 깊이값을 참조할 수 있다. 이 방법은 목표 시점의 깊이영상 탐색 과정시 이미 탐색한 참조 시점의 깊이영상을 참조한다. 시점간 상관도를 고려한 새로운 정합 함수는 식 (6-21)과 같다.

$$E(x,y,d)=\begin{cases} 0 & \text{if} \quad d=D_{i'}(x,y) \\ E_{sim}(x,y,d)+E_{temp}(x,y,d)+E_{view}(x,y,d) & \text{otherwise} \end{cases} \tag{6-21}$$

여기서 $E_{view}(x,y,d)$는 식 (6-22)와 같다.

$$E_{view}(x,y,d)=\left|d-D_{i'}(x,y)\right| \tag{6-22}$$

여기서 $D_i(x,y)$ 및 $D_{i'}(x,y)$는 각각 목표 시점 및 참조 시점의 (x,y)에서의 깊이값을 나타낸다. 아래 소스 코드는 MPEG 3차원 비디오 부호화 그룹에서 제공한 깊이영상 탐색 방법의 소스 코드에서 시점간 상관도 향상 방법이 구현된 부분을 보여준다.

```
int CEstimation::update_error_cost(CParameterDepthEstimation *cParameter,
CIYuv *yuvRefDepth, CIYuv *yuvCenter, bool isfirstframe, int GC_cycle, bool
temporalonoff)
{
...... 중략 ......
  // 참조할 시점의 깊이영상 읽음
  if(cParameter->getDEmode() == 3) {
   double Zn = m_dZnear;
   double Zf = m_dZfar;
   IplImage* refDepth = cvCreateImage(cvSize(m_iWidth, m_iHeight),8,1);
   cvSet(refDepth,cvScalarAll(0));
   int ws = refDepth->widthStep;
int str = m_dRefBaseline<0 ? m_iWidth:0;
   int stp = m_dRefBaseline<0 ? 0:m_iWidth;
   int cnt = m_dRefBaseline<0 ? -1:+1;

  // 시점 참조를 위해 참조 시점의 깊이를 변이로 변환
  printf("Updating Error cost function (reference depth mode)...\n");
  for(int my = 0; my < m_iHeight; my++)
    for(int mx = str; mx != stp; mx += cnt) {
      BYTE  I  = (BYTE)yuvRefDepth->Y[my][mx];
      double Z  = 1/((I/255.0) * (1/Zn - 1/Zf) + (1/Zf));
      double dd = (m_dRefFocal_length*m_dRefBaseline/Z)-m_dOffset;
      int td = cvRound(dd);

      if ((mx-td) >= 0 && (mx-td < m_iWidth))
        refDepth->imageData[my*ws + mx-td] =
          (unsigned char)abs(m_dRefRatio*cvRound(m_iPrecision*dd));
    }
```

```
// 시점간 상관도 향상 방법
for(j = pp = 0; j < m_iHeight; j++) {

  for(i = 0; i < m_iWidth; i++, pp++) {
    d = (BYTE)refDepth->imageData[ pp] ;
    if(d != 0) {
      for (t=0; t < m_iNumOfLabels; t++)
      {
        // 목표 시점의 변이와 참조 시점의 변이가 같으면 정합 함수 0
        if(d ==  m_aiLabel2Disparity[ 0][ t] )
          errors[ t][ pp]  = 0;
        // 목표 시점의 변이와 참조 시점의 변이가 다르면 가중치 함수 추가
        else
          errors[ t][ pp]  += abs(d - m_aiLabel2Disparity[ 0][ t] )+1;
      }
    }
  }
}
...... 중략 ......
}
```

그림 [그림 6-16]은 시점간 상관도가 향상된 인접한 세 시점의 깊이영상을 나타낸다. [그림 6-16(b)]에서 알 수 있듯이, 기존의 방법에 비해 깊이영상의 시점간 상관도가 향상되었음을 확인할 수 있다.

(a) 매 시점 독립적인 깊이 탐색

(b) 시점간 상관도 향상 방법

[그림 6-16] 시점간 상관도가 향상된 깊이영상

• `RefDepthCameraName (string형, default: CamParam36)`: 참조 깊이영상에 시점에 대한 카메라 이름을 나타낸다. 이는 카메라 매개변수 파일에서 정의되어 해당 시점의 카메라 매개변수에 접근하고자 할 경우 이용된다.

6.2.4 깊이값에 대한 출력 파일

DERS를 실행하면 중간 시점에 대한 깊이영상과 함께 [그림 6-17]와 같은 깊이 정보에 대한 출력 파일 Z_value.txt가 생성된다. 이 파일에 담고 있는 Z_{near}값과 Z_{far}값은 해당 깊이영상을 이용하여 VSRS를 구동하고자 할 때 환경 설정 파일에 입력해야 할 값이다.

```
depth_news_4.yuv(Depth Type 0)
Depth map from camera is outputted.
NearestDepthValue    -2715.181648
FarthestDepthValue   -9050.605493
Input these values to View Synthesis software.

depth_news_6.yuv(Depth Type 0)
Depth map from camera is outputted.
NearestDepthValue    -2715.181648
FarthestDepthValue   -9050.605493
Input these values to View Synthesis software.
```

[그림 6-17] DERS의 실행 후 생성되는 Z_value.txt 파일

6.3 VSRS 사용과 구성

이번 장에서는 영상 합성에 관한 이해를 돕기 위해 영상 합성에 관한 전반적인 내용에 대한 소개를 하고, 〈표 6-4〉의 VSRS를 구성하는 프로젝트 파일의 사용법과 환경 설정에 대해 자세히 살펴보기로 한다.

6.3.1 영상 합성에 관한 이해

중간시점 영상 합성은 3차원 비디오 시스템에서 가상시점에 대한 영상 재현을 위해 필요한 기술로 다시점 색상영상과 깊이영상 및 카메라 매개변수를 이용하여 영상을 합성한다. [그림 6-18]은 중간시점 영상 합성에 대한 개념도이다.

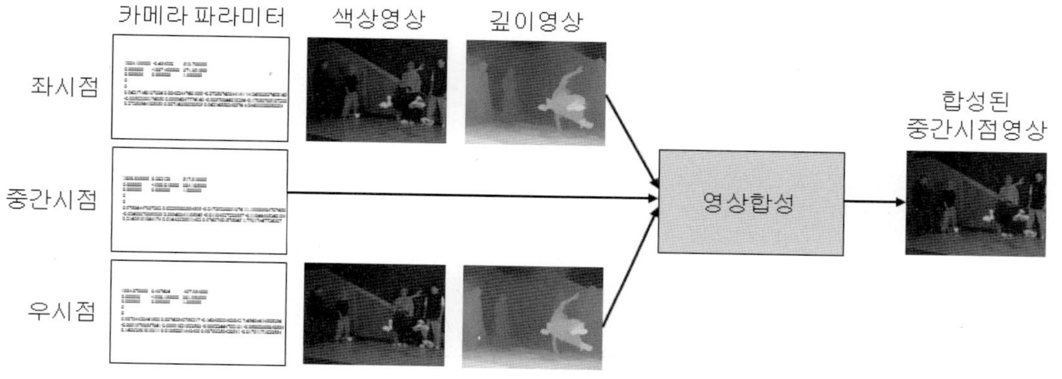

[그림 6-18] 중간시점 영상합성에 관한 개념도

중간시점 영상 합성은 [그림 6-19]와 같이 보통 3단계로 나뉜다. 첫 번째는 3차원 워핑(3D warping)과정이다. 3차원 워핑이란 깊이영상과 카메라 매개변수를 이용하여 색상영상을 3차원 공간상에 역투영 시킨 후 이를 다시 목표 시점에 투영하는 작업을 말한다. 시점 이동으로 인해 참조 시점에서 존재하지 않았던 영역은 홀(hole)로 나타난다. 홀은 대게 두 번째 과정인 영상 통합 과정을 통해 해결된다. 영상 통합 과정이란 좌, 우 참조 화면으로부터 중간시점에 워핑된 두 영상을 하나로 합치는 과정을 말한다. 다른 시점의 홀 영역을 서로 채워주는 역할을 한다. 마지막 세 번째 과정은 영상 통합 과정에서 남아 있는 홀을 채우는 과정이다. 대개 이러한 홀은 영상 보간법이나 인페인팅 (inpainting) 기술을 통해 채워진다.

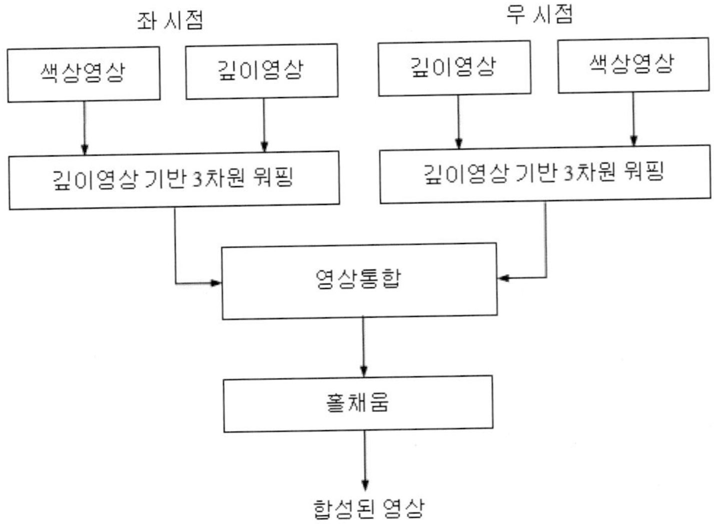

[그림 6-19] 중간시점 영상 합성의 흐름도

가상 시점의 영상을 합성하기 위해서는 참조 시점의 영상과 가상 시점의 영상간의 상관관계를 정의해야 한다. 참조시점의 카메라 파라미터와 참조영상의 각 화소별 깊이값을 이용할 수 있으므로 3차원 워핑(warping)을 이용한 시점 이동을 이용한다.

[그림 6-20]과 같이, 3차원 공간상의 한 점 M_W = (x, y, z)^{T}이 참조영상의 한 점 m_{ref}=(u, v)^{T}에 사영되었다고 가정하면 다음과 같은 사영행렬(projection matrix)을 정의할 수 있다.

$$z \cdot (m_{ref} \mid 1)^T = A_{ref} \cdot R_{ref} \cdot M_W + A_{ref} \cdot t_{ref} \tag{6-23}$$

이때 아래첨자 *ref*는 참조시점을 가리키고, A는 카메라의 내부 구조를 설명하는 내부 파라미터(intrinsic parameter)이고, R은 카메라가 가리키는 방향을 나타내는 회전 행렬(rotation matrix)이고, t는 카메라의 위치를 나타내는 이동 벡터(translation vector)이다.

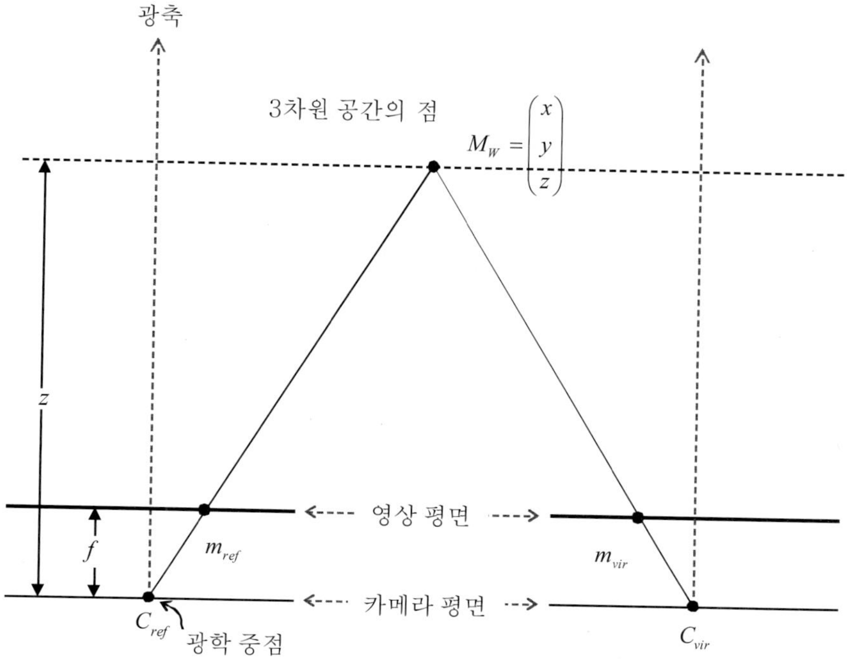

[그림 6-20] 화소간 상관관계

영상 합성을 위하여 참조 가능한 정보는 참조시점의 영상과 동일한 해상도를 갖는 깊이정보이다. 그러므로 참조영상의 각 화소와 가상시점의 영상의 화소간 관계를 정의하면 가상시점의 영상을 합성할 수 있다. [그림 6-20]에서 가상시점의 위치를 C_{vir}이라고 하자. 그러면, 참조영상의 한 점 m_{ref}를 깊이정보를 이용하여 3차원 공간의 점 M_W를 찾고, 이 점을 다시 가상시점으로 재사영하여 m_{vir}를 구할 수 있다. 참조영상의 한 점 m_{ref}의 3차원 공간상의 점 M_W는 식 (6-24)를 이용하여 구할 수 있다.

$$M_W = R_{ref}^{-1} \cdot A_{ref}^{-1} \cdot (m_{ref} \,|\, 1)^T \cdot z(m_{ref}) - R_{ref}^{-1} \cdot t_{ref} \tag{6-24}$$

여기서, $z(m_{ref})$는 m_{ref}의 실제 깊이값을 나타내는데, 식 (6-25)와 깊이영상의 화소값 $D(m_{ref})$를 이용하여 구할 수 있다.

$$z(m_{ref}) = \frac{1}{\frac{D(m_{ref})}{255} \cdot \left(\frac{1}{Z_{near}} - \frac{1}{Z_{far}} \right) + \frac{1}{Z_{far}}} \tag{6-25}$$

여기서, Z_{near}는 깊이영상으로 표현하는 값에서 가장 가까운 물리적인 거리를 나타내고, Z_{far}는 가장 먼 물리적인 거리를 표현한다. 이러한 값은 깊이영상과 함께 제공된다. 이렇게 구해진 3차원 공간의 점을 식 (6-26)과 같이 가상시점으로 재사영하면 가상시점의 화소를 알 수 있다.

$$z(m_{ref}) \cdot (m_{vir} | 1)^T = A_{vir} \cdot R_{vir} \cdot M_W + A_{vir} \cdot t_{vir} \tag{6-26}$$

이와 같은 과정은 3차원 워핑의 일반적인 순서이다. 참조시점의 카메라 파라미터와 깊이 영상이 주어지면 임의의 시점의 가상영상을 생성할 수 있다. 가상시점의 카메라가 참조시점의 카메라와 1차원 평행을 이룬다고 하면 더욱 간단히 시점 이동을 할 수 있다. 두 대의 카메라가 1차원 평행을 이룬다면 방향 행렬이 서로 일치하고, 이동 벡터의 (y, z) 요소가 일치함을 의미한다. 오직 이동 벡터의 x축의 값이 서로 다르다는 것을 알 수 있다. 또한 동일한 카메라를 이용한다고 하면, 초점거리 f가 동일하므로 식 (6-27)과 같이 간단히 표시할 수 있다.

$$u_{vir} = u_{ref} - \frac{f \cdot (t_x^{ref} - t_x^{vir})}{z(m_{ref})} \tag{6-27}$$

이때, u_{vir}과 u_{ref}는 각각 가상영상의 u축 위치를 가리킨다. 이 두 값의 차이를 변이(disparity)라고 한다.

이러한 과정을 통해 정의된 두 시점간 화소의 정합관계를 이용하면 가상시점의 각 화소값을 정의할 수 있다. 가상시점의 화소값은 일반적으로 두가지 방법으로 정의할 수 있다. 참조시점의 깊이영상과 컬러영상을 바로 가상시점의 영상으로 정합하는 전방향 워핑(forward warping)과, 참조시점의 깊이영상을 시점 이동하여 가상시점의 깊이영상을 생성하고 그 깊이영상과 참조시점의 컬러영상을 이용하는 역방향 워핑(backward warping) 방법이 있다. [그림 6-21]은 전방향 워핑을 간략히 설명한 것이다.

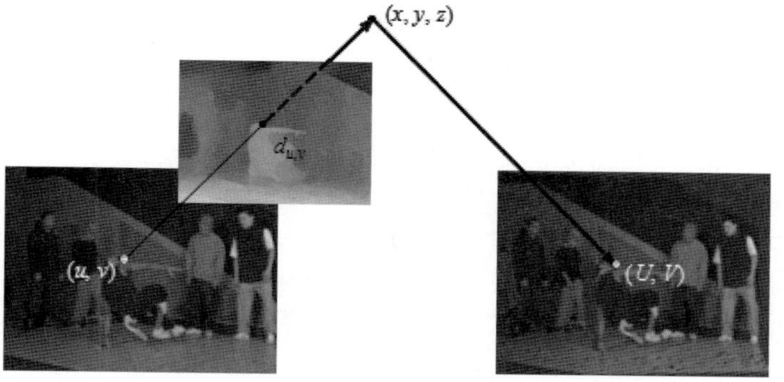

[그림 6-21] 전방향 워핑의 개념도

시점 이동에 따른 문제는 참조시점에서 보이지 않던 영역이 가상 시점에서 드러나는 것이다. 이렇게 새로이 드러나는 영역을 통상 홀 영역(hole area)라고 부르는데, 이러한 영역은 참조시점에 정보가 없기 때문에 주변의 정보를 이용하여 채워 넣어야 한다. 홀 종류도 크게 두가지로 나눌 수 있다. 화소를 정합하는 과정에서 발생하는 반올림 오류로 인한 점단위 홀영역과, 시점이동에 따른 새로이 드러난 영역인 넓은 홀영역으로 나눌 수 있다. 넓은 홀영역은 참조시점에 정보가 없으므로 인페인팅(inpainting) 기법 등을 통해 값을 채워 넣어야 하지만, 점단위 홀영역은 영역의 크기가 작으므로 주변의 값을 이용하여 채울 수 있다.

전방향 워핑이나 역방향 워핑 모두 점단위 홀영역은 발생한다. 전방향 워핑은 참조시점의 깊이영상을 바로 이용하기 때문에, 점단위 홀영역을 채우기 위해서는 주변의 값을 이용해야 한다. 하지만, 주변의 값을 이용하면 컬러가 번지는 현상이 발생할 수 있다.

역방향 워핑을 이용하면 이러한 문제를 줄일 수 있다. 깊이영상은 컬러영상에 비해 영상이 단순하기 때문에, 깊이영상에 존재하는 점단위 홀영역을 주변의 값을 이용하여 채우더라도 그 값의 차이가 크지 않다. 이렇게 점단위 홀영역을 제거한 깊이영상을 이용하여 컬러값을 정합하면 보다 자연스러운 가상시점의 영상을 획득할 수 있다. [그림 6-22]는 역방향 워핑의 순서를 간략히 설명한 것이다.

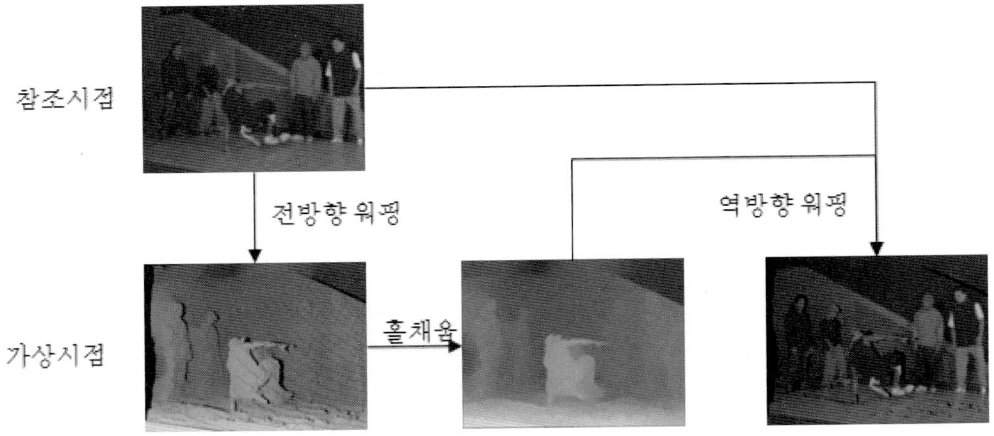

[그림 6-22] 역방향 워핑의 개념도

3차원 워핑을 이용하여 참조시점의 영상과 가상시점의 영상을 정합하면 넓은 홀영역을 채워넣어야 한다. 참조시점이 하나일 경우는 홀영역을 자체적으로 채워야 한다. 앞에서도 말했듯이, 인페인팅 기술을 이용하여 홀을 채울 수 있다. 하지만, 참조시점이 둘 이상일 경우는 참조할 수 있는 정보가 많기 때문에 홀을 채울 수 있는 방법 쉬워진다. 설명의 간편성을 위하여 참조시점이 두 개이고 1차원 평행형의 카메라 구조라고 가정하자. 가상시점은 두 카메라의 중간 위치라고 가정하자. 왼쪽 영상 I_L에서 가상시점으로 워핑한 영상 $I_{V,L}$과, 오른쪽 영상 I_R에서 가상시점으로 워핑한 영상 $I_{V,R}$간의 관계를 식 (6-28)과 식 (6-29)로 표현할 수 있다.

$$I_{V,L}(m_{V,L}) = \alpha_{V,L} \cdot I_L(m_L) \tag{6-28}$$

$$I_{V,R}(m_{V,R}) = \alpha_{V,R} \cdot I_R(m_R) \tag{6-29}$$

여기서 α는 홀영역과 홀이 아닌 영역을 구분하는 이진값이다. 홀이 아닐 경우는 1, 홀이면 0으로 결정된다. 이렇게 3차원 워핑으로 얻어진 두 가상시점의 영상을 이용하면 넓은 영역의 홀을 다음과 같이 채울 수 있다.

$$\hat{I}_{V,L} = \alpha_{V,L} \cdot I_L + (1-\alpha_{V,L}) \cdot I_R \quad \text{if } \alpha_{V,R} = 1 \tag{6-30}$$

$$\hat{I}_{V,R} = \alpha_{V,R} \cdot I_R + (1-\alpha_{V,R}) \cdot I_L \quad \text{if } \alpha_{V,L} = 1 \tag{6-31}$$

이렇게 얻어진 두 가상시점의 영상에 공통으로 남아있는 홀영역이 존재할 수 있다. 이럴 경우는 앞에서 설명한 인페인팅 기술을 이용하여 홀을 채울 수 있다. 두 시점을 이용하여 홀을 채우면 대부분의 홀이 채워지지 때문에 남은 홀은 아주 적어진다. [그림 6-23]은 인페인팅을 이용하여 홀을 채운 결과를 보인 것이다.

[그림 6-23] 인페인팅을 이용한 홀 채움 방법 (좌: 홀 채움 이전, 우: 홀 채움 이후)

최종 단계는, 두 가상시점의 영상은 하나의 영상으로 통합하는 과정을 통하여 하나의 가상시점 영상을 합성하는 것이다. 만약 두 시점간의 조명차이가 있을 경우 자연스러운 조명 변화를 위하여 필요한 과정이다. 보통은 거리에 따른 가중합 방식과 가까운 시점 중심 방식을 이용한다. 식 (6-32)와 같이 두 참조 영상과 중간시점과의 거리를 고려하여 가중치를 결정하고 가중치를 기반으로 두 영상을 합성하는 방식이다.

$$\begin{cases} \tilde{I}_V = \omega_L \cdot I_L + \omega_R \cdot I_R \\ \omega_L = \dfrac{B_R}{B_L + B_R}, \quad \omega_R = \dfrac{B_L}{B_L + B_R} \end{cases} \tag{6-32}$$

여기서 B_L는 왼쪽 카메라와 가상시점 카메라간의 물리적 거리를 나타내고, B_R은 오른쪽 카메라와 가상시점 카메라간의 물리적 거리를 나타낸다.

이와 같은 방법은 카메라 파라미터와 제공된 깊이영상이 정확하여 각 객체가 정확하게 일치할 때 좋은 화질의 중간영상을 획득할 수 있다. 하지만, 카메라 파라미터와 깊이영상이 정확하지 않으면 두 영상이 겹쳐져 마치 심령사진과 같은 겹침현상이 나타나기 때문에, 홀영역을 제외한 나머지 영역은 한 시점만을 참조하는 방법이 제안되었다. 가상시점의 위치가 가까운 참조영상을 중점적으로 참조하는 방법이다. [그림 6-24]는 위에서 소개한 두 영상통합 방법을 비교하여 보여주고 있다. 앞에서 언급했듯이, 거리에 따른 가중합 방식의 경우 경계 영역에 대해 겹침 현상을 보인다.

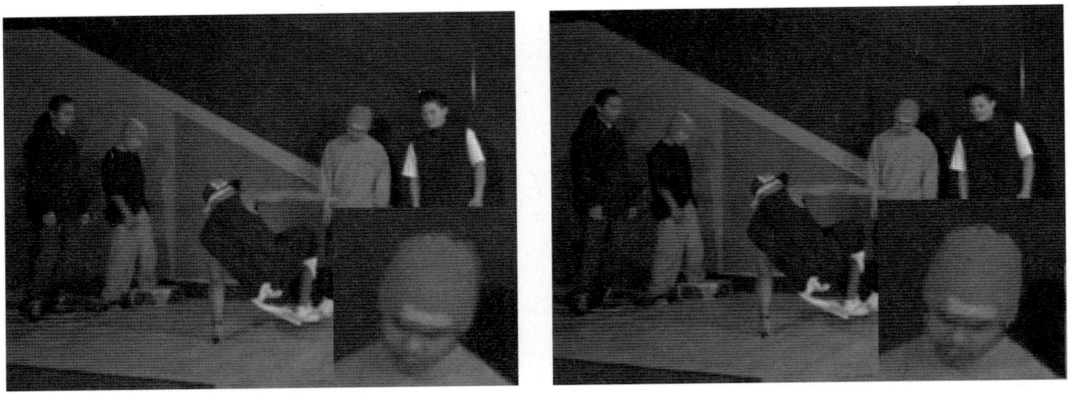

[그림 6-24] 영상통합 방법의 비교 (좌: 가중합 방식, 우: 가까운 시점 중심 방식))

6.3.2 VSRS 프로젝트

VSRS는 중간 영상을 합성하기 위해 사용된다. VSRS를 실행하는 명령어는 아래와 같다.

- Visual Studio.Net을 이용하는 경우

```
VSRSVC7.exe ViewSynthesis.cfg
```

- Visual C++ 6.0을 이용하는 경우

```
VSRSVC6.exe ViewSynthesis.cfg
```

여기서 ViewSynthesis.cfg는 환경 설정 파일로써, VSRS 실행에 필요한 옵션들을 설정하기 위한 외부 입력 파일이다. 이에 대한 자세한 내용은 다음 장에서 살펴보기로 한다.

6.3.3 VSRS 환경 설정 파일

VSRS의 환경 설정 파일은 다음과 같이 구성되어 있다.

```
#================ Input Parameters ================
DepthType  0  # 0...Depth from camera, 1...Depth from the origin of 3D space
SourceWidth  1280   # Input frame width
SourceHeight  960   # Input frame height
StartFrame     0    # Starting frame
TotalNumberOfFrames     300# Total number of input frames
LeftNearestDepthValue    3907.725727
 # Nearest depth value of left image from camera or the origin of 3D space
LeftFarthestDepthValue   8221.650623
# Farthest depth value of left image from camera or the origin of 3D space
RightNearestDepthValue    3907.725727
# Nearest depth value of right image from camera or the origin of 3D space
RightFarthestDepthValue   8221.650623
# Farthest depth value of right image from camera or the origin of 3D space
CameraParameterFile     ..\\camera_parameter_files\\cam_param_dog.txt          #
Name of text file which includes real and virtual camera parameters
LeftCameraName       param_dog38   # Name of real left camera
VirtualCameraName    param_dog39   # Name of virtual camera
RightCameraName       param_dog41   # Name of real right camera
LeftViewImageName    C:\\YUV\\Dog\\dog038.yuv  # Name of left input video
RightViewImageName  C:\\YUV\\Dog\\dog041.yuv  # Name of right input video
LeftDepthMapName    depth_dog038.yuv    # Name of left depth map video
RightDepthMapName   depth_dog041.yuv    # Name of right depth map video
OutputVirtualViewImageName     dog_virtual039.yuv
# Name of output virtual view video
SynthesisMode    0        # 0...General, 1...1D parallel
ColorSpace       0        # 0...YUV, 1...RGB
Precision        4        # 1...Integer-pel, 2...Half-pel, 4...Quater-pel
Filter             1         # 0...(Bi)-linear, 1...(Bi)-Cubic, 2...MPEG-4 AVC
BoundaryNoiseRemoval   1   # Boundary Noise Removal: Updated By GIST
SynthesisMode           0   # 0...General, 1...1D parallel
#---- General mode ------
ViewBlending          0        # 0...Blend left and right images, 1...Not Blend
#---- 1D mode      ------
#---- In this example, all parameters below are commented and default values
will be taken ----
SplattingOption       2         # 0: disable; 1: Enable for all pixels; 2:     #
Enable only for boundary pixels. Default: 2
BoundaryGrowth         40         # A parameter to enlarge the boundary area with
# SplattingOption = 2. Default: 40
MergingOption          2         # 0: Z-buffer only; 1: Averaging only; 2:       #
Adaptive merging using Z-buffer and averaging. Default: 2
DepthThreshold           75                          # A threshold is only used with
  #  MergingOption = 2. Range: 0 ~ 255. Default: 75
```

```
HoleCountThreshold    30              # A threshold is only used with          #
MergingOption = 2. Range: 0 ~ 49. Default: 30
TemporalImprovementOption  1            # Temporal improvement method, 0:      #
Disable; 1: Enable. Default 1.
WarpEnhancementOption      1           # Clean noise in 1D warping. 0: Disable;
# 1: Enable;  Default 1
CleanNoiseOption           1           # a method to clean boundary noise during
# warping process. 1: On, 0 off. Default 1.
```

위에 있는 예제 환경 설정 파일에서의 각각의 매개변수의 의미와 역할에 대해 좀 더 자세히 알아보기로 한다.

- DepthType (Bool형 (0 or 1), default: 0): 깊이의 형태를 나타내기 위한 매개변수로 0이면 카메라로부터의 깊이를 의미하고, 1이면 3차원 공간상의 원점으로부터의 깊이를 의미한다.
- SourceWidth (unsigned int형, default: 1280): 입력 영상의 너비를 의미한다.
- SourceHeight (unsigned int형, default: 960): 입력 영상의 높이를 의미한다.
- StartFrame (unsigned int형, default: 0): 영상 합성을 시작할 프레임의 위치를 의미한다.
- TotalNumberOfFrames (unsigned int형, default: 300): 영상 합성을 수행할 총 프레임수를 의미한다.
- LeftNearestDepthValue (double형, default: 0.0): 영상 합성에 이용되는 좌영상의 가장 근거리 깊이 값을 의미한다.
- LeftFarthestDepthValue (double형, default: 0.0): 영상 합성에 이용되는 좌영상의 가장 원거리 깊이 값을 의미한다.
- RightNearestDepthValue (double형, default: 0.0): 영상 합성에 이용되는 우영상의 가장 근거리 깊이 값을 의미한다.
- RightFarthestDepthValue (double형, default: 0.0): 영상 합성에 이용되는 우영상의 가장 원거리 깊이 값을 의미한다.
- CameraParameterFile (string형, default: cam_param_dog.txt): 모든 카메라 시점에 대한 내부 파리미터와 외부 매개변수를 담고 있는 파일이다.
- LeftCameraName (string형, default: param_dog38): 영상 합성에 이용될 좌시점의 이름을 의미한다. CameraParameterFile에서 해당 시점의 이름에 대한 카메라 매개변수를 얻고자 할 때 이용된다.

- VirtualCameraName (string형, default: param_dog39): 합성 하고자 하는 가상 시점의 이름을 나타낸다.
- RightCameraName (string형, default: param_dog41): 영상 합성에 이용될 우시점의 이름을 의미한다.
- LeftViewImageName (string형, default: dog038.yuv): 영상 합성에 이용될 좌시점의 색상 영상의 파일 이름을 의미한다.
- RightViewImageName (string형, default: dog041.yuv): 영상 합성에 이용될 우시점의 색상 영상의 파일 이름을 의미한다.
- LeftDepthMapName (string형, default: depth_dog038.yuv): 영상 합성에 이용될 좌시점의 깊이영상의 파일 이름을 의미한다.
- RightDepthMapName (string형, default: depth_dog041.yuv): 영상 합성에 이용될 우시점의 깊이영상의 파일 이름을 의미한다.
- OutputVirtualViewImageName (string형, default: dog_virtual039.yuv): 합성된 출력 영상의 파일 이름을 의미한다.
- ColorSpace (unsigned int형 (0 or 1), default: 0): 영상 합성 과정에 이용되는 색상 포맷에 대한 옵션으로 0이면 YUV, 1이면 RGB를 의미한다. 출력 영상의 파일 포맷은 YUV로, 이 옵션의 선택과 상관없다.
- Precision (unsigned int형 (1 or 2 or 4), default: 2): 깊이영상의 예측 사용되었던 예측의 정확도를 위한 옵션으로 1이면 정화소, 2이면 반화소, 4이면 1/4 화소를 의미한다.
- Filter (unsigned int형 (0-2), default: 1): 부화소 위치의 화소 생성을 위한 업샘플링 방법을 정의한다. 0이면 바이리니어 (bi-linear) 필터를, 1이면 바이 큐빅 (bi-cubic) 필터를, 2이면 H.264/AVC에 있는 업샘플링 방법을 이용한다는 의미이다.
- BoundaryNoiseRemoval (unsigned int형 (0 or 1), default: 1): 경계 잡음 제거 사용 유무에 대한 옵션으로 0이면 사용하지 않음을 1이면 사용함을 의미한다. [그림 6-25]와 같이 홀 영역의 좌우 깊이값을 비교하여 그 차이가 변이 기준으로 3이상 차이가 나면 전경과 배경을 분리하고 3이하인 경우에는 모두 배경이라 간주하고, 전경과 배경으로 분리된 경우에 대해 배경 영역에 대해 7화소 만큼 확장하여 경계 잡음을 제거한다. 확장된 영역은 영상 통합과정에서 다른 참조 화면으로부터 채워진다.

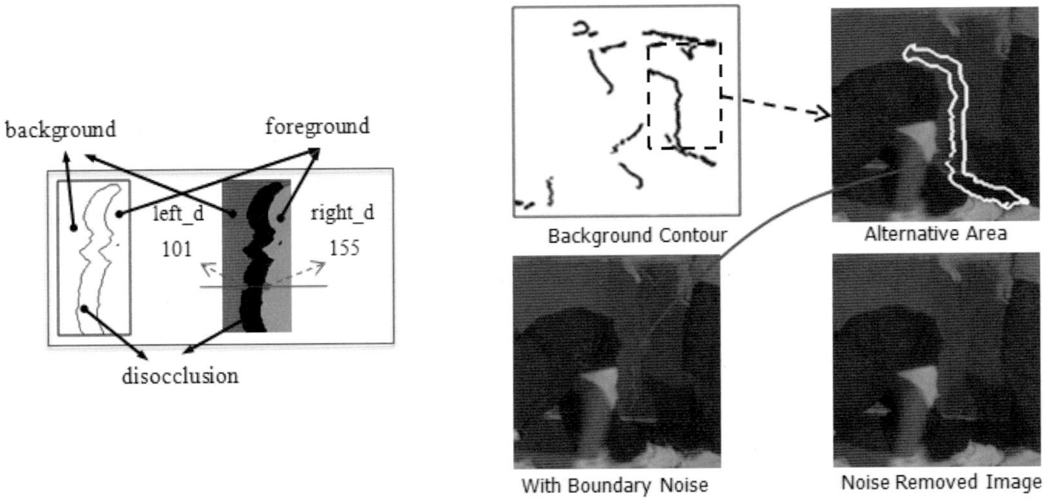

[그림 6-25] 경계 잡음 제거

- `SynthesisMode (unsigned int형 (0 or 1), default: 0)`: 영상 합성 방법을 결정하는 옵션으로 0이면 모든 카메라 배치 타입에 이용이 가능한 방법이고, 1이면 1D 평행형 배치 타입에 이용이 가능한 방법이다.
- `ViewBlending (unsigned int형 (0 or 1), default: 0)`: 영상 합성 시 좌영상으로부터 합성된 영상과 우영상으로부터 합성된 두 영상을 합치는 방법에 대한 옵션으로 0이면 두 영상에 모두 존재하는 영역은 평균을 한 영역에만 존재하는 영역은 그대로 쓰는 방식이고, 1이면 가상 시점에 가까운 참조 시점으로부터 대부분의 영역을 가져오고 나머지 홀 영역만을 다른 참조 시점으로부터 채우는 방식이다.
- `SplattingOption (unsigned int형 (0, 1 or 2), default: 2)`: 스플래팅(splatting)에 관한 옵션으로 0이면 사용하지 않음을, 1이면 영상 전체에 적용함을, 2이면 경계 영역에만 적용함을 의미한다. 스플래팅은 워핑 과정에서 화소 위치를 정수형으로 표현할 때 내림과 올림을 모두 이용하여 두 위치에 사상시키는 것을 말한다. SubPelOption이 사용되는 경우에 대해 하나의 화소에만 사상을 시키는 경우보다 더 많은 영역을 채울 수 있다.
- `BoundaryGrowth (unsigned int형, default: 40)`: SplattingOption 옵션이 2인 경우에 사용되고, 경계부터 ±BoundaryGrowth 영역에 대해서만 스플래팅을 적용한다.
- `MergingOption (unsigned int형 (0, 1 or 2), default: 2)`: 한 화소의 위치에 좌우 참조 영상의 화소가 모두 맵핑되는 경우에 두 화소에 대한 처리 방법을 선택

하는 옵션으로 0이면 카메라에 가까운 화소로 대체하는 방식이고, 1이면 평균값을 취하는 방식이고, 2이면 0번과 1번 방법을 보다 정교한 방법으로 혼합한 방식이다. 정교한 혼합 방식은 다음에 소개될 DepthThreshold와 HoleCount Threshold를 통해 보다 자세하게 이해할 수 있다. [그림 6-26]은 MergionOption이 2인 정교한 혼합 방법에 대한 흐름도이다.

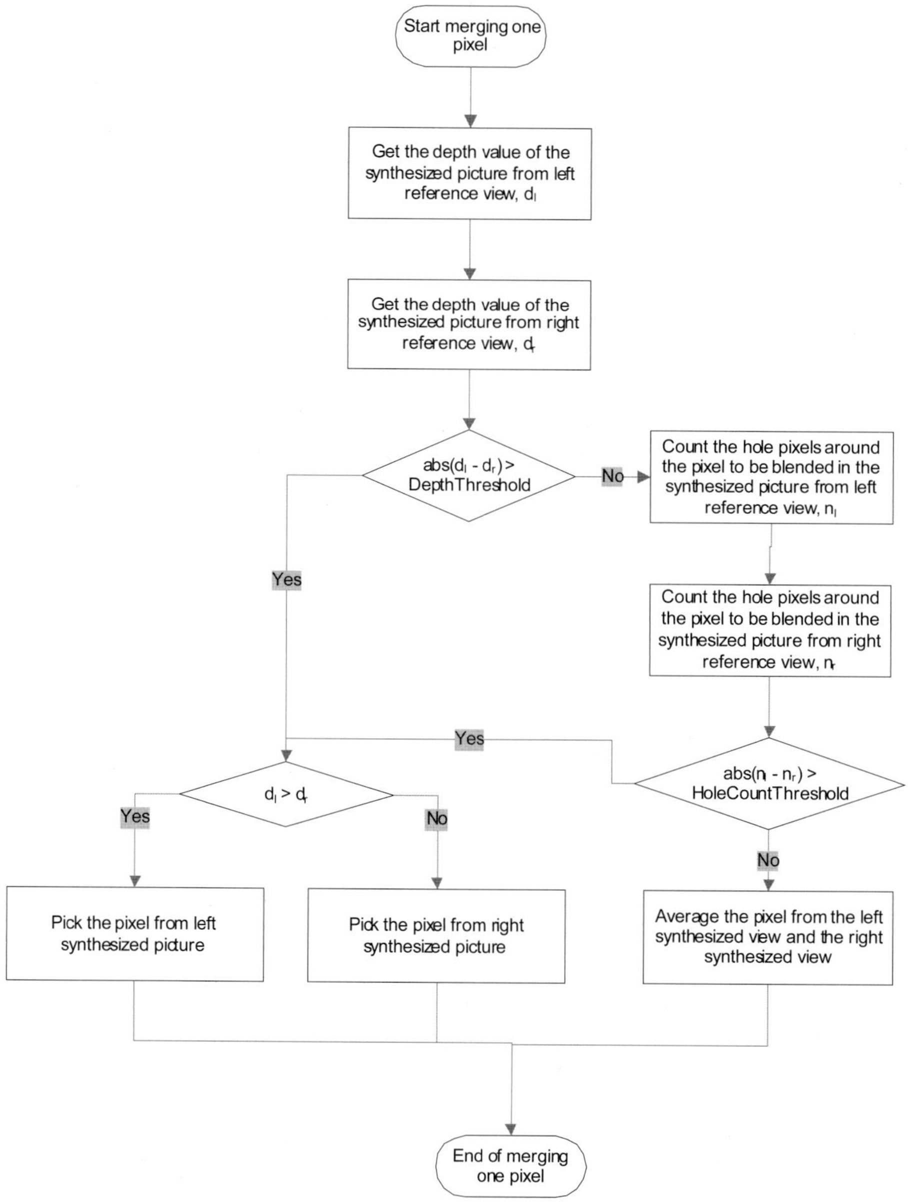

[그림 6-26] 정교한 화소 통합 방법

- `DepthThreshold (unsigned int형 (범위[0, 255]), default: 75)`: MergingOption이 2인 경우 좌우 참조 화소의 깊이값의 차가 DepthThreshold보다 크면 둘 중 하나의 화소값으로 대체되고, 그렇지 않은 경우는 다음에 나오는 HoleCountThreshold를 이용하여 해당 화소 주변의 홀의 수를 비교하여 경우에 따라 평균값을 취한다.
- `HoleCountThreshold (unsigned int형 (범위[0, 49]), default: 30)`: MergingOption이 2인 경우 좌우 참조 화소의 깊이값의 차가 DepthThreshold보다 작고, 좌우 영상의 홀의 수의 차가 HoleCountThreshold보다 크면 깊이값이 큰 화소를 선택하고, 그렇지 않으면 평균값을 이용한다.
- `TemporalImprovementOption (bool형 (0 or 1), default: 1)`: 깊이영상의 불안정성으로 인해 합성 영상이 시간적으로 불안정한 문제점을 개선하기 위해 이전 프레임의 깊이값을 참조하는 작업 수행 유무에 대한 옵션으로 0이면 개선하지 않음을 1이면 개선함을 의미한다. 이 경우 4×4 단위로 블록 정합을 한 후 움직임이 없는 영역에 대해서는 식 (6-33)과 같이 이전 프레임의 깊이값을 고려하여 현재 화면의 깊이값을 업데이트 한다. 이 경우 λ는 0.75이다.

$$d'(x,y,t) = \lambda d'(x,y,t-1) + (1-\lambda)d(x,y,t) \tag{6-33}$$

- `WarpEnhancementOption (bool형 (0 or 1), default: 1)`: 깊이값에 따라 참조 영상의 워핑 순서를 결정하고 화소의 맵핑에 대한 제안을 포함한 보다 정교한 1D 워핑 적용 유무에 대한 옵션으로 0이면 사용하지 않음을, 1이면 사용함을 의미한다. 예를 들어, 좌영상을 우측으로 워핑할때는 좌측부터 워핑하고, 우영상을 좌측으로 워핑할때는 우측부터 워핑을 수행한다. 또한 전경을 워핑하다 발생한 홀은 남겨둔다.
- `CleanNoiseOption (bool형 (0 or 1), default: 1)`: 텍스쳐의 경계는 객체의 경계처럼 항상 명백하게 나타나지는 않아서 워핑 과정에서 불안정성을 보인다. CleanNoiseOption은 이러한 문제점을 해결하기 위해 객체에서 가장 두드러진 경계를 기준으로 경계 잡음을 제거하여 보다 안정적인 워핑을 가능하게 하는 방식이다. 이 경우 우측이 전경인 영역의 경계에서는 좌측 영역에 대해 워핑을 수행하지

않고, 반대로 좌측이 전경인 영역의 경계에서는 우측 영역에 대해 워핑을 수행하지 않음으로써 경계 잡음 유발 요소를 방지한다. 0이면 사용하지 않음을, 1이면 사용함을 의미한다.

참고문헌

1. ISO/IEC JTC1/SC29/WG11, "Introduction to 3D Video," W9784, May 2008.
2. R. Gonzalez and R. Woods, Digital Image Processing, Pearson Education.
3. C. Fehn, R. Barr, and S. Pastoor, "Interactive 3DTV – Concepts and Key Technologies," *in Proc. the IEEE*, vol. 94, no. 3, pp. 524–538, Mar. 2006.
4. T. Okoshi, Three-Dimensional Imaging Techniques, Academic Press, 1976.
5. ISO/IEC JTC1/SC29/WG11, "Vision on 3D Video," N10357, Feb. 2007.
6. M. Price, J. Price, J. Chandaria, O. Grau, G. Thomas, D. Chatting, J. Thorne, G. Milnthorpe, P. Woodward, L. Bull, E. Ong, A. Hilton, J. Mitchelson, and J. Starck, "Real-Time Production and Delivery of 3D Meida," *BBC R&D White Paper*, 2002.
7. 김은수, 이승현, 3차원 영상의 기초, 기다리 & Ohm사, 1998.
8. 호요성, 김성열, 3DTV 3차원 입체영상 정보처리, 두양사, 2010.
9. W. Charles, "On Some Remarkable, and Hitherto Unobserved, Phenomena of Binocular Vision," *Philosphical Transaction of the Royal Society of London*, vol. 128, pp. 371–394, June 1838.
10. 이승현, 3D 영상의 이해, 진샘미디어, 2010.
11. R. Hayes, "3-D Movies: A History and Filmography of Stereoscopic Cinema," McFarland & Company, 1998.
12. B. Mendiburu, "3D Movie Making: Stereoscopic Digital Cinema from Script to Screen," Focal Press, 2009.
13. R. Zone, Stereoscopic Cinema and the Origins of 3-D Film, The University Press of Kentucky, 2007.
14. 이승현 역, 3D 입체영화 제작 기술, 진샘미디어, 2010
15. G. Iddan and G. Yahav, "3D Imaging in the Studio and Elsewhere…," *in Proc. SPIE Videometrics and Optical Methods for 3D Shape Measurements*, vol. 4298, pp. 48–55, 2001.

16. C. Kuo, M. Tsai, Three-dimensional Holographic Imaging, Wiley InterScience, 2002.
17. 전창의, 최수영, 입체 스크린에서 영화의 미래를 보다, 영상진흥위원회, 2008.
18. Mars Pathfinder Mission: http://mars.jpl.nasa.gov/MPF/index0.html
19. MIT Museum Collections – Holography: http://web.mit.edu/museum/collections/holography.html
20. 호요성, 이상범, "3차원 TV와 실감방송 – 미국의 3차원 TV," 방송과기술, vol. 150, pp. 136–145, 2008.
21. http://www.3dtv-research.org, 3DTV NoE.
22. 호요성, 김성열, "3차원 TV와 실감방송," 방송과기술, vol. 148, pp. 130–143, 2008. 04.
23. 2002 신기술동향조사 보고서 – 3차원 입체영상기술, 특허청
24. A. Vetro, W. Matusik, H. Pfister, and J. Xin, "Coding Approaches for End-to-End 3D TV Systems," *in Proc. Picture Coding Symposium (PCS)*, Dec. 2004.
25. 3DTV, http://www.3dtv.at/Index_en.aspx
26. NHK STRL Annual Report: http://www.nhk.or.jp/strl/results/index-e.html
27. 호요성, 허진, "3차원 TV와 실감방송 – 일본의 3차원 TV," 방송과기술, vol. 150. pp. 134–144, 2008.
28. ISO/IEC JTC1/SC29/WG11, "FTV-Free Viewpoint Television," M8595, July 2002.
29. M. Tanimoto, "Overview of Free Viewpoint Television," Signal Processing: Image Communication, vol. 21, no. 6, pp. 454–461, July 2006.
30. 호요성, 이은경, "3차원 TV와 실감방송 – 유럽의 3차원 TV," 방송과기술, vol. 149. pp. 127–137, 2008.
31. A. Redert, M. Beeck, C. Fehn, W. IJsselsteijn, M. Pollefeys, L. Gool, E. Ofek, I. Sexton, and P. Surman, "ATTEST - Advanced Three-Dimensional Television System Technologies," *in Proc. International Symposium on 3D Data Processing Visualization and Transmission*, vol. 6490, pp. 313 - 319, 2002.
32. 호요성, 정재일, 강윤석, "3차원 TV와 실감 방송의 기술 동향," 전자공학회지, 제36권 제4호, pp. 446–454, 2009. 04.
33. 이봉호, 엄기문, 이현, 허남호, 김진웅, "3DTV 방송기술 동향," 방송공학회지, 제13권 제1호, pp. 4–15, 2008. 03.

34. 김은수, "차세대 3D 융합산업의 발전현황 및 시장 전망," 차세대 3D 융합산업 컨소시움, 2009.
35. 안치득, "3D 방송기술 현황 및 산업 전망," 3D방송과 응용 워크샵 및 전시회, 2006.
36. 김세환, 우운택, "3차원 영상기반 실감형 가상 환경 생성기법 연구 동향," 정보처리학회지, 제10권, pp.32-39, 2003.
37. 특허청, 2001 신기술동향조사 보고서-3차원 입체영상 기술, 2001.
38. 안충현, 허남호, 이승현 "3DTV 기술 및 월드컵 방송중계 시연," 방송과기술, 2002.
39. 호요성, 윤승욱, 김성열, "실감방송과 차세대 실감형 미디어." TTA 저널, 제100호, pp. 107-114, 2005. 07.
40. 호요성, 김성열, "다차원 실감미디어와 실감방송 기술의 이해," 방송과기술, 제108호, pp. 90-97, 2004. 12.
41. 한국방송공학회, "3DTV 심층기술 워크샵 자료집," 2007.
42. 실감방송 연구센터: http://rbrc.gist.ac.kr/
43. 호요성, 김성열, "3차원 TV와 실감방송 - 한국의 3차원 TV," 방송과기술, 제152호, pp. 112-123, 2008. 08.
44. 3DTV consortium: http://3DTV.zcu.cz/.
45. 김창환, "3차원 서비스 기술동향," 전자정보센터.
46. IT839 전략 표준화로드맵 Ver. 2007 종합보고서, TTA, 2007.
47. 안충현, "3DTV 시스템," 3DTV 심층기술 워크샵 자료집, 2007.
48. O. Schreer, P. Kauff, and T. Sikora (eds.), 3D Videocommunication: Algorithms, concepts and real-time systems in human centred communication, Wiley, 2005.
49. HP Halo telepresence and video conferencing solutions: http://h20219.www2.hp. com/enterprise/cache/570006-0-0-0-121.html
50. E. Goldstein, Sensation and perception, Wadsworth Publishing, 2009.
51. B. Cavoto and R. Cook, "The Contribution of Monocular Depth Cues to Scene Perception by Pigeons," *in Proc. Psychological science: Journal of the American Psychological*, vol. 17, no. 7, pp. 628-634, 2006.
52. E. Emmert, "Grossen Verhalnisse der Nachbidder," *Klinische Monatsbl tterf r Augenheilkunde*, vol. 19, 1881.
53. P. Tsai and M. Shah, "Shape from Shading using Linear Approximation," *Image and Vision Computing*, vol. 12, no. 8, pp. 487-498, April 1994.

54. W. Middleton, Vision through the Atmosphere, University of Toronto Press, 1958.
55. G. Surya and M. Subbarao, "Depth from Defocus by Changing Camera Aperture: a Spatial Domain Approach," *in Proc. IEEE International Conference of computer Vision and Pattern Recognition*, pp. 61-67, June 1993.
56. In Three: http://www.in-three.com/
57. Stereopictures: http://www.stereopictures.com/
58. Dynamic Digital Depth, http://www.ddd.com/
59. HDlogix: http://hdlogix.com/
60. S. Battiato, A. Capra, S. Curti, and M. Cascia, "3D Stereoscopic Image Pairs by Depth-Map Generation," *in Proc. International Symposium on 3D Data Processing, Visualization, and Transmission*, pp. 124-131, Sept. 2004.
61. D. Hoiem, A. Efros, and M. Hevert, "Automatic Photo Pop-up," *in Proc. SIGGRAPH*, vol. 24, no. 3, pp. 577-584, July 2005.
62. A. Saxena, M. Sun, and A. Ng, "Make3D: Learning 3D Scene Structure from a Single Still Image," *IEEE Transactions on Pattern Analysis and Machine Intelligence*, vol. 31, no. 5, pp. 824-840, May 2009.
63. Stereoscopic Displays and Applications: http://www.stereoscopic.org
64. B. Javidi and F. Okano, Three-dimensional Television, Video, and Display Technologies, Springer, 2002.
65. 이승현, 실감방송을 위한 3차원 디스플레이 기술
66. J. Porta, "De refractione. Optices parte. Libri novem," Naples, Salviani, 1593.
67. S. Clerc, "Syst me de La Vision," Paris, Delaulne, 1712.
68. LENTECH Korea Corporation: http://lenticular.co.kr/len.htm
69. P. Hilaire, S. Benton, M. Lucente, J. Kollin, J. Underkoffler, and H. Yoshikawa "Realtime Holographic Display: Improvement Using a Multichannel Acousto-optic Modulator and Holographic Optical Elements," *Proc. of the SPIE*, vol. 1461, 1991.
70. 감기택, "인간의 3D 정보 처리와 휴먼팩터," *TTA Journal*, no. 127, pp. 70-75, 2010. 01.

71. É.Dutour, "Addition to the Memoir entitled, Discussion on a Question of Optics Printed in the Third Volume of Memoirs of Foreign Scientists, pages 514 and following," Academie des Sciences, vol. M moires de Math matique et de Physique Pr s ntes par Divers Savants, no. 4, pp. 499–511, 1763.

72. É. Dutour, "Discussion d'une Question d'optique," Academie des Sciences, vol. M moires de Math matique et de Physique Pr sent s par Divers Savants, no. 3, pp. 514–530, 1760.

73. C. Wheatstone, "Contributions to the Physiology of Vision – Part the First. On Some Remarkable and Hitherto Unobserved, Phænomena of Binocular Vision," *Philosophical Transactions of the Royal Society of London*, vol. 128, pp. 371–394, 1838.

74. M. Lambooij, W. Ijsselsteijn, M. Fortuin, and I. Heynderickx, "Visual Discomfort and Visual Fatigue of Stereoscopic Displays: A Review," *Journal of Imaging Science and Technology*, vol. 53, no. 3, pp. 0302011–03020114, May 2009.

75. D. Hoffman, A. Girshick, K. Akeley, and M. Banks, "Vergence–Accommodation Conflicts Hinder Visual Performance and Cause Visual Fatigue," *Journal of Vision*, vol. 8, no. 3, pp. 1–30, March 2008.

76. 기명석, 김욱중, 김규헌, "다시점 비디오 처리 기술 동향," 주간기술동향, 통권 1106호, pp.1–12, 2003. 07.

77. 호요성, 윤승욱, 이은경, 김성열, "계층적 깊이영상을 이용한 다시점 비디오 표현 및 부호화 기술," 전자공학회지, 제32권, 제9호, pp. 1070–1080, 2005. 09.

78. Seung-Uk Yoon, Eun-Kyung Lee, Sung-Yeol Kim, and Yo-Sung Ho, "A Framework for Multi-view Video Coding Using Layered Depth Images," *Lecture Notes in Computer Science*, vol. 3767, pp. 431–442, Nov. 2005.

79. ISO/IEC JTC1/SC29/WG11, "Reconstruction of Multi-view Images from Layered Depth Images," m12849, Jan. 2006.

80. T. Endo, Y. Kajiki,T. Honda, and M. Sato, "Cylindrical 3-D Video Display Observable from All Directions," *in Proc. Pacific Graphics*, pp. 300–306, 2000.

81. H. Imaizumi and A. Luthra, "Stereoscopic Video Compression Standard," Three-Dimensional Television, Video, and Display Technologies, B. Javidi and F. Okano, (Eds.), Springer, Berlin, Chapter 7, 2002.
82. 호요성, 이천, "자유시점 TV와 3차원 비디오의 국제 표준화 동향," *TTA Journal*, 제116권, pp. 86-94, 2008. 04.
83. 호요성, 이상범, "3차원 비디오 부호화 표준화 동향," 정보과학회지, 제26권 제6호, pp. 5-13, 2008. 06.
84. 호요성, 이상범, "3차원 비디오 부호화 기술의 국제 표준화 동향," *TTA Journal*, 제123권, pp. 77-83, 2009. 06.
85. 호요성, 이천, "3차원 비디오 부호화를 위한 국제 표준화 기술," 한국방송공학회 학술지, 제14권, pp. 31-44, 2009. 06.
86. ISO/IEC JTC1/SC29/WG11, "Report on 3DAV Exploration," N5878, July 2003.
87. W. Matusik and H. Pfister, "3DTV: A Scalable System for Real-Time Acquisition, Transmission and Autostereoscopic Display of Dynamic Scenes," *ACM Transactions on Graphics SIGGRAPH*, vol. 23, no. 3, pp. 814-824, Aug. 2004.
88. C. Zitnick, S. Kang, M. Uyttendaele, S. Winder, and R. Szeliski, "High-quality Video View Interpolation Using a Layered Representation," *in Proc. SIGGRAPH*, pp. 600-608, Aug. 2004.
89. ISO/IEC JTC1/SC29/WG11, "Call for Contributions on 3D Video Test Material," N9595, Jan. 2008.
90. ISO/IEC JTC1/SC29/WG11, "Call for 3D Test Material: Depth Maps & Supplementary Information," N10359, Jan. 2009.
91. ISO/IEC JTC1/SC29/WG11, "HHI Test Material for 3D Video," M15413, April 2008.
92. T. Fujii, T. Kimoto, and M. Tanimoto, "Ray Space Coding for 3D Visual Communication," *in Proc. Picture Coding Symposium*, pp. 447-451, March 1996.
93. http://www.tanimoto.nuee.nagoya-u.ac.jp/study/FTV/index-e.html

94. T. Fujii, K. Mori, K. Takeda, K. Mase, M. Tanimoto, and Y. Suenaga, "Multipoint Measuring System for Video and Sound: 100-camera and Microphone System," *IEEE 2006 International Conference on Multimedia & Expo*, pp. 437-440, July 2006.

95. M. Droese, T. Fujii, and M. Tanimoto, "Ray-space Interpolation based on Filtering in Disparity Domain," *in Proc. 3D Conference*, pp. 213-216, June 2004.

96. M. P. Tehrani, T. Fujii, M. Tanimoto, "Offset Block Matching of Multi-view Images for Ray-space Interpolation," *The Journal of the Institute of Image Information and Television Engineers*, vol. 58, no. 4, pp. 540-548, April 2004.

97. F. Shao, G. Jiang, K. Chen, M. Yu, and T. Choi, "Ray-space Data Compression based on Prediction Technique," *in Proc. International Conference on Computer Graphics, Imaging and Vision*, pp. 347-350, July 2005.

98. S. Lee, S. Kim, and Y. Ho, "Multi-view Image Generation from Depth Maps and Texture Images using Adaptive Smoothing Filter," *in Proc. International Conference in Embedded Systems and Intelligent Technology (ICESIT)*, pp. 353-358, Feb. 2008.

99. Y. Ho, S. Kim, and E. Lee, "Hybrid Camera System for Three-dimensional Realistic Broadcasting Services," *in Proc. International Conference in Embedded Systems and Intelligent Technology (ICESIT)*, pp. 359-362, Feb. 2008.

100. 호요성, 김성열, "사용자 상호작용 서비스를 위한 실감방송 기술," 방송공학회지, 제13권 2호, pp. 45-56, 2008. 03.

101. Y. Ho, S. Kim, and E. Lee, "Three-dimensional Video Generation for Realistic Broadcasting Services," *in Proc. ITC-CSCC*, pp. TR1-TR4, July 2008.

102. J. Cho, S. Kim, Y. Ho, and K. Lee, "Dynamic 3D Human Actor Generation Method using a Time-of-Flight Depth Camera," *IEEE Trans. on Consumer Electronics*, vol. 54 pp. 1514-1521, Dec. 2008.

103. Y. Ho and E. Lee"Three-dimensional Video Capturing for Realistic Broadcasting Services," *in Proc. 3D Systems and Applications (3DSA)*, pp. S08-01(1~4), April 2009.

104. E. Lee, S. Kim, and Y. Ho, "Generation of High-resolution Depth Maps Using Stereo Matching Based on Depth Information of a Depth Camera," *in Proc. 3DTV Conference*, pp. 201-204, May 2008.

105. E. Lee, Y. Kang, Y. Jung, and Y. Ho, "3-D Video Generation using Hybrid Camera System," *in Proc. International Conference on Immersive Telecommunications (IMMERSCOM) 2009*, pp. T5(1-6), May 2009.

106. 호요성, 강윤석, "가상현실을 위한 3차원 실감방송 기술," 한국멀티미디어학회지, 제13권, 제3호, pp. 43-52, 2009. 09.

107. 호요성, 이은경, 강윤석, "다시점 카메라와 깊이 카메라를 이용한 3차원 영상 생성 방법," 한국콘텐츠학회 학회지, pp. 001-005, 2010. 03.

108. ISO/IEC JTC1/SC29/WG11, "Multiview Video Test Sequence and Camera Parameters," M15419, 2005.

109. Y. Kang, E. Lee, Y. Ho, "Multi-Depth Camera System for 3D Video Generation," *in Proc. International Workshop on Advanced Image Technology (IWAIT)*, pp. 44(1-6), Jan. 2010.

110. Y. Kang and Y. Ho, "Geometrical Compensation for Multi-view Video in Multiple Camera Array," *in Proc. Elmar 2008*, pp. 83-86, Sept. 2008.

111. Y. Kang, C. Lee, and Y. Ho, "An Efficient Rectification Algorithm for Multi-view Images in Parallel Camera Array," *in Proc. 3DTV Conference*, pp. 61-64, May 2008.

112. Y. Kang and Y. Ho, "Geometrical Compensation Algorithm of Multi-view Images for Arc Multi-Camera Array," *Lecture Notes in Computer Science (LNCS)*, pp. 543-552, Dec. 2008.

113. Y. Kang and Y. Ho, "Stereo Image Rectification for Simple Panoramic Image Generation," *in Proc. International Conference on Embedded Systems and Intelligent Technology (ICESIT2009)*, pp. 1-6, Feb. 2009.

114. R. Hartley and A. Zisserman, Multiple View Geometry in Computer Vision, Cambridge University Press, 2003.

115. A. Fusiello, E. Trucco, and A. Verri, "A Compact Algorithm for Rectification of Stereo Pairs," *Machine Vision and Application*, vol. 12, no. 1, pp. 16-22, 2000.

116. Z. Zhang, "A Flexible New Technique for Camera Calibration," *IEEE Transactions on Pattern Analysis and Machine Intelligence*, vol. 22, no. 11, pp. 1330–1334, 2000.

117. R. Hartley, "Theory and Practice of Projective Rectification," *International Journal of Computer Vision*, vol. 35, no. 12, pp. 115–127, Nov. 1999.

118. ISO/IEC JTC1/SC29/WG11, "Calibration and Rectification Procedures for Multi-camera Systems," M11435, Oct. 2004.

119. U. Fecker, M. Barkowsky, and A. Kaup, "Improving the Prediction Efficiency for Multi-View Video Coding Using Histogram Matching," *in Proc. Picture Coding Symposium*, pp. 2–16, April 2006.

120. ISO/IEC JTC1/SC29/WG11, "Luminance and Chrominance Compensation for Multi-View Sequences Using Histogram Matching," M12487, Oct. 2005.

121. Y. Chen, J. Chen, and C. Cai, "Luminance and Chrominance Correction for Multi-view Video using Simplified Color Error Model," *in Proc. Picture Coding Symposium*, pp. 2–17, April 2006.

122. G. Jiang, F. Shao, M. Yu, K. Chen, and X. Chen, "New Color Correction Approach to Multi-view Images with Region Correspondence," *Lecture Notes in Computer Science*, vol. 4113, pp. 1224–1228, Aug. 2006.

123. K. Yamamoto, M. Kitahara, H. Kimata, T. Yendo, T. Fujii, M. Tanimoto, S. Shimizu, K. Kamikura, and Y. Yashima, "Multiview Video Coding Using View Interpolation and Color Correction," *IEEE Trans. on Circuits and Systems for Video Technology*, vol. 17, no. 11, pp. 1436–1449, Oct. 2007.

124. Jae-Il Jung and Yo-Sung Ho, "Color Correction Method Using Gray Gradient Bar For Multi-view Camera System," *in Proc. International Workshop on Advanced Image Technology (IWAIT 2009)*, pp. MP.C4(1–6), Jan. 2009.

125. N. Joshi, B. Wilburn, V. Vaish, M. Levoy, and M. Horowitz, "Automatic Color Calibration for Large Camera Arrays," *in Proc. UCSD CSE Tech. Rep.*, pp. CS2005-0821, 2005.

126 A. Ilie and G. Welch, "Ensuring Color Consistency across Multiple Cameras," *in Proc. International Conference on Computer Vision*, pp. 1268–1275, May 2005.

127. GretagMacbeth Solutions: http://www.gretagmacbeth.com.

128. ISO/IEC JTC1/SC29/WG11, "Description of Exploration Experiments in 3DAV," N6194, Dec. 2003.

129. 호요성, 이천, "자유시점 TV와 3차원 비디오 국제 표준화 동향," *TTA Journal*, vol. 116, pp. 86-94, 2008.

130. 호요성, 오관정, "다시점 비디오 부호화," *TTA Journal*, vol. 115, pp. 93-100, 2008.

131. ISO/IEC JTC1/SC29/WG11, "Updated Call for Proposals on Multi-view Video Coding," N7567, Oct. 2005.

132. ISO/IEC JTC1/SC29/WG11 and ITU-T SG16 Q.6, "WD 4 Reference software for MVC," JVT-AD207, Feb. 2007.

133. 호요성, H.264 표준의 이해, 두양사, 2006.

134. 호요성, 김승환, H.264/AVC 표준의 소스 코드 분석 (개정판), 두양사, 2007.

135. 호요성, 김승환, Scalable 비디오 압축 표준 방식의 이해, 두양사, 2007.

136. 호요성, 김승환, H.264/AVC 알고리즘 이해화 프로그램 분석, 두양사, 2008.

137. 호요성, 허진, 정보 이론과 무손실 부호화 방법, 두양사, 2009.

138. 호요성, 허진, H.264/AVC 표준의 CAVLC/CABAC 알고리즘 이해 및 분석, 두양사, 2009.

139. 호요성, 김승환, H.264/AVC 알고리즘 이해와 프로그램 분석, 전면개정판, 2009. 09.

140. ISO/IEC JTC1/SC29/WG11, "Applications and Requirements on FTV," N9466, Oct. 2007.

141. A. Smolic and P. Kauff, "Interactive 3D Video Representation and Coding Technologies," *in Proc. the IEEE, Spatial no. on Advances in Video Coding and Delivery*, vol. 93, no. 1, pp. 99-110, 2005.

142. 호요성, 윤승욱, "다시점 비디오 부호화 기술동향," 방송과기술, vol. 122, pp. 109-123, 2006. 02.

143. 호요성, 윤승욱, "다시점 비디오 부호화 기술 분석 (1)," 방송과기술, vol. 125, pp. 92-105, 2006. 05.

144. 호요성, 윤승욱, "다시점 비디오 부호화 기술 분석 (2)," 방송과기술, vol. 126, pp. 80-92 , 2006. 06.

145. ISO/IEC JTC1/SC29/WG11 "Introduction to Multi-view Video Coding," N7328, July 2005.

146. ISO/IEC JTC1/SC29/WG11 (MPEG) and ITU-T SG16 Q.6 (VCEG), "Common Test Conditions for Multiview Video Coding," JVT-U211, October, 2006.
147. ISO/IEC JTC1/SC29/WG11, "Requirements on Multi-view Video Coding v.7," N8218, July 2006.
148. 호요성, 오관정, "3차원 비디오 부호화 기술," 한국통신학회지 정보와 통신, 제27권 제3호 pp. 29-35, 2010. 03.
149. ISO/IEC JTC1/SC29/WG11 and ITU-T SG16 Q.6, "Joint Multiview Video Model (JMVM) 8.0," JVT-AA207, April 2008.
150. ISO/IEC JTC1/SC29/WG11 and ITU-T SG16 Q.6, "Joint Draft 8.0 on Multiview Video Coding," JVT-AB204, July 2008.
151. ISO/IEC JTC1/SC29/WG11 and ITU-T SG16 Q.6, "CE11: Illumination Compensation," JVT-U052, October 2006.
152. ISO/IEC JTC1/SC29/WG11 and ITU-T SG16 Q.6, "MVC Motion Skip Mode," JVT-W081, April 2007.
153. ITU-T SG16/Q.6 "Calculation of Average PSNR Differences between RD-Curves," VCEG-M33, April 2001.
154. ISO/IEC JTC1/SC29/WG11 and ITU-T SG16 Q.6, "Joint Multiview Video Model (JMVM) 1.0," JVT-T208, July 2006.
155. ISO/IEC JTC1/SC29/WG11 and ITU-T SG16 Q.6, "Joint Multiview Video Model (JMVM) 2.0," JVT-U207, Oct. 2006.
156. ISO/IEC JTC1/SC29/WG11 and ITU-T SG16 Q.6, "Joint Multiview Video Model (JMVM) 4.0," JVT-W207, April 2007.
157. ISO/IEC JTC1/SC29/WG11 and ITU-T SG16 Q.6, "WD 4 Reference Software for MVC," JVT-AD207, February, 2009.
158. ISO/IEC JTC1/SC29/WG11, "Text of ISO/IEC 14496-5:2001/FPDAM 15 Reference Software for Multiview Video Coding," N10340, February 2009.
159. D. Sharstein and R. Szeliski, "A Taxonomy and Evaluation of Dense Two-frame Stereo Correspondence Algorithms," *in Proc. IEEE Workshop on Stereo and Multi-Baseline Vision*, pp. 131-140, Dec. 2001.
160. L. Hong and G. Chen, "Segment-based Stereo Matching using Graph Cuts," *in Proc. Computer Vision and Pattern Recognition*, vol. 1, pp. 74-81, July 2004.

161. 김성열, 호요성, "복합형 카메라 시스템에서 관심영역이 향상된 고해상도 깊이맵 생성 방법," 대한전자공학회 논문지, 제45권 SP편 제5호, pp. 72-78, 2008. 04.

162. Y. Ho and S. Lee, "Depth Map Estimation Techniques for Three-Dimensional Video Processing," *UMS-GIST Joint Workshop*, pp. 95, Dec. 2008.

163. ISO/IEC JTC1/SC29/WG11, "Segment-based Multi-view Depth Map Estimation for FTV," M15119, Jan. 2008.

164. S. Lee, C. Lee, and Y. Ho, "Temporal Consistency Enhancement of Background for Depth Estimation," *in Proc. 3D Systems and Applications (3DSA)*, pp. S08-03(1-4), April 2009.

165. S. Lee, K. Oh, and Y. Ho, "Segment-based Multi-view Depth Map Estimation using Belief Propagation from Dense Multi-view Video," *in Proc. 3DTV Conference*, pp. 193-196, May 2008.

166. 이상범, 이천, 호요성, "3차원 영상 생성을 위한 깊이맵 추정 및 중간시점 영상합성 방법," 한국통신학회 논문지, 제34권 제10호, pp. 1070-1075, 2009. 10.

167. S. Lee and Y. Ho, "Temporally Consistent Depth Map Estimation using Motion Estimation for 3DTV," *in Proc. International Workshop on Advanced Image Technology (IWAIT)*, pp. 149(1-6), Jan. 2010.

168. ISO/IEC JTC1/SC29/WG11, "Reference Software of Depth Estimation and View Synthesis for FTV/3DV," M15836, Jan. 2008.

169. ISO/IEC JTC1/SC29/WG11, "Depth Estimation Reference Software (DERS) 5.0," M16923, October, 2009.

170. ISO/IEC JTC1/SC29/WG11, "Improvement of Depth Map Estimation and View Synthesis," M15090, Jan. 2008.

171. P. Felzenszwalb and D. Huttenlocher, "Efficient Belief Propagation for Early Vision," *International Jour. of Computer Vision*, vol. 70, no. 1, pp. 41-54, Oct. 2006.

172. D. Comaniciu and P. Meer, "Mean shift: A Robust Approach toward Feature Space Analysis," *IEEE Trans. on Pattern Analysis and Machine Intelligence*, vol. 24, pp. 603-619, Aug. 2002.

173. ISO/IEC JTC1/SC29/WG11, "Enhancement of Temporal Consistency for Multi-view Depth Map Estimation," M15594, July 2008.

174. ISO/IEC JTC1/SC29/WG11, "Results of Experiment on Temporal Enhancement for Depth Estimation," M15852, Oct. 2008.

175. ISO/IEC JTC1/SC29/WG11, "View Synthesis Reference Software (VSRS) 2.0," M16090, Feb. 2009.

176. C. Lee and Y. Ho "View Synthesis using Depth Map for 3D Video," *in Proc. Asia-Pacific Signal and Information Processing Association (APSIPA)*, pp. TA-SS2-1(1~8), Oct. 2009.

177. K. Oh, S. Yea, and Y. Ho, "Hole Filling Method using Depth-based In-painting for View Synthesis in Free Viewpoint Television and 3-D Video," *in Proc. Picture Coding Symposium (PCS) 2009*, pp. 39(1-4), May 2009.

178. H. Shum and S. Kang, "A Review of Image-based Rendering Techniques" *in Proc. Visual Communications and Image Processing*, pp. 2-13, June 2000.

179. C. Buehler, M. Bosse, L. McMillan, S. Gortler, and M. Cohen, "Unstructed Lumigraph Rendering," *in Proc. the 28th Annual Conference on Computer Graphics and Interactive Techniques*, pp. 425-432, Aug. 2001.

180. ISO/IEC JTC1/SC29/WG11, "Virtual View Synthesis for FTV," M15120, Jan. 2008.

181. ISO/IEC JTC1/SC29/WG11, "View Synthesis Tools for 3D Video," M15851, Oct. 2008.

182. 강윤석, 호요성, "깊이 카메라를 이용한 고해상도 변위 정보 획득 방법," Telecommunications Review, 제21권, 제4호, pp. 599-608, 2011.

183. Y. Kang and Y. Ho, "An Efficient Image Rectification Method for Parallel Multi-Camera Arrangement," *IEEE Trans. on Consumer Electronics*, vol. 57, no. 3, pp. 1041-1048, Aug. 2011.

184. S. Lee, I. Shin, and Y. Ho, "Gaze-corrected View Generation using Stereo Camera System for Immersive Videoconferencing," *IEEE Trans. on Consumer Electronics*, vol. 57, no. 3, pp. 1033-1040, Aug. 2011.

185. Y. Ho and E. Lee, "3DTV: Technical Challenges for Realistic Experiences," *in Proc. International Workshop on Advanced Image Technology (IWAIT)*, pp. K.3 (1-6), 2011.

186. E. Lee and Y. Ho "Generation of High-quality Depth Maps using Hybrid Camera System for 3-D Video," *in Proc. Journal of Visual Communication and Image Representation (JVCI)*, vol. 22, paper no. 1, pp. 73-84, 2011.

187. M. Kang, J. Lee, I. Lim, Y. Ho, "Object-Adaptive Depth Compensated Inter Prediction for Depth Video Coding in 3D Video System," *in Proc. IS&T/SPIE Electronic Imaging, Conf.*, vol. 7882, pp. 01-12, 2011.

188. Y. Ho and E. Lee, "Technical Challenges for Free-viewpoint Three-dimensional Television," *in Proc. International Conference on Embedded Systems and Intelligent Technology (ICESIT)*, pp. K1(1-4), 2011.

189. Y. Song and Y. Ho, "Fast Disparity Map Estimation Using Multi-thread Parallel Processing," *in Proc. International Conference on Embedded Systems and Intelligent Technology (ICESIT) 2011*, pp. 1-4, 2011.

190. Y. Kang and Y. Ho, "Post-processing of Depth Image from Time-of-Flight Depth Camera," *in Proc. International Conference on Embedded Systems and Intelligent Technology (ICESIT) 2011*, pp. 16-19, 2011.

191. J. Jung and Y. Ho, "CUDA-based GPU Implementation of Hierarchical Belief Propagation for Fast Stereo Matching," *in Proc. International Conference on Embedded Systems and Intelligent Technology (ICESIT) 2011*, pp. 209-211, 2011.

192. 정재일, 호요성, "색상 분할을 이용한 Markov 랜덤 필드 기반의 깊이 영상 보간법," 영상처리 및 이해에 관한 워크샵 (IPIU), pp. 604-607, 2011.

193. 이은경, 호요성, "복합형 카메라 시스템을 이용한 고화질 3차원 비디오 생성 방법," 영상처리 및 이해에 관한 워크샵 (IPIU), pp. 733-736, 2011.

194. 호요성, "다시점 카메라와 깊이 카메라를 이용한 3차원 실감방송 콘텐츠 제작," 전자공학회지, 제38권, 제2호, pp. 136-141, 2011.

195. C. Lee, B. Choi, and Y. Ho, "Efficient Multi-view Depth Video Coding using Depth Synthesis Prediction," *Optical Engineering*, pp. 001-014, 2011.

196. K. Oh, A. Vetro, and Y. Ho, "Depth Coding using A Boundary Reconstruction Filter for 3D Video Systems," *IEEE Transactions on Circuits and Systems for Video Technology*, vol. 21, no. 3, pp. 350-359, 2011.

197. 호요성, 이천, "3차원 실감 방송과 부호화 기술," 한국통신학회 정보와통신, 28권 6호, pp. 047-053, 2011.

198. 호요성, 이천, "3차원 비디오 부호화 표준 기술," *TTA Journal*, vol. 135, pp. 079-083, 2011.

199. I. Shin and Y. Ho, "Disparity Estimation at Virtual Viewpointfor Real-time Intermediate View Generation," *in Proc. International Conference on 3D Systems and Applications (3DSA 2011)*, pp. 195-198, 2011.

200. C. Lee, H. Song, B. Cho, and Y. Ho, "3D Scene Capturing using Joint Stereo Camera with a Time-of-Flight Camera for 3D Displays," *IEEE Trans. on Consumer Electronics*, vol. 57, no. 3, pp. 1370-1376, Aug. 2011.

저자약력

호요성

- 서울대학교 공과대학 전자공학과 (학사)
- 서울대학교 대학원 전자공학과 (석사)
- University of California, Santa Barbara Dept. of Electrical & Computer Engineering (박사)
- 한국전자통신연구소, 선임연구원
- 미국 Philips 연구소, Senior Research Member
- 미국 Polytechnic University, Adjunct Professor
- MPEG-Korea 의장 역임

현) 광주과학기술원, 정보통신공학부 교수, 광주과학기술원, 실감방송연구센터 센터장

오관정

- 전남대학교 공과대학 정보통신공학부 (학사)
- 광주과학기술원 정보통신공학부 영상통신연구실 (석사)
- 광주과학기술원 정보통신공학부 영상통신연구실 (박사)

현) 삼성종합기술원, 전문연구원

3차원 비디오의 이해와 분석

2011년 11월 30일 초판 1쇄 발행

저　자 • 호요성 · 오관정
발행자 • 최 봉 조
발행처 • 진샘미디어
주　소 • 서울시 은평구 역촌동 58-9
부호아파트 102동 상가 5호
전　화 • 02)353-4421 / FAX 02)353-4431
Home-page • www.jinsaem.co.kr

신고번호 • 제311-2005-000025호
ISBN　978-89-92887-45-8

정가 19,000원